明清科举制度与文治

王日根 著

科学出版社
北京

内 容 简 介

本书是研究明清科举制度与文治关系的一本专著。书中系统梳理了科举制度程式的演变过程，重点分析了明清科举制度与文风养成、士林好尚、官场生态等方面的关系，在总结晚清科举所遇困境与变革经验的基础上提出了良好选官制度有利于国家治理水平提升的观点。

本书适合对中国历史、中国传统文化和科举制度感兴趣的读者阅读。

图书在版编目（CIP）数据

明清科举制度与文治/王日根著. —北京：科学出版社，2020.12
ISBN 978-7-03-067150-9

Ⅰ. ①明… Ⅱ. ①王… Ⅲ. ①科举制度–研究–中国–明清时代 Ⅳ. ①D691.3

中国版本图书馆CIP数据核字（2020）第243631号

责任编辑：李春伶　李秉乾　/责任校对：王晓茜
责任印制：师艳茹　/封面设计：黄华斌

科学出版社 出版
北京东黄城根北街16号
邮政编码：100717
http://www.sciencep.com

三河市春园印刷有限公司 印刷
科学出版社发行　各地新华书店经销
*

2020年12月第 一 版　开本：720×1000 B5
2020年12月第一次印刷　印张：20 3/4
字数：308 000

定价：108.00元
（如有印装质量问题，我社负责调换）

目　　录

绪论 …………………………………………………………………………… 1

第一章　明清科举制度的定型化与普及 ……………………………………… 5
　第一节　明以前科举程式的演变 ………………………………………… 5
　第二节　明清科举考试的定型化 ………………………………………… 9
　第三节　应试之准备 ……………………………………………………… 34

第二章　明清科举制度与文风养成 …………………………………………… 48
　第一节　读书仕进渐成社会主流价值观 ………………………………… 48
　第二节　明清科举制度对民营教育的促进 ……………………………… 67
　第三节　明清民间办学的社会经济背景 ………………………………… 77
　第四节　明清东南家族文化发展与经济发展的互动 …………………… 86

第三章　明清科举制度与士林好尚 …………………………………………… 102
　第一节　明清科举制度的正途与异途 …………………………………… 102
　第二节　从笔记小说看科举考试中的神异观 …………………………… 117
　第三节　明清小说所见科举与社会生活的关联 ………………………… 133
　第四节　明代温州龙湾科举兴盛与文化发展 …………………………… 146
　第五节　明清山东临朐冯氏科举望族 …………………………………… 152

第四章　明清科举制度与官场生态 …………………………………………… 164
　第一节　清代客场冒籍与土客冲突 ……………………………………… 164
　第二节　从"枪手"看清代科场的市场化 ……………………………… 176
　第三节　清代科举考试舞弊中的挟弊 …………………………………… 186
　第四节　光绪十九年广东乡试弊端表现与治理举措 …………………… 196
　第五节　生员与恶吏间的较量 …………………………………………… 208

第五章　晚清科举制度所遇困境及其变革 …………………… 230
第一节　明清失意士子的职业走向 …………………………… 230
第二节　从《樊山政书》看晚清教育的变迁 ………………… 242
第三节　科举社会的消逝与士子的境遇 ……………………… 251
第四节　清代福建家学、科举与社会适应 …………………… 257
第五节　"道"与"器"的争锋：晚清科举的走向 ………… 266

第六章　明清科举制度与文治的思索 ………………………… 283
第一节　明代考官制度演变 …………………………………… 283
第二节　《儒林外史》与民族文化的殷殷呼唤 ……………… 296
第三节　菲律宾华人社会对民间教育的投入 ………………… 311
第四节　维护高考的权威性，理性地对待高考 ……………… 316

结语 ……………………………………………………………… 321
主要参考文献 …………………………………………………… 324
后记 ……………………………………………………………… 327

绪　　论

中国传统社会较早便形成举贤尚能的官员选拔原则,因为中国早期国家即较为成熟,在国家治理中,任用贤能是国家职能得以有效实现的基本保证。无论是禅让制度、察举制度,还是九品中正制度,都一以贯之地传承着这样的理念。相对而言,每一项制度的设计目标都可能在实际执行中遇到障碍,被打折扣。这些障碍和折扣便抵销着前述官员选拔制度的积极意义,宣示着其生命力的或长或短。科举制度于隋朝大业元年(605)开始建立,既是对传统举贤尚能原则的继承,也力图消除既往制度走向歧途的若干障碍并继续坚持尚贤原则。在其后的1300年中,科举制度一直将"举贤尚能"写在自己的旗帜上,对于制度运行中的障碍和偏差,亦辅以更多的约束机制。可以说,科举制度经历了始简终巨的发展演化历程:起初之所以简,因为推行的范围小、目标明确;最后之所以巨,是因为一方面为兴利,另一方面为除弊,运行越久,往往弊端越加滋生,愈加需要防堵防漏。正因为如此,明清科举制度既呈现出定制化、普及化的趋向,又显示科举制度本身已经远远超出其选官的意义,且对明清社会运行和社会治理产生着深远的影响。

明清时期,传统中国的疆域经历了一个不断拓展的过程,从化外转为化内,从军事控制到行政治理,科举制度相伴而行,文化的浸滋如影随形。台湾在清初正式进入大清版图,由科举而带来的文化内附和行政内属是一个重要的机制,直接决定了郑经、郑克塽所提"仿朝鲜例"的不可行。在云南、贵州,那些所谓的"新疆"也逐渐因为科举的推行而演变为"旧疆"。

明清时期,随着科举的定制化和普及,读书仕进渐成社会主流价值观,士族阶层的子弟和庶民阶层的子弟都可以在科场一决高下。于是，学子的学习积极性被调动起来了，全社会的读书风气由此养成。男子可以自己走进科场，女子则可能成为塾师辅助其子弟或兄弟走进科场，在广大的民间社会，包括义学、社学、书院等各类学校有着巨大的发展空间。经济发达之区往往也是文化繁荣之地，家族组织的建设也往往是在求取功名的社会风尚的驱动下渐渐衍为热潮的。

明清时期，进入科场者的基数在逐渐增加，科场录取的名额却没有相应地增加，这意味着获取功名的概率越来越低，竞争变得越来越激烈。除了正途出身外，有的人以异途跻身士绅行列，有的人将神灵观念引入科举活动之中，有的人则试图通过取个好名字、攀附一门好姻缘、积善处世等谋求更多的胜算，这些都发生在社会生活中。在科举背景下，各地区之间也形成文化的竞争，形成了若干所谓的"人文渊薮"，引起人们的羡慕乃至效仿与追崇。

经由科举升入官途的人们时常将所任地区的文化建设作为自己宦绩的重要部分，因而多有对所任地区教育事业的关注与投入。他们需要与地方上的科举望族建立起密切的合作关系，赢得地方望族对他们的拥戴。有时他们之间也会出现嫌隙乃至冲突，原因并不仅仅只出现在官方，民间力量有时也足以令官员难以立足。不同地区科举竞争的激烈程度也不同，有些地区科举冒籍、雇佣枪手等现象甚至成为科举制度有效运行的破坏力量。另外，明清市场化的影响也侵入科场，导致科举考试中渗入了铜臭味，公平的科举遭遇严峻的考验。

因为激烈竞争而落选的士子逐渐衍生为一个庞大的群类，许多人成为社会上各行各业的优质劳动力，也有不少人因为生活困顿而遁入匪类群体之中，对社会构成巨大威胁。晚清中国正遭遇着列强的瓜分和侵略，经科举而入仕的人们在近代科技面前往往表现得特别无助，儒家坚守之道无法抵御西方"船坚炮利"之器，厌倦了科举的人们还看到贡院建筑的倾颓、科名捐纳的盛行，遂举起了"废除科举"的大旗。

虽然科举制度亦分文科举与武科举，但总体上看，文科举运行得更加成型，在明清的军事建设中，文官领兵也是基本的制度规定。因此，我们更愿意强调明清科举制度在社会治理中的文治倾向。

文治在一定意义上既是理治，又是礼治，或称君子之治，是社会治理中的更高境界。中国上古即已形成的若干经典，经过汉、唐、宋、元经学家的阐扬和诠释，已经成为经国治民的基本思想和理念。宋代以后，科举考试逐渐过渡到以朱熹所注的四书为基本教材。参与科举考试的士子和科场外一般的普罗大众都心向科举，皆望龙门，礼下庶人，"人人皆可为圣人"等向善的导向主导着当时士子与民众的人生价值取向。上古思想家的理想描述在明清国家统治者那里往往变成了切切实实的社会实践，牵引着中国社会走向政府主导、社会呼应、民众自发、长久有效的有序治理状态。科举制度成型和定制化之后，虽然也经历了明清易代的政治变动和无数次的天灾人祸，但这项制度却历明清两代而延续不替，清末科举的废除意味的是清王朝权威的丧失。在明清540多年的历史时段中，许多家族在科举制度面前经历了起起落落，但总体而言仍多赢得社会的认同，这是明清两代"官民相得"政治文明愈加成型的集中体现，也是我们构建"中国之治"样本模型的基本借鉴。

上古思想家在思考国家治理时，注意到礼、法、刑等不同路径，虽然各家各有侧重，但相互的兼容和互摄使科举制度在一定程度上将此前仅运行于士大夫阶层的礼推广到全社会，最大限度地拓展行礼的空间，推行礼治，调动缙绅士大夫、乡族组织、会社组织等的积极性，尽可能地普及教化和推行学校教育及社会教化，提升全民的文化素质和知识水平，这是许多"人文渊薮""敦化之区"的基本底色。

明清两朝在科举制度的影响下形成了官僚阶层、名士阶层、塾师阶层、幕宾阶层等，其中既有坚守"良知"，矢志"修身、齐家、治国、平天下"，坚守礼制不僭越的，也有肆意朘削、残酷压榨百姓的。前者可以称为社会运行的"中流砥柱"，后者则足以祸害社会，给科举蒙上毒害知识分子的骂名。其实，冷静地观察、客观地分类和仔细地鉴别，可以辨识出科举制度之所以走入歧途的原因，进而吸收成功治理经验，防止各类轻视"德行"、无视"文行出处"等现象发生，推动形成考试选拔贤官良吏的机制。

科举制度这一选官机制产生了动员全社会学习文化的效果，这本身就是社会治理的有效途径。明清科举制度确立的以理学为基本指导思想的方针，无形地推动了传统道德价值观念的普及，促使"统治阶级的思想"成为"全社会的思想",有利于树立统一的价值观,便于舆论的统一和管理目标的实现。明清时期,社会相对和平稳定,社会治理相对切实有效,这与该时期科举制度的定制化、公平公正公开原则的落实,以及广大的接受科举文化教育的士子与民众有着密不可分的关联。

第一章 明清科举制度的定型化与普及

在明清时期的科举制度下，传统中国社会保持着一个不断更新着的、富有朝气的官僚队伍。他们通过孜孜不倦的努力，攻读"四书""五经"，不断地把自己学习到的儒家理念转化为社会实践。因此，官僚士大夫作为一个群体，因历朝的科举制度得以稳定维持，而作为官僚士大夫的个体却不断经历着更新。只要科举制度存在，士就能通过金榜题名成为官僚。在科举制度面前，可谓"人人平等"，穷书生可以一跃龙门而成为进士公，进士公的子弟则可能因为"科场蹇运"而沦落为穷书生。

应该说，这种考试还是相对公平的，它并不是一锤定终身，因为一次考试失手可以在其后的若干次考试中再次挽回，而经历过多次考试的考生实际上已积累了一定的应考经验，考场的惊慌绝大多数是胸无成竹的表现。

第一节 明以前科举程式的演变

科举考试是逐渐走向程式化和规范化的，到明清时期基本形成固定规制。刚开始时是隋文帝开皇七年（587）设立秀才科，命各州每年选送三人，其中优秀者以为秀才。隋炀帝即位后（604—618）设立进士科[①]，用考试来选取进士。唐时沿用隋的科举制，科举考试科目增多，除秀才、进士科外，又增设了明经、明法、明字、明算、俊士等科，以进士、明经二科为主。此外还有一史（《史记》）、三史（《史记》《汉书》《后汉书》）、三礼（《周礼》《仪礼》《礼记》）、三传（《左传》《公羊传》《穀梁传》）等科目。这些

---

① 学界一般把 605 年作为科举制度正式建立的年代，但不同看法甚多。可参见何忠礼：《二十世纪的中国科举制度史研究》，《历史研究》2000 年第 6 期。

科目，各朝时有增减变化，不尽相同。唐朝宰相多由进士出身，故进士科更为社会所重，参加进士科考试被认为是致身通显的重要途径。

进士原只考文章，玄宗以后，加试诗赋。录取进士分甲、乙二科，明经分甲、乙、丙、丁四科，按科之高低授予不同品级的官位，进士科最难考，录取率只有百分之一二，明经科录取率则有百分之一二十，考进士科有多次应试而不能中者，故当时有"三十老明经，五十少进士"之说。

武则天以后增加了选士任官的数量。她在位时还设立了武举科，并曾亲自在洛城殿出题考试，这是科举有殿试的开始。但其殿试是在殿陛间行考功之事，与后世殿试不同。

唐代考试最初由吏部主持，玄宗开元二十四年（736），改由尚书省礼部侍郎主持，因为是尚书省所管，故通称为省试，以后历代沿袭，都为礼部专管。

当时科举是由地方举送士子到京城考试，故称为乡贡，即由乡里贡献出去参加考试者。被举送去应试的人称为举人，即被举荐出去的士人。所以唐朝的举人是乡贡入京应试者的通称。凡去参加进士科考试的人皆称为进士，故有及第进士和落第进士之别，与明清考取会试的人才称进士者不同，考进士科及第者"赐进士及第"，后又有"赐进士出身"，"赐同进士出身"之称。故唐朝人说"举进士"并不是已考中进士。凡是进京应礼部试者，都应投状，故称进士及第的第一人为状元。

进士及第后在曲江亭宴会，并在长安城郊慈恩寺大雁塔上题名，称题名会，故后称进士及第为雁塔题名。又有同榜中选年少英俊者二三人赴名园游赏，折取名花，称为探花使（宋时称探花郎），种种活动都显示了及第的荣耀。

唐初曾设秀才科，后渐废，但唐代一直把秀才作为对一般儒生的泛称，与明清时院试考中才称秀才者不同。因此，唐代的进士、举人、秀才之称和明清时不能相混。

唐朝时，进士及第还只是取得做官的资格，并不是马上就授予官职，以后还要参加吏部的博学鸿词（亦作博学宏词、博学宏辞、博学鸿辞）、拔萃等科的考试，名为"选试"，又称"释褐试"，就是说选试登第后，则可脱去布衣着官服了，故名释褐。选试登第后，经过审查，才可呈皇帝授予官职。

选试如未登第，一般都到节度使手下去做幕僚，幕僚不能算朝廷正式官员，以后还要争取由当权的大官向朝廷推荐，才能登上仕途。亦有选试通过，仍不能授予官职者，还需到节度使幕下，以后有机会才能转为朝廷官员。

进士科，选试皆中即授官者，如柳宗元"登进士第，应举宏辞，授校书郎、蓝田尉"[1]。白居易"贞元中，擢进士、拔萃皆中，补校书郎"[2]。进士科，选试皆中亦不授官，先做节度使幕府者，如刘禹锡"贞元九年擢进士第，又登宏辞科。从事淮南节度使杜佑幕、典记官"，其先做杜佑幕僚，后"从佑入朝，为监察御史"[3]。又如韦贯之之子韦澳"大和六年擢进士第，又以宏辞登科，登第后十年不仕"[4]。韩愈则是考四次进士科才登第，又连续参加三次选试皆未中。他在《上宰相书》中说："四举于礼部乃一得，三选于吏部，卒无成"[5]，只得去做幕僚。宰相董晋为宣武节度使时，出镇大梁，表韩愈为观察推官，董晋卒后，韩愈又去依武宁节度使张建树，张请韩为"其宾佐"，"辟府推官"。他曾以"前乡贡进士"名义三次上书宰相，后调为四门博士，迁监察御史，终踏上仕途。

进士、明经等科通常每年都举行，此外还有制举。制举又称制科，即按各种科目参加考试。制举是朝廷特定的考试，由皇帝特诏举行，目的是要选拔特殊的人才，无论是否进士、明经等科及第的士人和官员都可参加制举考试。考期不固定，科目也由皇帝临时决定，有贤良方正、直言极谏科，才识兼茂、明于体用科，文辞秀逸科，风雅古调科等一百几十种。博学宏词科本来也是制科，玄宗开元十九年（731）后，将此科改为吏部选人的科目，它便成为每年举行考试选拔人才的专门科目了。登进士第后又考制科而授官者，如韦贯之"少举进士，贞元初登贤良科，授校书郎"[6]，以及韦处厚"元和初，登进士第，应贤良方正，擢居异等，授秘书省校书郎"[7]。

---

[1] 《旧唐书·柳宗元传》卷十三，北京：中华书局，1975年，第4214页。
[2] 《新唐书·白居易传》卷一一九，北京：中华书局，1975年，第4301页。
[3] 《新唐书·刘禹锡传》卷一六八，北京：中华书局，1975年，第5130页。
[4] 《新唐书·韦澳传》卷一六九，北京：中华书局，1975年，第5157页。
[5] 《新唐书·韩愈传》卷一七六，北京：中华书局，1975年，第5255页。
[6] 《新唐书·韦贯之传》卷一六九，北京：中华书局，1975年，第5156页。
[7] 《新唐书·韦处厚传》卷一四三，北京：中华书局，1975年，第4674页。

科举考试从隋朝开始，到唐朝，制度才逐渐建立及完备，规模也逐渐扩大。朝廷通过科举网罗了大量的所需人才，把他们吸收到政权中来，使唐王朝政权基础更为扩大，统治力量也更为增强。这个制度适应了中央集权的需要，对封建专制中央集权有利，所以唐以后各朝也采取此办法来选拔官吏。

宋朝科举制度推行的范围进一步扩大。首先是录取名额增加，考试手续简化。宋代最初仍是以进士、明经等科取士，神宗时废除明经等科，只保留进士一科，但在录取名额上逐渐增加。唐朝进士科一次最多录取80人左右，宋朝录取人数逐渐增加。初立国时，太祖建隆二年（961），录取进士11人，建隆四年、乾德二年（964）都仅录取8人，到太宗时数量大为增加，有时一科可录取三四百人，诸科录取多达七八百人，甚至近千人，比建国时增加几倍或十几倍。另外，唐代举人在礼部考试及格后，要经吏部再试才能授官，宋朝取消了吏部再试，礼部考试及第后则可按不同等第派官。录取名额的增加和考试手续的简化，可吸收更多的人士参加考试，扩大了统治的阶级基础。

其次是确定地方、中央、皇帝三级考试制度。唐初地方州郡不考，只有中央一级考试，殿试也不经常举行。武则天虽曾亲自举行殿试，后逐渐成为定制，但主要是为了皇帝可以直接控制科举。考生先在各州进行考试，称为州试，州试考取，到京城参加礼部的考试，称为省试。省试录取后，都要在宫中殿内复试，是为殿试。州试、省试、殿试成为地方、中央、皇帝考试的三级科举制度。

宋代科举考试年限不固定，有时一年，有时二年。英宗（1063—1067）以后，正式规定每三年开科一次，后世亦皆因循此例。

各地州试由各州通判主持，其试卷一律需于秋季呈报礼部。考取州试的考生于当年冬季集中到京城参加次年春季礼部举行的省试。省试共考三场，考官由皇帝任命，一般任命六部尚书主持。考取省试的进士需参加皇帝亲自主持的殿试。殿试录取后，分三甲放榜，三甲为赐进士及第、赐进士出身、赐同进士出身三个等级。放榜即授予官职。

因为殿试是皇帝亲自主持，故殿试录取的人即算天子的门生，可以出席"琼林宴"（又叫"闻喜宴"）。

考试内容：宋代进士科不考试赋，改试经义，并仍考论（政论）、策（形势），经义即儒家经义，将儒家经典中的《诗》《书》《易》《周礼》《礼记》等称为大经，即主要学习的经书，《论语》《孟子》称为兼经，即应当兼学的经书。省试三场考试中，一场考大经，二场考兼经，三场考论。殿试则考策。大经和兼经被定为应试士子的必读书目，以后历代科举皆以儒家经义作为考试内容。

元朝建国初期未设科举考试，至仁宗时才开始实行科举。元朝统治时，民族歧视较为严重，在科举考试上也有明显反映。考试分为两组：蒙古人、色目人为一组，汉人、南人为一组。考试仍分为三级：乡试、会试、御试。乡试即地方上的行省考试，会试为朝廷礼部考试，御试同宋朝的殿试，名义上由皇帝主持。

考试分两组考。会试时蒙古人和色目人考两场，第一场考经义，第二场考时务策。文章字数为500字以上。汉人和南人考三场，第一场考明经、经义，第二场考古赋、诏、诰、表等，第三场考时务策。字数限在1000字以上。汉人、南人的考试内容多，难度大，最低字数限额也高。

录取考生：蒙古人、色目人列为一榜，称右榜，因元朝以右为上；汉人、南人另列一榜，称左榜。授官时，同是进士，蒙古人比色目人官高一等，色目人比汉人、南人又高一等。

元朝规定，科举考试的试题都要用朱熹《四书集注》，考生答卷的指导思想和对经书精神的理解都要根据朱熹的注解，不能任意发挥。这个规定一直沿袭到清朝末年，考生不仅要以孔子的是非为是非，而且要以朱熹的观点为观点。

第二节　明清科举考试的定型化

明清时期，科举考试趋于成熟和定型化，并形成了从小试、岁科试到乡试、会试、殿试的梯级结构，考试时间也相对固定，这为考生有针对性地、长期地应对科举创造了条件。

一、小试

小试即童子试（亦称童试），俗称考秀才。童生不以年龄大小言，只以是否进学论。所以在《儒林外史》中，年纪轻轻的梅玖在老童生周进面前竟自称"老友"，而称周进为"小友"。由此可见，小友或童生有的已是须发斑白之人。他们虽年事已高，学业却少见精到之处，故人们编出联语说："行年七十尚称童，可云寿考；到老五经还未熟，不愧书生。"

参加乡试前的童子试多分为三个阶段：县试是由各县县官主持的考试，一般在二月举行，以取得四月前后参加府试的资格。再就是院试（图1-1）。院试由学政主持，学政为提督学政的简称，即学台，是朝廷派往各省主持该省所属各府学校考试的官。三年一任，一般都由侍郎、京堂等官中进士出身的人担任，因学政的官署名为提督学院，故学政主持的考试名院试。凡通过府试被录取者，即可参加。院试录取后，称生员，即秀才，又称庠生。成为生员后，即要送府、州、县学学习，称为入学或进学，但本人不一定到学校，进学后经常受本地区乡学教官的管教、监督、考核，教官包括教授、学正、教谕、训导等。

图1-1　汀州试院

考取秀才后，就可以有资格依次参加科举考试了。故考取秀才入学后，就是求取功名的起点。在科举制度上说，秀才是很关键的资格。

虽然如此，并不是每个秀才都能参加乡试，他们还需每年参加一次岁考，三年参加一次科考，进行甄别。考试劣等者不能参加乡试，能参加乡试者，也不一定都能在他第一次参加乡试时考中，因此各省里的秀才，每年人数不少，需要有人对其进行管理、检查和监督，这类工作由学政负责。各省学政到本省后，每年都在本省所属各府巡回举行考试，以考察本省秀才的水平，这种考试，即为岁考，又称岁试。岁考多在府里举行。岁考主要是考等，取得一二等者可以参加科试。

科试的目的是选送优等生员（秀才）去参加科举考试的乡试。乡试每三年举行一次，每次乡试之前，学政在本省各地巡回举行一次科试。科试又称科考，也是考等，取得一二等的秀才，才有参加本省本届乡试的资格，考劣等的不能参加乡试。所以科试是能否参加乡试的一次决定性的考试，非常重要。可以说至此完成了乡试的预选工作。

明清时期，具有监生资格的人可以直接参加乡试，他们的监生资格来自国子监的学生一类，他们通过贡监、举监、荫监、捐监和恩监等途径进入国子监。国子监相当于国家的最高学府，也是兼管全国教育的教育类最高管理机构。明朝在北京的国子监称北监，在南京的称南监。各地考选出学行优秀的诸生及会试未考取的举人入国子监学习，比在府县学学习高一等。明朝监生有贡监、举监、荫监和捐监，清朝又增加了恩监。贡监是每年或每二三年由学政主持考试，选出优秀者进入国子监。举监是从会试未取中者中录取的。荫监则是子孙借父祖高官余荫而为监生者。高官可荫人数不定，在不同时期的文、武、内、外官员各有不同的规定，如有时文官三品以上可荫一人，宗室可荫一人等。这种制度由汉代的任子制度演变而来。恩监是遇皇帝登极或其他庆典，由皇帝特批的监生资格；捐监是那些捐纳钱资而取得监生资格者。明朝时报捐的只限于生员，后没有出身亦可捐纳取得监生资格。遇国家有事时，捐纳一笔款即可报捐，如为黄河泛滥等捐资者可按例报监，故捐监又称例监。以上五种，除贡监、举监为经过考试入监者外，其余三种都不必经过考试，也不一定是生员，但只要取得监生资格，即与生员一样，具有参加科举考试乡试的同等资格。清朝乾隆以后的监生，多由捐纳而得，并不必真正入监就读，只是获得了资格。虽然取得监生资格者都可参加科举考试，但能考中者极少。有监生身份者可以直接做官，故有人想做官，就先设法取得监生的身份。

明清时除监生外，还有贡生。贡生也是入国子监学习的人，即将地方上的人才贡献于朝廷之意。

清朝有"五贡"之称，即岁贡、恩贡、拔贡、副贡、优贡。岁贡在明清时每年或每二三年自府县学中选送廪生升入国子监读书，大都挨次序升贡，故俗称挨贡。各府县学有一定名额。恩贡是明清时凡遇皇室庆典，根据府县学岁贡的常额，本年加贡一次作为恩贡，亦是从廪生中选拔出来的。拔贡在清代每六年，后改为每十二年选拔一次，同样从廪生中选拔，由学政挑选，须参加会考，入选者可为官，落选者则被称为"废贡"。副贡是指在乡试中列在正榜之外的有限度的另榜者。优贡一般是在岁贡之外每三年由学政在本省生员中考选一次，择优保送国子监学习，称优贡。各省只有几人。以上岁贡、恩贡、拔贡、副贡、优贡合称五贡。五贡都是从生员中选考的，都算正途出身，与监生不同。除恩贡外，都是定期选考。清朝五贡之外，又有例贡，即由生员纳捐取得贡生资格者。例贡不在五贡之内，亦不能算正途出身。

明朝除恩贡、岁贡外，尚有选贡、纳贡二种。在岁贡之外，考选学行兼优者送国子监学习，称选贡，清代的拔贡、优贡制度，即由此而来。明朝准许人纳资财入国子监，由生员纳捐者称纳贡，由非生员纳捐者称例监。与清代例贡相近。

曾经历过小试、岁科试和乡试的钟毓龙回忆自己的经历时，如数家珍，道出了科举之途的曲折与漫长。

以浙江为例，杭州有四处考点。一曰旗籍，由驻防营主之；一曰仁和籍，受试于仁和县署；一曰钱唐籍，受试于钱唐县署；一曰商籍，受试于分司署。商籍是明朝万历时专门为徽州商人子弟设立的考点，这是徽州商人社会政治地位有所提高的表现。专门为商人子弟设考点，划拨名额，这既省去了商人子弟回籍应考的麻烦，更有利于商人在官府的庇护下经营发展。

设立商籍对浙江当地人而言本没有坏处，后来还变成了对他们有利之处。清乾隆以后，商人已转移他处，商籍名额就变成了当地的名额。当然，当地人还必须捏造出自己是商籍。钟毓龙本非商籍，却借用了钟姓商籍人户的户籍，于是实现了自己中秀才的愿望。看来冒籍在小试中就存在。

小试对考生的要求也是严格的。首先必须有廪保，一般由在学中的廪膳生担当，他们必须确证所保者是身家清白的，"凡娼、优、隶、卒之子孙，均不得应试"[①]。这四种身份人的后代必须在退役三年后才能取得与平民相等的地位。因为考试是将来进身之阶，考取之后，即为举人、进士，或做显官，例得褒封三代。上述身份者被褒封，被认为是有玷名器，故不许其子弟考试。其他如家人、长随、司阍者之子孙，剃头、剔脚者之子孙，喜娘、轿夫之子孙，皆被看作身家不清而被拒之于考试大门之外。嘉道年间，杭州有个叫舒晚山的，幼年曾当过馆童，伺候家塾之西席。其后应试成了进士，官六合县，购皋园而为其主人，大概是他改业早的缘故。在宁波、绍兴等地的贱民身份者如堕民也被认为是身份不清者，如有一个叫童增奎的学子，其祖母曾是著名的喜娘，因而被别人揭发。廪保还必须保证应试者不属于冒籍者。冒籍就是指不属于这个县的学子却参加这个县的考试。因为每县学考试录取人数各有定额，这样额少人多处的考生往往冒籍到额多人少的县份去应考，但这势必侵犯当地考生的权益，因而多容易被人揭发。甚至有的人还专门从事揭发冒籍的行当，被称为"攻冒籍"。廪保还必须保证应考者不存在"枪替"现象，不属于匿丧应考。

考生经严格检查后进入考场，考官依例唱名，各归其号舍，做文写诗以答卷。进入号舍后吃住就皆在其内，天黑后可点蜡烛，可自备干粮，也可买面食或蛋炒饭之类，堪称考试产业之一。到下午三四时放头牌，已完卷者可先缴，薄暮放二牌，以后则随缴随出。

考试后数日即揭晓成绩，揭榜往往是圆形，图中最高处显然是头名，其余自右而左数之。每图十名，未上图者，自属落榜之人，俗称"出图儿"，也叫"闷将军"。所以亲友送考特忌讳以"胆大做将军"勖励考生，尽管有些考生会怯场。

正场考试后还有初复、二复、末复三试。进入末复时，可谓优秀之生。门斗公布第一名为案首，或称批首。

县试后一月或两月有府试，在浙江杭州府署，有仁和、钱唐、海宁、

---

① （清）素尔讷：《学政全书》，乾隆三十九年武英殿刻本，第35页。

富阳、余杭、临安、于潜、昌化、新昌九州县之童生应考。这时附近居民腾出住房，召寓考生，可谓科举产业之又一端。其实，在寓住者中，除了应试童生外，还有作保之廪生、参试之附学生员。作为商籍的考生，除原有的一名廪生作保外，还须增加一名挨保，所以廪生往往把作保作为一项基本的收入。保者往往要备灯笼照料自己作保的考生，为方便辨认起见，各人都力求把灯制作得特别些，于是府试院外往往成为各种奇异灯笼的展览。送考者往往还负有为考生抢号的责任，因为考生甚多，虽各自有号，但经常不为考生所认，考官也难以驾驭，于是后至者往往只能坐到昏暗之位置。府试之后又有复试，不复试者接着参加学院考试。

学院考，简称院试，俗谓"学院考"，在四五月，有时也迁延到冬天。院考之前，又须更易挨保。有钱之考生依例得给挨保好处费，也有怜悯考生之贫而拒收者。院试时，考场外照样有送考者、售食者、观热闹者。各种奇异灯笼汇集，实属一景。

入考场的考生照样要应对唱名，唱保之程序后，可接卷作答，考试期间，监考之人可以搜查考生之考篮，称为搜检，以除怀挟之弊。考试遇天色暗淡，经常需要点灯于案上。

考试题目中有一类叫"截搭题"，即取书中之一句，截去其上半，而搭以下句之上半，故名"截搭"。这种考试既检查考生对经典的掌握程度，又不便抄袭。一轮题目答完后，监考人员往往在答卷上盖上印戳，目的是防止"枪替"，如起讲戳盖毕，次题与诗题接着开始。

监考者确实宽严各有把握，严者终日堂皇，禁止考生谈话吟哦，甚者禁止其左顾右盼。宗师严则各县学老师亦不敢懈怠。监考不严的地方，不仅谈话之声时起，出恭等事亦颇频。

院试初试后，例有提复，与县试、府试相同。但是县试、府试复试之题，除"四书"题外，还有经题、诗赋题、策论题、算学题等，任考生自择，不能者不强，仍以"四书"题之八股文为主。院试提复，则纯用"四书"题，然或试以起讲四个，或试以中、后比两比，不必全篇，故应提者天明而往，不必午夜，午后即出，不必至日脯后也。不提者则已淘汰。其在前十名者，则提复时坐之堂上面试之，谓之"提堂号"。院试揭晓，谓之"出黉案"，亦称红案。学中胥吏以此届各县入泮之各生分县分籍，木刊其姓名名次，以红色印刷之，汇成一册，分送各生，而由各生酬以值。①

明末艺文大家艾南英记录了其参加院试的遭遇："试之日，衙鼓三通，虽冰霜冻结，诸生露立门外，督学衣绯坐堂上，灯烛围炉，轻暖自如。诸生解衣露立，左手执笔砚，右手持布袜，听郡、县有司唱名，以次立甬道，至督学前。每诸生一名，搜检军二名，上穷发际，下至膝踵，倮腹赤踝，至漏数箭而后毕，虽壮者无不齿震悚慄，大都寒冱不知为体肤所在。遇天暑酷烈，督学轻绮荫凉，饮茗挥箑自如。诸生什佰为群，拥立尘坌中，法既不敢扇，又衣大布厚衣。比至就席，数百人夹坐，蒸薰腥杂，汗流浃背，勺浆不入口。虽设有供茶吏，然率不敢饮，饮必朱钤其牍，疑以为弊。文虽工，降一等。盖受困于寒暑者如此。"②科场成了考验举子意志的场所，意志薄弱者还真难过这一关。

  出黄案之日，各考生纷纷至院前探望，或就近至各门斗处探听。其时各门斗亦乘飞舆，上至江干，下至湖墅，往其所承办而获隽之考生家报喜。其后又补送报单一纸。纸红色，上书"捷报贵府少爷某某，蒙钦命某某官衔几品顶戴提督浙江学政某姓，取中某某年岁试或科试第几名入泮，乡试联捷"等语，不但考生家分送，即考生之母家、妻家、业师家、至亲家，亦往报喜分送，皆所以邀赏。③

童生录取，填册需及于祖父辈。凡没有背景者往往被学里胥吏苛索，身份低者更无法逃脱被苛索的厄运。填完册后，又有复试。复试后数日，乃有参谒，谒见宗师也。是日，各新生皆衣冠楚楚，冠顶应用银，而无其物，则用铜。年幼而家富有，则衣特制之兰色单衫，而戴雀顶。雀顶者以银为之，做雀形。上午八时，齐集学使署前，更备黑面单页之红纸手本，于其前页右方之上，细书"沐恩新进儒童某某"字样，交院中胥吏，为晋谒之用。当时"沐恩"二字颇有所疑，凭文取士，并无私情，何恩之有！

---

① 钟毓龙：《科场回忆录》，杭州：浙江古籍出版社，1987年，第30页。各县学、府学大门之内、棂星门之前，均有半圆形之大池，名曰"泮池"，亦曰"泮水"。童生考取后始得至此，故童生取中亦曰"入泮"。六十年后，其人尚存，有"重游泮水"之典礼。
② （清）李调元辑：《制义科琐记》卷三《艾千子自叙》，《丛书集成初编》，上海：商务印书馆，1936年，第107—108页。
③ 钟毓龙：《科场回忆录》，杭州：浙江古籍出版社，1987年，第30—31页。

但却习染成俗。据说其起源于张居正时,当时勋臣戚继光、李成梁等上书投刺,皆自称"门下沐恩小底",遂沿而为武弁对上司之通称,又久之则文士亦受其影响矣。

炮三响,正门开,群拥至于大堂之上。少顷,宗师出升座,司仪者高唱"行礼",于是在前者跪拜,在后者以人挤之故,无下跪处,但俯伏其身,亦无人觉察及之。宗师有训话,近者闻,远者不得闻也。训话毕,宗师退,大众亦出,两旁鼓吹亭中鼓吹齐鸣,所谓吹吹打打送出辕门去,盖冀其他日皆能有用也。

参谒既散,随即拜客,刺用双页白柬,而束以二寸许之红纸。不用红柬而用白柬者,相传亦沿张居正夺情时之旧。柬之正面右边,写"某某顿首拜",而其上冠以对于所拜之人之称谓。束腰之红纸上,则书所拜之人名号称谓。所拜之人师友亲戚,泛泛者亦可往投,但往往辞不见。迟数日来答拜,则缴还此白柬。于束腰之红纸上,写"敬缴大柬恭贺芹喜"八字,盖用《诗经》"泮水采芹"之意,故入泮亦可名"采芹"。自拜客后,昔日童生,人皆知其已为秀才矣。

取得秀才资格就意味着拥有了一定程度的特权。对长官,秀才有别于平民的在三方面:其一,但须长揖,不必下跪。其二,自称生员,不称小底。见知县称父台,见知府称公祖,不称老爷、大老爷。其三,非先咨请斥革,即犯法亦不能用刑,故杭谚谓之"屁股盖儿"。

府学、县学之老师,有教授、有教谕、有训导,例为一正一副,皆官也,俗称教官。童生入泮,俗称进学,即此时才称为学里朋友。不过学里朋友也还有区别,起初不能算正式生员,叫附生,经过考试,成绩优者叫增生,更好者叫廪生。二者总称为生员,又叫博士弟子员,老师则称为博士。童生一旦升格为生员,即须至学里拜老师,然后注册成生员,例填姓名、年龄、籍贯、三代之存没等项目。填册不是生员自为,而需委之教官。教官多根据生员家庭经济状况索要册费或称挚仪。倘属绅富之子弟、冒籍之人或身家不清者,往往被重索,倘三代中均无人入泮者,亦多被重索,俗称这类人归"荒籍"。

入学之后,进入按部就班的学习阶段,每逢朔望日,老师出题,生员作文,老师批阅,各生员亦常至老师处受业请教。府学老师规定应是进士或举人，县学老师规定应是举人或贡生，府学教授为正八品，教谕、训导均为从八品，官阶甚卑，但对于各长官只长揖而已，不必如其他下属须请安下跪，各长官亦以老师呼之，以示尊师之义。

老师可任意传生员到署受试，三传不到，可以斥革。其间有参谒宗师之举，生员多衣冠楚楚，行谢师之礼，手执"沐恩新进儒童某某"纸本，接受宗师训示，参谒之后，开始执束拜客，例书"某某顿首拜"，致送师友亲戚，几日后，师友亲戚便以"敬缴大束恭贺芹喜"回贺。秀才的身份由此确立，人们亦明白了此人秀才的身份。

二、岁科试

自明以来，即规定以子、午、卯、酉年为乡试之年；丑、未、壬、戌为岁试之年；寅、申、巳、亥为科试之年。

岁试是为防止秀才荒废学业而设，每三年必考一次，文字荒谬即要被罚，俗谚有"秀才怕岁考"。科考是为次年乡试而设的，录取者方可参加乡试，实际上相当于淘汰考试，或称预选考试。岁试不能规避。连续三次不参加，则斥革。

> 科试为次年乡试而设，录取者始准参加乡试。其不愿参加乡试者，可以不考，不强迫。岁科试之情形，与童生之应院试无以异。文题一为"四书"题，一为"五经"题，诗仍六韵。其录取名次分三等：一等为优，二等平平，三等则差矣。一等前列者，或得廪生，谓之补廪；其次得增生，古所谓增广生员。故同一秀才，而有廪、增、附三等之不同。科试一等前列者，并可以保优，次年参加优贡之考试。由廪生而保优者曰优廪生。其列在三等以下者，榜上无名，谓之"落海"，次年不得参加乡试矣。严厉之宗师，有分至四等、五等者，大率因文字荒谬之故。尤荒谬者受戒饬，大率令学老师处置之。然亦有宗师亲自处置者，当堂责手心十板。①

岁科试对于秀才而言，可谓驾轻就熟，考试形式与过去的若干次考试

---

① 钟毓龙：《科场回忆录》，杭州：浙江古籍出版社，1987年，第43页。

相差无几，主要表现为程度的加深。有"四书"题和"五经"题，其录取分优、平平和差三等，由此重新排定廪膳、增广和附学三等。凡科试一等前列者，可于次年参加优贡考试，原属廪生者被定名为优廪生。而其名列于三等以下者，则不得于次年参加乡试，"落海"而出。

"落海"之秀才，如仍思参加乡试，须考遗才。遗才考试在乡试前一月。凡因事、因病、因丁忧、因远出不及参加科试者，以及本年新进之秀才，皆有此一试以补救之，谓之"录遗"，并非为"落海"者而设。然"落海"者亦许其参加。此种录遗，甄别较宽，第一名曰"才头"。

岁科试正场之外亦有复试。优秀者提堂号。壬寅年科试在冬间，其时首题为"自营至明一再传均不利适长，其故安在"；次题为"明建文帝平燕策"。谚云："场中莫论文，所贵有知音。"考中与否与座师关系甚大。

秀才寒士居多，或处家馆，或设蒙塾，授徒以自给，或出游幕，或兼经商，欲其出入学中，受业于学老师，不可能也。清同治初，干戈乍息，杭城人口存者仅十之一二。斯时小试，额多人少，勉强录取以足额，文理欠通顺者亦得侥幸。故其时有"大水秀才"之名。其人岁科试无前列之望，不得出贡，而谋生无术，往往穷饿。光绪十九年（1893），浙抚刘树堂悯之，捐款救济，名曰"经畬集"。每届冬令，查明而召集之，每人给银四元。

对于生员来说，明太祖及其后颁布的卧碑是他们必须遵循的规章。明代留下的卧碑中列有十二条①：①国家明经取士，说经者以宋儒传注为宗；行文者以典实纯正为主。今后务须颁降"四书"、"五经"、《性理》、《通鉴纲目》、《大学衍义》、《历代名臣奏议》、《文章正宗》及历代诰历典制等书，课令生徒诵习讲解。其有剽窃异端邪说，眩奇立异者，文虽工，勿录。② 天下利病，诸人皆许直言，唯生员不许。今后生员本身切己事情，许家人抱告。其事不干己，便出入衙门，以行止有亏革退。若纠众扛帮，骂詈长官，为首者问遣，余尽革为民。③习举业即穷理之一端，"四书"经文策论，务要说理详明。不须浮夸怪诞，记诵旧文，意图侥幸。④生员考试不谙文理者，廪膳十年以上，发附近充吏；六年以上，发本处充吏；增广生十年以上，发本处充吏；六年以上，罢黜为民；未及六年发社。⑤有司朔望行香，

---

① 《明史》卷六十九《选举志一》，北京：中华书局，1974年，第1675—1690页。

迎至明伦堂讲书。⑥各省廪膳科贡，各有定额；南北举人，名数各有定制。近来奸徒利他处寡少，诈冒籍贯，或原系娼、优、隶、卒之家，及曾经犯罪被革，变易姓名，侥幸出身，访出拿问。⑦岁贡。正统六年（1441），定府学一年贡一人，州学三年贡二人，县学二年贡一人。⑧应贡生员文理不通，另取补贡，不许但挨次滥补。⑨选贡。隆庆二年（1568）题准，不拘食粮浅深，务取文行兼优者，府学二人，州县卫学各一人，以充恩贡。⑩补贡有缺，查人文未经到部定限，本年取文学优长者一人补。⑪科举定以子、午、卯、酉年秋八月，各直省皆试士于乡。初九日初场，试"四书"义一道、经义四道，文限六百字，冗长者不得中式。十二日二场，试论一道、表一道、判语五条。十五日第三场，试经史时务策五道。初场须醇实典雅，二三场须明白条对，空疏敷衍者不得中。⑫学校无成，皆因师道不立。教官贤否不齐，须先察其德行，考其文学。若学问疏浅，怠于训诲者，一考再考无成，不必再考其文学，即送按察司问理。①

清代顺治九年（1652），又制定了新卧碑——《御制晓示生员》。内容为：朝廷建立学校，选取生员，免其丁粮，厚其廪膳，设学院、学道、学官以教之，各衙门以礼相待，全要养成贤才，以供朝廷之用。诸生皆当上报国恩，下立人品。所有条教，开列于后：①生员之家，父母贤智者，子当受教于父母。若父母愚鲁者，或有为非者，子既读书明理，当再三恳告，使父母不陷于危亡。②生员立志，当学为忠臣清官，书记所载忠清事迹，务须互相讲究。凡利国爱民之事，更宜留心。③生员居心忠厚，正直读书，方有实用，出仕必作良吏。若心术邪刻，读书必无成就，为官必取祸患，行害人之事，往往自杀其身，常当思省。④生员不可干求官长，交结势要，希图进身。若果心善德全，上天知之，必加以福。⑤生员当爱身忍性，凡有司衙门不可轻入。即有切己之事，只许家人代告，不许干预他人词讼，他人亦不许牵连生员作证。⑥为学当尊敬先生，若讲说皆须诚心听受。如有未明，从容再问，毋妄行辩难。为师者亦当尽心教诲，毋致怠惰。⑦军民一切利病，不许生员上书陈言。如有一言建白，以违制论，黜革治

---

① 《明英宗实录》卷三百三十六，"天顺六年正月庚戌"条，台北：台湾"中研院"历史语言研究所校勘本，1962年，第6864—6869页。

罪。⑧生员不许纠党多人，立盟结社，把持官府，武断乡曲。所作文字不许妄行刊刻。违者听提调官治罪。①

明清两代的卧碑都特别强调了生员必须谨守本分，安心读书，不要干预国家事务和社会事务，不要随意破坏生员本身应该具有的形象。

秀才出学机会在乡试中式和取得五贡资格时出现。如果遇不上这两种机会，则终其身无出学资格，或者说无上升资格。所谓"五贡"，指的是副贡、岁贡、恩贡、拔贡、优贡五类贡生，分别来自乡试副榜、每岁府学限定贡额、皇室庆典贡额、定期选拔之贡额及由品行被推荐项目。拔贡和优贡有的通过乡试可升擢，其他三类则经常获得学老师之资格。

三、乡试

小试、岁科试在科举制度中算是科举功名搏击中的练兵形式，而乡试才是科举考试的第一级考试，又称大比，故举行乡试之年称大比之年，由朝廷正、副考官各一人到各省主持，称主考。主考需是翰林院的官，或在进士出身任部院官职中选派，乡试结束后即回京。只有顺天府正、副主考是在协办大学士、尚书或副都御史以上的官员中选派。凡取得应考资格者，都可参加乡试，主要是生员中科考在优等者及监生、贡生。

副贡、岁贡、恩贡、拔贡、优贡分别被俗称为龟贡、鳖贡、鱼贡、龙贡、鳅贡。子、午、卯、酉年有乡试，例定于明代。但国家有喜庆之事，若皇帝生日，谓之"万寿"；若皇帝取后，谓之"大婚"；若新君即位，谓之"登极"等，皆添举行一次，名曰"恩科"。恩科不一定是子、午、卯、酉年，如恩科适逢正科之年，则同年举行，称恩正并科，人数按两科名额录取。有时遇有恩科，则将正科推至次年，称以正作恩。

考试在北京（顺天府）和各省贡院举行。贡院设置了这些历代进士题名碑，这些题名碑为研究唐以来各代，特别是明清两代的科举制度和地方文化、教育事业的发展情况提供了珍贵的实物资料，具有重要的价值。

在历史上，在北京、南京及各省府举行全省"乡试"的考场，一般都

---

① （清）素尔讷等纂修，霍有明、郭海文校注：《钦定学政全书》卷七十三《义学事例》，武汉：武汉大学出版社，2009年，第40—42页。

立有贡院碑记，尽管由于年代久远，朝代更迭，沧桑变化，许多贡院碑记已亡佚，但至今仍有一部分遗存于世，如在陕西西安碑林中，就存有刻于清同治十三年（1874）的《重修陕西贡院记》，碑高199厘米，宽76厘米，由邵亨豫撰文、李慎隶书。现存贡院碑记最多的是位于江苏南京城南夫子庙附近秦淮河北岸、金陵路1号的江南贡院（图1-2）。

图1-2　江南贡院明远楼

江南贡院始建于南宋孝宗乾道四年（1168），初为建康府学、县学考试的场所，规模并不大。明太祖朱元璋建都南京后，乡试、会试即在此举行。由于考生众多，不敷应用，明成祖永乐间在此重新兴建，贡院始具规模。永乐十九年（1421），明成祖迁都北京，南京改为陪都，但此院被称为江南贡院。康熙时，分江南省为江苏、安徽两省，这两省的考试之地仍为此院。由于明清两代多次扩建，江南贡院规模扩大，居当时全国各行政贡院之首位，尤其是在同治年间（1862—1874）再次扩建后，规模更大，拥有的考试号舍达20 644间，和当时北京的顺天贡院齐名于天下。明清时期的许多名人如唐寅、吴敬梓、张謇、翁同龢、郑板桥及陈独秀等都曾在此参加考试。据统计，清代共先后举行科举考试112科，从江南贡院乡试中举、会试中状元的有58人，占清代全国状元总数的一半以上。尽管自光绪三十一年（1905）科举废止后贡院闲置无用，并在1919年大部分被拆除，但衡鉴堂、明远楼、部分考试的号舍和明清时所立的碑记仍被作为历史文物保存了下来。现在原江南贡院明远楼东西两侧完好地保存着雕刻精美的22块贡院碑记,其中有珍贵的康熙皇帝御撰的《考试叹》碑。刻于1919年的贡院碑记,记述了当时贡院被拆除辟为市场的经过,这22块碑记向世人详细展示了江南贡院的历史变迁,是研究明清贡院和明清科举制度的有价值的实物资料。

明成化年间设立的杭州贡院位处宋代兴建的仁和仓址,三面环河,北抵梅东高桥,东设贡院东桥,西设中正桥,有号舍12 000余间,另有聚奎堂供正、副考官居住,有供奉狐仙的祭室,有士子休息之地,大门外东西各立一牌,分别书以"明经取士"和"为国求贤",横额则书"浙江贡院"四个大字。《儒林外史》提及周进随其姊夫金有余路过浙江贡院时,曾一头撞到了贡院的号舍上。

乡试于八月举行,又称秋闱,七月中旬各府士子即群集于贡院附近。其时居民多以其余屋招租,题其纸曰"安寓秋元",租房人数在万人左右。杭州青云街汇集了考具店、书坊店,热闹非凡。接着是正、副主考按临,地方巡抚亲自为监临,设内外监试官,一般以道府为之。另有受卷官、弥封官、掌卷官、对读官等,皆以候补之州县或佐杂官为之。有同考官,俗名房官,为襄助两主考的阅卷官,调取进士、举人出身而由有文名之州县官为之。受卷官如发现有违式犯规处,即将其姓名、籍贯以蓝色书之而贴出,即所谓的"登蓝榜"。如无违式犯规,则移交弥封官弥封,再发交誊录房。誊录完毕,为防其有讹,则由对读官对之,然后分送各房官。房官认为不可取,则径弃之。如认为可取,则加以评语而呈之主考,名曰"荐卷",俗名"出房"。后由于考卷数多,增加了一些能文之士作内助。按规定,誊录官用朱笔,房官用蓝笔。

贡院又称"棘院"或"棘闱",这当与贡院防范舞弊的设置有关,或是在贡院外遍插荆棘,或者把贡院设在四面临水之处。古代考试时,围墙之外,使内外人无能逾越,故有此名。今之贡院,三面环以河,亦即此意,皆所以杜绝传递等弊也。监临等官有公事与正、副主考商洽,一坐门内,一坐门外,而其中隔之以帘,亦为防弊。主考进贡院谓之"进帘"。吴敬梓在《儒林外史》第四十二回描述说:"贡院前先放三个炮,把栅栏子开了;

又放三个炮，把大门开了；又放三个炮，把龙门开了；共放九个大炮。……放过了炮，至公堂上摆出香案来。应天府尹大人戴着幞头，穿着蟒袍，行过了礼。立起身来，把两把遮阳遮着脸。布政司书办跪请三界伏魔大帝关圣帝君进场来镇压，请周将军进场来巡场。放开遮阳，大人又行过了礼。布政司书办跪请七曲文昌开化梓潼帝君进场来主试，请魁星老爷进场来放光。……请过了文昌，大人朝上又打三恭，书办就跪请各举子的功德父母。"这是一番复杂的请神仪式，显得烦琐却须一丝不苟。更一步的法式还有"每号门前有一首红旗，底下还有一首黑旗。那红旗底下是给下场人的恩鬼蹾着；黑旗底下是给下场人的怨鬼蹾着。到这时候，大人上了公座坐了。书办点道：'恩鬼进，怨鬼进。'两边齐烧纸钱。只见一阵阴风，飒飒的响，滚了进来，跟着烧的纸钱滚到红旗、黑旗底下去了"。① 每个考生都希望恩鬼出现，成就自己的功名。

搜检本来亦甚严，但坊间石印之《大题文府》《小题文府》《策论渊海》之类，日出不穷。考生尽量怀挟，而考篮乃以愈大愈妙矣。考生进考场时常带物甚多，有卷袋、有厚衣，往往缝以各种口袋。另还备上门帘，以便夜间歇息时遮挡。自大门至仪门，路甚远，考篮大而重者，提拿为难，则有人可雇。其人衣青，名曰"青衣脚手"，为官府所特许者。故出场之时，此大群青衣脚手早侯于门，争为代送。按规定，送考人不能入场内，唯官生特许有仆人代为携带考具入内，铺设毕而出。每号门之上，皆标以字，以《千字文》之字排比之，一号之中，分数十间，一间坐一考生，极底则为厕所。坐近厕所者，谓之"臭号"，第一场犹可，第二场则秽气远播，实不可耐，因为考生贪近便，大小解不必皆至厕中也。又有与炊爨之地相对者，谓"火号"，烟熏火炙，亦不可耐。然号中如有空间无考生者，亦可移坐以避之，不算乱号。

号中每间之地位，方广不过四尺，檐口甚低，长身者可以打头，所谓矮屋也。对面即别号之墙，其中露天光者，不过尺余。每间之三面，均围以墙。间之中，距地约二尺许，则置板二，可以移动，日则取其一悬之空

---

① （清）吴敬梓著，张慧剑校注：《儒林外史》第四十二回《公子妓院说科场　家人苗疆报信息》。北京：人民文学出版社，1962年，第496—498页。

中，以代几案，而留其一以为坐位；夜则恢复原状，而卷曲卧其上，以为床榻，两只脚常常露在外面，有的考生用考篮承之。

未封门之前，考生可任意往来，或至他号访友。迨一封门，则有多人周走而呼，促各生归号，旋即将号门之栅封锁，不得再出矣。晚餐后，大都灭烛就寝。至后半夜，号军得到题目纸后，分送各生，呼曰："相公，题目纸来了。"则一齐起身，秉烛构思。次日上午，又有多人启锁开栅，查号盖戳毕仍锁之。

进场三次，每次须两夜三日。其膳食，有官府所雇之人司之，名说"号军"，每号两三人。按规定，米菜等皆由官府供给，然米尽粗粝，菜亦恶劣，故考生皆自带，而令号军炊之。菜则制成之物，便携带者。另有盘、碗、蜡烛等用具。钟毓龙说公家供应的饭菜是这样的："火腿之狭几如指，月饼之小几如钱。"①可见其一斑。

考生在考场之内，各自往来甚少，晚上早早就寝。后半夜，号军拿到题目纸后，即分送考生，考生马上起床构思，次日照样有监军入号盖戳，以防作弊。第三日法官牌出场，仍有头二三牌之分。放牌时，开锁启栅门。已完竣者，将一切考具收拾净尽，携以出号，栅门复锁，不能复入矣。缴卷处在至公堂，设有受卷处，随发照签一枝，长五六尺，以竹为之，而半染以红，凭此至门口，缴以出场。

三场考试之后，考生散归，号军常忙着详细记录属下考生的姓名住址，求得以后向考生索赏。放榜前，考生也常常向门斗探听消息，称为"看鸽棚"。门斗得鸽棚后，即飞舆至其所承办而中式者之家报喜。放榜当日也有人把全榜人名、年龄、籍贯等资料印成《题名录》，沿街发卖，下一届应试者往往购买以劝励自己。因为号军可以至其家索犒赏，如有中式者，更往索喜包，此亦号军额外之一宗收入也。凡不中之卷，称为"落卷"，考生可托门斗领出，以观阅卷者之批语。

场中填榜中式之人能先知之。闱中填榜，每填一名，必将其卷重行会同检阅一过。如发见有疵缪，则临时于堂备或荐卷中择一以代之，故填榜极费时。堂备者即备取之意。然颇闻此项易卷多于荐卷中求之，不及堂备，

---

① 钟毓龙：《科场回忆录》，杭州：浙江古籍出版社，1987年，第69页。

故有"堂备不如荐卷"之说。填榜从第六名填起，最后乃填前五名。其时已在中夜，燃无数红烛，围绕而填之，名曰"闹五魁"。第一名曰解元，第二名曰亚元，相传解元必须正主考所取者，亚元必须副主考所取者。自第三名至第十八名，则十六房官必各占其一，谓之房元。门斗得鸽棚后，即飞舆至其所承办而中式者之家报喜。填榜既毕，沉之案上，监临、主考等均朝服，向之三跪九叩首，始鸣炮启大门，卷此榜，置之彩亭中，以鼓吹送至巡抚署照墙上张挂。所以必三跪九叩首者，盖取中名册须贡之于皇帝。初时先有册，后有榜，拜者，拜所贡之册也。其后册从缓写，榜陈案上，而拜之礼不废，名曰"拜榜"。

放榜日上午，即有沿街鸣钲，叫卖《题名录》者，全榜人名、年龄、籍贯等皆备，木刻小字，殆在场中印成者也，人争买之。明代莲池大师，以名诸生出家为高僧，每届榜发，必买《题名录》观之。说者谓其名心尚在，七笔钩未钩尽也。示寂后，其门徒世世仍买之，以供于香案前，至清代犹然。

榜出后，门斗又率领报子至其家，鸣锣报喜，并有一狭长之白纸条，上书"中式某某科乡试第几名举人，浙江某某府县学优廪生或廪生增生附生"之类。姓名、籍贯、名次，皆又送一如短画之立轴，下垂彩须。中书"捷报贵府老爷某某，中式浙江省某某科乡试第几名举人，会试联捷"等语。其他至亲族人等亦往报喜，与入泮同。中式者照样须拜客，接受回贺。明代人用官费常于门外立坊，清代则简化为在家中立匾额，如解元、亚元、文魁等类。外乡举人，则立旗杆于其家门外，或祠堂门外。拜客之外，还要拜座师，拜房师，得备挚仪。

放榜一般安排在黎明，中国传统社会较为盛大的仪式都选择在黎明时分进行，古文称为"昧爽"，皇帝举行早朝是这个时候，老百姓建房子上梁也选择在这个时候，进士榜的放榜当然也以选择在这个时候为好。其实，为了这黎明的放榜，官府早已做好了前期的一切准备，朝廷的书办可能早已知道了结果，于是他们拥有了较别人先知道的权力，因而也拥有了向考生通报、索贿的权力。对于大多数普通百姓而言，应试者在放榜前一夕，因无法知道自己考试的结果，多无法入睡，只能坐等消息。富贵之家还会准备多种佳肴，贫穷举子只好独坐寒斋，直到五更鼓鸣、榜放。新进士以泥金帖子附在家书中，作为喜信。泥金是用金箔和胶水制成的金色颜料，榜上贴有这种金花，所以又叫金花帖子。这种帖子除了书写登科者的姓名外，还有知贡举官的画押，由专人差送到及第进士的住所。高退之在考试完毕后，归居于长安郊区周至县的山村，榜放后，由进士团派人把榜帖送到家。"何事感恩偏觉重，忽闻金榜扣柴扉。"诗中所说的"金榜"，就是金花帖子，要是权贵之家的子弟登科，榜帖送到家，就要大摆宴席，广请宾客，以示庆贺。杨汝士为东川节度使时，其子杨知温及第，榜到之日，"汝士开家宴相贺，营妓咸集。汝士命人与红绫一匹"。诗曰："郎君得意及青春，蜀国将军又不贫。一曲高歌绫一匹，两头娘子谢夫人。"①

蒲松龄《聊斋志异》中提到"秀才入闱，有七似焉：初入时白足提篮似丐；唱名时官呵隶骂似囚；其归号舍也，孔孔伸头，房房露脚，似秋末之冷蜂；其出闱场也，神情惝恍，天地异色，似出笼之病鸟；迨望报也，草木皆惊……行坐难安，则似被絷之猱；忽然而飞骑传入，报条无我，此时神情猝变，嗒然若死，则似饵毒之蝇，弄之亦不觉也。初失志，心灰意败……无何，日渐远，气渐平，技又渐痒，遂似破卵之鸠，只得衔木营巢，从新另抱矣"②。真实地描述出应试者在不同时期的心理状态，当然这多为科场失意者的科场轨迹。

取得功名后，便有人送书画具款之团扇、伞等类，俗称"打秋风"，实际上是一种相互联络，《儒林外史》中说到范进中举后，张乡绅带他去高要县县令处打秋风，当时范进母亲刚去世，按规矩他应在家丁忧，结果他却匿丧不报。

拜客之后，又须拜座师。拜房师，即拜荐卷之房官也。拜座师，应于其出闱时，因一出闱，应酬必繁，或即起程，不能见矣。房师则不拘。

另外还有一事，叫"刻朱卷"，先是主考在闱中，已将中式者之三场文字择优发刻，印以朱色，而汇为一卷，名曰"闱墨"，亦叫"朱卷"，以聚奎堂为名。中式之举人，其文字无论聚奎堂选与不选，亦必自择数篇，并房官、主考之批语，刊印而分送人，虽不用朱色，亦曰朱卷，其封面上另以朱色印

---

① （五代）王定保撰：《唐摭言》卷三《慈恩寺题名游赏赋咏杂记》，上海：上海古籍出版社，1978年，第37页。

② （清）蒲松龄著，朱其铠主编：《全本新注聊斋志异》卷九《王子安》，北京：人民文学出版社，1989年，第1234—1238页。

"呈政"二字。其文如为聚奎堂所已选,则于篇之眉加"圈点悉遵聚奎堂原刻"九个字。文字之前,备载履历,先为本人之姓名三大字,其下,则字某某、号某某、诞生年月日、优廪增附等出身及籍贯等。其后,则分上下两排,上排自始祖考妣以至父母,为直系亲属,详载其经历及官爵;妣氏母氏,则详载其父母兄弟之出身经历等。祖父母俱存者曰"重庆下",否则举其存者。父母俱存者曰"俱庆下",偏亲亦举其存者。父母俱亡者曰"永感下",其后继以业师、问业师、知师。凡书院之山长、从前之学政,以及前届之房师、本届之监临等,均可列入之。下排则载旁支之族人,自远房以至从堂、嫡堂,以及本身胞兄弟、姑母、姐妹、侄子、妻党,皆详载之。末则附以"族繁不及碑载"六字,皆所以侈张其门第也。此种朱卷前之履历,有人将金榜之人所刻者汇合而重印之,以售于各举人,名曰"同年齿录"。

乡试考取的称举人(图1-3),第一名称解元。乡试的榜谓之乙榜,亦写作一榜,又称乙科,考取举人也称考取乙榜,因乡试时正当桂花开放,故考中者称折桂。乡试结束后,举人身份确定,另还有磨勘、复试之环节,磨勘由礼部执行,凡发现有犯规、触讳等情形,考生可罚停止参加会试,有时主考官亦要被处分。复试是在会试之前举行的,如举人三次不参加,举人资格即被取消。

图1-3 举人匾额

举人之出路，自以得中进士为正途。会试屡屡不中，则尚有出路二，谚曰"头顶知县，脚踏教官"。所谓"脚踏教官"即"俯而就之，可得府学教授之职"。所谓"头顶知县"，是说考中举人者经面试可当知县。据说应知县之职仍需通过考试，但经常取貌不取文，故俗称"挑八仙。"相传有"文是倭乡狗鬼屁，人取胡麻黑胖长"之说。

在中国传统社会中，士大夫阶级地位优越，素受社会尊崇。且当时凡欲出人头地，得精神与物质双重尊荣者，只有仕宦一途，其他如农、工、商，在社会上之地位均不能与之相比。故全国士子莫不辛勤苦读以应科举，以期"学而优则仕"，光耀门楣。而由于科举中额少，考生多，不肖之士子乃玩法舞弊贪缘钻营，致弊端丛生。

四、会试

会试一般于辰、戌、丑、未年举行，时间在二三月间，又叫春闱，因由礼部主持，又叫礼闱。会试也须三场，所考内容与乡试相同，只存在难度的差异。会试中式者，再赴殿试。殿试是科举的最高级终裁性考试。由皇帝亲自主持，设"读卷官"及提调、监试、弥封等官，其职级都非常高。明代会试录取配额洪熙时分南北卷取录，其中南人占总录取额的十分之六，北人占十分之四。后来调整为南、北、中三卷，即由两个区域改为三个区域，其中南卷包括应天及苏、松诸府和浙江、江西、福建、湖广、广东诸省，北卷包括顺天及山东、山西、河南、陕西诸省，中卷包括四川、广西、云南、贵州及凤阳、庐州二府与滁、徐、和三州。与此相应，录取比例也做了重新规定：南卷占总录取额的55%，北卷占35%，中卷占10%。宣德、正统期间，基本上执行这一方案。由于这一方案在区域划分和名额分配上相对来说更细致、更合理，也得到了统治阶级各集团及各地士人更多的认同和支持，成为明代科举考试的一项基本制度。清代沿袭明代南、北、中三卷做法。到康熙五十一年（1712），改为分省录取，按照应试人数的多寡来确定中额。这样既保证了各省都有一定的录取名额，又进一步完善了科举制度。明清会试中还推行副榜制，入会试副榜者可免廷试，咨吏部授职。会试考取的称贡士，第一名称会元。因会试时正当杏花开放，故考中者称探杏。乡试、会试合称为桂林杏苑。

殿试（图 1-4）是最高一级的考试，每三年一次在殿廷上举行，故又称廷试。试期为会试之年，曾有三月或四月不同时间。殿试由皇帝亲自主持。清代时，贡士一般于前一天晚上即进入宫中，在偏殿或大臣之朝房内休息一夜，到黎明时分，到保和殿恭候皇帝的光临。殿试仅试时务策一道，限千字以上，称对策。按规定殿试毕，次日读卷，又次日发榜。分一、二、三甲以为名第之次。一甲三名。赐进士及第，称为状元（图1-5）、榜眼、探花；二甲若干名，赐进士出身，其第一名称为"传胪"；三甲若干名，赐同进士出身。殿试中式进士，称为"甲榜"。因一般人又将乡试举人第一名称为"解元"，会试贡士第一名称"会元"。如此一身兼有解元、会元、状元的就叫作"三元及第"。据统计这样的例子为唐代289年间（618—907）有崔元翰、武翊黄、张又新、白敏中四人；宋代319年间（960—1279）有陈尧叟、孙何、王曾、王岩叟、杨置、冯京、彭汝砺七人；辽代218年间（907—1125）仅有王棠一人；金代119年间（1115—1234）仅有孟宗献一人；元代89年间（1279—1368）只有王宗哲一人；明代276年间（1368—1644）仅有洪武二十四年（1391）的状元黄观和正统十年（1445）的状元商辂二人而已；清代也仅有钱启和陈继昌。

图 1-4　清代殿试图

殿试揭晓时，在太和殿前举行唱名典礼。典礼仪式隆重，皇帝和百官

图 1-5　安徽休宁黄氏宗祠"状元及第"匾额

都参加。典礼后将榜张贴在长安街宫墙，称为金榜，张挂三天。故考中者称为金榜题名。唱名后，一甲三人插花披红，由鼓乐仪仗拥簇，出正阳门，跨马游街，返回各会馆住所。其余二甲、三甲由东华门、西华门出宫。次日朝廷赐新进士酒筵，名恩荣宴，又名琼林宴。

考中进士，功名就到了尽头，即可派遣官职了。第一甲三人直接授给翰林院官职。明清时期翰林院虽无实权，但其职务是文官升迁的重要阶梯。状元例授翰林院修撰。榜眼、探花授翰林院编修。第二、第三甲的进士不直接授官，还要再参加朝考。这次朝考名为馆选，即由庶常馆选择的考试。庶常馆是隶属翰林院的机构，凡朝考优良名列前茅者，由皇帝亲自圈点，即作为庶常馆选中，用为庶吉士。凡授为庶吉士者，则称翰林。翰林可进入翰林院学习。因古代史官称太史，明清两代翰林院管编修史书等事务，故翰林又称太史，赐其住宅"太史第"匾额。翰林比一般进士高，但低于一甲的三人。其馆选未选中者，不能称翰林，也不能进翰林院学习，另授其他官职。入翰林院的庶吉士（即翰林），三年肄业期满需再经一次考试。优等的"留馆"，即留在庶常馆，授予正式官职，如翰林院编修、检讨等官，官职就与一甲三名相同了。优等之外的按等第分别授职，派为六部主事或外用知县等，谓之散馆。所以这次考试称散馆考试。明代曾推行"观政进士"制度，就是在任官之前先到六部、都察院、大理寺、通政司等衙门实习,处理政务、军务等。朱元璋于洪武十八年(1385)下令推行该制度:"其诸进士,上以其未更事,欲优待之,俾之观政于诸司,给以所出身禄米。俟其谙练政体,然后擢任之。"①这是朱元璋针对进士直接由学校转而主政而采取的过渡措施。只是后来没有很好地实施罢了。

山西太原县刘大鹏于光绪四年(1878)进学(取秀才),光绪二十年中举人,后三次会试不第。考进士时的殿试,尤重小楷,这是当时制举业的常识。而刘氏要到1895年到京会试时才知"京师习尚写字为先,字好者人皆敬重,字丑者人都邈视,故为学之士,写字为第一要紧事,其次则诗文,及诗赋,至于翻经阅史,则为余事也"。这样的信息都不知道,自然很难考中进士。一年多以后,他还在慨叹"京都凡取士,总以字为先……故用功之士,写字为要务,一日之中写字功夫居其半,甚且有终日写字者"。②显然,写字好坏并非一日之功可毕,刘氏的劣势不是短期内就能有所改变的。让刘氏再度感到存在差距的还有刘氏"新学"知识颇缺,因为这时的考试还特别注重"洋学",刘大鹏赶紧买来一些新书,为应考做准备。等到1902年他第三次去应会试时,河南的考生早已超过了他,他们阅读了更多的"时务之书",必然较刘大鹏有优势。因为刘氏起步晚,又对孔孟之学存有依恋,对"新学"心存抵拒,所以追赶的速度也慢,他于1903年又一次落第,他开始甘认自己无法"求速效",他想退回到原来的塾师职位上时,又发现即使教书为生,也以通西学者为尚,"凡能外洋各国语言文字者,即命为学堂教习,束脩极厚"③。他的同年郝济卿不愿教"新学",终于被东家"力辞其馆就他业"了。

科举考试作为一项选拔官员的制度,取中者当然就取得了入仕的资格。进士是功名的最高等级,因而也即取得了谋取最高级别官位的资格。进士中以入翰林为主。明朝"状元授修撰,榜眼、探花授编修,二三甲考选庶吉士者,皆为翰林官。其他或授给事、御史、主事、中书、行人、评事、太常、国子博士,或授府推官、知州、知县等官。举人、贡生不第,入监

---

① 《明太祖实录》卷一百七十二,"洪武十八年三月丙子"条,台北:台湾"中研院"历史语言研究所校勘本,1962年,第2627页。
② 刘大鹏:《退想斋日记》,太原:山西人民出版社,1990年,第40—41、61页。
③ 刘大鹏:《退想斋日记》,太原:山西人民出版社,1990年,第126页。

而选者，或授小京职，或授府佐及州县正官，或授教职"①。清代依然如此，进士与举人、贡生出路判若两途。进士内授翰林院修撰、编修、检讨、庶吉士、六部主事、内阁中书、鸿胪寺行人、大理寺评事、国子监监丞、博士、助教、大常寺博士等；其外授往往也得知州、知县、推官、教授等职。举人须经拣选、考职或大挑，始可得任内阁中书、国子监学正、学录，知县、州学正，县教谕等官。优、拨贡生，荫生等，较之举人更等而下之。至于未被拣选之举人及乡试不第之生员，除非有优厚的经济条件等让他们毕业读书、应考，直至高中或老死科场，否则经过多次失败之后，他们便要自谋出路，特别是来自自耕农家庭者，不可能总是吟诗诵经，为文作对，闭门潜行，坐而论道，云游观光，书画怡情，而必须从事有经济意义的活动。他们或从事各种教育活动，或受雇于官门私室，或耕读兼营，或学商一体，贩卖诗文，行医占卜等，或弃学经商，或从事一些低贱职业，如胥吏、讼师、兵丁等。这些活动中，许多又是律例禁止的。对这些科举制度的不幸者来说，他们无法继续从事属于举业之人的正当活动，而被迫干此营生，其内心是相当痛苦的。

应该说，每一时期录取名额并未完全固定化，而是根据实际情况有一些增减的调整。显然，相对于众多的考生而言，乡试录取名额确实是很少的，有时是 500 余人，有时也可能增加到 1300 人，会试录取名额少时几十人，多时则达到四五百人。据《皇朝政典类纂》，顺治二年（1645），规定直省乡试应试人数与录取人数之比为 30∶1；康熙二十九年（1690），比例是 60∶1。乾隆九年（1744），上升到了 80∶1。明清时期大省及京都贡院号房动辄上万间，即其规模可容纳上万考生。乡试录取最高的省份亦不过百余人，而会试最高录取额全国才三四百人。王跃生研究清代科举人口，认为童生和生员是其主要成分，童生在每个县的平均数量不少于 1000 人，共同竞争四五十个生员缺额。同一时期一个县份中生活着四五百名的生员，他们是乡试的主要生源。这样一县之中就有 1500 名左右的科举人口。②依此类推，由乡试到会试，一层层地有被淘汰者，进士的中式真可谓难

---

① 《明史》卷七十《选举志二》，北京：中华书局，1974 年，第 1695 页。
② 王跃生：《清代科举人口研究》，《人口研究》1989 年第 3 期。

乎其难。

据张杰统计，清代士人中进士的平均年龄在 37 岁左右，少年得志的如大学士明珠之子纳兰性德 17 岁为诸生，18 岁乡试及第，19 岁成了进士，个人的聪敏加上不凡的出身才造就了这少数的年少者，史载中进士的最高年龄竟达到 98 岁，应试进士的甚至有 103 岁的记录。

从每个应试者来说，科举之途耗掉了他们人生的大部分时间。且看清朝历史上有名的几位文士：沈德潜，江苏长洲人，于康熙三十三年（1694）入长洲县学为生员，时年 21 岁，以后他接连 17 次乡试落第，到乾隆三年（1738）中举人，次年成进士，这时他已 66 岁，应试时间长达 45 年。若加上考生员的时间，当在 50 年以上。

在一个人漫长的考试生涯中，可能经历小试（县试、府试、院试）、岁科试、乡试、会试、殿试。张謇的儿子张孝若说他父亲用在这些考试上的时间是 160 天，相当于半年。其实，除了这用于考试时间外，考生还要在赴考路上花费时间。清代徽州府婺源县生员詹元相，在日记中对他参加岁考、科考和乡试的情况做了比较完整的记载。康熙四十年三月十二日，詹元相由家乡动身，往徽州府参加岁考。三月二十日考试，四月初一发榜，他获取二等二十五名。四月初六上午，"文宗（指学政）发放岁试生员，一二等赏花一对、红绸一条"。四月初八，詹元相返回家乡。此次岁考，詹元相共花了 27 天时间。岁考之后詹元相又参加备选乡试的科考。他于岁考后第二年闰六月二十六日，离家到南京乡试，七月二十日到苏州"考遗才"，七月二十四日，录为第一名。八月初八日，詹元相在南京参加江南乡试，八月十六日结束，八月三十日返回。此次乡试，前后用了两个多月。根据詹元相的记载，生员花在岁考、科考与乡试上的时间合计约 3 个月。[①]

科举制度越来越迫使学校奴婢化，学校办得是否有成效与科举考试的成绩好坏直接相关。学校把越来越多的精力用到了八股文的教授上来，上至国子学、太学，下及府、州、县学，乃至社学、义学、书院都概莫能外。

---

① 参见王振忠著，李玉祥摄：《水岚村纪事：1949 年》，北京：生活·读书·新知三联书店，2005 年。

第三节　应试之准备

十年寒窗留给读书人的感受是各不相同的。其间的一次一次入门考试是对心理和意志的磨炼。要想在科场上赢得主动，选择好学习方法，阅读好的书往往是制胜的关键。

科场的制胜术或者说揣摩术自科举开始时就已兴起。不过也不宜把这一切都一棍子打死。一些学习辅导性书籍也有其存在的合理性。以《读书分年日程》为例，该书编者程端礼说："方今学校，教法未立。不过随其师之所知所能，以之为教为学。凡读书才挟册开卷，已准拟作程文用。"①由此说来，程氏是鉴于当时只重科举，不重读书，所以才有《读书分年日程》的。

不读书而专习时文，此风至明乃极盛。明陈际泰之父曾说："此间小儿才读下孟，即走从举业。"②陆桴亭说："近日人才之坏，皆由子弟早习时文……聪明者读摘段数叶，便可拾青紫，胸中何尝一毫道理知觉。"③盖自八股盛后，取士唯重文章，而"四书"本经可出之题有限，只需将文章做会，便可进学中举，做官出仕，学者要想做文章，"四书"本经，俱可不读。平时程墨房稿选刻时文，预备考试，则先事拟题，把"四书"本经可出之题，拟作若干篇，或抄作挟带，亦记在肚里，当场抄默出来。科举时代的读书人没有不在选墨泥题上下功夫的。

所谓选墨，由来已久。宋时即取中士子所作之文谓之程文。朱熹《学校贡举私议》云："近年以来，习俗苟偷，学无宗主，治经者不复读其经之本文，与夫先儒之传注，但取近时科举中选之文，讽诵摹仿，择取经中可为题目之句，以意扭捏，妄作主张，明知不是经意，但取便于行文，不暇

---

① （元）程端礼：《程氏家塾读书分年日程》，北京：中华书局，1985年，第24页。
② （明）陈际泰：《已吾集》卷之《陈氏三世传略》，台北：伟文图书出版社有限公司，1977年，第291页。
③ （明）陆桴亭：《思辨录》，参见王云五主编：《陆桴亭思辨录辑要》（一），上海：商务印书馆，1936年，第3页。

恤也。"①是朱子时学者，已有不读本经的了。《金史》承安五年（1200）诏考试辞赋官各作程文一道，示为举人之式。试后赴省藏之，然当时恐只选而未刻，明初遂有刻录，先亦用士子之文为程文，后改用主司所作，而以士子所作之文为墨卷。《日知录》注：弘治六年（1493）会试，同考官靳文僖批有"自板刻时文行，学者往往记诵，鲜以讲究为事"之语。是弘治间已行板刻时文之证。迨至明中叶，"满目皆坊刻矣"②。万历乙卯（1615）以后，八股文的刻本有四种：一是程墨，刻的是三场主司之文；二是房稿，乃十八房进士之作；三是行卷，为举人所作；四是社稿，为诸生会课之文。顾炎武云："天下之人惟知此物可以取科名，享富贵，此之谓学问，此之谓士人，而他书一切不观。昔丘文庄当天顺、成化（十五世纪下半叶）之盛，去宋元未远，已谓士子有登名前列，不知史册名目、朝代先后、字书偏旁者。举天下而惟十八房之读，读之三五年，而一幸登第，则无知之童子俨然与公卿相揖让，而文武之道弃如弁髦。嗟呼！八股盛而"六经"微，十八房兴而"廿一史"废。"③顾炎武之言如此，则当日学塾之不读经史可知。顾氏又云："今南人教小学，先令属对，犹是唐宋以来相传旧法，北人全不为此，故求其习比偶、调平仄者，千室之邑几无一二人。而八股之外，一无所通者，比比也。愚幼时"四书"本经俱读全注。后见庸师窳生，欲速其成，多为删抹。而北方则有全不读者，欲令如前代之人，参伍诸家之注疏而通其得失，固数百年不得一人，且不知《十三经注疏》为何物也。"④这可作为明末清初北方学塾不读注疏只习八股的例证。

程墨房稿在明代既已盛行，清代自不待问。有一种人是专做这种工作的，叫作选家，往往可以享盛名，赚大钱。乾隆间，徐敬轩编《初学玉玲珑》一书，专讲八股，为初学八股者通用读本。嘉庆间，路闰生根据三十年教学经验，选了几千篇八股，编成《时艺开》《时艺向》《时艺核》三书

---

① （宋）朱熹：《学校贡举私议》，参见（清）庄仲方编：《中华传世文选·南宋文范》，长春：吉林人民出版社，1998年，第727页。
② （明）李诩撰，魏连科点校：《戒庵老人漫笔》，北京：中华书局，1982年，第4页。
③ （清）顾炎武著，（清）黄汝成集释：《日知录集释》卷十六《十八房》，长沙：岳麓书社，1994年，第584页。
④ （清）顾炎武著，（清）黄汝成集释：《日知录集释》卷十七《北卷》，长沙：岳麓书社，1994年，第614—615页。

二十四册,统称《仁在堂文稿》,尤极通行。

明清时期,各级学校把学习八股作为中心内容。学童由启蒙开始即为八股文写作打基础,一般先读《三字经》《百家姓》《千字文》,以识字为主。接着学"四书",要求学童背诵,在"四书"开讲之后即"开笔"进行八股文的写作训练了。所谓八股文,是指文章包括八个段落,即破题、承题、起讲、入题、起股、中股、后股、束股。其中后四个部分为文章主要段落,是文章的核心,且每股都各有两股排比对偶的文句,每一组对偶算一股,合为八股,因称八股文。破题、承题、起讲、入题四部分,都是散句,不必排偶。

蔡元培先生在谈到八股文的训练程序时说:"八股文的作法,先作破题,止两句,把题目的大意说一说。破题作得合格了,乃试作承题,约四五句。承题作得合格了,乃试作起讲,大约十余句。起讲作得合格了,乃作全篇。全篇的作法,是起讲后,先作领题,其后分作八股(六股亦可)。每两股都是相对的。最后作一结论,由简而繁,确是一种学文的方法。"①

明代科举恢复于洪武三年(1370),朱元璋颁布诏书说:

> 汉、唐及宋,取士各有定制,然但贵文学而不求德艺之全。前元待士甚优,而权豪势要,每纳奔竞之人,夤缘阿附,辄窃仕禄。其怀材(才)抱道者,耻与并进,甘隐山林而不出。风俗之弊,一至于此。自今年八月始,特设科举,务取经明行修、博通古今、名实相称者。朕将亲策于廷,策其高下而任之以官。使中外文臣皆由科举而进,非科举者毋得与官。②

朱元璋的这个诏书批评了元代以前的选官制度,认为宋以前选官"不求德艺之全",批评元朝权豪势要私纳"奔竞之人",因此他要运用科举制度选取"经明行修"之人,并规定"非科举者毋得与官"。朱元璋把"明经"放在首位,把科举定为唯一的选官制度,这就为明清的八股取士开辟了道路。

---

① 蔡元培:《我在教育界的经验》,载中华书局编辑:《蔡元培选集》,北京:中华书局,1959年,第328—329页。
② 《明史》卷七十《选举志二》,北京:中华书局,1974年,第1695—1696页。

《明史·选举志二》说："科目者，沿唐、宋之旧，而稍变其试士之法，专取四子书及易、书、诗、春秋、礼记五经命题试士。盖太祖与刘基所定。其文略仿宋经义，然代古人语气为之，体用排偶，谓之八股，通谓之制义。"①

对于明朝八股文，方苞在《钦定四书文》的凡例中说："明人制义，体凡屡变。自洪、永至化、治，百余年中，皆恪尊传注，体会语气，谨守绳墨尺寸不逾。至正、嘉之间，始能以古文为时文，融液经史，使题之义蕴隐而曲畅，为明文之极盛。隆、万间兼讲机法，务为灵变，虽巧密有加，而气体凛然矣。至启、祯诸家，则穷思毕精，务为奇特，包络载籍，雕刻物情，凡胸中所欲言者，皆借题以发之。就其善者，可兴可观，光气自不可泯。凡此种种，各有所长，亦各有其蔽。"②方苞分明朝八股为四个时期，即洪武至成化、弘治为第一期；正德、嘉靖为第二期；隆庆、万历为第三期；天启、崇祯为第四期。以上四期，正、嘉以前由始而兴而盛，隆万至启祯由盛而变而衰，这种分析颇有见地。《明史·选举志一》也说："时方崇尚新奇，厌薄先民矩矱，以士子所好为趋，不遵上指也。启、祯之间，文体益变，以出入经史百氏为高，而恣轶者亦多矣。虽数申诡异险僻之禁，势重难返，卒不能从。论者以明举业文字比唐人之诗，国初比初唐，成、弘、正、嘉比盛唐，隆、万比中唐，启、祯比晚唐云。"③可见当时的八股文已经每况愈下，越来越衰败了。

清代对经学的重视较明代有过之而无不及，康熙、雍正、乾隆期间，八股文风较为端正，科考中戒华丽浮靡。顺治六年（1649）殿试，皇帝明令取消明末以来对策使用骈文的陋习，顺治说："从古帝王以天下为一家，朕自入中原以来，满汉曾无异视，而远迩百姓犹未同风，岂满人尚质，汉人尚文，习俗或不同欤；音语未通，意见偶殊，畛域或未化欤。今欲联满汉为一体，使之同心合力，欢然无间，何道而可……不用四六旧套，朕将

---

① 《明史》卷七十《选举志二》，北京：中华书局，1974年，第1693页。
② （清）方苞：《钦定四书文·凡例》，《景印文渊阁四库全书》第1451册，台北：台湾商务印书馆，1986年，第3页。
③ 《明史》卷六十九《选举志一》，北京：中华书局，1974年，第1689页。

亲览焉。"①对策不用四六骈文，目的是推行质朴文风，这对八股文也有影响，康熙认为八股文浮饰无用，曾一度下令取消八股取士，雍正则亲自降旨，要求八股文要"清真雅正，理法兼备"②，乾隆看到八股文"士子率多因陋就简，剽窃陈言，雷同肤廓"③，因而令方苞选编《钦定四书文》让士子学习，朝廷的这些干预，对转变明末的八股文风，起了一定的作用。

清代中后期，由于数百年之陋习，八股文题大多作尽，作者要翻出"新意"已经十分困难，加以各种八股文集、选集到处泛滥，八股写作不过是抄袭前人罢了。后来广大知识分子群起而抨击科举，实源于此。

明代选举必由学校，学校则包括中央的国子学（太学），地方则有府、州、县学，乡间还有社学、私塾等。所有这些学校都把八股文写作为中心内容。一般是先读《三字经》《百家姓》《千字文》，以识字为主。接着学"四书"，要求学童背诵，在"四书"开讲之后即"开笔"进行八股文的写作训练。

读书须先识字。章学诚说："童蒙弟子，欲正小学之功，不当先授句读，但当先令识字……夫积画而后字，积字而后句，积句而后章，一成之理也。"④王筠说："不敢望子弟为圣贤，亦当望子弟为鼎甲。"⑤蒙养之时，识字为先，不必急着读书。如弟子迟钝，则识千余字后乃能为之讲解，能识二千字，乃可使之读书。唐彪叙述自己的塾师经验时说：凡教童蒙，不可太早上书，须先令识字，认不真切，须令再认，不必急急上书。以后要作经义，且要对付各种各样的题目，包括各种割裂截搭小题，背熟经书是关键，然而，凡书必令学生自己多读，然后能背。苟字不能认，虽欲读而不能，读且未能，焉能背也。故初入学半年，不令读书，专令认字，尤为妙法。他举其子的教训说：其子唐正心自六岁入学，读书不能成诵，三岁历三师，

---

① 《清实录·世祖实录》卷四十三，"顺治六年四月十二日庚子"条，北京：中华书局，1985年影印本，第347页。
② （清）托津等纂：《钦定大清会典事例》，嘉庆朝卷二六六《礼部·贡举·试艺体裁》，《近代中国史料丛刊》三编第六十七辑，台北：文海出版社，1991年，第1649页。
③ 中国第一历史档案馆编：《乾隆朝上谕档》第一册，北京：中国档案出版社，1998年，第82页。
④ 《章学诚：清漳书院留别条训》，转引自陈谷嘉、邓洪波主编：《中国书院史资料》（中册），杭州：浙江教育出版社，1998年，第1908—1909页。
⑤ （清）王筠：《教童子法》，载舒新城编：《中国近代教育史资料》上册，北京：人民教育出版社，1981年，第92页。

至四年无可如何，不复易矣。后因兵乱避居山中，适有一名朱雨生的塾师设帐其地，因令就学从游。至五月，所读新书不减于前三载，且于前三载不成诵之书，无不极熟。唐彪问其原因，朱雨生答道："吾无他术，惟令认字清切而已。令郎非钝资，止因一二句中字认不清，故不敢放心读去，则此一二句便不熟。因一二句不熟，通体皆不成诵矣。"①

识字为先的方式和古人治学的特点有关：古代重视文献，字即涵理，清人又重视训诂，重视从训诂发义理，与明代相比较，清人应试文中也多有训诂之意。主要用于识字的流行教材则是"三、百、千"，即《三字经》《百家姓》《千字文》。

识字之后是读书，读书一般先读"四书"，再读"五经"，然后读其他经、史和诗文等，"四书"中一般又是先读《论语》或《大学》，《孝经》和朱子的《小学》常常也是优先阅读的内容。除了经书外，可适当加进一些可作为日后作文辅导、形式较活泼的读物，如学习韵律、练习属对的《声律启蒙》《神童诗》《唐诗三百首》，熟悉典故、积累辞藻的《幼学琼林》《龙文鞭影》，以及有百科全书性质的《唐类函》《渊鉴类函》等。这些内容可以穿插进行。王筠说："童子八九岁时神智渐开，则四声、虚实、韵部、双声叠韵事事都须教，兼当教之属对，且每日教一典故，才高者，全经及《国语》《国策》《文选》，尽读之；即才钝亦《五经》《周礼》《左传》全读之，《礼》《仪》《公》《穀》摘抄读之。"②有识者特别强调不宜过早读时文，不宜与读经混杂着读时文，而宜分开用力，稍后进行。唐彪认为，读书中应区别轻重缓急，"有当读之书，有当熟读之书，有当看之书，有当再三细看之书，有必当备以资查考之书。书既有正有闲，而正经之中，有精粗高下，有急需不急需之异，故有五等分别也"③。读书以经书为主，但又不止于经书，更不止于讲章，还须博阅杂览，方能优游涵泳，融会贯通。

---

① （清）唐彪：《父师善诱法》，赵伯英，万恒德选注：《家塾教学法》，上海：华东师范大学出版社，1992年，第18页。

② （清）王筠：《教童子法》，载舒新城主编：《中国近代教育史资料》上册，北京：人民教育出版社，1981年，第93页。

③ （清）唐彪：《读书作文谱》，赵伯英，万恒德选注：《家塾教学法》，上海：华东师范大学出版社，1992年，第48页。

举业使读书成了功名利禄之一途，故世俗之人多有急功近利及见识短浅者，把"四书""五经"只当作题目来读，并沉醉于高头讲章，泛滥于坊刻时文，许多有识之士对之很不以为然。

旧时书塾学堂中有"对课"的练习，这是初级教育中为作八股文和作诗准备的。所谓"对课"，就是让学生学对对子，因为八股的文字讲究对偶。对对子，在旧时也叫"属对"，要名词对名词，动词对动词，形容词、副词对形容词、副词，上下两句词性要相对。例如："云对雨，雪对风。晚照对晴空。来鸿对去燕，宿鸟对鸣虫。三尺剑，六钧弓。岭北对江东。……两岸晓烟杨柳绿，一园春雨杏花红。"①这是旧时启蒙读物中的话，练习时从对字、词练起，直到练习对句子乃至对语段。有了这些练习，写诗、作八股文就有了一定的基础。

对课训练的方法大都采用由简到繁，由一字对到二、三、四、五字对乃至多字对。清人崔学古在《幼训》一书中把属对训练分为三个步骤，即训字、立程、增字。他说：

  一曰训字。先取对类中要用字眼，训明意义，戒本生勿轻翻对谱，须先立意，方以训明字凑成，勿轻改，勿轻代作。
  一曰立程。语云："读得古诗千百首，不会吟诗也会吟。"……须多选古今名对如诗话者，细讲熟玩，方可教习。
  一曰增字。假如出一虎字，对以龙；虎字上增一猛字，对亦增一字曰神龙；猛字上再增以降字，对亦增一字曰豢神龙；降字上再增一威字，对亦增一字曰术豢神龙；威字上再增一奇字，对亦增一字曰异术豢神龙。从此类推，自一字可增至数字，为通文理捷径。②

从上边的介绍中可以看出，对对子乃是一项综合性的训练，与用字、修辞、语法、逻辑都有关系，是培养学生读书作文的一种有效方法。对于这种练习，近代教育家蔡元培曾给予中肯的评价：

---

① （清）车万育：《声律启蒙》卷上《一东》，载喻岳衡主编：《传统蒙学书集成》，长沙：岳麓书社，1996年，第94页。
② （清）崔学古：《幼训》，转引自璩鑫圭主编：《中国近代教育史资料汇编·鸦片战争时期教育》，上海：上海教育出版社，1990年，第387页。

对课与现在的造句法相近。大约由一字到四字，先生出上联，学生想出下联来。不但名词要对名词，静词要对静词，动词要对动词；而且每一种词里面，又要取其品性相近的。例如先生出一山字，是名词，就要用海字或水字来对他，因为都是地理的名词。又如出桃红二字，就要用柳绿或薇紫等词来对他；第一字都用植物的名词，第二字都用颜色的静词。别的可以类推。这一种工课，不但是作文的开始，也是作诗的基础。①

在明清时期学校的初级教育中，还有一种"猜诗谜"的练习，这可以帮助学生认识诗文语句的含义，特别对学生练习八股文的"破题"很有帮助。其练习方法与《红楼梦》第二十二回写的贾府"猜灯谜"相似。例如：

> 身自端方，体自坚硬。虽不能言，有言必应。——打一用物（砚台）
> 阶下儿童仰面时，清明妆点最堪宜。游丝一断浑无力，莫向东风怨别离。——打一玩物（风筝）②

这些看似游戏，但因与猎取功名、晋身富贵有关，因而不能以低级玩意儿相看。

学习八股文的重要方法是大量阅读和背诵八股文章。明清时，由程文、墨卷、文稿等编成的各种八股文集、选集，是学生和应试举子经常阅读、学习的读本。其中乾隆年间由方苞编选并由乾隆皇帝亲自审定的《钦定四书文》影响最大，该书选明清两代名家八股文章486篇，由朝廷颁行天下，成为各级学校和从事举业者的必读书。学校学生在作某一八股文之前，必先阅读该题已有的文章，以便模仿、借鉴。《红楼梦》第八十四回里贾政与宝玉的一段对话，真实地反映了科举时代人们学习八股文的情形：

> "前年我在任上时，还出过《惟士为能》这个题目。那些童生都读过前人这篇，不能自出心裁，每多抄袭。你念过没有？"宝玉道："也念过。"贾政道："我要你另换个主意，不能雷同了前人，只做个

---

① 蔡元培：《我在教育界的经验》，载中华书局编辑：《蔡元培选集》，北京：中华书局，1959年，第328页。
② （清）曹雪芹、高鹗：《红楼梦》，长沙：岳麓书社，1987年，第161—162页。

破题也使得。"①

从这段描写中，我们可以看出当时人们学习八股文时阅读、抄袭前人的情况。《儒林外史》第十一回写编修鲁翰林家鲁小姐学作八股文的情形，更具体。小说写道：

> 鲁编修因无公子，就把女儿当做儿子，五六岁上请先生开蒙，就读的是《四书》、《五经》；十一二岁就讲书、读文章，先把一部王守溪（即明朝八股大家王鏊）的稿子读得滚瓜烂熟，教他做"破题"、"破承"、"起讲"、"题（提）比"、"中比"成篇。送先生的束脩，那先生督课，同男子一样。这小姐资性又高，记心（性）又好，到此时，王、唐、瞿、薛，以及诸大家之文，历科程墨，各省宗师考卷，肚子里记得三千余篇。②

这段描写生动具体地表现了明清时期人们学习八股的过程。文中鲁小姐"肚子里记得三千余篇"八股文，不无艺术的夸张，但也并非全无根据，一般从事举业者，能记诵几百篇八股文章则是常有的事。

除了多读以外，还要多写。学童"开笔"之后，由浅入深，由简而繁，要写大量八股文章，这样才能应付科举考场上的各类文题，有些考生长期考试不中，八股文章写过数百篇乃至上千篇的大有人在。有些学校塾师为了让学生掌握八股文写作的方法，除了按官方规定的八股文程式写作之外，还让学生写700字以上（清代八股文程式以700字为满篇）比八股文的股数更多的长文。

师长教子弟作八股文一般都是严肃认真的，学作一篇往往要经过初稿、批改、改作，反复多次才能完成。当时的出版商人刻印过很多批改例文。

说到考试的内容，自然离不开八股文。宋元强说："平心而论，明朝初年制定八股文格式之际，立意未尝不善。这种文体将经义、策论、诗赋融合在一起，能在六七百字一篇文章内，既考察应试诸生对儒家经典的熟悉程度，又考察他们的文词表达能力。每篇试文分为八股，每股的文句形式

---

① （清）曹雪芹、高鹗：《红楼梦》，长沙：岳麓书社，1987年，第686页。
② （清）吴敬梓：《儒林外史》第十一回，北京：人民文学出版社，1982年，第139页。

与内容都有固定的要求，使考官能较迅速地判断应试人的水平，以定取舍，八股文是封建时代一种规范化、标准化的试卷模式，它作为科场考试的专用文体，沿用五百年之久，不是偶然的。"①作为考生来说，如何应对考试，采取什么样的复习方式，考试的目的在哪里？都可能影响考生的读书效果。宋元强认为考试者存在两种读书观的分野：一种是为了功名利禄；另一种则是为了"修身齐家治国平天下"。出于前一种目的者往往只把读书作为"敲门砖"，出于后一种目的者则把读书作为提高自我修养的重要途径。其实在现实社会中，出于两种读书目的的人都有，也可能相互转化。人与环境、环境与人有时是相互影响的。

明朝的八股文在正德时期曾经历了一个变化。此前，科举颁有定式，非经书不以命题，非传注不以解经，"为文章必典则而敷畅，其词理俱优者，则录以示，间多造道之言，蔼然而治世之文"以后，一二好奇之士出于其间，始挟负才智，倡为新说，簧鼓后学，后学靡然从之，"作为文章，往往弃传注为长物，其词支离背叛，恍惚汗漫，而无所于归"。②宣德以前八股文多"简而质""雅而畅"，正德之后，文风转为"蔚以昌""文溢乎衷"，且呈"靡焉将不可止也"之势。③万历以后，时文"始承禅学之余，继以庄、列、管、韩之险涩，已乃效苏、曾而流于浮冗，迨后则齐、梁浮艳，益趋淫曼"④。

八股考试内容偏狭还在于坊刻时文选本的流行乃至泛滥。成化以前，世无刻本时文。其后杭州府通判沈澄刊《京华日钞》一册，甚获重利，"后闻省效之，渐至各省刊提学考卷也"⑤。自此以后，"书坊非举业不刊，市肆非举业不售，士子非举业不览"⑥。

---

① 宋元强：《清朝的状元》，长春：吉林文史出版社，1992年，第193页。
② （明）姚镆：《东泉文集》卷2《岁考录序》，《四库全书存目丛书》，集部，第46册，济南：齐鲁书社，1997年，第512页。
③ 《世经堂集》卷十三《会试录序》，明万历间徐氏刻本，第20页。
④ （清）王夫之：《石崖先生传略》，《王船山诗文集》，北京：中华书局，1962年，第19页。
⑤ （明）郎瑛：《七修类稿》卷24《时文石刻图书起》，上海：上海书店出版社，2001年，第259页。
⑥ （明）李濂：《嵩渚文集》卷43《纸说》，《四库全书存目丛书》，集部，第70册，济南：齐鲁书社，1997年，第648页。

晚明坊间流行八股文选本，名色繁多，有墨卷、程文、窗稿、房书、考卷、拟程、行卷、社稿。①自崇祯初年始，房稿盛行，而社稿的流行则在万历末年。②明代制科取士，乡试京省，会试礼部，初场试经书举业，这就是"墨卷"。乡试、会试由总裁定作为式，中式之文，刻录奏御，即为"程文"，又称"程墨"。士子肄业拟制，传览海内，称为"窗稿"。举人既隽，选举人文刊布，称"行卷"。③每科分校诸公各选定本房佳篇刊刻行世，称为"房书"。故房书有进士文与举人文之别。提学官岁、科二试考校之文，称为"考卷"。诸生征文汇选，称为"拟程"，又称"拟墨"。这些坊间印行的八股文选本在明代风行一时，成为生员必读的举业范本。"至一科房稿之刻，有数百部皆出于苏、杭，而中原北方之贾人，市买以去。"④北方尤其是西北地区士子，由于书贩来迟，阅读到坊间时文课本较晚，虽争相仿袭，但"不知此中之新样，已是彼处之陈言，兀兀穷年，空劳心力"⑤。

明代举业之盛，当推吴、闽、浙、赣、楚数省。明人汪道昆言："自近世经术兴，则闽士为嚆矢。我国家令诸博士授业，非闽士说者不传。于是四方之士屈首受成，不啻功令。彼都人士，斐然与江左、浙右同风。"⑥由此可见，福建的举业不亚于江浙等地区。

有人还总结出不同地区举业的地域特色，如董其昌说："方内制义各有偏至，吴以韵致，越以色泽，楚以才情，闽以结构，中州以蕴藉，其大都

---

① （清）黎景义：《二丸居集选》卷8《历科制义选序》，《四库禁毁书丛刊》，集部，第16册，北京：北京出版社，1998年，第674页。
② （清）任源祥：《读墨小序》，载（清）贺长龄、魏源等编：《清经世文编》卷57，北京：中华书局，1992年，第1456页。
③ 明代行卷流传之广，当推倪元璐之《星会楼稿》。其书"盛传国门，市人因之贾制，摹印至三万余版，字漫灭重锓者再"。见（清）倪会鼎撰，李尚英点校：《倪元璐年谱》卷1，"万历三十七年己酉"条，北京：中华书局，1994年，第5页。
④ （清）顾炎武著，（清）黄汝成集释：《日知录集释》卷十六《十八房》，上海：国学整理社，1936年，第382页。
⑤ （明）李维桢：《大泌山房集》卷134《陕西学政》，《四库全书存目丛书》，集部，第153册，济南：齐鲁书社，1997年，第733页。
⑥ （明）汪道昆：《太函集》卷3《赠黄全之序》，《四库全书存目丛书》，集部，第117册，济南：齐鲁书社，1997年，第93页。

也。"①陶望龄说："今时经生之文，莫尚于吴、闽。闽以奇丽，吴以风裁。四方文卷之行于市者，虽错糅其简，抹杀其姓氏，而为闽与吴，要可悬辨。"②不同地域内的时文一旦形成固定的风格特征，相应地也就形成了时文的体裁或派别。在吴地时文中有松江、娄东（即太仓）诸体；在楚地有竟陵一派；在江右有豫章（即南昌）一派；在山东则有莱阳一派。

我们从《儿女英雄传》中可以看到主人公安骥应顺天乡试前模拟考试及赴场应试的情形：安骥在应乡试前大半年开始准备，"除了诵读之外，每月三六九日的文课，每日一首试帖诗"③。到了阴历七月二十五日，即离进场还有十多天的时候，其父安水心对他说：场里虽说有三天，其实去掉进出场、吃饭、睡觉等之外，还剩不到一天半的时间。这其中要作三篇文章一首诗，时间需要紧凑有序地安排好。为此要求他翌日四时起来仿照考试作题，不准继烛，把三篇文章和一首诗作完，吃过晚饭再誊正交卷。

第二天早晨，安骥领下父亲所拟试题，分别是"孝者，所以事君也"一句；"达巷党人曰"一章和"中也者，天下之大本也；和也者，天下之达道也"四句。安骥揣摩了半天，心想这属于教忠教孝的内容，依此写成了文章，交给了父亲。父亲和家里的程师爷都表示满意。

到了八月初八日进场日，安骥五鼓即起，稍作整束，便径往举场。一路留心看那贡院，但见龙门绰楔，棘院深沉，东西的号舍万瓦毗连，中央的危楼千寻高耸，正面便是那座气象森严的至公堂，心想这所在自选举变为制艺以来，也不知牢笼了几许英雄，也不知造就成多少人物。而进了那号舍，立起来直不得腰，卧下去伸不开腿；吃喝拉撒睡，纸笔墨砚灯，都在这个地方。又想假如不是这里出产举人、进士这两桩宝货，大约天下读书人哪个也不肯无端地、千山万水地跑来尝这番滋味。进去之后，他只一个人静坐在那小窝里凝神养气。次日凌晨刚过两点，号军便送来题纸，他连忙灯下一看，只见钦定的是三个富丽堂皇的题目，想着自然要取几篇笔

---

① （明）董其昌：《容台文集》卷3《方旦心平平草题词》，《四库全书存目丛书》，集部，第171册，济南：齐鲁书社，1997年，第346页。
② （明）陶望龄：《陶文简公集》卷4《王慕蓼制义序》，《四库禁毁书丛刊》，集部，第9册，北京：北京出版社，1998年，第261页。
③ （清）文康：《儿女英雄传》第三十三回，长沙：岳麓书社，1991年，第412页。

歌墨舞的文章，且喜正合自己的笔路，遂把题纸折起，便伸手提笔，起起草来。才到八九点钟，头篇文章与那首诗早已告成，便催着号军给煮好了饭，胡乱吃了一碗。再把第二、第三篇作起来。只在日偏西些就都得了，自己又加意改抹了一篇，十分得意。看了看天气尚早，便吃过晚饭，上起卷子来，他那笔小楷又写得飞快，不曾继烛，添加涂改、点句勾股都已完毕，连草都补齐了。点起灯来，自己又低低地吟哦了一遍，随即把卷子收好，把稿子也掖在卷袋里。闲暇无事，取出些零星东西，大嚼一阵，剩下的吃食都给了号军，就靠着那包袱，歇到次日天明，交卷领签，赶头排便出了场。①是科安骥中了第六名举人。

八股文较为讲究程式，容易趋向僵化，这成为许多有识之士抨击科举制度的主要原因，也导致科举制度无法达到选拔人才的目的。诚如袁枚所说：

  读书人，最不济。烂时文，烂如泥。国家本为求才计，谁知道变作了欺人技。三句承题，两句破题，摆尾摇头，便是圣门高弟，可知道三通四史是何等文章，汉祖唐宗是那朝皇帝？案头放高头讲章，店里买新科利器。读得来肩背高低，口角嘘唏。甘蔗渣儿嚼了又嚼，有何滋味？辜负光阴，白白昏迷一世。就教他骗得高官，也是百姓朝廷的晦气。②

顾炎武《顾亭林文选》卷上说："今之书坊所刻之义，谓之时文，舍圣人之经典，先儒之注疏与前代之史不读，而读其所谓时文。时文之出，每科一变，五尺童子能诵数十篇而小变其文，即可以取功名，而钝者至白首而不得遇。老成之士，既以有用之岁月，消磨于场屋之中，而少年捷得之者，又易视天下国家之事，以为人生之所以为功名者，惟此而已。故败坏天下之人才，而至于士不成士，官不成官，兵不成兵，将不成将，夫然后寇贼奸宄得而乘之，敌国外侮得而胜之。苟以时文之功，用之于经史及当

---

① （清）文康：《儿女英雄传》第三十四回，长沙：岳麓书社，1991年，第455页。
② （清）徐大椿：《时文叹》，转见曹聚仁：《中国学术思想史随笔》，北京：生活·读书·新知三联书店，1986年，第387页。

世之务，则必有聪明俊杰通达治体之士起于其间矣。"①

龚自珍说："今世科场之文，万喙相因，词可猎而取，貌可拟而肖，坊间刻本，如山如海。四书文禄士，五百年矣；士禄于四书文，数万辈矣；既穷既极，阁下何不及今天子大有为之初，上书乞改功令，以收真才。"②

科举之途上，八股文的写作是基本内容，要写出符合要求、严格规整的八股文，虽说可能培养士子的程式观念，却往往以耗费无限的光阴、心力为代价。科举之途并不平坦。

---

① （清）顾炎武著，华忱之校注：《顾亭林文选》卷上《生员论（中）》，成都：四川人民出版社，1998年，第11—12页。
② （清）龚自珍：《龚自珍全集》，北京：中华书局，1968年，第344页。

第二章　明清科举制度与文风养成

随着科举的定制化与普及,明清时期读书仕进渐渐成为社会的主流价值观,民营教育机构由此得到了巨大的发展空间。地方官员将教育发展作为自己的基本政绩,赚取了利润的商人也乐意在兴办教育中体现自己的价值,民间正在形成和壮大的家族组织、会社组织、会馆组织等也致力于兴办教育,为定居着的、流寓状态下的子弟创造读书应试的条件。于是,明清时期,经济发展与文化发展相互促进,形成了若干"人文渊薮",浓郁的文风在许多地方得以养成。

第一节　读书仕进渐成社会主流价值观

明清时期,国家以科举考试作为选拔人才的主要机制,这一时期的教育是以科举考试为核心的儒学教育。科举考试的公平性在于面向社会的绝大多数男性公民,无论贫富老少。国家还出台了一系列措施鼓励士子参加科举考试,不少处于社会下层的民众借助科举考试这个阶梯进入社会上层。虽然不少学者对科举考试所产生的社会流动性估计并不乐观,但它仍旧是提升社会地位的重要途径。对于家族而言,通过参加科举谋求入仕,入仕后继续谋求升迁,成为家族自我壮大的必然选择。教育成为家族获取文化及政治资源的重要途径,因此常成为家族发展壮大的重要选择,仕途升迁不仅带来个人荣耀,更是其家族社会地位上升的重要保证,因而也为家族所重视。

一、教育发展

学而优则仕的观念已经深入到中国人的骨髓,延续了约 1300 年的科举制度是一个重要枢纽，由科举而进入仕途能够光宗耀祖，显亲扬名，自然能激发全社会投入到教育事业方面的积极性，使官营学校之外的家族教育、义学教育、会馆教育乃至书院教育都把科场业绩作为努力的目标。1905年，科举制度被废，国家不再以科举的形式选拔官员，教育也被赋予了时代新内容，然教育仍是帮助人们改变社会地位的主要工具。

"中国的教育受经典束缚，为俸禄利益服务，却又是地地道道的俗人教育：一半打着礼仪的烙印，一半打着传统伦理的烙印。学校既不教语言理论，也不教自然科学、数学和地理。"①传统社会教育以选拔国家官吏为目的，正如其所述，为俸禄利益服务。科举制度作为选拔国家官吏的制度得以确定后，教育渐以科举考试为核心。至明清，国家进一步明确以科举制选拔官吏，"明制，科目为盛，卿相皆由此出，学校则储才以应科目者也"②。社会教育便进一步以科举考试为核心。

教育以科举考试为核心，不仅是统治者选拔官吏以维护社会稳定、巩固其统治的需要，也是社会正常运转的需要，还是普通百姓依附国家谋求生存的需要。传统社会专制皇权在绝大多数人眼里神圣不可侵犯，天子统治黎民，天经地义。然凭皇帝一人之力是不可能维持国家正常运转的，选拔人才以协助其统治成为必需。传统社会朝代更替时有发生，但未因此发生社会秩序大的变革，人们仍按原有的生活习惯、价值观念、道德观念、习俗等生活，遵守社会等级秩序，官为官，民为民，民即便无偿缴纳皇粮国税，只要生活尚能维持，便不会起而反之。"信奉儒教的中国人要尽的义务，无论何时何地，都是在现存秩序下对活人或死人的虔敬。"③自然经济状态下，社会秩序稳定安宁成为维持百姓生存的条件，维护社会稳定也即百姓所需。选拔人才维护社会稳定成为官民共需，科举制度因其公平性应运而生。

关于教育在提升家族社会地位中的作用，学界探讨众多。虽然大多数

---

① 〔德〕马克斯·韦伯：《儒教与道教》，张登泰、张恩富编译，北京：人民日报出版社，2007年，第89页。
② 《明史》卷六十九《选举一》，北京：中华书局，1974年，第1675页。
③ 〔德〕马克斯·韦伯：《儒教与道教》，张登泰、张恩富编译，北京：人民日报出版社，2007年，第197页。

人对其并不十分肯定,一如周荣德所言,"如果说科举制度作为平民上升性社会流动的阶梯有一定的局限性,那么,在西方影响下于1902年建立的,即使不在名义上,至少在事实上以出国留学为最高阶段的新教育制度,则是更狭窄的流动渠道了"①。尽管如此,教育作为传统,是个人、家族社会地位获得提升的主要途径,仍不可否认。布尔迪厄认为,个体与群体凭借各种文化的、社会的、符号的资源维持或改进其在社会秩序中的地位。当这些资源作为"社会权力关系"发挥作用的时候,也就是说,当它们作为有价值的资源变成被争夺的对象的时候,它们就成为理论中的资本。文化资本正在变成越来越重要的新的社会分层的基础,这成为一个历史趋势。客观化、机构化的文化资本的不平等分配是现代社会中的不平等的关键方面之一。②在教育内容单一、教育机会并不平等的传统社会,通过教育获得的并不为多的文化资本更显珍贵与崇高。若通过教育荣升为统治阶层一员,更是个人、家族的无上荣耀,个人、家族地位因而得到各种形式的彰显,修撰家谱便是其表现形式之一,如金山水美的王氏,王命爵为官后,修撰了《王氏族谱》,其中记载最多的人物是王命爵本人,这不仅是王氏家族地位的彰显,也是王命爵本人地位的彰显。鼇江范氏亦如此,范学洙获得个人成功后,修撰了家谱——《鼇江范氏家谱》。该家谱刊刻前言中即言明"是谱原由该族第十二世孙范学洙首修于清代雍正乙巳年至丙午年(1725—1726)"③。修盖祠堂是彰显个人、家族地位的又一表现形式,如德化张氏祠堂,"合其居在方山,考据家礼,建祠一区,寝翼仓库,规制详密。今亦毁于兵火,而不复完矣。张氏之合孙有曰澄江君会宗者,往尝游学岭表,一举而魁其省榜之第二人。归而展拜先陇,徘徊于故园之墟,因张酒而饮其诸昆弟曰:'会宗藉先人余泽,幸齿录于有司,念未有以栖先神也,则不敢以宴。虽计偕期近,愿与诸昆弟图之。'乃相地于莲池头之中,爰度工作,

---

① 周荣德:《中国社会的阶层与流动——一个社区中士绅身份的研究》,上海:学林出版社,2000年,第44页。
② 〔美〕斯沃茨:《文化与权力:布尔迪厄的社会学》,陶东风译,上海:上海译文出版社,2006年,第86—89页。
③ 陈支平主编:《台湾文献汇刊》第三辑第一册《鼇江范氏家谱·引言》,北京:九州出版社,厦门:厦门大学出版社,2004年,第3页。

澄江倍佐其直以为倡首，自诸父以下咸乐输之"①。初中乡试的张澄江在张氏祠堂的重修过程中不仅是倡导者，也是出资最多的人。再如同安柯氏祠堂。柯氏始以其居宅为祖庙，四世祖敦素公营建小宗祖庙，五世祖继承父志修建了大宗祖庙。至于八世时，门庑渐颓，无人修理。八世孙柯凤翔中得进士拜得官，不仅修缮了祖庙，还设置了祭田。"使非有孙子致身青云之上，亦乌能以继述为己责乎？未几，八世孙凤翔字志德，桐岗其别号也，以万历戊子科荐乡书第四，已丑联捷，遂成进士，初授刑部主事，历员外郎中，秩满出守平乐三阅月，丁忧抵家，睹祖庙崩圮状，愀然曰：'凋敝若此，何以妥侑先灵乎？'然名虽居官，清素尚如昨。及两任赣州，再调庆远，俱以功考入觐，乃左迁两浙运使，遂悒悒不欲仕。时对族人曰：'吾年已十矣，宦务鞅掌殊不如家居之乐也。所未了者，以祖屋未新，且未能为始祖置祭田耳。'及之任不一年，遂捐俸乙百五十两，令僮赍归重建，时辛亥年秋也。越明年壬子，族众承命，鸠工协力，择闰十一月廿五甲申日丑时动土，辰时上梁，制从旧，而壮丽倍加。至癸丑年春，工用方半，支费告竭，适北觐归，即解装再遗七十金以尾其事，并拨租五十石，价钱二百三十四两五钱，充入大宗，永为办祭之需。夫既焕其居，又丰其享，意至殷矣。约已捐资至五百余，祭亦隆矣。落成之日，七月二十丙子，迎主祭奠，盛设几筵，无亲长少，合宴尽欢。是日也，庙貌辉煌，衣冠整肃，祖先俨然临赫于上，子孙翼然趋跄于下，亦吾宗旷世之盛事也！"②宗庙倍兴，族人欢欣鼓舞，彰显本族优越，也对他族形成震慑。

通过科举考试，拜官封侯，家族荣耀，更给家族带来诸如兴修祠堂、捐置祭田族产等多方实际利益，族谱中自流露出对读书人的偏爱。有关读书人在家族中的地位，郑振满曾这样写道："士绅是依附式宗族中的'贵者'，一般包括有科举功名及文武官衔的族人。士绅的特权，主要表现为对宗族事务的参议权，对'书田'等族产的独占权及死后的'入祀'权。依附式宗族中的重大事务，一般均须请本族士绅参与决策，尤其是事涉公庭或族

---

① 郑振满、〔美〕丁荷生编纂：《福建宗教碑铭汇编·泉州府分册》上卷六《德化县·儒林张氏祠堂记》，福州：福建人民出版社，2003年，第949页。
② 郑振满、〔美〕丁荷生编纂：《福建宗教碑铭汇编·泉州府分册》上卷七《同安县·柯氏重新祠堂记并规约条议》，福州：福建人民出版社，2003年，第1001—1002页。

际关系，通常只能由士绅出面周旋。有的宗族甚至规定，祭祖活动只能由正途士绅主持。"① 读书人在家族中享有崇高地位，于族谱中多有表现，如《福建南靖金山水美王氏族谱·谱序》中记载："五世以上加曰某号，且有传记，苏子所谓详吾之所自出而尊焉者也。六世以下有官爵并在学校者方得□□□，余只书名字生卒年月日时，则古今通例云。"②

未能通过科举考试，也能利用其掌握的文化资源获得更好的谋生途径，如《鳌江范氏家谱》所载范学洙、范光友等讲学谋生的事例。范学洙二十多岁投奔在台湾的叔父光友公，一意求功名，四十多岁始成廪生，又二十二年后方成乡贡。在这漫长的应考途中，他半工半读以谋生存，在家乡鳌江时"舌耕于高州山下"③，去台湾后，先后在光友公家处馆自设南潭社讲学，受聘崇文书院。光友公开始在家设馆讲学，"游其门者济济也"④，后设置"澄斋"精舍，专门用以讲学。讲学是教育带给读书人的一种谋生途径，张仲礼在考察了绅士收入后说："一个高级官员，比如一个巡抚，估计其年收入约为 18 万两银子；重要的地方行政官员，比如知县，约为 3 万两银子；一个学官约为 1500 两银子；一个为地方高级官员服务的幕僚的年收入亦有 1500 两银子，但若为知县服务，则为 250 两银子。在家乡提供绅士服务的绅士收入要少得多。经理一项公共工程的绅士一年可获得约为 120 两银子的收入，不过，许多绅士经理多项工程，或同时从事教学等其他工作。在书院教学的绅士一年的收入约为 350 两，如果他自己教授学生，年收入则为 100 两银子左右。"⑤ "有绅士身份的塾师每年平均 100 两银子的收入，较之绅士得自其他重要来源的收入是相当低的，但仍远高于非绅士的塾师，而后者的收入又高于一般的劳动者。"⑥ 数字准确性或许存疑，但教育带给

---

① 郑振满：《明清福建家族组织与社会变迁》，长沙：湖南教育出版社，1992 年，第 88 页。
② （明）王命爵：《福建南靖金山水美王氏族谱·谱序》，陈支平获见，隆庆四年稿本。
③ 陈支平主编：《台湾文献汇刊》第三辑第一册《鳌江范氏家谱·晋邑鳌江范氏家谱牒·学洙公》，北京：九州出版社，厦门：厦门大学出版社，2004 年，第 295 页。
④ 陈支平主编：《台湾文献汇刊》第三辑第一册《鳌江范氏家谱·晋邑鳌江范氏家谱牒·光友公》，北京：九州出版社，厦门：厦门大学出版社，2004 年，第 270 页。
⑤ 张仲礼：《中国绅士的收入——〈中国绅士〉续篇》，费成康、王寅通译，上海：上海社会科学院出版社，2001 年，第 186 页。
⑥ 张仲礼：《中国绅士的收入——〈中国绅士〉续篇》，费成康、王寅通译，上海：上海社会科学院出版社，2001 年，第 95 页。

人们的现实利益显而易见。受过教育的绅士即使不从事行政、教学服务，他们从教育中获得的识字、书算等技能及一定程度的思维训练，对他们经商做买卖，也大有裨益。"只有掌握一定的文化知识，才能在商业活动中分析自然和社会各种因素对供求关系的影响，把握市场形势，从而在取予进退之间不失时机地做出正确的判断，以获得厚利。同时，只有具有一定文化知识，才能提高商人的自身素质，具备一定的管理与组织能力"①。

关于科举教育在改变人们社会地位中的作用，明清小说中有很多鲜活的事例。如范进中举后，"正待坐下，早看见一个体面的管家，手里拿着一个大红全帖飞跑了进来道：'张老爷来拜新中的范老爷。'说毕，轿子已是到了门口。……张乡绅四面将眼睛望了一望，说道：'世先生果是清贫。'随在跟的家人手里，拿过一封银子来说道：'弟却也无以为敬，谨具贺仪五十两，世先生权且收着。这华居其实住不得，将来当事拜往俱不甚便。弟有空房一所就在东门大街上，三进三间，虽不轩敞，也还干净，就送与世先生。……自此以后果然有许多人来奉承他：有送田产的，有人送店房的，还有那些破落户，两口子来投身坐仆图荫庇的。到两三个月，范进家奴仆、丫鬟都有了，钱、米是不消说了"②。

在明确了科举教育对于族人、家族生存发展的作用后，一些家族开始明确表示支持教育，体现了其发展过程中对教育的选择。一些家族不仅在族谱中表示支持教育，还专门设立学田、书灯田等，为族中子弟接受教育提供经济支持。这在众多宗族研究成果中已有相当论述，"有些家族在学田、书灯田之外，另设有'宾兴田'，这种田产则纯粹为鼓励族人参取科举功名，而不是赞助族人读书入学的。"③"有些巨姓大族，经常组织超地域的家族设施，其意义除了联络血缘关系外，还大多与士绅阶层的政治活动及科举事业有关，如闽西散居在永定、上杭、龙岩州及汀洲府城、福州省城各地的廖氏族众，于清代嘉庆年间在福州省城合议共建试馆一所，其主要功能是为族人参加科举考试提供方便。……许多家族设在县城、府城、省城的

---

① 李浩：《中国古代商贾家族教育传统试探》，《民俗研究》2006年第2期，第161页。
② （清）吴敬梓：《儒林外史》，长沙：岳麓书社，1988年，第22页。
③ 陈支平：《近500年来福建的家族社会与文化》，上海：上海三联书店，1991年，第208页。

'总祠',也往往成为家庭内举人士子的居停场所,为族人应试提供诸多方便。"①在部分家族中,祭田、祀田、义田地位似乎重于学田、书灯田,一些家族也并未专立学田、书灯田,但常在祭田开支结余后用于支持家族教育。例如同安柯氏"议开支祭租银两:租谷年五十石大,折常六十石零,年大约粜银乙十三两,内除纳米银若干,办祭银若干。……又书香步武,当奕世重光,今后有子孙游泮,不论亲疏,许支公银二两,以为衣巾之费。"②支持重视家族教育的还有诏安官陂玉田楼张廖氏:"道文公给赏文武科甲条规:一议裔孙登贤书每名贴旗匾银三十两正,在祠竖旗挂匾,在墓□竖旗,乾隆戊年定例;一议恩拔副岁例捐明经者,若在祠墓竖,悉依登贤书例,一议捷南宫者每名公贴旗匾银四十五两正,祠墓依登贤书例竖旗。享公给赏文武科场条规,例起乾隆甲戌年春;一院试者每名贴水脚银伍钱正;一院试进泮者每名贴衣巾银十六元正,一乡试者每名贴水脚银三两正,一登贤书者每名贴旗费银三十二元正,一恩拔副岁例捐明经者若在竖旗亦同登贤书之例,一会试者每名贴水脚银三十二员正,一捷南宫者每名贴旗费银三十二员正。"③侯官云程林氏,"子孙四岁以上令观祭祀,学礼;七岁以上令入小学,讲孝经四书;十五岁以上令入大学,习书史经传,必之孝悌忠信,为主期闻大道;若二十以上不通一经大义,业无所就者,令习理家事,练达世故,治农理财,专务一业,以为仰事俯育之资"④。教育虽旨在使子弟知孝悌忠信,却在一定程度上提高了族人文化水平,即使是识字教育,也能让其受益匪浅。中国方言繁多,然大都能识汉字,这成为社会信息交流的重要媒介。《鼇江范氏家谱》中规定了义学设置。"古之家有塾,党有庠,凡民间子弟,皆令就学。其秀者升而为士,三代以下,其法久废。有志读书者,各自延师。但贫富不一,无力者不能供修脯,多至目不识丁。虽有聪俊子弟,无由置身翰墨之林,则□族中贫家子弟列于彬雅

---

① 陈支平:《近500年来福建的家族社会与文化》,上海:上海三联书店,1991年,第210—211页。
② 郑振满、〔美〕丁荷生编纂:《福建宗教碑铭汇编·泉州府分册》上卷七《同安县·柯氏重新祠堂记并规约条议》,福州:福建人民出版社,2003年,第1003页。
③ 佚名:《福建诏安官陂玉田楼张廖世系》上册《养晦公传》,陈支平获见,同治九年稿本。
④ 北京图书馆编:《北京图书馆藏家谱丛刊·闽粤(侨乡)卷》第3册《侯官云程林氏家乘》卷十一《家范》,北京:北京图书馆出版社,2000年,第1626页。

以图上进，甚不可无义学之设也。吾宗原有义学，然行之不数年遂止。其议年限，定束金若干，子弟未读者，自供贽节月膳，此在衣食稍□者，力犹可办，若匮乏甚者，即贽节月膳亦不能自给。虽有义学之设，于彼无与也。且子弟繁多，一馆之中，能容几何。教者耐烦不得，自必苟且从事，无怪其行之不久也。兹立一法：子弟惟贫力不能者，方令其入义学。其修膳贽节，皆出自公租。盖义学原为贫者而设，若家既能自供修脯，□有志上进，须自延西席方为有裨。勿谓均是子孙，何论贫富殊失乎。所以设义学者之意也，须知。"①

家族发展过程中对于教育的选择，还可从普通族人对教育的态度窥见一斑。在传统社会，人才需求结构的单一使得教育内容也走向单一——以科举考试为核心，几乎等同于科举教育。在重出身的明清时期，科举教育更有其无上尊荣的地位。人们崇尚科举考试，追随科举考试，忠诚科举考试，屡屡遭遇科举考试失败者甚至郁郁而终，这在族谱资料中颇为多见。如《鳌江范氏家谱》中，"辨绪公，字子缵，号升斋，生雍正庚戌年十月廿七日午时，卒乾隆甲申年五月十四日戌时……公攻举子业，试多前茅，数奇不售，积学成疾以殁。"②"古苞公，名焜，又名如苞，字亦陵，生康熙庚辰年十一月十六日戌时，卒康熙辛丑年元月十七日戌时……公以勤学致劳殁，葬湖厝墓。"③《颍川陈氏家谱》记载："父俊菴公困童试，援例入太学，郁郁终身，赍志以殁。"④"菊坡兄讳钟英，字秉灏，序四，侯邑庠生勤学不倦，从游者日益众，有东汉赵仲经承少之风，然性矜急，好非毁俗儒，由是多见排抵，潦倒名场。三十年郁郁以一矜终，非所谓于古为盛，今为窒者乎。"⑤ "五弟名崇恺，小名宝辉，字小荞……时文应童子试，屡战不利而余及幼农偕供职北上。因从子容族叔游。戊午，援例入太学，就乡试，

---

① 陈支平主编：《台湾文献汇刊》第三辑第一册《鳌江范氏家谱·晋邑鳌江范氏家谱牒·族规·设义学》，北京：九州出版社，厦门：厦门大学出版社，2004年，第30—31页。
② 陈支平主编：《台湾文献汇刊》第三辑第一册《鳌江范氏家谱·晋邑鳌江范氏家谱牒·辨绪公》，北京：九州出版社，厦门：厦门大学出版社，2004年，第385页。
③ 陈支平主编：《台湾文献汇刊》第三辑第一册《鳌江范氏家谱·晋邑鳌江范氏家谱牒·古苞公》，北京：九州出版社，厦门：厦门大学出版社，2004年，第463页。
④ （清）陈尔履：《颍川陈氏家谱》卷三《传志·又绥公传》，陈支平获见，民国六年稿本。
⑤ （清）陈尔履：《颍川陈氏家谱》卷三《传志·菊坡兄传》，陈支平获见，民国六年稿本。

复不利。由是每科辄试，每试皆北，盖其性地文境多所郁滞而少宣畅，无怪其屡困文闱而寂寂以终也。然其遇则益可悲矣。"①一生困于科举、忠于科举，正表明人们对教育的选择，对科举的崇尚与向往。

致仕官员也乐于发展家族、家乡教育，再次体现了人们在发展过程中对教育的选择。王跃生《清代离职官僚社会活动述论》一文总结了离职官僚的社会活动："出任书院山长、主讲等教职……著书立说……参与地方各种公益活动……往来各地，游朋会友，或闭门静养，沉浸诗酒。"②其中大都与文化相关。在所见族谱中，亦可见官员致仕后投身家族文化教育者，如颍川陈氏登华公，四十多岁授知县，归养后，热心于家乡的文教事业。"庚寅辛卯与诸名流联吟社，壬辰癸巳复结老友十人为觞咏欢嗣，以文庙明伦堂倾圮，乡先生公议修整，推府君监其事，一切土木瓦石髹漆之举，悉独任之。昼而督率工程，夜而筹核经费，虽严寒酷暑不倦，历十数阅月而工竣。"③再如侯官云程林氏林塈，年过六十，告老还乡，"及抵家，足不履公门，独治一室，散列书史，信口吟咏，闻则杖山水，课儿孙，至于处宗族待邻里，无不欢洽恳款，或以非道忤者，亦犯而不校，益天性，和厚然也"④。嘉靖己丑（1529）考中进士的林壁，乙卯（1555）时以父亲年迈请归，"居家惟杜门静摄，足迹不入公庭，日课子姓学业，暇则杖履山水之间，弄花吟鸟，以遂所志，视世之纷华势利泊如也"⑤。官至惠州知府的林崇乎，"甲午致仕归，杜门课子弟，续修家乘，葺先世祖茔，增置田亩，为大宗蒸尝……设云程书院于里中，以培植子弟"⑥。族谱中此类记载并不少见，致仕归养，将余晖奉献给家族教育，再次体现了

---

① （清）陈尔履：《颍川陈氏家谱》卷三《传志·小莾五弟行状》，陈支平获见，民国六年稿本。
② 王跃生：《清代离职官僚社会活动述论》，《求索》1989年第2期，第123页。
③ （清）陈尔履：《颍川陈氏家谱》卷三《传志·皇清乡进士，敕授文林郎，四川三台县考香农府君暨敕封孺人妣石、张孺人家传》，陈支平获见，民国六年稿本。
④ 北京图书馆编：《北京图书馆藏家谱丛刊·闽粤（侨乡）卷》第2册《侯官云程林氏家乘》卷三《世纪·七世·乾长房·讳塈》，北京：北京图书馆出版社，2000年，第489页。
⑤ 北京图书馆编：《北京图书馆藏家谱丛刊·闽粤（侨乡）卷》第2册《侯官云程林氏家乘》卷三《世纪·七世·乾四房·讳壁》，北京：北京图书馆出版社，2000年，第501页。
⑥ 北京图书馆编：《北京图书馆藏家谱丛刊·闽粤（侨乡）卷》第2册《侯官云程林氏家乘》卷四《世纪·十世·乾四房·讳崇乎》，北京：北京图书馆出版社，2000年，第578—579页。

人们的教育选择。

在商品经济发达的明清时期，弃儒从商并非异事，但致富后，他们又回而追捧教育，如颍川陈氏登华公，"公春秋益高，不得已谋继室以调护老人。忆自弱冠登科二十载矣，奔驰南北，迄无所成绩，羞成愤，乃弃举业谋生理。有旧好业蹉跎者，聘为邵帮出官，邵故剧帮，于是大为厘剔，扫除而更张之。居数月，稍有获，念此足以供甘旨备膏火资矣。辞归，仍联文社，温帖括业为次岁入都计。并邀堪舆家，大营窀穸奉先王母及父母。安厝别营寿域，而以亡室石孺人葬焉。丁丑赴礼闱，犹受知贵州翰林夏公，再为呈荐，竟不遇，乃就大挑，知县，分发四川，而东园公已于腊前弃世矣"①。中途弃儒从商，以其盈利用于举业，最终通过科举考试当上知县，回归教育。就一般平民家庭而言，家中兄弟众多时，不可能让每个人都投身科举，因而会出现一定分工，如颍川陈氏正夫公，兄弟五人，他排行第四，大哥在台湾习儒，其他三位都四处奔波以养家糊口。正夫公并非不好读书，而是十九岁时在关帝庙卜得一卦，说他应该经商，于是从商。正夫公贩盐巨富后，不仅自己留心学问，还延请名师教育族中子弟，子孙多有考中功名的。所载如下："正夫公讳肇泰，一字安园，序五。公少孤，垂髫工帖括数奇不偶，年十九祷于关圣神前，得南贩珍珠北贩盐签句，遂决计弃举业，学贾资治生。善事太高祖，母林太孺人敬养备笃，虽老不衰。兄弟五人，公居四，伯兄开夫公由台郡弟子员选明经，次两昆辟夫公、迪夫公，季名肇时公，均善奔走四方。公以一身持门户，修坟墓，凡力所能为，义所当为者，百千独任，未尝有几微间言。所以诸侄中，事无论大小，得公之助居多，斯则孝友天性然也。淡泊寡营，居于家无所矜饰，尝谓子侄孙曹曰：'人能栽培元气则平生足矣。'以故饬躬励行，与刻薄急促辈迥别往来。族党交游告急者，尽心力以应，无异拯溺救焚，人人各如愿以去。盖公以蹉商致富，雄于财，视济困扶危若分内事，甚而横逆相加，亦漠不与较，古之慈祥恺悌人也。居恒，尤留心学问，开绛榻，延名师，篝灯丙夜，咿唔吟讽不辍，间或议论商榷，往往发前人所未发。公身虽不仕，而公子孙游于泮，饩于庠，举于乡，贡于成均，领袖膺选，试于朝阶

---

① （清）陈尔履：《颍川陈氏家谱》卷三《传志·东园公》，陈支平获见，民国六年稿本。

者，公皆及见之，故一时有善人福人之称云。公生于康熙丙辰年三月廿九日寅时，卒于乾隆丙子年十二月十一日午时，寿八十一岁。"①再如云程林氏。到第十九世时，已是近代，此时期教育内容有所变化，然人们崇尚教育不弱以前，"讳璋猷，字斯琦，号省斋，绍崑次子。嗣叔绍华，年甫弱冠，生父嗣母，伯兄元配相继病亡。三年之间，叠遭丧故，家乏养，不能具膏火，乃继兄营商以支拄家计，每抚儿，自叹曰，幼承母训，徒读父书，长而无述，深以为憾，故一生辛勤所得，悉为子侄具修脯，虽负债累累，亦不稍息。今懋绩、懋凯俱能毕业大学，得学士位，历任公务，各能廉洁自守者，皆公训悔所贻也。"②"名颐猷，字斯年，自号云悱，绍济之子，兼嗣伯绍鼎、绍武暨叔绍鑑、绍慧，自幼家贫，读书不就，改习商贾，少而劳苦，长益奋勤，应世持躬，胥能合度，暇且博览群书，自经而外，旁及阴阳星卜，靡不通晓，尤善阅格言语录，以自修省，以教诸子。"③

  商人致富后支持家族教育的研究成果颇为丰富。各个地区似乎并无差异，不管是闽商、徽商还是晋商等，他们都乐于支持家族教育，"闻以贾富矣，未闻以贾贵也。可奈何使诸子而贾人子乎？"④在"普天之下，莫非王土，率土之滨，莫非王臣"的传统社会时代，私人财富缺少国家制度保障。财富虽多，却不一定都属于自己，得失不过瞬间。通过教育拜官封侯，置于国家俸禄、晋升诸制度之下，不仅能获得良好的物质保障，更具国家政治保障。这使个人、家族更愿意选择教育，向政府靠拢，以获得保障，如云程林氏十六世林用珊，"少有干才，补国子监，数试不售，乃弃儒就贾，以杉业起家。时宗祠颓圮，独资木料重建，焕然一新，善交际，被选为福州商会会长，洪江公益社社长，船政大臣沈公翊清以公承办木料有功，奏

---

① （清）陈尔履：《颍川陈氏家谱》卷三《传志·正夫公》，陈支平获见，民国六年稿本。
② 北京图书馆编：《北京图书馆藏家谱丛刊·闽粤（侨乡）卷》第 2 册《侯官云程林氏家乘》卷四《世纪·十九世·乾二房·讳璋猷》，北京：北京图书馆出版社，2000 年，第 771 页。
③ 北京图书馆编：《北京图书馆藏家谱丛刊·闽粤（侨乡）卷》第 2 册《侯官云程林氏家乘》卷四《世纪·十九世·乾三房·名颐猷》，北京：北京图书馆出版社，2000 年，第 775—776 页。
④ （明）李光缙撰，曾祥波点校：《景璧集》，福州：福建人民出版社，2012 年，第 183 页。

赠翰林院孔目，钦加同知衔，赏戴蓝翎，诰授奉政大夫"①。以商起家，兴盛之极，其子林迪仕"学名汉章，字克基，又字德树，汝丹长子，补国子监，赠翰林院孔目，钦加同知衔，赏戴蓝翎，幼受业于翎清沈公，迨沈公筹办山东赈捐，委公为驻闽劝办山东赈捐委员，事竣晋，京分省试用，返抵家园，以所营厚元木行为人侵蚀十余万元，遂一蹶不振，身复罹痨疾以终"②。

到近代，科举教育不再一枝独秀。随着社会经济结构的变化，商品经济和工业生产日益渗透到民众生活，社会人才需求结构也日渐多元化。培养国家官吏不再是教育的唯一目的，但教育作为获取知识技能最重要的途径仍是民众的重要谋生工具。明至清前期，云程林氏族人通过科举考试走上为官道路的较为多见，而到清中后期，族人经营商业的记载渐多，到清末民初，族人通过近代教育谋生的例子渐多。如生于光绪癸未（1883）的林迪升，"警官学校毕业"③，生于光绪丁酉（1897）的林璿先，"福建随营学校毕业，派充福建陆军补充营一连特务长，旋升排长，民国八年六月间闽粤战役代理连长，九年三月调任福建陆军第一师参谋，十一年二月任安德永大剿匪司令部参谋，十三年七月任驻厦宪兵分队长，十五年瓜山峡兜战役，十六年任海军陆战队第一旅二团一营一连连长，十七年十月升本营营附，十九年三月升本团一营营长，奉令福宁属剿匪，二十二年任福建省保卫团参谋"④。生于光绪乙酉（1885）的林楥先，"福建法政学校毕业"⑤。生于光绪丁未（1907）的林溥先，"福州培元学校毕业，江

---

① 北京图书馆编：《北京图书馆藏家谱丛刊·闽粤（侨乡）卷》第2册《侯官云程林氏家乘》卷四《世纪·十六世·乾长房·讳用册》，北京：北京图书馆出版社，2000年，第680页。
② 北京图书馆编：《北京图书馆藏家谱丛刊·闽粤（侨乡）卷》第2册《侯官云程林氏家乘》卷四《世纪·十七世·乾长房·讳迪仕》，北京：北京图书馆出版社，2000年，第706—707页。
③ 北京图书馆编：《北京图书馆藏家谱丛刊·闽粤（侨乡）卷》第2册《侯官云程林氏家乘》卷四《世纪·十七世·乾长房·名迪升》，北京：北京图书馆出版社，2000年，第708页。
④ 北京图书馆编：《北京图书馆藏家谱丛刊·闽粤（侨乡）卷》第2册《侯官云程林氏家乘》卷四《世纪·十八世·乾长房·名璿先》，北京：北京图书馆出版社，2000年，第732—733页。
⑤ 北京图书馆编：《北京图书馆藏家谱丛刊·闽粤（侨乡）卷》第2册《侯官云程林氏家乘》卷四《世纪·十八世·乾长房·名楥先》，北京：北京图书馆出版社，2000年，第734页。

西盐政稽核所所长，邮政总局会计组组长"①。生于民国二年（1913）的林泽先，"福州青年会高级中学毕业，福建建设厅办事员"②。生于宣统己酉（1909）的林泋先，为"上海持志大学政治学士"③。生于光绪戊戌（1898）的林兆先，"福建高级师范毕业生，补充省一教员"④。生于同治戊辰（1868）的林汇先更能体现时代内容，其先为国子监生，候补知县，后考入北洋水师学堂，从事勘查，再后从事近代教育事业，培养生员出国留洋。"前清补国子监，钦加花翎同知衔，历保吉林候补知县。先是公少聪敏，家贫，六岁能文，里人多称羡为神童者。鉴于世界战争，国势岌危，欲乘朝廷变法自强之际而谋，所以巩固海防，知非从事于海军不可，随设计考入北洋水师驾驶。后学堂毕业，冠军，乃以精通测绘故，蒙上峰电调赴吉，奉札派为测勘中俄边界合璧地图委员，又派补绘吉林全省舆图正委员。事竣，即饬派充省城开埠局工务科科长，兼翻译员。查其建筑机构，工程浩大，办理三年，成绩卓著，而吉长铁路亦于是时完成。所有市面繁荣，招徕工商，百货囤积，运输行旅，往来交通，均称利便焉。旋因鼎革政易共和民国学务，类多创办，屡承当道。哀哀诸公，后先征辟，前往盛京省学堂，奉天全省调查员，养成会暨教员补习科各高中专门学校，分别教授英文、史、地、测量、算数等科学，遂日居月，诸循循善诱利导，前后蝉联计十有余载，其心精力果尽瘁于斯。致使维新就读之举贡生监，卒业成材，几满东北。嗣经当局选送各员生出洋，分赴各国留学，或文或武，次第业成回国者，金身膺要职。"⑤科举制度虽在近代退出历史舞台，教育却适应社会人

---

① 北京图书馆编：《北京图书馆藏家谱丛刊·闽粤（侨乡）卷》第 2 册《侯官云程林氏家乘》卷四《世纪·十八世·乾长房·名溥先》，北京：北京图书馆出版社，2000 年，第 738 页。

② 北京图书馆编：《北京图书馆藏家谱丛刊·闽粤（侨乡）卷》第 2 册《侯官云程林氏家乘》卷四《世纪·十八世·乾长房·名泽先》，北京：北京图书馆出版社，2000 年，第 738—739 页。

③ 北京图书馆编：《北京图书馆藏家谱丛刊·闽粤（侨乡）卷》第 2 册《侯官云程林氏家乘》卷四《世纪·十八世·坤次房·名泋先》，北京：北京图书馆出版社，2000 年，第 759 页—760 页。

④ 北京图书馆编：《北京图书馆藏家谱丛刊·闽粤（侨乡）卷》第 2 册《侯官云程林氏家乘》卷四《世纪·十八世·坤次房·名兆先》，北京：北京图书馆出版社，2000 年，第 760 页。

⑤ 北京图书馆编：《北京图书馆藏家谱丛刊·闽粤（侨乡）卷》第 2 册《侯官云程林氏家乘》卷四《世纪·十八世·乾长（三）房·名汇先》，北京：北京图书馆出版社，2000 年，第 745—746 页。

才结构变化,被赋予了新内容。不管是军人、警察、边界勘查员、翻译、政法人士还是学校教官,他们都得益于教育的发展。他们通过教育获取了契合社会发展的知识技能,在服务社会的过程中与社会形成良好互动,从中获得个人、家庭、家族的可持续发展的同时,也促进了社会进步。

二、仕途晋升

通过相对公平的科举考试,一般寒素也可以进入仕宦阶层,锦衣玉食,呼奴唤婢。何炳棣形象地将这条普通民众的社会地位上升之道比喻为阶梯。[①]通过这个阶梯,人们获得了社会地位的跨越性变化,从无偿纳税民众跻身免税统治阶层。继而通过国家官员考核晋升机制,得以升格。在其位,谋其事,官员与社会之间形成互动,官员考核机制成为这一互动的重要引导。依据官员与社会互动效果,朝廷考核,而后决定其升降黜迁。这一引导机制协调着官员与社会的互动关系,良性互动让官员获得更高的社会地位,也使社会获得了发展与进步,恶性互动则让官员面临地位下降的危险,同时也将阻碍社会发展。对官员考核机制的合理利用,是个人、家庭、家族社会地位上升的重要途径。下面,笔者将以金山水美王氏为例进行阐释。

王氏原籍光州固始,入闽始居福州,后肃斋公一支于明初迁至南靖金山,是为金山水美王氏。根据族谱资料,作王命爵渊源图(图2-1)如下。

据谱所载,南靖王氏在第四代时,方"肇启书香"。四世祖文庵公以恩贡授舍山教谕。到第五代时,三房怡轩公"例赠修职郎"[②],第六代怡轩公长子奋崖公也"例赠修职郎"。第七代奋崖公长子良佐公,为嘉靖十九年(1540)庚子科贡生,初授南宁宣化县学训导。第八代良佐公之子王命爵,为嘉靖三十四年(1555)乙卯科举人,初授密县教谕。隆庆丁卯(1567),升庐江县令,"公始莅庐,隆庆纪年丁卯夏六月也"。[③]之后,王命爵便仕途平坦,平步青云。

---

① Ping-ti Ho, *The Ladder of Success In Imperial China: Aspects of Social Mobility, 1368-1911*, New York: Columbia University Press, 1962.
② (明)王命爵:《福建南靖金山水美王氏族谱》,陈支平获见,隆庆四年稿本。
③ (明)王命爵:《福建南靖金山水美王氏族谱·庐江均粮后序》,陈支平获见,隆庆四年稿本。

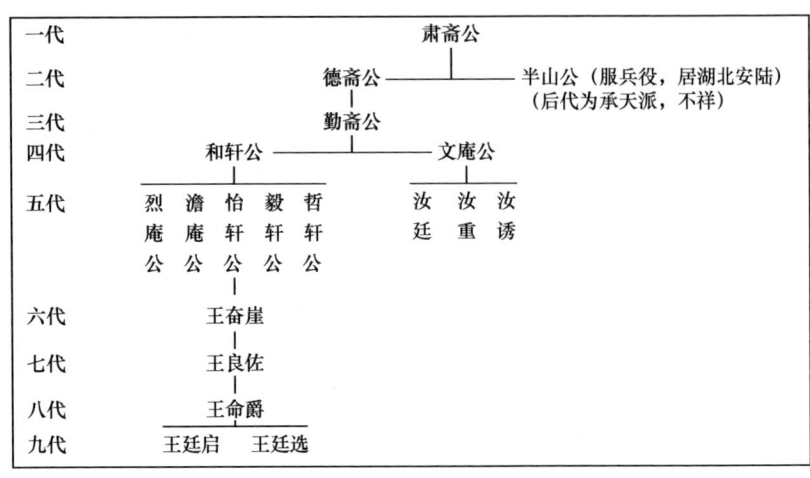

图 2-1　王命爵渊源图①

"王命爵，字仁卿，号一所，谥一所，列八代，出生嘉靖五年丙戌二月三十日戌时。嘉靖三十四年乙卯科举人，初授密县教谕。卒万历三十一年癸卯六月初一日□□，合葬南靖生桥后沟。子四人。"②《漳州府志》则这样记载："嘉靖乙卯科举人，父教谕良佐以辛酉靖邑之韬，为饶贼所据，命爵入贼巢，求身代父，贼感其孝，两释之。初，授密县教谕。迁庐江令，清革马税及却常例千金，民为立碑。迁南京兵马，以治狱不冤，绩最擢韶州同知。从征罗滂，筑西宁城有功，榷关税一尘不染，两台交荐，加四品服俸，盖异数也，嗣升广西太平府知府。信乎，蛮貊清畏，人知声望日近，升两浙盐运使。以母丧归，复除河东，积羡悉归官，□□□□□□□□□□□□□□□□□□，士感奋连擢，二解时称其得人。以致政归家，居十二岁，布袍蔬食，澹如也。卒年八十，至称贷以殓，无愧古廉吏焉。"③

"庐江僻在山薮，俗尚朴。"④在庐江时，王命爵通过"均田均粮"，深

---

① 五代及其以上据（明）王命爵《福建南靖金山水美王氏族谱·始祖至五世祖大宗总图》（陈支平获见，隆庆四年稿本）作，六代及其以下所繁衍族人由于资料限制而未能全部录入，然王命爵的来源已然明了。
② （明）王命爵：《福建南靖金山水美王氏族谱》，陈支平获见，隆庆四年稿本。
③ 《漳州府志·名贤传》，转引自（明）王命爵：《福建南靖金山水美王氏族谱》，陈支平获见，隆庆四年稿本。
④ （明）王命爵：《福建南靖金山水美王氏族谱·庐江均田记》，陈支平获见，隆庆四年稿本。

得当地民众爱戴，为自己获得了升迁机会。"庐江为畿辅重地，积弊实多，为害甚矣，惟田粮不均，有田多而无粮者，有田去而粮存者，穷民负累，里排赔□前此，邑侯咸知此弊，每欲均田粮以苏民困，或惮焉，或阻焉，卒莫之行。至隆庆纪年，岁丁卯夏，漳南一所翁王公奉简命令兹土。下车日，察民隐，搜积弊，利当兴，害当除者，悉次第行之。有诉田粮包赔之苦者，慰之曰：'吾知之，曷为若等处，未可亟也。'"①王命爵到任后，召集乡耆，发动民众，对田土进行清丈。"公召集乡耆二百，排里给以考试，画以田形，详谕丈量，则俾分图别区人户，排甲沿垎复亩互相弓丈，莫能容私。"②不到三个月，清丈完毕，"多田无粮者，照亩均摊，田去粮存者，照数除□，虽民情难克，恩怨□□□□□适均，贫富各遂"③。如此一来，民众各自明白赋役多少，田多则多交，田少则少交，减轻了负担。民众爱戴王命爵，还为他修建了生祠。"诸父老将筑宫肖形，时年而永瞻之，以垂不朽。"④王命爵的均田做法还被作为榜样，为其他地区官员所仿效，一时地位高升。这是王命爵适应社会所需，与社会良好互动的结果。当时不仅庐江一县，全国都出现了土地兼并导致田赋不均的现象，田地多少与赋徭多寡失衡，有田者轻徭薄赋，田地被兼之民赋税沉重，民不堪其累，进行土地清丈和赋税改革势在必行。万历辛巳（1581），张居正于全国推行一条鞭法，进行赋税改革，而此前张居正也在全国努力推行土地清丈。王命爵的均田做法顺应了社会发展所需，敢为天下先，自然成为众多地方官效法的对象。"抚按仍行府属州县，丈田均粮，苏民困苦，以庐江为法，率来求式，□是我公良法美意，不特被于庐江，仍溥通于八属，而千里之甸民亦咸被其泽矣。"⑤民众爱戴与官员认可，为其政绩考核奠定了基础，晋升机会随之而来。"公其册完报各上司，抚按咸加公才德之优，为民之切，成功之敏，荐章交上，莫可殚述。"⑥

---

① （明）王命爵：《福建南靖金山水美王氏族谱·庐江均粮序》，陈支平获见，隆庆四年稿本。
② （明）王命爵：《福建南靖金山水美王氏族谱·庐江均粮序》，陈支平获见，隆庆四年稿本。
③ （明）王命爵：《福建南靖金山水美王氏族谱·庐江均田跋》，陈支平获见，隆庆四年稿本。
④ （明）王命爵：《福建南靖金山水美王氏族谱·庐江均田纪绩碑》，陈支平获见，隆庆四年稿本。
⑤ （明）王命爵：《福建南靖金山水美王氏族谱·庐江均粮序》，陈支平获见，隆庆四年稿本。
⑥ （明）王命爵：《福建南靖金山水美王氏族谱·庐江均粮序》，陈支平获见，隆庆四年稿本。

而后王命爵被提升为南京兵马指挥司指挥,族谱中一则敕书可表,然未能见确切时间。"奉天承运,皇帝敕曰,近制兵马司之长,必遴选有司之良者充之,所以为官择人,慎重王都之意也。属有恩赉可不与俱,尔南京东城兵马指挥司指挥王命爵发身贤科,司教儒泮,陟宰剧邑,荐札屡闻,迨权今官,弗坠往绪。兹以覃恩授尔阶承德郎,赐之敕命,尔尚益砺初心,以成远效,嗣当移用,偿尔之劳。"①王命爵个人地位的提升还给父母、妻子带来了荣恩,他们分别被封以承德郎、安人。任南京兵马指挥司时,谱中未见文字表其政绩,只转引了《漳州府志》的记载,言其"以治狱不冤,绩最擢韶州同知"②。

在韶州,王命爵为副职,在罗㵯之役中,因筑西林城有功再获晋升。嘉靖时,倭寇骚扰我国沿海,给民众带来了灾难,破坏了社会安定,朝廷投入大量人力、物力以平息倭乱。王命爵时"奉军门特委肃将明旨,都东安南乡二城"③。出于军事防御所需,王命爵督导修建了西林城,成为此次战役取胜的重要因素。"经始于丁丑之孟冬,而落成于戊寅之季春,会未数月,而雉堞森如,栋宇焕如,衙门营房,巍然并举,有百二金汤之势,如天造地设矣。地利既成,天险益固,农得安福,民始乐业,贾者在市场,行旅出途,即江汉之于疆于理,犹难乎,其专美焉。"④罗㵯之役后,表叙功绩,王命爵得到了属下的推崇和上级的彰荐。"南乡所副总戎陈君璘率官旗□等,不远数百里,诣门请叙始末以垂不朽。"⑤"余与一所君同官留都,知之稔矣。诚乐道之也,遂书以纪绩。"⑥"上心嘉悦,加君四品秩,赐金

---

① (明)王命爵:《福建南靖金山水美王氏族谱·恩纶宠赐》,陈支平获见,隆庆四年稿本。
② 《漳州府志·名贤传》,转引自(明)王命爵:《福建南靖金山水美王氏族谱》,陈支平获见,隆庆四年稿本。
③ (明)王命爵:《福建南靖金山水美王氏族谱·罗㵯奏绩赐金赐秩叙》,陈支平获见,隆庆四年稿本。
④ (明)王命爵:《福建南靖金山水美王氏族谱·罗㵯奏绩赐金赐秩叙》,陈支平获见,隆庆四年稿本。
⑤ (明)王命爵:《福建南靖金山水美王氏族谱·罗㵯奏绩赐金赐秩叙》,陈支平获见,隆庆四年稿本。
⑥ (明)王命爵:《福建南靖金山水美王氏族谱·罗㵯奏绩赐金赐秩叙》,陈支平获见,隆庆四年稿本。

甚厚。主上之所眷锡隆渥以报君者，□近时所罕见云。"①而后，王命爵升任广西太平府知府，官秩正四品。

然虽为知府，却是穷乡僻壤，以往治者也莫之奈何。"粤西去京师万里，太平去粤西又二千余里，土瘠俗悍，视蜀为甚。守者非宽其文法，则忿嫉而激之乱，或奉簿书文具周旋，即自谓称塞。至学校诸务邈不相关，其于子惠元元，惇风厚俗者，安在哉。"②越难治理之地，社会治理要求越强烈，个人与社会的良好互动不仅满足了社会对治理的需求，也有利于个人社会地位的提升。王命爵到任后，以"文翁治蜀"③自比，从教化入手，捐金饬材，使学宫得以一新。"复进诸生解讲经义，品□程课，郡民间子弟端慧者于社学，弦诵之声，彻郡城内外，居然文翁治蜀之遗也。郡属半土夷，桀骜不奉约束，闻公之风，相率诣庭下，叩首伏罪。至于表率属烛奸剔蠹，兼弱举废，出无稽程，入无沉案，二百余年以来之弊规病民者，一朝悉更之。未三月吏治民安，士颂于庠，农歌于野，商讴于市，嘻嘻咸得其所，而不知其谁之为者。"④经过治理，王命爵受到了太平民众的爱戴，当他进京述职时，"诸父老攀卧辙，举手加额，皆曰：'天子万岁，太守千秋。'恋恋不舍者出一口"⑤。任满考核合格，朝廷授以"中宪大夫"，"奉天承运，皇帝制曰，朕思阜安元：慎简良二千石与失治理，责成既重，褒赐宜优。尔广西太平府知府王命爵，端方器，识敏达，才猷剔，历有年擢典名郡，政平讼理，克持廉洁之操，吏畏民怀，茂著循良之誉，兹以秩满授尔阶中宪大夫，赐之诰命，史□□□□，居官如家，视民如子，朕甚慕之，□□

---

① （明）王命爵：《福建南靖金山水美王氏族谱·罗滂奏绩赐金赐秩叙》，陈支平获见，隆庆四年稿本。
② （明）王命爵：《福建南靖金山水美王氏族谱·太平赝奖僚属赠言序》，陈支平获见，隆庆四年稿本。
③ 按《太平赝奖僚属赠言序》所述，文翁初到蜀地，"盖蜀地蛮夷杂处，人鲜知学"。文翁于是从教化入手，兴办学校，"翁选子弟为学宫弟子员，縣高者除郡县吏；次为孝弟力田，吏荣之争，乡素斌斌，比迹齐鲁"。最终取得了良好的治理效果。（明）王命爵：《福建南靖金山水美王氏族谱·太平赝奖僚属赠言序》，陈支平获见，隆庆四年稿本。
④ （明）王命爵：《福建南靖金山水美王氏族谱·太平赝奖僚属赠言序》，陈支平获见，隆庆四年稿本。
⑤ （明）王命爵：《福建南靖金山水美王氏族谱·太平赝奖僚属赠言序》，陈支平获见，隆庆四年稿本。

斯道尔，尚益勉罔俾龚黄专美于古，朕且显陟焉，钦哉。"①

在太平知府任后，王命爵升任两浙盐运使，而后又为河东盐运使，达其仕途高峰。谱中关于这两个阶段的记载很少，无从考查。

综观王命爵发展之路，个人把握时机，积极与社会互动，是其获得成功的关键。王氏在此之前并非望族，第四代肇启书香，历代业儒，至第八代王命爵，通过科举考试，跨入仕途。王命爵虽出身寒微，所中功名也不过举人，初授不过教谕，而他却从教谕做到七品知县，并最终做到三品盐运使②。在其仕宦途中，王命爵与社会积极互动，所作所为均符合社会发展所需，促进了当地社会发展，得到了国家的认可。这种认可通过官员考核得以完成，并通过官职晋升得以体现，国家官员考核机制在此发挥了良好的协调作用。"明代官员考核制度是由考满和考察两大系统组成的，并且与监察制度极其紧密地结合在一起，其严格和繁杂的程度在两千余年的官僚制度史上达到登峰造极的地步。"③就考满一项，"明代为了鼓励官员忠于职守，勤于王事，除给予考满无过官员以升职增俸的实际利益外，还给予一定的荣誉性待遇——如'一品、二品官考满赐羊酒钞锭'，并规定了适用于全体官员的封赠和诰敕制度。"④"朱元璋一直把地方官员考核作为重点，当时不论是官员考满还是入京朝觐，朱元璋都要求他们预先攒造事迹功业文册、纪功文簿一类的文件，亲自携带赴京，以凭考核。……考核的内容是以现实社会问题为基础的，随着主要问题的转移而变化。"⑤这一方面对官员形成利益诱惑，促进其努力工作，为朝廷、为社会服务，实现社会和谐发展；另一方面它又在一定程度上体现社会和谐发展的基本需求，并具一定公平合理性。王命爵很好地利用了这一国家机制，在为民、为社会办实事的同时，获得了个人社会地位的提升及王氏族人社会地位的提升，于己、于家族、于社会都有利。

---

① （明）王命爵：《福建南靖金山水美王氏族谱·纶褒中宪大夫》，陈支平获见，隆庆四年稿本。
② 官员品级界定参考黄惠贤、陈锋主编《中国俸禄制度史》中所绘《明代文武官员俸禄标准》表（武汉：武汉大学出版社，2005年，第466页）。
③ 张显清、林金树主编：《明代政治史》，桂林：广西师范大学出版社，2003年，第610页。
④ 张显清、林金树主编：《明代政治史》，桂林：广西师范大学出版社，2003年，第617页。
⑤ 张显清、林金树主编：《明代政治史》，桂林：广西师范大学出版社，2003年，第624—627页。

第二节 明清科举制度对民营教育的促进

一、明初科举制度的反复与规范

明初科举制度经历了较长时间的反复，荐举曾被朱元璋视为纠正科举弊端的重要途径，本来新王朝刚刚建立，正是急需人才的时候。朱元璋曾首先倚重于科举，且于洪武三年（1370）起连续三年科举取士，他说："汉、唐及宋，取士各有定制，然但贵文学而不求德艺之全。前元待士甚优，而权豪势要，每纳奔竞之人，夤缘阿附，辄窃仕禄。其怀才抱道者，耻于并进，甘隐山林而不出。风俗之弊，一至于此。自今年八月始，特设科举，务取经明行修、博通古今、名实相称者。朕将亲策于廷，第其高下而任之以官。使中外文臣皆由科举而进，非科举者毋得与官。"①

但连续三年科举之后，朱元璋发现所录取的大多是"后生少年"，虽然文章做得头头是道，却缺乏实际工作能力，便要求有司采举"山林之士德行文艺可称者"，"备礼遣送至京，朕将任用之，以图至治"。设立的科目有聪明正直、贤良方正、儒士、孝廉、秀才、举人、耆民，将这些人"皆礼送京师，不次擢用。而各省贡生亦由太学以进"。②

荐举制度推行到洪武十七年，另一类问题又显现出来，那就是被荐举者队伍日益庞大，几乎到了无官可授的地步，而且被荐举者亦良莠不齐，举者或疏于考察，或以权谋私，被荐举者往往奔竞钻营，"任不举职"的现象非常普遍。经过实践的比较，朱元璋再度认识到科举制度的优越性，便于洪武十五年八月下诏恢复科举制度，洪武十七年确定科举程式，命礼部颁行各省。

随着科举制度地位的最终确立，科举的制度建设也不断加强，如科举程式、场级、内容、名额分配乃至庶吉士制度都不断规范起来。明清两朝，参加府、州、县学考试的人数相当可观。乾隆初年，凡属大学（就其规模而言，而不是程度）应试童生自一千数百以至二三千人。因此，明清官学

---

① 《明史》卷七十《选举志二》，北京：中华书局，1974年，第1695—1696页。
② 《明史》卷七十一《选举志三》，北京：中华书局，1974年，第1712页。

办学规模屡屡突破其初始的规制,表现为只就生员名目上有所谓廪膳生员、增广生员、附学生员等多个称呼,与此同时,私学、家学、宗族之学也随之勃兴。"盖无地而不设之学,无人而不纳之教。庠声序音,重规叠矩,无间于下邑荒徼,山陬海涯。"①明清学校之盛(数量)为唐宋以来所不及。

另外,明清有举人入监制度(始于永乐年间),即会试落第的举人由翰林院择其优者送入国子监肄业,这些人称为"举监",举监一面在监肄业,一面等到下次会试时出监应试。举监制度的实行,扩大了国子监的来源,与此同时,明清两朝规定的乡试录取配额,又特重国子监(或国子监所在地),加之生员录取数额毕竟有限,且从考取生员到应乡试要经过一系列的考试,而且有监生资格者,便可同生员(秀才)一样参加乡试,这致使不少人争相入监,特别是例监制的实施,报捐监生者人数更多。捐监散于全国,名为监生,实则大多数并不在监。其捐监的目的不外乎提高声誉和取得参加乡试的资格,其中后者是主要的。要参加乡试,就得认真准备,即使不在监读书,也不致随便荒废举业。因此,由科举诱导出的捐监制度,不仅推动了明清国家高等教育事业的发展,特别是规模上的扩大,而且丰富了国子监的办学模式。捐监近似于当代的函授,这就使国子监成为一所开放式大学。至于教育质量,不能因为捐监者中有纯粹出于"提高声誉"者就断言捐监为滥收之举,皆不学无术、滥竽充数之辈。捐监者多为庶民,来自社会中下层,捐监虽可以提高声誉,但不能从根本上改变自身的社会地位,即使由捐监而例贡而入仕,在明清官僚队伍中亦属于杂流出身,不受尊崇和重用,因此对大多数捐监者来说,捐监不是目的,而是手段。他们以此为跳板,参加科举考试,进而入仕为官。所以,尽管捐监者水平差异较大,但就总体而言,其读书态度是认真的,也是有一定质量的。

由于官学一般不能满足全社会对教育的需求,民营教育便在科举制度恢复后,在官营教育之外就取得了巨大的发展。

二、文化和仕宦望族的家族教育——维持门风的科举教育

科举考试凭成绩取录,注重才能。能否通过各级考试最终获得功名出

---

① 《明史》卷六十九《选举志一》,北京:中华书局,1974年,第1686页。

身进入仕途,从理论上说取决于应考者是否有才,这就促使考生留意学问,勤于举业,特别是明清科举功令日密,立法周严,打击得力,就是达官贵族、豪强地主子弟亦不敢贸然放弃学业,专事营求,希图以通关节而幸获,更遑论广大考生。这就在社会上,特别是社会中下层形成了一种自觉求学的风气。明清名人教子,几乎无一例外地要求子孙应惜时勉学,立志成才。地主阶级自然有良好的家庭教育条件,可以让其子弟静心读书,以求科场显名。至于商人家庭,由于经济条件相对好些,更是竭力供其子弟读书,希望由此而改变其低下的社会地位,明清农、工、商家庭出身的士人的涌现使知识阶层的数量大为增加,不仅直接增强了科举考试的竞争性,而且更为重要的是推动了学校教育规模的扩大和数量的增多。在科举面前,世家大族要维持住自己的地位,必须与庶民站在同一起跑线上。尽管家族可能提供给他们的经济条件较好,但那不是能否中举的充分条件或唯一条件,应举者的聪慧和勤勉往往是不可或缺的,因而许多大家族对子弟的培养也是倾尽了心思。明清时期,世家大族的家学甚为发达,实际上可以看成是科举制度得以广泛推行的产物,也可以看成是大家族为维持自己地位所做的艰辛努力,这些家族的子弟大都有一种与生俱来的以文化功名立身处世、光宗耀祖的精神抱负。"以为而门户若是,而父兄若是,闻见丽泽若是,而弗能是,是不肖者,从而曰:'是某氏之子也!'可不惧哉!夫门第之盛,可惧如此,乃不若彼无所恃者之易于为贤,岂此之所负固重哉。"[①]张习孔《家训》说:"世间平人多,贵人少,科甲岂可常得乎?然书香不可绝,书香一绝,则家声渐夷于卑贱,家声既卑,则出入渐鄙陋。人既鄙陋,则上无君子之交,下无治生之智,其安于农樵负担者犹为善也,甚至人既粗蠢,心复雄高,狎比下贱,冥行蹈险。呜呼,人生至此,不忍言矣!若敖之鬼,从此长馁矣。猛念及此,安可不教子读书?"[②]这种强烈的不辱家声、不坠门望的上进心情正是其"不废而益勤"的精神支柱。

像华亭沈易家族、奉贤王端家族、上海陆深家族、崇明施氏家族、宝山金翊家族、川沙沈璞家族等皆因此而科第绵延、簪缨联翩,门祚贯联明

[①] (明)文徵明:《文徵明集》卷十八,上海:上海古籍出版社,2014年,第475页。
[②] 楼含松主编:《中国历代家训集成·清代编》,杭州:浙江古籍出版社,2017年,第3516页。

清两代，如明朝天启七年（1627）丁卯科举人潘桓，出身于明代上海县著名的官宦世家潘恩家族，潘桓的高祖潘奎，字用章，号颐庵，初充郡掾，嗣授河南项城典史，摄商水县令；潘桓的曾祖潘恩（潘奎长子），字子仁，特号湛川，后改号笠江，上海县人，嘉靖二年（1523）癸未进士，初授祁州知州，累迁山东副使，历官工、刑二部尚书，后改官左都御史致仕，卒谥"恭定"；潘恩长子潘允哲（潘桓伯祖），字伯明，号衡斋，嘉靖四十四年乙丑进士，初知新蔡县，调令义乌，出守黄州，擢升山东副使；潘恩次子潘允端（潘桓祖父），字仲履，号充庵，嘉靖四十一年壬戌进士，授刑部主事，累官四川布政使；潘恩季子潘允亮，字士逢，万历四十七年（1619）己未进士。明代上海县潘奎家族，自潘恩之后，"其后不特任子、资郎，联镳接踵，即科第亦累传不绝……衣冠轩冕，绵衍百年"①。潘桓即出身于明代上海县这样一个世代官宦之家的潘恩家族，该家族入清以后仍有仕宦之人。

清代嘉兴钱大昕家族形成了科第繁盛的局面。钱大昕长子钱东璧，17岁补博士弟子，太学生，游历京师，诗文、古文名重公卿，有"小钱"之称；次子钱东塾，廪贡生，署吴县训导，善隶草，工山水，著有《月波楼诗集》等；钱大昕族子钱塘，乾隆四十五年（1780）庚子进士，选江宁府教授，著有《律吕古义》《史记三书释疑》《泮宫雅乐释律》等多部著作；钱塘之弟钱坫，乾隆三十九年甲午顺天副榜贡生，补乾州州判，历署兴平、韩城、大荔知县、华州知州，撰有《史记补注》《尔雅释义》《圣贤冢墓志》等多部著作。

在上海地区，董其昌、徐阶、陆树声、徐光启、潘恩、陆深、王广心、王顼龄、王鸿绪、钱大昕、王敬铭、王鸣盛、王昶、印光任、徐恕、陈兆熊、黄体仁等均由科举入仕。吴仁安先生对上海望族的研究也说明了科举已成为望族得以形成的最基本途径。

道光六年（1826），襄阳知府周凯手订的《义学章程》中的《序言》说："近因各乡村蒙馆太少，义学不设，以致风俗犷悍，好勇斗狠，轻生犯上，皆由童蒙失教之故。本府与诸牧令出示，劝谕各绅耆士庶有力之家，在于

---

① （明）叶梦珠：《阅世编》卷五《门祚二》，北京：中华书局，2007年，第142页。

本处地方捐设义学,以教贫民子弟",成为安身良民。教育学童成为安身良民,不使"好勇斗狠,轻生犯上"①,正是清政府遍设义学的出发点。

《红楼梦》第九回中说:"原来这贾家之义学,离此不远,不过一里之遥,原系始祖所立,恐族中子弟有贫穷不能请师者,即入此中肄业。凡族中有官爵之人,皆供给银两,按俸之多寡帮助,为学中之费。"②凡在外为官者,一般皆把培养族中子弟作为自己义不容辞的责任。曾国藩在江宁闻侄子考中秀才,十分欣喜,致书诸弟,充分表露了显宦对后人之期盼,信中说:"纪瑞侄得取县案首,喜慰无已,吾不望代代得富贵,但愿代代有秀才。秀才者,读书之种子也,世家之招牌也,礼义之旗帜也。谆嘱瑞侄从此奋砺加功,为人与为学并进,切戒骄奢二字,则家中风气日厚,而诸子侄争相濯磨矣。"③

左宗棠于儿子进学,亦表欣悦,致书谆谆诫勉切勿骄傲自满,"尔幸附学籍,人多以贺我,我亦颇以为乐。然吾家积代以来,皆苦读能文,仅博一衿(衿),入学之年均在二十岁以外,惟尔仲父十五岁得冠县庠,为仅见之事。今尔年甫十七亦复得此,自忖文字能如仲父及而翁十七时否?家太冲诗云:'以彼径寸根,荫此千尺条。'盖慨世胄之致身易于寒畯也。尔勿以妄自矜宠,使人轻尔"④。左宗棠在另一封信中又申明创立功名维持门风之意旨,"尔年十六七,正是读书时候,能苦心力学,作一明白秀才,无坠门风,即是幸事"⑤。对于门风的维持使世家大族更多地致力于家族子弟的培养和教育。

三、商人家庭的文化教育——科举与实用教育兼顾

我们从许多文献中了解到,在传统社会中,商人阶层几乎并没有形成一个稳定和独立的阶层,许多经商者只是为了改变自己经济上的贫困地位

---

① 顾明远总主编:《中国教育大系:历代教育制度考》,武汉:湖北教育出版社,2015年,第1468页。
② 《红楼梦》第九回,长沙:岳麓书社,1987年,第66页。
③ (清)曾国藩:《曾国藩全集·家书》,长沙:岳麓书社,1985年,第1193页。
④ (清)左宗棠:《左宗棠全集·家书》,长沙:岳麓书社,1987年,第55页。
⑤ (清)左宗棠:《左宗棠全集·家书》,长沙:岳麓书社,1987年,第57页。

才弃儒经商、弃文经商的。一旦他们的经济地位有所改变，他们就往往由商返儒，如闽西四堡马大昭"少攻举子业，不就，改而贸易，足迹几遍天下"；马孟吉"幼业儒，不售，弃而业贾，遂有盈余"；邹信亮"援例入国学，益攻举子业，制艺卓然浑成，战棘闱者再焉，然终困场屋……乃出门赁一书肆，名虽服贾，其实雅好与先生交"；邹朝锦"因家传清白，世路崎岖，随弃儒而就贾焉……由是束装随诸尔辈，携经史书籍，游于东西两粤之区……经纪数年，获利常倍"；邹新楚"家贫未尝读，日事耕稼，及壮，兼营商业，奔走市廛"；邹明镇"因家计稍艰，遂弃儒业，有遨游于东南两粤之地"。① 咸丰时同安的吴果堂"惟性敏喜读书，家贫不能专业，弱冠后商于广东潮州，孝养父母不衰"；洪志荣"幼好学"，却因"家贫弃儒经商，经菲律宾依长兄培庆习贾"，后"重治父丧，回家守孝，为长兄立嗣，为次兄娶妇，课次弟读书"，后却因家计只得"复挈弟往菲营前业，适弟能树立可以赡家即归，而整理家政，构造夏屋，一手经营，不辞劳瘁，以少失学，善栽培后进向学"。② 侯官陈鸣凤是一个求仕无门而经营小贩的例子，他年十二即能文，下笔千余言，然试有司辄北，家贫遂弃举业而就小贩，未几父母相继殁，殡殓之资无所出，乃尽售家之什物得十余金以治两丧，其后他带着兄弟"日为人司账簿，夜则就庐中共读，如是三年始还家，作麦贩生理，后家渐裕，光绪某年麦账被欠约千余金，其中有夫死而子幼者，母病而家贫者，鸣凤悯焉，尽出券焚之。某乡游某将卖幼女偿宿债，其妻悲不忍，舍出五十金代偿之，更与十金，俾作小贩"③。

　　明清时期，商人势力不断发展壮大，商业资本亦大量流入学校事业中。一般说来，在商业发达、商人集中的地区，学校文化设施也比较齐备，如晋江安海出现了黄居中、黄虞稷父子的千顷堂，藏书最多时达 8 万余卷，藏书的丰富自然为熏育人才提供了良好的条件。再从明代开科取士的数字看，有明一代，安海中进士 3 人、中武进士 4 人、中举人 18 人、中武举人

---

① 闽西四堡：《马氏族谱》《邹氏族谱》，藏厦门大学历史研究所，手抄本。
② 林学增等修，吴锡璜等纂：（民国）《同安县志》卷三十二，民国十八年厦门退补斋排印本，第 55 页。
③ （清）孙尔准等：《福建孝义传·引侯官施芳撰事略》，重纂《福建通志》卷 289，同治七年正谊书院刊本。

25 人。仅万历四十一年（1613）一科，安海就中了 5 名。①浙江南浔是一个商业繁荣的集镇，前明中叶，科举极盛，有"九里三阁老，十里两尚书"之谚，入清以后，南浔更是"书声与机杼声往往夜分相续"。②在安徽徽州，商人"以诗书训子弟……子孙取高科、登显仕者"③代不乏人，他们倾大量的商业资本于兴办学校，促进了封建文化事业的发展，赢得了"东南邹鲁"的美誉。著名海商郑芝龙除"田园遍闽广"外，更加注重使子弟接受儒家正统思想的教化，郑成功 7 岁时即延师课读，15 岁补县学生员，21 岁入南京太学，师钱谦益。④此外，郑芝龙之弟郑鸿逵中崇祯十三年（1640）庚辰科进士。

在佛山，宗族内对获得科第者给予诸多奖励，商贾供子弟读书被列为一善。⑤日本学者寺田隆信考察山西商人时发现，寓居外地的山西商人的后代很多亦凭借商业资本这个坚强后盾跻身到科举中式者的行列。我们说明清时期商业很大程度上从属于儒业，而儒业也日益依赖于商业。清人沈尧说："宋太祖乃尽收天下之利权归于官，于是士大夫始必兼农桑之业，方得赡家，一切与古异矣。仕者既与小民争利，未仕者又必先有农桑之业方得给朝夕，以专事进取，于是货殖之事益急，商贾之势益重，非父兄先营事业于前，子弟即无由读书以致身显。是故古者四民分，后世四民不分，古者士之子恒为士，后世商之子方能为士。此宋、元、明以来变迁之大较也。天下之士多出于商，则纤啬之风益甚。"⑥由此可见，儒业与商业形成了互补共进的发展态势。

张正明在《晋商兴衰史》中说："他们经商致富后，大多聘名师，办私

---

① 蔡尔鸿：《明代安海文化繁荣和经济发展的关系》，载《安海港史研究》编辑组编：《安海港史研究》，福州：福建教育出版社，1989 年。
② 樊树志：《南浔：明清市镇的微观分析》，《平准学刊》第四辑下册，北京：中国商业出版社，1989 年，第 267—286 页。
③ 曾枣庄、刘琳主编：《全宋文》第 157 册《为德兴汪氏种德堂作记》，上海：上海辞书出版社，2006 年，第 262 页。
④ 佚名：康熙《安海志》卷 26《郑成功传》，福建省图书馆抄本。
⑤ 蒋祖缘：《清代佛山的商业和商人》，载明清广东省社会经济研究会编：《明清广东社会经济研究》，广州：广东人民出版社，1987 年，第 22—23 页。
⑥ （清）沈尧：《落帆楼文集》卷 24《费席山先生七十双寿序》，转引自傅衣凌：《明清时代人及商业资本》，北京：人民出版社，1956 年，第 41—42 页。

塾，培养其子弟参加科举考试。"①如两淮科举中，商籍入考人数大大超过土著，据《两淮盐法志》卷四十九《科举志》统计：明代两淮科考中进士共 137 名，其中歙人 70 名、陕人 30 名、晋人 6 名、土著 31 名；举人共 286 名，其中歙人 162 名、陕人 42 名、晋人 9 名、土著 73 名；贡生共 88 名，其中歙人 3 名、陕人 3 名、晋人 1 名、土著 81 名。②由此可见，明代两淮科考中经商家庭出身的徽、陕、晋籍进士 106 名，占总数的 77%，举人 216 名，占总数的 76%，贡生人数少，仅 7 名，占总数的 8%，最有典型意义的是清代嘉庆年间，福建永定、上杭、龙岩及汀州等地的廖姓商众在福州省城共建试馆一所，把为族人参加科举考试提供服务作为自己的宗旨，这些都反映了商人好儒的习性。

像山西商人、徽州商人、闽粤商人还兴办起实用知识的学校，如山西商人兴办河东运学，目的在于"建有专学，则师道立而教化行，理义明而风俗美"③。有的商人编写出商业专书，在商业实践中实施对商人后继者的教育。

四、一般民众的文化教育——从科举走向实用教育

明清时期，科举制度的全面推行培养出了一大批知识分子，他们或者取得了更高一级的功名，或者考场失利，但他们多怀有"修身齐家治国平天下"的夙愿，因而他们亦努力寻求服务于社会的可能方式，为吏佐治是一途，坐馆育才则是另一途。科举考试培养的学生不断充实着民间教育的师资力量，从而实现了教育的大众化和教育的全面普及。

科举作为一种选官制度，其意义不仅在于选拔出一批能联系官民、沟通上下的官吏，而且还在于它为全社会的人们树立起了一批形象楷模。何炳棣《明清社会史论》曾说过，早在明代中期的成化五年（1469）己丑进士中平民出身率已经高达 60%。④上文所说的世家大族往往也是由一般民

---

① 张正明：《晋商兴衰史》，太原：山西古籍出版社，2001 年，第 315 页。
② 嘉靖《两淮盐法志》卷四十九《科举志》，明嘉靖三十年刻本。
③ 雍正《河东盐法志》卷 8，转引自丁钢主编：《近世中国经济生活与宗族教育》，上海：上海教育出版社，1996 年，第 43 页。
④ 何炳棣著，徐泓译注：《明清社会史论》，北京：中华书局，2019 年。

众成长起来的。

在许多蒙学读物中,亦充满了以科举激励儿童发奋读书的话语,如《神童诗》中说:"天子重英豪,文章教尔曹;万般皆下品,惟有读书高。少小须勤学,文章可立身;满朝朱紫贵,尽是读书人……朝为田舍郎,暮登天子堂;将相本无种,男儿当自强。学乃身之宝,儒为席上珍;君看为宰相,必用读书人。莫道儒冠误,诗书不负人;达而相天下,穷则善其身。遗子黄金宝,何如教一经;姓名书锦轴,朱紫佐朝廷……大比因时举,乡书以类升;名题仙桂籍,天府快先登。喜中青钱选,才高压众英;萤窗新脱迹,雁塔早题名。年小初登第,皇都得意回;禹门三级浪,平地一声雷……玉殿传金榜,君恩与状头;英雄三百辈,随我步瀛洲。慷慨丈夫志,生当忠孝门;为官须作相,及第必争先。"除此之外,还有《三字经》中的"若梁灏,八十二,对大廷,魁多士""窦燕山,有义方,教五子,名俱扬"。《增广贤文》中的"一举首登龙虎榜,十年身到凤凰池。十年寒窗无人问,一举成名天下知","家无读书子,官从何处来"。《幼学琼林》中的窦钧五子齐荣,人称五桂。所有这些,都可能化为童子专心学习强大的精神动力,提升着他们读书成名的品位。

当然,也有不少人并不一味地追求中科举,他们把教育看成是培养技艺的场所、树立优良品行的基地,如福州《通贤龚氏支谱祠堂条例》"书田"条说:"书田培元气也,子弟不可以不读书,不特发科甲高门第也。读书明大义识道理,即经营生理明白者,自不至于受人之愚,但往往父兄无力,遂至子孙废学,目不识丁,即数目字尚不能悉,何异马牛而襟裾乎?且长大何处觅生活也。谓宜捐置书田,立义塾于祠堂左右之地,请业师于其中,使贫无力之子弟得以肄业其中,上可以辍科名为祖宗光显,下亦可以识字明理,不至如马牛之踟躇,夫吾祖吾宗之所乐欤?"江苏毗陵《恤孤家塾规条》云:"生徒如质地平常,粗能识字记账,即须学习生理,藉以养母成家。拟于长夏饭后请熟于算法者一人,赴塾教孤子算法,酬送劳金,年在十一岁以上者方令学习,能出塾习生理,每生送钱一千四百文以助置衣履之费。"①这表明,教育的指向一方面是科举,另一方面则是其他诸多实用的

---

① 佚名:咸丰《屠氏毗陵支谱》卷一,光绪三十三年刊本。

需要。但是这些教育形式的兴起，都与科举的发展及它为社会提供了足够的师资有着密切的关系。明清入仕倚重科举，科举制度的实施造就了数量庞大的科举人口，从生监、举人到进士，逐层筛选，除绝大部分进士、部分举人及少数生监入仕为官之外，其余的则自谋职业。作为知识分子，他们中大多数又以自己所拥有的知识作为谋生手段，或受聘为师，或自立学馆，或讲学书院，从而加入教育这一行业。即使入仕为官者，其中亦有不少就职官学，或称为学校老师，或为教育行政官员，对明清教育发展直接起着推动作用。

实际上，明清社会各阶层都加入兴办教育的行列，如《不下带编》中记载一个孤老"尽以蓄产为学田"①。《郎潜纪闻二笔》则记载："台州府太平县李氏女，许嫁于林，未嫁而夫死，女奔其丧，奉舅姑以终。林故贫族，女以针黹营生，节衣缩食，有余即置田产，积十余年，有田六十亩。因无后可立，以其田呈请学使，每岁按试，取第一人者主之，计所入息分为四，以其三助文生之贫不能应省试者，而以其一助武生。"②其他一般农（主要是自耕农）工、商家庭也颇重学业，尽力创造条件，让子弟入学读书。清代河北临榆县从乾隆到嘉庆、道光年间，共表彰有子女的节妇18人，其中含辛茹苦将儿子抚育成秀才者有43人，她们不少人靠"昼夜纺织"，"供其子膏火修脯之用"③，一个由寡妇支撑的家庭都不会自甘落后。

明清民间教育固然把科举作为主要目标，但那些办学的倡导者亦多致力于造就知书达礼能适应社会需要的人才。清人王鸣盛说："立国以养人才为本，教家何独不然，令合族子弟而教之，他日有发名成业起为卿大夫者，俾族得所庇……即未能为卿大夫而服习乎诗书仁义之训，必皆知自爱，族人得相与维系而不散。"④江苏昆山《李氏族谱》中说："读书非仅为功名也，能研求义理，学为好人，即不必科名始贵。"⑤江苏华亭《顾氏族谱》

---

① （清）金埴撰，王湜华点校：《不下带编》，北京：中华书局，1982年，第116页。
② （清）陈康祺撰：《郎潜纪闻二笔》卷六《李贞女捐产助学》，北京：中华书局，1984年，第422页。
③ 民国《临榆县志》卷二十二《事实编·烈女》，民国十八年（1929）铅印本，第5页。
④ （清）王鸣盛：《王氏宗祠碑记》，载（清）陈其元等：光绪《青浦县志》卷三《建置·坛庙》，《中国方志丛书》，第16册，台北：成文出版社，1970年，第297—298页。
⑤ 江苏昆山《李氏族谱·族规》，光绪十四年（1888）刊本。

中说:"子弟入族塾就学,以孝弟忠信礼义廉耻培植根本,实行为重,非欲其专攻举业,求取功名。"①福建连城四堡邹氏家族办族学教谕子弟,也希望使族人都成为知书识字之人,"不辱我诗书礼义之乡"②。

由于科举把教育与为政联系起来,而为政被全社会普遍认同为实现人生价值的最好方式,故兴办教育事业成为明清时期许多阶层认定的崇高之举,乃至形成全社会的普遍风气。对于民间教育而言,有时并不一定仅在学校里进行,在科举精神的激励下,许多人在各项生计活动中,亦往往不舍诗书,从而实现文化素质的提高,这也当可视为明清时期科举制度运行的积极成果。

科举教育的覆盖面越加宽广,受传统儒家价值观影响并积极践行儒家价值观的人数就越多。其中,官方有一定的财力、人力投入,但更多的是依赖于民间社会各阶层、各宗族乡族组织或同乡组织的自发行动,这样便倡导了一元化的价值体系,社会上的不同阶层均可在获得功名、光宗耀祖或习学义理、自我完善上得到获得感,营造出和谐、稳定的社会秩序。

第三节 明清民间办学的社会经济背景

明清时期,教育事业获得了很大的发展,这其中固然与国家的积极倡导和推进有关,同时也包含了各种民间力量的大力参与,甚至可以说,这些民间力量的参与出现在明清时期许多地区的许多时段,在弥补官方教育之不足、扩大社会教育方面功绩卓著。

朱元璋建立明王朝后就颇为注重教育事业的发展,他说:"治天下以人材为本,人材以教育为先"③,他利用明初建立起来的较为稳固的中央集权,逐渐推行建立从中央到社会底层教育体制。在其即位之初,就建起国子监。洪武十四年(1381)又进一步扩大国子学规模,至洪武二十六年,国子监学生人数达到8124名,继起的永乐皇帝也一秉其意,在北京再设国

---

① 江苏华亭《顾氏族谱》《义庄规条》。
② 佚名:连城《邹氏族谱》卷首,厦门大学历史研究所藏,手抄本。
③ 《明太祖实录》卷43,洪武二年六月丁卯条,台北:台湾"中研院"历史语言研究所校勘本,1962年,第844页。

子监，从而形成南北两监交相辉映的局面。

地方官学是明初教育的重要方面。洪武二年（1369），朱元璋有感于长期的战乱所带来的士风日下、社会道德日衰的状况，特地下诏各地办学。他说："治国以教化为先，教化以学校为本。京师虽有太学，而天下学校未兴。宜令郡县皆立学校，延师儒，授生徒，讲论圣道，使人日渐月化，以复先王之旧。"① 自此，明朝府、州、县开始普遍设立学校。为了保证地方学校办学成效，明朝政府规定："府设教授，州设学正，县设教谕，各一。俱设训导，府四，州三，县二。生员之数，府学四十人，州、县以次减十。师生月廪食米，人六斗，有司给以鱼肉。学官月俸有差。生员专治一经，以礼、乐、射、御、书、数设科分教。务求实才，顽不率者黜之。"② 这就从教官编制、学生人数、学生待遇、教学内容诸方面对地方学校提出了具体要求，改变了以往各朝地方学校无严格制度，守令得人则兴，去官则罢的松散的局面。洪武十五年，"又颁禁例十二条于天下，镌立卧碑，置明伦堂之左。其不遵者，以违制论"③。体现出明朝对地方学校的重视和控制。经过一段时间的努力，全国府、州、县皆建起儒学，在边疆和特殊地区卫学也随之建立起来。

明太祖还重视将教化向下延伸，下诏在城镇乡村广设社学。洪武八年，太祖谕旨中书省，"昔成周之世，家有塾，党有庠，故民无不知学，是以教化行而风俗美。今京师及郡县皆有学，而乡社之民未睹教化，宜令有司更置社学，延师儒以教民间子弟，庶可导民善俗也"④。社学本见于元代，是推行教化的民间组织，朱元璋借鉴这一形式，提出"以五十家设社学一所"，力图将皇权的触角延伸到社会的最底层，以实现对全国的有效控制。

其实，即使是在朱元璋时期，中央集权对社会的管理也并非天衣无缝，尤其是社学政策到了执行者那里便很快就走了样。朱元璋曾大发脾气，申斥地方官吏说："好事难成，且如社学之设，本以导民为善，乐天之乐，奈何府州县官不才酷吏，害民无厌。社学一设，官吏以为营生。有愿读书者

---

① 《明史》卷六十九《选举志一》，北京：中华书局，1974年，第1686页。
② 《明史》卷六十九《选举志一》，北京：中华书局，1974年，第1686页。
③ 《明史》卷六十九《选举志一》，北京：中华书局，1974年，第1686页。
④ 《明太祖实录》卷九十六，"洪武八年正月丁亥"条，台北：台湾"中研院"历史语言研究所校勘本，1962年，第1655页。

无钱不许入学,有三丁四丁不愿读书者受财卖放,纵其愚顽,不令读书,有父子二人,或农或商,本无读书之暇,却乃逼令入学。有钱者又纵之,无钱者虽不暇读书,亦不肯放,将此凑生员之数,欺诳朝廷。"他怕"逼坏良民不暇读书之家",只好一度停办社学。①《姑苏志》载:"洪武八年,诏府州县每五十家设社学一。本府城市乡村共建七百三十七所,岁久,渐废。"②《宁化县志》载:"明太祖源本周官,诏天下每五十家设社学一所,延秀才之有学行者,训迪军民子弟,寻革去。"③这些都表明朱元璋有着理想的出发点,但付诸实施却缺乏有效的保障机制,因而由官府操持的社学落得"寻革之"和"渐废"的命运是必然的。正统、弘治年间,官府又曾下旨各地立社学,但皆很快变成具文。当清朝建立起中央集权政治时,又积极推行社学政策。顺治九年(1652),明令"每乡置社学一区,择其文义通晓、行谊谨厚者,补充社师。免其差役,量给廪饩养赡"④,并规定:"凡近乡子弟十二岁以上,二十岁以下,有志文学者,令入学肄业……如有能文入学者,社师优赏;若怠于教习,钻营充补者褫革。"⑤清政府竭力扶持社学的发展是想让更多的人得到教化,以成为其政权的忠实臣民。时至康熙时期,社学逐渐被义学所取代,这是因为义学有较多的民力渗入其中,显示出较强的生命力,故康熙政府便乐于顺水而推舟了,对此下文将继续展开论述。

再往上溯,本来在中央政府把握之中的府、州、县学也因为中央集权的削弱而渐显弊窦,因为各级官学生员入学的指向在"专务甲科",教师所能发挥的教育功能大大简化为顺应科举,故出现了"学官之秩卑而选轻,固未尝责以成就人才之事"。教官不须承担什么责任,以致庸劣不职之徒充塞各级学校。明代天下教官多缺,举人多不愿就,只好以岁贡人员充选,

---

① 《社学第四十四》,《续修四库全书》,史部·政书类,第 862 册,上海:上海古籍出版社,1996 年,第 255 页。
② (明)王鏊等:《姑苏志》,台北:台湾学生书局,1965 年,第 321 页。
③ 康熙《宁化县志》卷六《学校》,《中国方志丛书》第 88 册,台北:成文出版社,1967 年,第 271 页。
④ (清)素尔讷等纂修,霍有明、郭海文校注:《钦定学政全书》卷七十三《义学事例》,武汉:武汉大学出版社,2009 年,第 287 页。
⑤ 《清朝文献通考》卷七十《学校八·直省乡党之学二》,杭州:浙江古籍出版社,2000 年,第 5495 页。

然而当时的岁贡仅是按"食饩资深"挨次而升者,"衰迟不振者十常八九"。①成化十三年(1477),御史胡璘就指出:这些人员充任教官,"言行文章不足为人师范"②,请罢贡生勿选,但明政府无法寻到新的教官来源,只得因循依旧。到了清代,以庸劣之职的州县之官改授教授竟成定例。雍正五年(1726),谕吏部:"凡县令改授教职者,因其不胜牧民之任,例当罢黜;朕念其读书功苦,选授一官,不忍遽令废弃,是以俾居师儒之席,以展其所学,此朕格外之恩也。"③清代各直省定期考察属吏,莫不有以才具平凡、不谙吏治、年力就衰各员改教之请,而上谕也莫不准如所请,无怪乎在清朝上谕中屡有"近来教职多系衰老庸劣之辈"的感叹。这些教官充斥学校,整日养尊处优,饱食终日,无所用心。就是在国子监,"司教之官,不将监生严加约束教诲,纵之游戏。又有甚者,闲杂之徒任行出入,竟以国子监为游戏之地矣"④。晚清的王鎏著有《富教论》,其中就对这一现象提出了质问:"方今为教官,或年已笃老,或才力不胜为县令,使之改教,是直以教官为养老藏庸之所,又安望其化导士子耶?"⑤

明清政治的腐败直接导致了官学的废弛,但在经济领域内商品经济的繁荣和王阳明心学的平民化倾向,却为明中叶以后民间办学的勃兴注入了无限的生机和活力。正如陈东原先生所说:"国家不要费多大力量,只定了一个考试标准之后,教育一事社会便自动起来,琢磨锤炼,以趋向国家所定之标准。"⑥

明清时期江南乃至整个南方地区的教育发展水平远远高于北方地区,这是中国古代经济中心南移、无数民力投资于兴学的必然结果。

南方民间办学首先体现在为家族办学,而家族办学则必须建立在雄厚的家族经济基础之上。明清时期,许多家族通过兴办家族教育跻身于仕宦

---

① 《明史》卷六十九《选举志》,北京:中华书局,1974年,第1681页。
② 《明史》卷六十九《选举志》,北京:中华书局,1974年,第1680页。
③ 《清实录·世宗宪皇帝实录》卷六十一,"雍正五年乙丑"条,北京:中华书局,1985年,932页。
④ (清)文庆、李宗昉等纂修,郭亚南等校点:《钦定国子监志》卷首(一)《圣谕、天章》,北京:北京古籍出版社,2000年,第4页。
⑤ (清)王鎏:《富教论》,载(清)盛康:《皇朝经世文续编》卷六六,清光绪十四年上海图书集成局铅印本。
⑥ 陈东原:《中国教育史·自序》,上海:商务印书馆,1936年,第3页。

行列或保持住了仕宦地位的长期延续。可以说,服务于科举是家族教育的根本宗旨,因为一个家族科举中式的人数及为官的人数、为官者官位的大小,都是衡量一个家族社会地位高低的重要标准。在南方地区,子弟入仕与家族发展互为促动,相推而进。像安徽黟县西递明经胡氏家族通过办族学、以科举入仕保持了家族的长期兴盛。清中叶,武英殿大学士军机处曹振镛在《西递明经胡氏壬派宗谱·序》中说:"胡氏壬派一支,自有宋历明至今更七百数十年,积三十余世,族姓蕃衍,支丁近三千人。"[1]可见家族势力的庞大。胡氏家族在宗祠与住居中,到处设置劝告学楹联,如"传家无别法非耕即读,裕后有良图惟俭与勤";"欲高门第须为善,要好儿孙必读书";"读书经世文章,孝悌传家根本";"几百年人家无非积善,第一等好事只是读书",等等。清乾隆年间,胡氏族裔胡学梓建万印轩,作为读书习文、修身养性和子弟肄业之所,万印轩实际上就是一所族学。潘遝南《万印轩记》中说:"余惟古之学者,藏修游息有其地,安亲乐信有其方,故进而齿术序学校,群居萃处,春诵复弦,此时教以正业也。若夫半亩之官,萧然环堵,拥图书翰墨,日使子弟涵育熏陶,循循矩彟,则退息有居,学亦惟由其诚,尽基材焉耳。"[2]万印轩培养的人才,如胡元熙历任衢州、湖州、嘉兴、严州、处州、杭州等地知府。据《黟县三志·选举志》记载,从道光二十九年(1849)到同治八年(1869)的20年中,西递明经胡氏家族出了16个官阶为大夫的官员,胡氏家族的社会地位和政治势力隆盛一时。

富裕起来的徽州商人亦颇注重家族的建设,通过将财富转化为科举投资达到仕宦上的成功,从而既提高家庭的声望,又实现了官商结合以官保商的目的,像歙县"在山谷间,垦田盖寡,处者以学,行者以商,学之地自府、县学外,多聚于书院。书院凡数十,以紫阳为大,商之地海内无不至,以业盐于两淮者为著,其大较也。……大之郡邑,小之乡曲,非学,俗何以成;非财,人何以聚"[3]。许多商人把捐资办学、培育子弟入

---

[1] (清)胡叔咸等纂修:《西递明经胡氏壬派宗谱·序》,道光六年木活字本。
[2] 《五世传知录》,转见吴霓:《中国古代私学发展诸问题研究》,北京:中国社会科学出版社,1996年,第242页。
[3] 道光《徽州府志》卷三《营建志·学校》,《中国地方志集成》,南京:江苏古籍出版社,1998年,第221—222页。

仕乃至自己入仕看作实现人生价值的重要途径，自然推进了该地区教育事业的发展。①

福建东南沿海商品经济的繁荣也带动了这一地区族学的发展，如晋江安海出现了黄居中、黄虞稷父子的千顷堂，藏书最多时达8万余卷。著名海商郑芝龙除"田园遍闽广"外，更加注重使子弟接受儒家正统思想的教化，郑成功7岁时即延师课读，15岁补县学生员，21岁入南京太学，师钱谦益。此外，郑芝龙之弟郑鸿逵中崇祯十三年（1640）庚辰科进士。②

为了鼓励族学内的子弟投身于科举，许多家族设置了义田或义学田③，制定了对赴科举者的奖励措施，如安徽徽州《明经胡氏龙井派宗谱》记载："凡攻举子业者，岁四仲月请齐集会馆会课，祠内供给赴会。无文者罚银二钱，当日不交卷者罚一钱。祠内托人批阅。其学成名立者，赏入泮贺银一两，补廪贺银一两，出贡贺银五两，登科贺银五十两，仍为建竖旌匾，甲第以上加倍，至若省试盘费颇繁，贫士或艰于资斧，每当宾兴之年，各名给元银二两，仍设酌为钱荣行，有科举者全给，录遗者先给一半，俟入棘闱，然后补足。会试者每人给盘费十两。为父兄者幸有可选子弟，毋令轻易废弃。盖四民之中，士居其首，读书立身胜于他务也。"④其中先是规定了对应科举者实行严格的纪律，对于不认真刻苦准备者采取罚款的办法进行督促，同时应试时的经费由族内给予资助，并对"学成名立"者给予经济上的奖励和精神上的褒扬，以期族人能更多地入仕。闽西中川胡氏家族亦注重对族人中中式者的精神鼓励，其族规规定，凡立有功名者，可在家庙前志门坪上刻"功名柱"一支，胡氏家庙前曾共立过21支木柱和15支石柱，可见其族中入仕者之众，在家族中实施明确的奖励措施，实为推动教育发展的有效手段。

应该说，南方民间办学的形势还有多种，家族教育固然是其中最主要的一支，而超越家族的各种教育形式亦纷然出现，特别是随着官办教育的衰败，民间办起的义学、义塾、书院、乡馆、私塾等取得了广阔的发展空

---

① 王日根：《论明清时期的商业发展与文化发展》，《厦门大学学报（哲社版）》1993年第1期。
② 佚名：康熙《安海志》卷26《郑成功传》，福建省图书馆抄本。
③ 王日根：《义田及其在封建社会中后期之社会功能浅析》，《社会学研究》1992年第6期。
④ 胡钟毓：《明经胡氏龙井派宗谱》卷首《祠规》，民国十年木活字本。

间，如江西奉新华林的胡氏家族"大建华林书院……筑室百区，聚书五千卷，子弟及远方之士，肄业者常数十人，岁时讨论，讲席无绝"①。对于族外子弟一样"供衣食，给资斧，一时云游者尝数千人"②。还有人置学墟，把所有权交给义塾，学墟上征收的商税便成为办学的经费，或作延师之用，或作束脩，或奖掖进泮者，如康熙年间广东电白县有赤岭墟，乾隆时番禺县有高塘墟，福建诏安有南胜墟皆属此类。③这种不仅"惠及一族"，而且"惠及四方之众"的做法可以让倡办者产生更强烈的自豪感。

民间力量亦时常渗入已经废圮或行将废圮的官办学校中，体现出官办学校民营化的倾向。如前述的江西奉新华林的胡氏曾给奉新县儒学"捐资若干，金粟若干"，使儒学"鼎建更新"，"创祠三十间，塑像……七十余座，建立徒讲舍一百余号"。④再从清代福建漳州府新置学田中，我们也可看到官办与民办各自所占的比重。康熙二十一年（1682），姚启圣捐置学田受种22 000石，全年税额60.5石，带正供银2108两，除纳粮外，余粟分给贫士。雍正元年（1723），乡绅郭元龙捐置义租14.5亩，年有花利银120两，三年共计银360两，分180两府学明经科举庠友乡试之资，五年一换佃，应银200两以为修葺府学文庙之资……一郑黄二姓经官归入孔氏家庙洲田共60亩，奉宪批归府学照管，春秋二祭祀生请学官主祭，每于丁祭先一日佃户赴学完银十两，即时转交祀生办祭，其余俱系祀生自主征收。⑤诏安县南胜书院亦有大量义田作为经费。乾隆元年（1736），防厅刘良璧建一座三进讲堂学舍共33间，中祀朱子，左右以王阳明先生、黄石斋先生配春秋二祭，其捐充租额包括"乾隆三年（1738）贡生陈其宏呈捐田种八斗五升，又楼间一间；乾隆五年（1740），南澳镇黄锡申呈捐南胜墟场地租；乾隆二十六年（1761），监生李定国呈捐田种八斗，乾隆二十八年（1763），防厅陈夏钞详请南胜书院膏火内剩银两以作武庙祭品之费"⑥。各类学校支费

---

① （宋）徐铉：《洪州华林胡氏书堂记》，《骑省集》卷二十八，《景印文渊阁四库全书》第1085册，台北：台湾商务印书馆，1986年，第215页。
② 奉新县志编委会、奉新县教育局：《奉新古代书院》，1985年印行，第64页。
③ 王日根：《试论明清文化的世俗化》，《社会科学辑刊》1993年第1期。
④ 同治《奉新县志》卷二《学校志》，同治十一年刻本，第2页。
⑤ 光绪《漳州府志》卷七《学校》，光绪三年刻本，第36页。
⑥ 光绪《漳州府志》卷七《学校》，光绪三年刻本，第27页。

中，民办成分较大，这是民办力量对官办教育事业渗透的典型表现。

事实上，明清民办教育不仅得到了官绅豪富的捐助，而且得到了包括社会上各个阶层乃至孤老、贞女的捐助，如《不下带编》中记载一孤老"尽以蓄产为学田"①。《郎潜纪闻二笔》则记载："台州府太平县李氏女，许嫁于林，未嫁而夫死，女奔其丧，奉舅姑以终。林故贫族，女以针黹营生，节衣缩食，有余即置田产，积十余年，有田六十亩。因无后可立，以其田呈请学使，每岁按试，取第一人者主之，计所入息分为四，以其三助文生之贫不能应省试者，而以其一助武生。"②

书院义学的全面普及，加上源源不绝的义田设置，为明清民办教育事业的发展提供了足够的经费。义田超出族外用于兴学，就不单是为了本家族子弟荣登科第而光宗耀祖，其目标是把社会上的优秀聪慧分子送入官僚机构以利国利民，或让他们修习儒家经典以垂范社会，其结果就使"编户单寒之子不必复以贫乏为忧，而聪明俊秀者又何事负笈远游始得称师哉？后之学者于执经问难之余，幼学壮行之际，以之佐帝王之治平者，以之穷圣贤之道德者，以之励士大夫之立身行己者"③。显然，学校的普及又为儒家思想的广泛传播创造了良好的条件。

明清时期民间办学中的师资来源很大一部分被称为塾师，他们多在科举场中"连举不售""屡试不第""棘闱屡踬""竟困场屋，终身不获一遇"，塾师之业，可以看成是退而求其次的"守成"之业，但同时他们也是基层社会中读书人形象的集中体现，故自觉或不自觉地必须以清廉自持，即必须能为人师表，因而他们在教授弟子时多能遵循先德而后行，先礼而后文的伦理轨迹，譬如章瑗"诲女孝弟忠信之事，凡子姓初学必令习孝经，小学起，尝曰：为学不从此始，必不成人，纵显达亦不贤淑"④；沈伸璜"淡然名利，隐居教授，严课生徒，先行而后文"⑤；张楷"虽童蒙亦为指陈

---

① （清）金埴撰，王湜华点校：《不下带编》，北京：中华书局，1982年，第115—116页。
② （清）陈康祺撰：《郎潜纪闻二笔》卷六《李贞女捐产助学》，北京：中华书局，1984年，第422页。
③ 乾隆《上杭县志》卷十《艺文·下》，乾隆二十五年刻本，第10a页。
④ 慈溪《平溪章氏家谱·家传》，光绪三十年刊本。
⑤ 慈溪《师桥沈氏宗谱·家传》，民国二年刊本。

大义"①;金玉相"尝揭塾规四则:曰正心,曰明理,曰敦伦,曰立品"②。从这几位普通塾师的品行中,我们不难看出中国传统知识分子"正人必先正己"的道德风范,而这也正是他们在教学中不遗余力灌输的传统道德的精华部分,塾师的主题成为中华优秀传统文化的传承者。

许多优秀的塾师还积极投身于对教育改革的探索,力求整肃和改良不好的社会风气,他们看到政府推崇的御用文化之失败,多倡行德与才、达与识、教与养相统一的教学模式,倡导"情趣式"的"歌以咏志"的教学方法,寓教于乐,故易于达到好的教学效果。王阳明说:"今教童子必使其趋向鼓舞,中心喜悦,则其进自不能已……故凡诱之歌诗者,非但发其志意而已,亦所以泄其跳号呼啸于咏歌,宣其幽抑结滞于音节也;导之习礼者,非但肃其威仪而已,亦所以周旋揖让而动荡其血脉,拜起屈伸而因束其筋骸也;讽之读书者,非但开其知觉而已,亦所以沉潜反复而存其心,抑扬讽诵以宣其志也。"③王阳明的总结可以说是塾师教学活动的经验结晶,正是这种有效的方法使文化传统得以传承下来。

明清民间办学多以能不断适应社会形势的变迁而保持其常新的生机。在科举制度废除之后,江西万载张氏就制定出《新议学堂章程》,对于入新式学堂,出洋留学均有劝学措施:"光绪三十一年八月,我朝有鉴于外洋维新有效,及煌煌谕旨,颁行新政,废科举兴学堂,盖士子非学堂无进身之阶。吾族人才辈出,代有达人,世受国恩,亦当仰体作育以嘉惠后进。凡入各学堂肄业期满得毕业文凭,经奏准部覆奖励者,各色花红俱照科举旧章给发。惟陆军测绘则予以官职,八九品入泮给发,六七品照五贡给发,五品照举人给发,四品以上例准,矿务铁路学堂,倘得实奖亦准此例。未经学堂出身由行伍军功者不得混争。今学生远出向学不比昔年本境读书,凡往返川资及购制衣装仪器等项所费之资,祠中若不稍为欤助,寒贫之士未免向隅,且不足以鼓励后辈。今趁重修谱牒,公议族中子弟除入县学堂不给外,入府学堂肄业者,每年给津贴钱四百文……北洋肄业者,每年给

---

① 河南项城《张氏族谱·家传》,民国十四年刊本。
② (清)陈其元等:光绪《青浦县志》卷二十一《人物·懿行》,光绪四年刊本,第25页。
③ (明)王守仁:《王文成公全书》卷二之《训蒙大义示教读刘伯颂等》,北京:中华书局,2015年,第109页。

津贴八千文；东洋肄业者，每年给津贴钱十六千文；西洋肄业者，每年给津贴三十二千文。游历者不得混争……子侄宜勉力学界，光大门第，日后发越尤须报效宗祖，是所厚望。"[1]规定鼓励族中士子志于新式教育，以求在新形势下脱颖而出。福建闽西中川胡氏家族也制定了相应的措施，在小学、中学、高等学堂、大学堂及东西洋留学的族人分别根据其考试成绩给予奖励，因而形成了"富者摩肩，学者踵接，人文蔚起，鼎盛一时"的局面。[2]总而言之，明清时期民间办学的勃兴是在既有官方政治腐败与政治无为所留下的空隙和提供的机遇，又有民间各种经济力量的生成，各自继续发展的内在要求与全社会的尚义风气等复杂的社会经济背景之下实现的，再加上这种办学形式较官办教育更注重有效管理，更能适应社会变迁形势，又更注重实效，且体现出强烈的使命意识，因而保持了旺盛的生机和活力，并顺利实现了由传统教育向近代教育的过渡。

第四节 明清东南家族文化发展与经济发展的互动

家族是明清东南社会经济运行中的基本组织，这是由东南地区特定的自然、社会背景所决定的，家族组织既可以是血缘的，又可以是超血缘的。家族组织既覆盖了大部分汉族区域，也促成了与少数民族的融合。尽管东南地区家族组织呈现出与江南家族组织诸多不同的特征，但重视文化教育的发展却不逊于江南，乃至形成"东南邹鲁"，家族文化的发展与经济的发展相互促进，使东南地区经济呈现出明显的知识经济色彩。

一、家族是东南社会经济运行中的基本组织

东南地区具有发展商品经济的良好条件，宋元时期已形成的载货外洋传统是东南地区商品经济发展的先天优势。但是，明王朝采取的是一条消极的方针与政策，禁海是这一王朝大部分时间海洋政策的主调。凡要谋求海上和海外贸易之利的人们单凭个人的力量往往无法达到目的,结为家族，

---

[1] 江西万载《张氏六支族谱·新议学堂章程》，清光绪三十三年（1907）重修本。
[2] 李明欢、周莉：《闽西中川胡氏族田研究》，《中国社会经济史研究》1993年第3期，第94页。

依靠团体力量与政府对抗成为一种客观需求。明王朝的诸位莅闽官员已经多次向政府呈明福建沿海巨姓大族肆行海上,政府力量不足以驾驭的事实。对于巨姓大族而言,禁海事实上并没有阻断他们的贸易之路,反而因为政府禁绝了中小商人的贸易而获得了更多的利益。像明中后期活跃于漳州月港、福州琅岐等地的海商甚至组织起强大的海上武装,与政府力量分庭抗礼。他们也正是凭着自己的武装,掌握了当时东西洋上的贸易主动权。

这些犯禁式的经济活动让统治者觉得社会秩序被破坏,而真要破坏社会秩序的如"倭寇"之类由此找到了活动的空间,商与盗的并存或者商与盗的相互转化为统治者制定政策增加了难度,无所作为的官员也无心于或无力于制定或执行有效的政策。政府管理的松懈和消极无疑增加了社会秩序的混乱程度,也增加了正常经济活动的不确定性,我们不时能看到倭寇横行、商船遭劫、商民惨遭杀害的奏章。人们谈倭色变,谈匪心慌。但时常也有商人转而为盗的现象。人自为敌是当时社会环境的必然产物。

作为管理社会的官僚阶层在明中叶以后亦多蜕化,各级政府官员往往以鱼肉人民为能事,却无意于保护民间老百姓的生命财产安全。那些官僚机构"久而寖懈,渐以无存,其存者,则又苟且虚名,全无实用。甚至镇海为饶贼所袭,悬钟为倭奴所残,铜山水寨为海寇所焚毁,楼船战具蕩然一空,弗所自保,焉能保人"[①]。谢肇淛在谈及嘉靖、万历年间永福县的军事治安时说:"所谓机兵者,徒以供县官送迎追捕存谢故人权贵于千里之外,而教场废为草坂,军器库乃不留寸铁。……备数已耳,非能登锋尝寇者也。"[②]政治衰颓自然造成社会的失范。

在这种情况下,福建民间所相信的是自身的实力,自身实力的强弱将直接关系到社会、政治经济诸方面权益的占有额大小。家族聚合是壮大自身实力的一条有效途径,人民可以依靠家族的力量开展经济活动,也可以依靠家族抵御如"倭寇"、盗匪的侵扰,如诏安县的梅岭地方,"有林、田、傅三大姓,共一千余家,男不耕作,而食必粱肉,女不蚕织,而衣皆锦绮,

---

① 嘉庆《云霄厅志》卷八《兵纪·兵防总论》,《中国方志丛书》,台北:成文出版社,1967年,第89册,第313页。
② 万历《永福县志》卷二《戎备》,台北:台湾学生书局,1987年,第140—141页。

莫非自通番接济为盗行劫中得之。"①"乱民从倭者集梅岭且万家……其在浙直为贼,还梅岭则民也,奈何毕歼之?"②漳州附近的村落也是如此,"一村约有万家,寇回家皆云做客回,邻居皆来相贺,又聚数千,其冬复至柘林,今春又满载仍回漳州去矣"③。当时月港附近的李、王、张、谢、林诸姓,都是著名的海商加海盗,晋江安海的陈、杨、黄、柯、叶诸族以"入海而贸夷"闻名一时。到了天启年间,安海的郑芝龙异军突起,称霸于明末东南海疆,其成功的一个重要因素便是以家乡安海作为活动的根据地,直到他荡平海上、就抚明朝升官晋爵后,仍不愿离开他的根据地。郑芝龙牢固掌控家乡安海港,得到了本家族、本乡族的有力支持,因而平步青云,扶摇直上。

对于想扩张的家族是如此,对于想维持现状的家族也是如此。为了保护本家族的生命财产安全,许多家族纷纷筑堡自固,如漳州一带,"平和小陂倡勇于前,漳浦周陂奋勇于后……遂鸠族人习学技击,教一为十,教十为百,少年矫健,相为羽翼,每遇贼至,提兵一呼,扬旗授甲,云合响应……自是兵气愈扬,人心弥奋"④。闽西永定前川堂堡的沉氏,"闽、广盗起,肆掠乡邑。振奋身纠集子侄、佃甲,以时训练技射,保障一方"⑤。在福州一带,乡绅倡呼:"今诸大姓族聚,宜听自筑以协守望,则巨镇之堡,十可成其一二局,数十年间,海堡校联,人各为战……保障之上务也。"⑥明中叶家族武装的兴起无疑大大增强了民间各家族的力量,推动了福建家族制度的进一步发展。

血缘纽带是家族组织凝成的最基本纽带,也是最具凝聚力的纽带。在许多族谱中特别强调血缘的纯洁性,如《袁氏宗谱》记载:"议定递年正月

---

① (明)俞大猷:《正气堂集》卷二《条议汀漳山海事宜》,《四库未收书辑刊》第五辑,第20册,北京:北京出版社,2000年,第111页。
② 光绪《漳州府志》卷四十六《纪遗》,《中国地方志集成》,上海:上海书店出版社,2000年,第29册,第1169页。
③ (明)王文禄:《策枢》卷四《截寇原》,《丛书集成初编》,上海:商务印书馆,1936年,第78页。
④ 嘉庆《云霄厅志》卷八《兵纪·兵防总论》,《中国方志丛书》,台北:成文出版社,1967年,第89册,第317页。
⑤ 道光《永定县志》卷二十六《惇行传》,厦门:厦门大学出版社,2012年,第489页。
⑥ (明)郭造卿:《海岳山房存稿》卷十一《土堡》,万历三十五年刻本。

初一日报丁,当即查明如有血抱螟蛉,不得载入丁籍,迨及五年清系时,若当缺丁乏嗣者,合族早为择立继嗣,倘有应继不继者,族长不得徇情容隐。"①通过"报丁"和"清系"确认族人的继嗣关系及继承权,禁止因"非种承祧"而"乱宗"。如云:"继嗣补天地之缺憾,广祖宗之慈爱,当以期功兄弟顺序为继,期功无继再及族人。秉公议立,不得致争……若螟蛉他姓,名为乱宗,义在必斥。"②血统纯正又同源共祖是血缘式家族高扬的旗帜。

地缘性家族是血缘性家族的扩充形式及必要补充,也是血缘性家族的自然延伸。在社会结构宗族化的背景之下,若干个小的家族或依附于大的家族,或自构宗族。

异姓家族的联宗与合谱更向我们昭示了这样的现实。具体表现为:由异姓联姻而合谱;因避讳而改姓;因出为养子而改姓;因躲避政治迫害而改姓;为规避赋役而改姓;为增强实力而异姓联宗。③

促成宗族发展的原因其实是多方面的,战争等因素经常并不只是削弱宗族,有时反而促成宗族的凝聚,如咸丰年间,太平军一部进入闽北地区,当地官府"谕令团练保甲",祖氏士绅组织五个"联社",协助官兵"剿洗洋源、际宾、地莱、吴墩一带地方",并在本乡实行"关隘清野",以致"一说谢屯,红头吐舌"。④在咸丰年间的大动乱中,谢屯村一度为太平军所占据,随后又遭到官兵的掳掠,社会经济受到了严重的破坏,然而屯山祖氏宗族并未因此解体,而是进一步得到了强化。据咸丰十年(1860)的《始祖溪西公祭谱序》记载,八年战乱之后,"非维贫者飱事莫给,即富者亦家计难堪,将田召卖,每萝进钱数百,将田典税,每千计谷八萝。有田无人耕,债欠人不还,是以九年春祭难以措办。……吾等当族酌议,理事自己办祭,停胙一轮,次年再兴颁发。……特立新簿二本"⑤。在此次整顿过程中,士绅阶层发挥了重要作用,因而新选出的"总理"即由士绅担任。

---

① 崇安县《袁氏宗谱》卷一《文行忠信序》,光绪九年修,北京:国家图书馆出版社,2015年。
② 崇安县《袁氏宗谱》卷一《凡例》,光绪九年修,北京:国家图书馆出版社,2015年。
③ 陈支平:《福建族谱》,福州:福建人民出版社,1996年,第158—194页。
④ 《(福建)闽瓯屯山祖氏宗谱》卷八《吴屯村山木碑记》,厦门大学抄本。
⑤ 《(福建)闽瓯屯山祖氏宗谱》卷八《祭产》,厦门大学抄本。

清朝末年，由于地方官员的支持，祖氏士绅进一步确立了在乡族中的领导地位。这表明，宗族的凝聚时常受到客观需要的左右，士绅阶层主理宗族实际上是对他们为宗族所作贡献的肯定。

异姓联宗现象中，有的是舍弃了自己的族姓而追随别人的族姓，有的是若干小族联合成一个大姓，还有的是姻亲之间的联宗合谱，如宋戴、颜张、曾邱、六桂堂等，这反映了宗族的纽带往往是次要的，而宗族的实际功能却是为人们所注重的。组成一定规模的宗族组织是人们确定自我的社会地位和开展各项政治、经济、文化活动的出发点，特别是在社会结构宗族化的环境下尤其如此。

郑振满先生的研究发现：在沿海地区出现了许多散户，他们为了适应国家"粮户归宗"的要求，往往任意编造谱系，建立虚拟的同宗关系。① 笔者认为完全可以把它们看成是地缘纽带凝结的结果。

利益纽带凝成的宗族当最脆弱。在彼此能产生共同利益时才有存在的余地，否则必陷于衰落。我们宁愿把螟蛉子现象看成是家族利益的产物。这种现象之所以出现，并不是因为豢养者没有儿子，而是为了商业经营。收养弃儿，无意而养子，是积德行善之事。有意而养子的原因至少有以下几点：一是自己无子，求他人之子而养，以继香火子嗣，是宗族伦理之举；二是不论自己有子无子，专为海外经商而养他人之子，结果是把养子作为自己的商务代理。这种纯以家族关系作前提的代理不同于一般经济关系的委托之恩，它肩负家族成员之责任，养子必须服从养父之命，尽忠尽孝，尽义尽礼。而养子之父可以从这种伦理关系中相信养子，托付重任。在沿海一些地区，以他人之子为子，不仅不以窜宗为嫌，而且可视同最信任的兄弟层次的亲情关系。明中叶晋江人蔡清也说到了这种习俗："借人钱本，令的当兄弟或义男营运生理，此决不害义。"② 可见即使是胞侄也不可比养子。但是，在这种拟宗亲关系里面出现了两种情况：其一，当养父用养子的意图在于让养子经风冒险，而让自己血亲儿子安享其利时，其实质便是

---

① 郑振满：《明清福建家族组织与社会变迁》，长沙：湖南教育出版社，1992年。
② （明）蔡清：《蔡文庄公集》卷二《寄李宗一书》，《四库全书存目丛书》，集部，第42册，济南：齐鲁书社，1997年，第627页。

一种包藏在家族关系里的雇佣关系。倘若雇佣关系并不否定被雇佣者的经济权利，那么还是具有雇佣意义的；倘若雇主借家族关系以否定被雇佣者的经济权利，那么"实可说是一种变相的奴隶制"。其二，当养父的意图不仅在于用人，用于贩洋，用于增强自己家庭或家族的势力，而且也的确是把养子作为"子"来对待，"与亲子无异，分析产业，虽胞侄不能争"，这就不是雇佣关系或变相奴隶，而是家族成员的扩充。况且这种家族成员的扩充"积习相沿，恬不为怪"，是"习俗"与家族"机构"默许的。

在福建宗族制度建设过程中，客家和少数民族的附会是一个重要的因素。当汉族移民移入福建之后纷纷致力于家族建设时，原来的土著各民族出于对汉文化的仰慕，模仿汉族的习俗包括家族组织形式都是非常自然的，况且宗族组织在现实社会生活中确实可发挥多方面的作用。客家人自造畛域与少数民族融合，虽然表面上显得有些矛盾，但实际上他们所要达到的目的是一样的。客家人本属于汉族，但他们抓住中原士族曾因战乱而大量移居南方这一史实，把自己说成是中原文化的代表，他们的地位理应被人们尊重，应该说这是他们面对当时环境的一种理智选择。据陈支平先生研究，所谓客家人与非客家人在南迁时同祖而分支，移入一定区域的人们自称客家人之后，由非客家区移入的人也逐渐自命为客家人，有的由客家区迁出的人们也并不自认为是客家人了，有的人甚至反复迁进迁出，在客家人与非客家人中间游离，这些都说明客家与非客家的界限并非泾渭分明。[1]

少数民族与汉族融合也进一步促进了东南家族的发展。福建的少数民族主要有土著畲族（闽、粤、赣三省交界地区古代越人的后裔）、回族（宋元时期阿拉伯人——色目人的后裔），以及北方南下的蒙古族和满族的后裔。这些少数民族在文化历史传统上与汉族有着很大的差异，特别是畲、回二族，据云畲人"以盘、蓝、雷为姓"，对祖先"岁时祝祭"，"不巾不履，自相匹配"。[2]而丁郭等阿拉伯回族的后裔，原先是信奉伊斯兰教的，他们对于祖先的崇拜比较淡薄，但随着福建地区汉人姓氏修谱风气的盛行和家

---

[1] 陈支平：《客家源流新论》，南宁：广西教育出版社，1997年。
[2] （明）谢肇淛：《五杂俎》卷六《人部》，上海：上海书店出版社，2001年，第123页。

族组织的日趋完善，现实社会的宗族地位和个人地位与对各自祖先出身的标榜有着很重要的关系。于是，这些少数民族的姓氏为了在社会中争胜，便也纷纷仿效汉人的做法，开始修纂族谱，凝聚家族。

明代正统年间，晋江陈埭《丁氏族谱》中显示了丁氏发展壮大的过程，"丁氏之有谱，则始于毅斋府君（明初永乐年间人，丁氏七世祖），而大备于文范卒公松之日也。文范名仪，举孝宗乙丑进士，直道雄才，历谱郡邑，敦本好古，有天下之志。此谱德之作，殆其一也"①。

惠安《郭氏族谱》于明正统年间亦已修成，其《族谱引》中说："古者国必有史，有家者仿之而为谱，则谱乃史之遗也。史自司马以至班、范诸家，有传、有世、有表、有书、有志，其体详矣。"②可见其直承汉族"国有史，家有谱"的文化传统。

畲族修谱、建家族首先是在儒学塾师的参与下完成的，如《晋江雷蓝二氏族谱》中说："盖闻木有本，水有源，而人则有祖者也。自天子至于庶人，报本追远，礼不可易，敦敦孝展，亲情不可离，是以祖泽虽遥，《春秋》乃百世之巨典，孙支即衍盛，昭穆立万古之纲常，伦次等级，因此莫越。"③《晋江雷氏族谱》是由塾师完成的，该族谱说："先祖之事不可忘，昭穆之分不可容乱，遂集族众，特请惠邑黄塘乡新厝陈讳雪观，字温如，为西席，教督子孙，谨修族谱，庶先祖之实录有传，而昭穆之等级有序。"④

福州萨氏家族是蒙古族的后裔，在福建社会环境中，该家族也致力于修纂族谱、建设家族的工作，体现出对儒家传统的归附。

总而言之，东南地区凝聚家族的纽带是多方面的，其顺应自然和社会环境要求的取向也是很明显的。建立家族的目的首先在防御外患，壮大扩张家族、乡族的目的则在于维护地方社会秩序，一致对付外患。由于福建特殊的自然环境和经济开发方式的影响，人与人之间的睚眦争斗势必经常发生，小的家族旨在调解本家族内的纠纷，大的乡族则旨在调解地方的纠纷。但是，宗族间或乡族间亦势必经常存在争斗和纠纷，因此实际上建立

---

① 泉州历史研究会等编：《泉州回族族谱资料选编·陈埭丁姓回族部分》，1979年油印本。
② 惠安《郭氏族谱》卷首《族谱引》，抄本藏厦门大学历史研究所。
③ 《晋江雷蓝二氏族谱》，《雷信国所记先祖事迹》，抄本藏厦门大学人类学与民族学系。
④ 陈支平：《福建族谱》，福州：福建人民出版社，1996年，第287页。

家族并不能消除争斗和纠纷,只是治史家族建设较能适应这样的环境而已。

二、家族文化教育的兴起

东南家族的发展显示出与江南家族发展的显著不同点在于:江南家族多属于官宦型家族,多注重血缘的纯洁性,多讲究信义与声誉;而东南家族则多为商业型家族,超越血缘,家族中的士绅文化与流氓文化并存。

由于家族也注重树立自己的正面形象,也由于家族经济的发展为文化事业的发展提供了强有力的经济基础,东南地区的家族文化呈现出兴盛的景象。这里有硕儒文化及民间长期形成的捐资助学风气,这些都共同推动了东南家族文化的兴盛,乃至赢得了东南邹鲁的美誉。

族学即家族塾学,是家族组织的重要组成部分,也是家族对青少年族众进行教育的专门机构。凡家族经济条件稍好的就兴办家塾,聘请塾师或由家族中文化素质较好者担任塾师,为家族承担培养人才的任务。

办学从根本上说是为了提高家族地位。首先是提高家族声望和地位的需要。传统社会中,家族在社会上的地位同家族中为官为吏的人的多少有着密切的关系。家族中为官为吏的人越多,家族在社会上的地位和声望就越高,家族就越受到人们的尊重,而培养子弟读书是促其入仕的前提。其次是维持家族既定秩序的需要。族学是灌输知识和伦理道德的最佳场所。最后是族中子弟谋生的需要。

所有这一切促使民间家族高度重视族中子弟的交友。一般的家族或利用家族的族田族产收入,或通过族人集资的办法开办族学。少数经济基础雄厚的富家大户则自家设立塾学,培养自家的子弟,督促他们发奋苦读,考科入仕,冀望未来家族能变得更加显赫。东南民间家族组织把创办族学作为事关整个家族前途的大事,不惜花费物力、财力予以举办,而且纷纷把它作为族规家训的重要内容之一载入族谱,作为家族的一项规制,作为家族子孙义不容辞的一项永久性事业。

泉州《桃源庄氏族规》规定:"立书田以兴教学。礼义由贤者出,唯读书为能明理。然礼义生于富足,亦唯有资然后能读书也。自为家门寒素,作养无资,往往有听明子弟,困于家计,不能造就成材,非读书之为难,亦培养有未周也。近来科举罢停,学堂兴起,论者几视读书为无用。然国家养士之典，终不容废也。凡我族人，祀田之外，当另立书田，为油灯考试等费，以作养人才，以厚待后学。庶几人文蔚起，学教振兴，其族党增光，岂有艾欤。"①这一族规制定于清末，科举已经罢停，在这种背景下仍强调"立书田"，足可显示其对族人教育的重视。

晋江《锦马林氏族谱》规定："吾林入闽定居莆阳之后，传家有两重：重图书设置，重培养人才。"②赵氏家族的《家范》规定：凡赵氏家族子弟均须入学读书。"自八岁入小学，十二岁出就外傅，十六岁入太学，当延明师教诲。""子弟年十六以上，须能暗记《四书》一经正文，讲说大义，粗知礼义之方，然后为之冠。""子弟学业未成，不许食肉饮酒。古有是法，非为资于勤苦，抑欲其齑盐之味。""子孙器识可以出仕者，颇资勉之。"又规定："祖宗广储书籍，以惠子孙，不许假人，以致散逸，须各识卷首云'赵氏书籍'。如有不才子孙以之散鬻与人及假借于人，而不宝惜，甚为不孝。"③如此严肃而具体的规定，充分反映出其尊学重教的态度。

由于商品经济的发展，东南地区具有了较强的经济实力，这便为族学的兴办打下了良好的经济基础。泉州《印塘杨氏族谱》云："明万历年间，九世杨增会凤具至性，与伯仲始终称无间。国初沧桑，兄为贼掳索饷，增会奋往贼垒请代。贼相顾感动，遂得同兄释归。增重信义敦礼数，凡远近曲直有相质者辄为和解，众推为都约主称长者焉。先时家有书房，父课其子业。"④晋江《青阳庄氏族谱》云：族中早有书房，明初五世庄震彦因恐"宗族子孙不肖，常馆鸿儒，方从善，日同讨论而训诲之"⑤。永宁刘氏家族于万历间集长老议事，商定各家参照资产，每年拿出一定的余资，购置田产，以资助族之子弟。据该家族《鳌城东瀛刘氏家谱》云："万历戊申（1608）……适家族谱成……又立为条约，酌人岁出余资，行立族田，于以

---

① 右铭撰，泉州锦绣庄文物修复保护委员会山腰分会、《桃源锦绣山腰庄氏族谱》编纂委员会编：《桃源锦绣山腰庄氏族谱》下册，哈尔滨：黑龙江人民出版社，2006年，第811页。
② 晋江《锦马林氏族谱》，泉州教育印刷厂，1990年，第108页。
③ 泉州赵宋南外宗正司研究会编：《南外天源赵氏族谱》，1994年，第167、168、172、180页。
④ 《印塘杨氏族谱》，抄本，泉州市图书馆藏。
⑤ 《青阳庄氏族谱》卷一《族范》，民国二年本。

御外侮，于以资学业。"①一些富有的族人也乐于兴学助教，如清代石狮塘边的蔡德荣"每岁给考资，供资……素敬业儒，凡造门者，尽礼之。间有缓急，则资给之"②。这样的例子甚多，举不胜举。

族学为鼓励族人读书，还制定了不少奖励措施，如明溪《太原王氏族谱》中说："奖读书以传诗礼。吾族世代诗礼传家，而读书之人则诗所由传也。族中有游泮或登仕者，众祭必使与，分胙必及之，以奖已能，以勉未能者也。各房产业丰者亦应自立书田赡养之。"③

家族对于子弟教育的投资得到了丰厚的回报。永春《桃源庄氏族谱》载：北宋天圣元年（1023），庄森六世孙庄俚登进士后，北宋期间已有进士第数人，南宋先后登进士第者有10余人，赐同进士出身者20余人。明代登进士第30余人，中举人50余人。万历间，庄安世中武状元，庄际昌中文状元。④在这一时期，桃源庄氏的派裔青阳庄氏家族还出现过"一榜三龙""五科十凤"的盛况。明嘉靖八年（1529）己丑科，同榜登进士者有后官至户部主事的庄一俊，官至浙江按察使金事的庄用宾，官至广州推官、严州知府的庄壬春。又自明弘治至万历年间，有5次乡试（即五科，每科都有2人同科中举，又都是青阳古山公裔孙）。青阳庄氏祖祠竖有"一榜三龙齐奋；五科十凤同飞"的匾联。⑤惠安玉珵《骆氏族谱》中记录明代后期该家族有文进士1人、武进士1人、举人1人、三考出身3人、荣政10余人、诸生30余人。⑥安海镇黄氏家族明代中后期连出数名侍郎以上的大官。儒林张氏祖祠名贤匾林立，有"进士""兄弟进士""父子进士""同榜进士""理学名宦"，这些正是该家族自宋以后族人参加各级考试，登科中式者的一种记录和反映。

东南各家族为使子弟受到更高的教育，往往还在省城国都设立书院，给士子提供跟踪服务。当然，对于许多族人而言，接受普通教育是其基本需要。在这种基本教育中，伦理道德是基本的教育内容，这些内容有利于

---

① 李国宏：《古代石狮乡治资料辑释》，《闽台民信》1998年第2期。
② 石狮《龙渊蔡氏族谱》民国年间版，抄本，存于厦门大学历史研究所。
③ 明溪《太原王氏族谱》家规，第八条，影印本，存于厦门大学历史研究所。
④ 赵麟斌主编：《闽台民俗述论》，上海：同济大学出版社，2009年，第358页。
⑤ 福建晋江青阳镇锦绣庄氏家庙对联。
⑥ 《惠安龙山骆氏家谱》手抄本，珍藏于惠安县档案馆。

族人确立传统的伦理纲常,有利于与政府的教化保持一致。接受教育的有时还不止于男性,女性也同样受到教育。

家族教育还注重对子弟行为规范的教育,提倡谨职业,戒非分。针对社会上存在的种种恶习陋俗,如酗酒、赌博、嫖妓、斗殴、吸食鸦片等,家族组织总是予以严厉的批判。总之,家族教育的兴办对家庭教化的进行与家族秩序的维持具有重要作用。

三、家族建设与经济发展

宗族建设是东南地区人们开展经济活动的基本途径。凭借宗族建设,人们可以凝聚为一个经济单位,宗族内部不仅可以开展相互间的经济协作、换工、相互借贷乃至合股经营,还可以团结起来在乡里建立自己的势力,乃至称霸乡里,当然有些是为了保卫自己的经济建设成果,防止外界恶势力的侵扰。

宗族的力量是开展海外经济贸易活动的基本依托。在远洋贸易活动中,尤其需要借助于家族的团体力量。福建《石狮大仑蔡氏族谱》展示了明嘉靖年间出洋吕宋的商人行为:"景思、景秩为弟,周夫为兄,均有骨肉厚爱。思,叔弟也,娶妇后遂往吕宋求赀,迭寄润于兄弟。二兄景超全家赖之,修理旧宇,俾有宁居。末后归来,仍分惠银两,各拨十五石与兄及侄管掌为业。秩,季弟也。……乙丑年(1565)自吕宋归,将所赀买地盖屋,与兄侄公分。周夫,伯兄也。……弱冠遂求赀吕宋,初归娶妇,再归为二弟择姻娶妇,赎祖地基及宅盖屋,皆自己赀,与弟公分。仍同二弟往吕宋,出本银令之经纪,日后各有四十余金,归又拨租十石,付其管业。兄弟四人,血亲骨肉,出外经商,不忘回报。进而相互提携,先后出洋吕宋,公分商利,兄弟、叔伯、侄儿和睦相处;盖屋、娶妇、赎祖地基。"[①]此大家族、小家庭已形成很有凝聚力的一个整体。该商人家族应付了贫穷,应付了出洋经商的风险。按这种形式,在清代海禁期间还可能保护已出外未归的兄弟的家小。他们最终并未成为巨商大贾,但他们的生存理想却是实现了的。这仍然是家族伦理规范下的商人行为。

---

① 陈永沛等编:《石狮大仑蔡氏族谱》,1997年,泉州市图书馆藏。

陈东有先生分析明清时期福建的海外贸易情形时说：福建海商"不顾一切冒险从事合法与不合法的对外贸易，其行为中包含了大量的家族行动。他们的经济动机往往从家族所得利益考虑。许多成功的商贸活动往往是凭依家族集体力量实现的"①。

石狮位于泉州的东南突出部，泉州湾的西南岸是泉州的东大门。借助优越的地理位置和商业传统，石狮人成了闽南商人的中坚力量。其石龟《石崖许氏族谱》为我们揭示了 16—18 世纪石狮商人的家族行为。《许氏族谱》修纂于清雍正年间，较详细地记载了自南桥公铉孙（生于正德壬申 1512 年，卒于万历丙戌 1586 年）以后的子嗣情况。其家族中有不少弟子从事商贾。其中有些是工业者和商业者，还有一些则是行商或坐贾，从而形成了颇具规模的家族组织性实业。他们的经营自具特色，体现为：其一，多行业结合的方式。在一个家族中既有商业又有手工业。既有行商又有坐贾。其二，家族内部形成较细的分工。四世以前，处于创业阶段，分工尚不明显，但后来他们却有意识地做出分工。四世以后，莹峰公一支以"丝房"作业为主，二子亮昌则专营"丝房"并教其他兄弟；其他各支以行商和坐贾为主。根据文中"丁亥戊子沧桑"，四世的亨民"与其兄弟各窜外所"，知道四世一辈生活在明末清初。②

血缘亲情是天然的一种关系，家族中的天然首长和家庭中的家长也往往以"天性使然"来号召共同体中的血缘成员，而所有的成员也往往因为这种"天性使然"的关系而予以绝对的服从。还有一种人为的拟血缘亲情，就是养子。把本来没有血缘关系的别人的小孩接过来抚养，作为自己的儿子，而且，养子的原因并不是自己没有儿子，而是为了商业经营。史料中记载：

> 海澄，有番舶之饶，行者入海，居者附资。或得窭子弃儿，养如己出，长使通夷，其存亡无所患苦，犀象、玳瑁、胡椒、苏木、沉檀之属，糜然而至。③

---

① 陈东有：《走向海洋贸易带》，南昌：江西高校出版社，1998 年，第 183 页。
② 雍正《石崖许氏族谱》卷四《纪实篇》、卷七《壮志录》，厦门大学历史研究所藏抄本。
③ （明）何乔远编撰：《闽书》卷三十八《风俗志》，福州：福建人民出版社，1994 年，第 946—947 页。

生女有不举者，间或假以他人子为子，不以窜宗为嫌。其在商贾之家，则使之挟资四方，往来冒霜露，或出没巨浸，与风涛争顷刻之生，而己子安享其利焉。①

闽人多养子，即有子者亦必抱养数子，长则令其贩洋，赚钱者则多置妻妾以羁縻之，与亲子无异。分析产业，虽胞侄不能争。亦不言其父母，既卖后，即不相认。或籍多子以为强房，积习相沿，恬不为怪。②

收养弃儿通过拟家族关系进一步壮大了家族势力，可以为经济发展起到保驾作用。一旦遇上海上灾难，受到伤害的不是自己的亲人，反过来如果不遇上灾害，则家族的经济力量便取得了巨大的发展，社会地位也将取得巨大的提升。

乡族的社会势力在明清时期不断壮大。在对外贸易活动中，家族、乡族的势力不仅以地方势力出面，也以行会、帮会的形式，成为冲破政府禁令管制和有限贸易，支持本族本地商民参与世界市场的重要力量。

族产是家族经济实力的一种重要体现，族产主要包括族田、山场、房屋、桥渡、水利工程、碾坊、沿海滩涂等。到明清时期，许多家族还通过工商业活动，如出租店屋、经营手工作坊、放高利贷、生息银两等途径筹措家族活动经费，增殖家族的财产。例如，泉州印塘杨氏家族在明代不仅有大量的族田，而且曾把族款借出生息，"公钱款共一万一千文，每年收到利息钱二千二百文，培接、培指、培道同借去钱五千文。培笔借去钱一千文，培兹借去钱一千文，演石借去钱一千文，懋仁借去钱一千文，焕富借去钱一千文，焕轸、焕俯借去一千文，每千文每年应入利息钱二百文，以上利息钱系洋塘直祀自收与石塘前直祀无干"③。这则记载不仅反映出杨氏家族的收入除了用于家族活动外，已有相当可观的余额用于放债生息以增殖财富。有的家族盖房并将其作为店铺出租，收取租金。有的家族则自

---

① 乾隆《龙溪县志》卷十《风俗》，《中国地方志集成》，第30册，上海：上海书店出版社，2000年，第100页。
② 道光《厦门志》卷十五《风俗志》，《中国方志丛书》，第80册，台北：成文出版社，1967年，第327页。
③ 《印塘杨氏族谱》，抄本，泉州市图书馆藏。

己直接经营各种能获利的经济活动,从而扩大家族的经济基础,增强家族的经济实力。例如,从南安水头迁入泉州城内西街的王氏家族"八世迁居城内象峰开基。……在城西有糖房、典当、搭灶,均设在傅府山下。另在涂山街水门温市场内尚有店铺一间,租作渔店,所收租金悉为交轮忌辰、祭祖等用。每年由各房轮流凭折收取支用。……并自置帆船多艘组队巡回南北各港,业务鼎盛,货畅其流,修桥造路,恤孤济贫,富而好施,热心公益,族人聚居全巷"①。

族田的设置与家族组织的发展史相辅相成。明清时期,福建各地设置族田更为普遍,与当地社会经济中商品经济的成分扩张有着密切的关系。泉州《梅溪陈氏族谱》云:"吾宗从宋末以迄于今,盖三百余年矣,未有兴此田,盖自嘉靖辛酉(1561)……诸叔父兄弟佥曰然,遂以告之家庙,而立为大宗义田。"②晋江《青阳庄氏族谱》云:"六世立祖,明洪武年间拨田地八亩七分,以供考妣之蒸尝焉。又六世磷祖,拨四十四石九斗,棉花十八斤,予子孙轮收祭祀焉。"③

民间设置族田的途径首先是通过提留,即每当分家析产时,提取一定数量的田产作为祖辈、父辈的赡养费,祖辈、父辈死后,这些田产便成了祭田。这种分家时提留祭产的方法,是福建族田增殖的主要途径,也是各家族非常重视的一项任务。如《南外天源赵氏族谱·家范》称:"祭田之事自恨贫薄不能,及此语痛心再三,呜咽流涕。倘我后世子孙如有余饶能继吾志者,可拨出腴田三十五亩以为祭祀之资,严戒后之子孙长久保守,毋致质鬻。"④其次是派捐,向族人派捐以增加族田。有的家族向登科者摊派"喜钱",如南安蓬华郭氏"祖宗九世以上未有祀田,至十世朴野公始建祀业,亦聊具粗略而已。迨乾隆甲申(1764)冬诸绅衿见其秋冬两祭简陋难堪,于是共兴孝思,充祀银以为买置祀田之资,谨将酌议充银定式开例于左:一生员充银一大元;一监生充银二大元;一乡宾充银二大元;一贡

---

① 民国晋江《龙塘王氏族谱》,抄本,晋江市图书馆藏。
② 南安《梅溪陈氏族谱》,泉州华侨管理委员会藏。
③ 《青阳庄氏族谱》,民国二年本。
④ 泉州赵宋南外宗正司研究会编:《南外天源赵氏族谱》,1994年,晋江市图书馆藏,第174页。

生充银四大元；一举人充银四大元；一进士充银十两；一及第充宦五十两；一仕宦随力充捐"①。在郭氏家族，针对科举仕宦的得意者，家族派捐已成为一种定例，其捐数则依其取得的成就而递增。尽管这是一种派捐，但被摊派者往往乐此不疲，这不仅有家族精神的感召，而且也是成就与荣誉的体现。有的族人娶媳妇，生男孩，也是大喜事，不能忘记祖宗，于是家族即向族人征"娶妇钱"和"报丁钱"。泉州薛氏家族子孙娶妇喜庆银一钱，添丁喜庆银五分。②再次是义捐。各家族积极鼓励族人义捐族产。永春《桃源蓬莱巷乡梁氏族谱家训》云："后世有殷实房分，衣食饶足者，但遇丰稔之年，会众登门，随处多少，劝借以助，赈鳏寡孤独无依倚者，切勿悭吝不从。大抵富不能长富，贫不能长贫，富若能听言乐行，则汝之子孙倘有贫日，他日亦如此乡周，不至失所矣，贤子孙其念之哉。予意欲效范文正，置义田宅及立祀业，恨力不足耳。凡有志子孙，其体吾意而行之。"③这个家族以祖先痛切呼吁的形式要求子孙设置祭田，于是，在家族精神的有力感召下，一些发达富裕的族人经常自动捐银购置田产，充作族田，有的族人捐献的族田数量还是很大的，如泉州印塘杨氏家族"十世裔孙钟凤捐产田一段一丘，田面六篮，坐贯本乡，土名深内，配产米一钱二分；乌墩乡税银配查米壹两七钱四分一厘，本厝地基税银年一钱五分，现管裔孙懋永，又年银一钱，现管裔孙培出，又年银五分，现管裔孙焕晓。以上租税系洋塘石塘前直祀同收对分"④。《紫云黄氏宗史谱》"祀田记"云："守恭公舍宅为寺，延僧守之。僧德公立檀越祠以志。万历间几罗于火，裔孙黄文炳重修建构，群子孙以岁序拜公祠宇……文照毅然会族众而谋曰：不奉先不孝……乃醵金买田千亩，而吾门人户部尚书梦松为记，所有亲吾亲者准此，春秋祭祀而所需又惟此福田。……宜其置之而不图所以守之乎？"⑤黄文炳为万历年间进士，黄文照为崇祯年间发达富有者，两人均为紫云黄氏后裔，发达以后，互相激励，一个主动捐修宗祠，一个则捐金买田千亩，献

---

① 民国泉州《蓬壶郭氏家谱》，抄本，泉州市图书馆藏。
② 民国泉州《薛氏族谱》，抄本，泉州市图书馆藏。
③ 民国永春《桃源蓬莱巷乡梁氏族谱》1929年重修本。
④ 《印塘杨氏族谱》，抄本，泉州市图书馆藏。
⑤ 泉州市紫云黄氏宗史研究会：《紫云黄氏宗史资料汇编》，2007年印。

出作族田。黄文照所捐祭田的数量很大，一般家族之族人的捐献，倘若非高官是不可能达到的。

　　族田的扩充无疑与家族中人的经济成就密切相关。因为经济行为有涨有落，因而有的族田也往往面临倾覆的危险，如南安金榜吴氏家族在元代所置的大量族田，至清末已流失过半。原有租谷 300 余石被土豪王绍宗隐匿以为己业，只存百余石。光绪甲午年（1894）春，"经二十一世孙拱蒙重绘祖田形势及祖簿一本，藏之以俟有志"[①]。应该说这种情况具有一定的普遍性。

---

① 《金榜吴氏族谱》，抄本，晋江市图书馆藏。

第三章　明清科举制度与士林好尚

明清科举定制化下，士林将经过层层考试逐级上升者看作正途出身，而将通过捐纳等途径上升者看作异途，有的重正途而轻异途，也有的以正途出身者与异途出身者区分人之良否，其实这些往往并不准确。由于科举考试过程中，许多因素都会发生作用，于是科举考试的各个环节都会滋生出若干神异观念，人们浸滋于科举生涯中，日常生活中的许多仪式、习俗也与科举有着密切的关系。在明代的温州龙湾，文化呈现出繁荣景象，科举中式者数量增多明显。

第一节　明清科举制度的正途与异途

一、问题的缘起

明清时期是科举制度全面推行和逐渐规范化的时期。明清科举制度赢得社会的广泛呼应，与很多因素密切相关。例如，许多人经由经商改善了家庭经济状况跻身于科举考试行列，一些家族采取鼓励措施激发本家族弟子读书应试的积极性，许多地域性会馆为到京师、省城的同乡弟子提供了应试的便利，选拔机制中的捐纳制度亦使部分人没有低级功名却可以直接应试高级功名，或者径直取得为官的资格。商人也透过正途（科举考试）或异途（捐纳或军功）的方式，晋身士绅阶层，以提升家族的社会地位，兼以透过士绅身份享受各种特权，使商业经营更如虎添翼，更具竞争优势。正途和异途均是家族成员获得功名的有效途径，带动着家族向上发展。本书只是想从实证的角度考察几部族谱，看看社会追求科举功名所走的正途与异途及其意义。

　　学界过去对正途和异途的研究大体是重正途，轻异途[①]；褒正途，贬异途[②]；常将异途与捐纳、异途与无学问画等号。对此，哈佛大学东亚历史与语言学系博士候选人张乐翔已提出疑问："重正途"究竟有多"重"？在清代捐官的人究竟是些什么人？捐的又是什么官？他在利用了清代中央政府的履历档案和一些地方史料后，初步发现：第一，清代地方实官中早在雍正与乾隆年间已至少有四分之一是捐纳官员，因此捐纳非嘉道以后才盛行。第二，捐纳官员的晋升机会很多，并不限于最低层的职务。第三，以江南的常熟为例，我们能看到利用捐纳买官的一些家族很可能就是当地科举最成功的家族，所以捐纳对这些科举家族来说，是另一种把权力移交到下一代的方法。常熟的蒋廷锡、翁同龢两家虽然在科举方面非常成功，但他们的后裔也大量地运用了捐纳来保存他们政治上的影响力，可见在清代有财力的家族不一定需要依赖不可靠的科举制度，而可以直接通过捐纳来换取政治上的优势。这跟利用优秀的经济条件来间接增加科举考试的成功率有本质上的区别，也可作为重新评估清代士族与清代官场之间的关系之基础。

　　徐忠明认为：通过科举获得功名和官职被称为"正途"，但是还有相当一部分人是经由"异途"而进入这一集团的，这就使官员的来源问题变得更加复杂化。所谓异途，主要是指通过捐纳获得功名和官职——往往是一些商人和科举不中的士人。由此便产生了一个问题：在讨论清代司法官员的知识结构时，是否有必要对"正途"和"异途"这两条线索同时予以考察？笔者认为，大致上仍然可以放在科举制度的框架下进行整体性的考量。原因在于：首先，就选拔官吏而言，历来以正途为根本，清代亦然。当然，官吏职位的高低并不足以说明问题，因为直接面对小民百姓日常纠纷和诉讼的，恰恰是那些官阶最低的州县官员。其次，从正途与异途的人数对比来看，两者也是悬殊的。根据张仲礼的估算，以清代湖南十地及广西容县地方志所载 1609 名贡生为例，其中正途贡生约占 75%，异途贡生约占

[①] 许大龄：《清代捐纳制度》，北京：燕京大学哈佛燕京学社，1950 年。
[②] 关晓红认为：清季捐纳保举滥行，造成正途入仕周期延长，使科举考试对乡村士子的吸引力大为降低。

25%。①可见，正途出身的官员占多数，而异途出身的官员只占了四分之一而已。最后，也是最为重要的一点，即使是通过异途获得官职，也很难脱离科举制度控制下的教育体制。例如，明清时期崛起的商人阶层无疑成为异途的主要来源，但是商人的崛起恰恰是因为科举名额的限制导致了不少士人不得不选择"弃儒就贾"。②也就是说，他们原本可能就是读书人，为了求取功名而寒窗苦读，但是在科举无望的情况下转而从事商业活动，所谓"治生"是也，待到具备一定的经济能力，就再度通过捐纳来实现他们对于功名和官职的渴望。更为重要的是，有些考生捐纳学衔仅仅是为了尽早取得参加更高级别考试的资格。当然，也有部分商人及其子弟采取直接参加科举考试的方式获取功名和官职。在这种社会背景下，我们可以推测：通过异途入仕的官员可能与通过正途入仕的官员有着大致相似的知识结构。③

二、正途、异途均为带动家族发展的重要力量

正途是获得地方社会地位的最高衡量指标。传统社会"士农工商"的四民格局，决定了全社会都会把"科场中式"看作人生价值实现的重要体现。明代科举制度逐渐正规化、制度化，人们往往会早早就设计好自己的人生旅程。

沿着正途上升可迅速提高自己家族的地位，走异途的亦能保持自己的家族地位。在福建邵武，一个村落往往有几个家族并存发展，各家族间即根据科举功名的高低、多少来显示本家族的实力和家族建设的成就，如邵武旧市竹粟黄氏，康熙以前，该家族中仅有7人获得过正途功名，且都为各类庠生。进入康熙朝后，两股子孙各代共考取庠生以上功名44人，其中康雍年间举人、进士纷纷出现，黄氏在地方上的影响力便迅速得到提升。可以说，科举提供了一条相对客观性的竞胜指标，要确立本家族在地方社会中的地位，那就走科举之途吧。

就一个村庄而言，外来者往往需先取得在地方上的户籍，再就是尽快

---

① 参见张仲礼：《中国绅士——关于其在19世纪中国社会中作用的研究》，李荣昌译，上海：上海社会科学院出版社，1991年，第164页，表30。
② 唐力行：《明清以来徽州区域社会经济研究》，合肥：安徽大学出版社，1999年。
③ 徐忠明、杜金：《清代司法官员知识结构的考察》，《华东政法学院学报》2006年第5期。

在科举中获得功名。廖氏是旧市的后来者,但他们来到旧市后第二代即取得功名,且数量较多,其中邑庠生以上6人,得散官职衔者1人。

耕读传家是许多家族声称的提升家族社会地位的一般途径。商读结合实际上是明清时期许多家族发展的一般道路,这表明明清时期商人子弟入学衔为社会的一般态势。

在培田,相关文献的重新梳理本身就代表了吴氏族人进行家族凝聚的积极作为,吴氏借机进入了家族发展的鼎盛时期,如南邨派下,第十九代共有男丁19人,其中有文生员5人,武生员4人,武举人1人,武进士1人;第二十代共有男丁81人,其中有文生员4人,武生员2人。这些族人或从政,或经商,或在家"务农",在家族内部各有分工,相得益彰。晚清长汀举人杜璘光在《引斋吴先生传》中说:"汀南吴家坊,为邑巨族。其富贵功名,不亚于郡城,而孝义节廉之士,恒多出乎其间。"光绪年间主修族谱的吴震涛,在《允轩公传》中也自豪地说:"吾家乃文乃武,采芹食饩,登科掇甲,不下二十人。"①

异途在清代成为许多人获取功名的一种方式。明清时期,读书成为社会大众普遍的价值取向后,科场竞争变得越来越激烈。有的人援正途遇挫折之后,转而寻求异途。异途出身者对当时社会实际上也产生一定的积极意义。他们当中的部分人只是在科场上未能发挥好,或所谓"命途多舛",因而选择了援例纳监的途径,如《儒林外史》中周进经他的姐夫金有余倡捐捐得了监生之后,第二年便一举中式,到广东任了学政,考察他的行迹,基本没有什么为非作歹之举,即所谓"正身以俟时,守己而律物",这种经过捐纳而上来的官员构成了清代政坛中的一个很大部分。

经商而致富者对子弟的期望往往是两方面的,尽量走正途入仕,正途遇阻时则退而求其次,选择走捐纳的道路。

三、前期正途,后期异途的事例

取得科举正途功名经常需要家族长期的文化积累,家族通过集体的努

---

① 参见张侃:《编撰族谱与晚清乡村知识分子的地方文化实践——基于闽西培田〈吴氏族谱〉的分析》,《寻根》2008年第3期,第19页。

力，达到"三代出贵人"的目标。江西乐安流坑村被誉为"天下第一村"，一个村能考取32名进士，创造了中国考试史的奇迹。宋代董文广在天下甫定之时，即能以家族之财大兴教育，启沃子侄，从而抓住了北宋重文偃武、兴科举取文士之机，使流坑董氏家族由庶家跻身官族，获得了迅速发展的先机。董文广的努力产生了即时的效果。宋真宗大中祥符七年（1014），文广长弟文肇的四子淳、湘、滋、渊全都中举；次年，董淳进士及第，成为流坑董氏进士第一人。从此，董氏科甲之盛，一发而不可收，即"登科之儒，累累相续"。仁宗明道二年（1033），文晃长子董洎及洎子师德，次子董洙之子师道，与董淳子侔、董渊子仪、董湘子僎，文亨之子董汀，叔侄兄弟七人同获乡荐；次年，景祐甲戌，洙、汀、仪、师德、师道五子联科，同中进士，时号"五桂"，文天祥专作"花耀贴金，一门而五董"之句为其造势，流坑村为此建造了五桂坊。其后，董门解试四举、五举时有发生，而且在仁宗庆历元年（1041）和八年乃有"六子联科"和"七子联科"的盛事。其中仁宗皇祐元年（1049）董淳之子伋、偶，董渊之子偕及董唐臣四子同科，足与"五桂"例相媲美。靖康元年（1126），时在京师国子监就学的董藻应"以谋略取士"的特科，名列第一，被称为"武状元"。据清同治《乐安县志》载，从宋初到乐安建县前，乐安境内共出进士52名，其中流坑董氏居21名，占40.38%；又解试举人72名，而董氏更占47人，达65.28%。科举昌盛使流坑董氏在北宋一代仕宦如云，如董家第四代董淳及第后，累官南海知县、池州观察推官、殿中侍御史、尚书屯田员外郎、直史馆赠太子太保，董渊任职方郎中，董洙任观察推官，董洎任观察推官、光禄寺卿，董洙任光禄大夫，董汀任知县；第五代董仪知筠州、尚书左司郎中、广东提刑，董俊任秘书丞、刑部详覆官，董傅匠作监主簿，董伋任秘书省校书郎，董师德任池州观察推官，董师道任职方员外郎等。北宋堪称流坑董氏家族的黄金时代。南宋流坑董氏已不如北宋，不过仍有像董俨、董敦逸、董德元、董德修等作为支撑。董氏借助于北宋"不抑兼并"的政策，由科第而显，由政治地位而获经济地位，形成了科宦与田产相互促进的关系。

由科举而盛是整个区域文化积淀的结果，经商业而兴则与外部世界对流坑竹木材料的强烈需求密切相关。流坑本地盛产竹木，溯乌江而上，招携、金竹一带大山区有丰富的竹木资源。同时乌江上游河床曲折，水流湍急，至流坑河道始变开展，河流较缓，适宜下水航行。明代中期以后，国内市场需求增加，乌江流域竹木贸易逐渐兴起，而董氏凭借流坑既是县南部的水陆冲要，又族大人繁，势力雄盛，遂成为乌江河上竹木贸易和竹木运输业的重要角色。乌江上游的竹木资源不少直接属于董氏各房公产，流坑董氏凭借其处于乌江由湍狭而变宽缓的优越地理位置，加上宗族的力量强大，因而控扼乌江，独占了竹木市场。直到民国时，客商前来购买竹木，均不得进山，而只能到流坑与董姓木商洽购，再由后者组织人入招携、金竹的深山中买木伐倒，顺水放出。如有不经董姓而擅入山中采买者，则竹排经过流坑时必被强行没收，一竹一木，皆不得下。在这里，流坑董氏强大的宗族组织和力量，成为其独掌乌江水系竹木贸易，获取垄断利润的决定因素。其后，流坑董氏甚至组织木纲会，主管该地的竹木贸易。流坑商人纳财捐官，得儒林郎、登仕郎、奉政大夫，或是同知、千总之类的官职或监生、贡生的身份，转瞬间成为绅士乃至官宦，这是清代流坑获得名位的最主要途径。清代流坑商人实际上已拥有了文化上的优势，成为流坑地方社会生活中的主角和核心人物。因此，如果说宋明时期是官僚、学者为家族赢得一切，那么清代则是由商人承担起了这个责任。随着晚清至民国时期的战乱、铁路对水路的取代及科举制度的终被废除，流坑的辉煌时代最后宣布结束。流坑的兴与衰有自我对时势的适应，也有被时势所抛弃的无奈。这其中无不包含了大量的变动因素。

四、正途、异途相参是许多家族采用的通行办法

捐纳之制起初往往推行于灾害时节，但由于捐纳之制能充实政府财政收入，因而往往被常态化。甚至有些地方可以封赐的功名较普遍地要通过捐纳而得到。于是捐纳就可能成为有才学和没有才学者共同要选择的路径。

商业的发展催生出民间一批有钱人，他们甚至未经过正式的十年寒窗，就直接通过捐纳取得功名。福建邵武前山坪《闽樵和平上官氏宗谱》卷2《旧谱原序》中说："惟吾始祖将军以下，子孙蕃衍，或学或仕，或荣登科

甲，位公卿大夫以至丞、参、簿、尉者，不可悉数。"①明代后期，这里的东垣黄氏获得了不少功名，如第八代孙孟志随父辛荣公贸易广东，后由商籍参加科举考试，以武举外放广东千总。到第九代，孟源公二子景堂由太学选授县丞，转知县，政声卓著。第十一代孙兆丹中举人。这其中正途与异途相参，形成了相互补充的态势。

在地方上，对功名等级和数量的追逐某种程度上是为了确立各家族在地方的社会地位，于是相互间的竞争也迫使不同家族将正途与异途结合使用，无论如何，正途常处于有利地位。邵武和平乡旧市镇竹粟黄氏通过正途获得了更多功名，因而渐渐将东垣黄氏挤出地方核心圈。康熙以前，竹粟黄氏仅7人获得过正途功名，且都为各类庠生。进入康熙朝后，两股子孙竟考取庠生以上功名44人，包括有获得举人和进士的。

其后进入该镇的廖氏也走了一条先由功名树立在地方社会的地位的道路。廖氏第二代邑庠生以上6人，得散官职衔者1人，其后，廖氏还通过联姻结交有科名之家，鼓励本家族子弟参加科举。廖德来由郡庠生至增生、廪生，同治四年（1865）获乡荐成为岁贡生，候补儒学训导。廖氏还通过发展商业、捐助地方公共事业提升了自己在地方上的影响力。

洪武时期，鳌江范氏一世志道公隐耕于晋江，后因入赘鳌江陈氏，而在鳌江安居繁衍。鳌江范氏第一次可考修谱是第十二世孙范学洙时，确切地说是清代雍正乙巳年至丙午年（1725—1726）。②虽谱中有万历时族谱散佚、寅公手绘族人世系图的记载，然终无可考。"寅公，号祝字。生万历甲寅年十月十七日寅时。卒康熙癸亥年五月十三日辰时。……公攻举子业，所志不遂。本宗谱牒散失，赖公手集世系图数帙，俾修谱者得，粗知肇基世次，公之力也。"③范氏到第十二世时，方才第一次修谱，说明此前的范氏家族并不强盛，生活亦并不殷实，虽有多人求科名的记载，却大都以家贫而中辍，如万历时的魁元公，虽然白天在市场做些小买卖补贴家用，晚

---

① 邵武前山坪《闽樵和平上官氏宗谱》卷2《旧谱原序》，抄本。
② 陈支平主编：《台湾文献汇刊》第三辑第一册《鳌江范氏家谱·引言》，北京：九州出版社，厦门：厦门大学出版社，2004年，第3页。
③ 陈支平主编：《台湾文献汇刊》第三辑第一册《鳌江范氏家谱·晋邑鳌江范氏家谱牒·寅公》，北京：九州出版社，厦门：厦门大学出版社，2004年，第231页。

间力学,"虽雅好诵读,竟以贫累不遂所怀"①。天启时的魁文公,不忍见父兄辛苦劳作,便放弃了举业。

在第十二世范学海②(1695—1777)获取功名之前,鳌江范氏的谋生之路颇多。其中,依靠滨海的优势从事贸易是一条重要的路径,如万历时的魁元公,不仅当过会计,还自己做过买卖。"少岐嶷不凡,年十三即知会计。尝为人坐肆,账目经手不差,故家贫,夜读书,日游市廛,以佐家用。"③顺治时的兴祖公范豸(1647—1711),则以经商实现了家庭殷实的愿望。"蔡公家富厚,遇公少□。于舅氏得钱百文,鬻蔬自给。日以其赢余,视父所常嗜者,市以供。或奇其勤苦且孝,厚贷之资,因得从事。懋迁不数年,累金盈百。"④康熙辛亥年(1671)得以回到泉州,历经兵难得免。有了一定家产后,范豸成家立业,遇灾难之年,赈济邻人。复界后还延请塾师,教育子弟。"复界后,族中房屋寥落,建塾无地,公特小斋为族人读书处。礼延塾师,自供馆膳者几十年。族中待师之隆,其风自公始也。"⑤与兴祖公同样注重族中子弟教育的还有辨茂公(1661—1739),虽然家计清淡,却并不吝啬财物,专门为子侄构建了读书处。"构私轩为其子侄读书处,提纲挈领者十余载,诸从识未始非其力也。"⑥政仁公之妻陈孺人,即以女红佐家。"以女红佐家,三更就枕,鸡鸣辄起。"⑦同期文贵公

---

① 陈支平主编:《台湾文献汇刊》第三辑第一册《鳌江范氏家谱·晋邑鳌江范氏家谱牒·魁元公》,北京:九州出版社,厦门:厦门大学出版社,2004年,第209页。
② 这里选择范学海,是因为他具有一定的代表性。范氏家族自顺治起,即有一些族人获得了科举功名,但没有范学海的进士功名高。如奇超公,未及冠即为获得生员资格,颇有学识,甚至于有温陵名士之称,后授予寿宁县学训导,只是未来得及上任即逝世。其子辨凯公(1659),曾中过举人,会试一次不中,再试因经济条件限制,没能参加。但谱中并无二人更详细的记载,不宜多加评论,但可以明确的是,他们对后来康熙时期范氏学人辈出的状况,是有影响的。
③ 陈支平主编:《台湾文献汇刊》第三辑第一册《鳌江范氏家谱·晋邑鳌江范氏家谱牒·魁元公》,北京:九州出版社,厦门:厦门大学出版社,2004年,第209页。
④ 陈支平主编:《台湾文献汇刊》第三辑第一册《鳌江范氏家谱·晋邑鳌江范氏家谱牒·兴祖公》,北京:九州出版社,厦门:厦门大学出版社,2004年,第237—238页。
⑤ 陈支平主编:《台湾文献汇刊》第三辑第一册《鳌江范氏家谱·晋邑鳌江范氏家谱牒·兴祖公》,北京:九州出版社,厦门:厦门大学出版社,2004年,第239页。
⑥ 陈支平主编:《台湾文献汇刊》第三辑第一册《鳌江范氏家谱·晋邑鳌江范氏家谱牒·辨茂公》,北京:九州出版社,厦门:厦门大学出版社,2004年,第368页。
⑦ 陈支平主编:《台湾文献汇刊》第三辑第一册《鳌江范氏家谱·晋邑鳌江范氏家谱牒·政仁公》,北京:九州出版社,厦门:厦门大学出版社,2004年,第263页。

在父亲过世后，母亲纺织则几乎成为家用的主要来源。"公年十一，父见背，又与其兄相失，随母播迁。时虽雏龄，即能知艰苦。而母勤于纺织，抚孤恳挚。"①范学洙之母曾氏也如此，"生平勤苦，虽隆冬盛夏，篝公纺织，午夜不休"②。明末清初的福建沿海多战事，也为一些人提供了谋生的机会。英公就弃儒冠游海上，欲图借此成名。"公性聪敏，博学能文，革命之时，山海鼎沸，公弃儒冠游海上，欲藉此成名，然刚愎自用，竟以恃才杀身。"③光友公景淳在台湾兴学，努力抚养两位兄长的子女和自己的子女，注重对他们的教育，其中一位范学海后来还考取了进士。为了鼓舞子弟读书学习，光友公还专门构建了一精舍，名"澄斋"。这不仅成为子弟肄业的场所，也成为他面向社会讲学的场所。范学洙身在这样的家庭，从小即表现出聪颖的资质。"三岁能背六十甲子。四岁能背千字文。五岁上学，竟年《四书》毕读。六岁背《四书注》，以病作辍。"④他的舅父曾毓骐是个道学宿儒，十岁时，范学洙跟随舅父读书，大概身在馆阁心在家里，谱中说他三年并无学力长进。到十三岁时，回家读家塾。两年后，再次跟随舅父学习，揣摩举业。其后较为频繁地更换读书地点。十六岁时，回家跟随杨高倬老师学习。十七岁时，又读于赤城乡，应童子试。十八、十九岁时，改读东园乡，潜心力学。"然困于贫，昼攻书，夜则磨豆腐以佐家计。贫日甚，虑不能具修脯，二十岁即舌耕于高州山下。"⑤当他发奋攻举之时，却遭遇了父丧。家庭经济日见窘困，他只好去台湾投奔叔父景淳，"坐食于景淳叔家者一岁"⑥，并在那里获得了发展机会。范学洙在那里读到了更多书。"叔

---

① 陈支平主编：《台湾文献汇刊》第三辑第一册《鳌江范氏家谱·晋邑鳌江范氏家谱牒·文贵公》，北京：九州出版社，厦门：厦门大学出版社，2004年，第265页。
② 陈支平主编：《台湾文献汇刊》第三辑第一册《鳌江范氏家谱·晋邑鳌江范氏家谱牒·兴祖公》，北京：九州出版社，厦门：厦门大学出版社，2004年，第240页。
③ 陈支平主编：《台湾文献汇刊》第三辑第一册《鳌江范氏家谱·晋邑鳌江范氏家谱牒·英公》，北京：九州出版社，厦门：厦门大学出版社，2004年，第222页。
④ 陈支平主编：《台湾文献汇刊》第三辑第一册《鳌江范氏家谱·晋邑鳌江范氏家谱牒·学洙公》，北京：九州出版社，厦门：厦门大学出版社，2004年，第294—295页。
⑤ 陈支平主编：《台湾文献汇刊》第三辑第一册《鳌江范氏家谱·晋邑鳌江范氏家谱牒·学洙公》，北京：九州出版社，厦门：厦门大学出版社，2004年，第295页。
⑥ 陈支平主编：《台湾文献汇刊》第三辑第一册《鳌江范氏家谱·晋邑鳌江范氏家谱牒·学洙公》，北京：九州出版社，厦门：厦门大学出版社，2004年，第295页。

多书，日无所事，惟与书为缘。虽赡家术乏，然得以大肆其力于简编，揣摩举业，而学问得以长进者，未始非是年之力也。"①康熙辛丑年（1721），台湾发生动乱。朱一贵以不堪知府王珍贪暴苛政为由，举起"反清复明"的旗帜，一时取得军事主动权，赶走知府王珍，欲另立国号，在台湾恢复明朝体制。社会动荡下，范学洙及光友公全家只得返回鳌江老家避难。康熙壬寅年（1722），动乱得以控制后，范学洙等再次返回台湾。范学洙于当年参加府试，进入府学，成为一名廪生。癸卯，即雍正元年（1723），范学洙回鳌江参加恩科乡试，未中，便重操旧业，于高州山下设馆讲学，等待回台湾补考。后光友公捎来书信，说台湾馆金更多，范学洙在母亲和舅父的劝说下再往台湾。第二年，却又不得不回家为母亲办理丧事。之后再赴台湾，修撰家谱，设馆讲学，养家糊口，似乎比往日少了些奔波劳碌。讲学不仅让范学洙改善了经济状况，还在雍正己酉年（1729）为他赢得了廪生资格。其后三年范学洙往返台鳌间，雍正壬子年，将其长子辨纶带往台湾，代理训蒙，自己则抽身出来修撰家谱。

虽然范学洙在科考中运气不佳，一把年纪尚未考中举人，其真才实学却得到了政府官员的赏识，并通过他们获得了更深入地融入社会的机会。乾隆己未年（1739），台湾学道刘良璧聘请他主讲崇文书院，一年可得到学租一百五十石，在旁人有了微词以后，范学洙辞职离去，自设馆于南潭社。不到半年，刘良璧又请他参加台湾县志的修撰。第二年四月修成，五月再次回家参加秋试，然仍未中。再返回台湾，壬戌年（1742）获得乡贡身份，甲子年（1744）进入国子监肄业，之后终于走上仕宦之路。"甲子，入都国子监肄业，大司成宗室德济斋考选入充英武殿校书。期满，壬申，特授安溪儒学训导，署教谕。任满，钟大中丞聘掌鳌峰书院。丙子，俸满引见，奉旨任候升，乃任安溪广文。甲戌，奉诏归焚黄，以覃恩驰赠修职佐郎荣亲。其文学到处有声，京师闽省争延西席，至庠舍不能容。"②

范学洙个人在学识上的积累和造诣，不仅为其自身经济条件、社会地

---

① 陈支平主编：《台湾文献汇刊》第三辑第一册《鳌江范氏家谱·晋邑鳌江范氏家谱牒·学洙公》，北京：九州出版社，厦门：厦门大学出版社，2004年，第295—296页。
② 陈支平主编：《台湾文献汇刊》第三辑第一册《鳌江范氏家谱·晋邑鳌江范氏家谱牒·学洙公》，北京：九州出版社，厦门：厦门大学出版社，2004年，第298页。

位的改变创造了条件，还为其家族的发展带来了利益。首先，他主持修撰了范氏家族第一部族谱，这在家族色彩浓厚的明清闽南，是家族的一件大事。这不仅得益于族人的经济支持，更得益于其知识的积累。其读书经历和编撰台湾县志的经历，都为他修撰族谱奠定了良好基础。其次，为家族建立了小宗祠。虽然设馆讲学资金并不十分丰裕，范学洙还是极力做到了这点。"戊午，橐积四十多金，因旧宇敝漏，重新为亟，遂谋助诸友，合已蓄六十多金，欲草草为栋宇计。诹之形家，谓此屋枕宝盖而拱鳌峰，充昌厥后，遂与兄谋稍宏其宇，权小宗祠，奉四世祖光辉公神主，得本房子姓获沾其福。兄曰：'善。'因构四楹，统以廊庑，奉祭之时，堂构上下可以罗拜百余人。遂于秋兴工，三月落成，长至进主，虽木石所需强半未遂其值，堂构既成，垂裕有基，即索逋接踵而心自怡然也。"①

与范学洙几乎同时代而又获得功名的还有范学海、范学山、范古树等。古树公本居泉州，虽力攻举业，却久久不能中式，连童生试也未能通过。到了三十四岁时，仍不忍放弃，转往台湾就试，终于于康熙戊戌年（1718）考入诸罗县学，成为一名生员。但是运气不佳，仍旧不能中乡试，雍正时，一纸官文把他改回泉州原籍，之后便到台湾设馆讲学。范学山（1699—1746）是名武科孝廉。他是光友公之子，从小便与范学海等一道，受到光友公的耳提面命。二十岁时在台湾成为一名生员，留心韬略，"至乾隆戊午始荐鹰扬武科第十名。因父老，急于归家，竭力事亲，出自天性，是以未得到京会试。迨己未钦命提督学政刘公延修台郡志，恩举孝廉，采入郡志，有小传"②。范学海幼年丧父，由叔父光友公协助抚养长大，年十八即善于骑射，成为县学生员。康熙戊戌年（1718）得中武进士，会试过关后，念及母亲，未参加殿试即告假归。后候补山东登州府水师守备，久未能有缺，雍正六年（1728），河南总督田文镜将之"委充兖州府寿张营中军守备，署

---

① 陈支平主编：《台湾文献汇刊》第三辑第一册《鳌江范氏家谱·晋邑鳌江范氏家谱牒·学洙公》，北京：九州出版社，厦门：厦门大学出版社，2004年，第298—299页。
② 陈支平主编：《台湾文献汇刊》第三辑第一册《鳌江范氏家谱·晋邑鳌江范氏家谱牒·学山公》，北京：九州出版社，厦门：厦门大学出版社，2004年，第358页。

游击事，兼理东昌府城守营事"①。谱中关于范学海对家族贡献的记载不多，突出的当是让亲近之人获得了朝廷荣封，"荣封世代，例及其叔，其勋业伟然，为邦家光者，正未有艾也"②。此外便是于候补时期为前来投奔的范学致提供了一些方便。

从范氏家族来看，无论是移居台湾，还是往台湾求学就试，谋求生计，其成就的获得也是因为契合了时势。明末清初的台湾具有很大的开发潜力，相对于开发较为成熟而人口又颇为密集的海峡西岸的鳌江，无论处馆教学还是从事生产贸易，或许机会相对多得多。在范学洙回鳌江处馆于高州山下的时候，光友公曾捎信让他去台湾处馆，说那边"有六十多金之馆"③。范学洙念母亲年迈，犹豫不决，其舅父就劝说道："汝母弱者，以贫烦心，脩随不赡也。若束金得厚，自神怡体康矣，何虑？"④范氏家族正是契合了台湾发展的时机，适时移居台湾，在台湾选择了依靠科举教育取得合适发展的道路，使范氏家族获得一次重要的发展机会。虽然走的仍是正途，却利用了台湾新开发地区的便利，这是福建沿海的独特优势。

泉州张氏家族中的张士箱在福建家乡出仕受挫，转向台湾进学，"抵台后，初住府城镇北坊，寄籍凤山。次年入凤山县学，而拨入台湾府学为生员，之后补增生、廪生。雍正十年（1732）成为岁贡生，乾隆二年（1737）出任漳州司训。……乾隆六年卒于任所，葬于晋江，享年六十八岁。其时，他的几个儿子也纷纷就学，入仕。长子方高从小跟随父亲到台湾，二十岁进诸罗县学，后为府学廪生、贡生，乾隆三年四十岁时出任福建建宁县学训导，此后历任浦城训导、永福教谕、福州府教谕等职。……次子方升，二十一岁进台湾县学，拨入府学，二十三岁成为廪生，二十八岁即成为拔贡生。……三子方远也曾获得'由贡生即用分县'，即担任县佐尹的资

---

① 陈支平主编：《台湾文献汇刊》第三辑第一册《鳌江范氏家谱·晋邑鳌江范氏家谱牒·学海公》，北京：九州出版社，厦门：厦门大学出版社，2004年，第352页。
② 陈支平主编：《台湾文献汇刊》第三辑第一册《鳌江范氏家谱·晋邑鳌江范氏家谱牒·学海公》，北京：九州出版社，厦门：厦门大学出版社，2004年，第355页。
③ 陈支平主编：《台湾文献汇刊》第三辑第一册《鳌江范氏家谱·晋邑鳌江范氏家谱牒·学洙公》，北京：九州出版社，厦门：厦门大学出版社，2004年，第296页。
④ 陈支平主编：《台湾文献汇刊》第三辑第一册《鳌江范氏家谱·晋邑鳌江范氏家谱牒·学洙公》，北京：九州出版社，厦门：厦门大学出版社，2004年，第296页。

格。……四子方大，二十一岁入台湾县学，三十二岁回晋江参加乡试，后因'溢额见遗'，只好于乾隆十四年三十五岁时再次东渡，并在彰化捐纳出贡，后来又花了三千大圆捐了个八品官衔。……乾隆二十五年至三十五年这十年间，是张家最辉煌的时期。张方高的次子源仁、长子源德，三子源义，长孙值发，次孙值华以及张方大的长子源俊等六人，相继考中了举人。于是，'一门六举人，科名鼎盛，冠甲全台'"①。显然，张氏利用闽台间的互动便捷地获得了科名，提高了家族的社会地位。晋江范氏家族也由此连中科名，跻身豪门。

一些在家乡发展的家族，将正途与异途交相使用，亦得以迅速壮大。晋江李锡金十子之中，除第七子和第九子早逝之外，其余八子或由科举正途，或由捐官异途取得功名，长子联超，附贡生，候选训导；次子联城，国学生；三子联芳，加五品衔中书科中书尽先教谕，司绍安铎；四子联春，云南省县丞；五子联英，国学生，军功六品；六子联青，俏生；七子景宜，早夭；八子联选，候补分州同知衔加二级请五品封典；九子清溪，早夭；十子联萼，监生。再看云程林氏，十六世林用珊"少有干才，补国子监，数试不售，乃弃儒就贾，以杉业起家。时宗祠颓圮，独资木料重建，焕然一新，善交际，被选为福州商会会长，洪江公益社社长，船政大臣沈公翊清以公承办木料有功，奏赠翰林院孔目，钦加同知衔，赏戴蓝翎，诰授奉政大夫"②。家业可谓盛极一时，后子承父业，其子林迪仕"学名汉章，字克基，又字德树，汝丹长子，补国子监，赠翰林院孔目，钦加同知衔，赏戴蓝翎，幼受业于翎清沈公，追沈公筹办山东赈捐，委公为驻闽劝办山东赈捐委员，事竣晋，京分省试用，返抵家园，以所营厚元木行为人侵蚀十余万元，遂一蹶不振，身复罹痨疾以终"③。

在徽州，业儒形成了一股风气，除了正途之外，亦有不少属于异途出

---

① 王连茂、叶恩典整理：《泉州·台湾张士箱家族文件汇编·张士箱家族及其家庭文件概述》，福州：福建人民出版社，1999年，第3—6页。
② 北京图书馆编：《北京图书馆藏家谱丛刊·闽粤（侨乡）卷》第2册《侯官云程林氏家乘》卷四《世纪·十六世·乾长房·讳用珊》，北京：北京图书馆出版社，2000年，第680页。
③ 北京图书馆编：《北京图书馆藏家谱丛刊·闽粤（侨乡）卷》第2册《侯官云程林氏家乘》卷四《世纪·十七世·乾长房·讳迪仕》，北京：北京图书馆出版社，2000年，第706—707页。

身。清朝黟县环山余飞骑，"五岁失怙，育于母，师于兄，恂恂如率循子弟职。稍长，奋志芸窗，攻苦下帷，作文辄惊老成名宿"。但是，"旋试不利，思赴监肄业，爰捐国子生。乃时与命违，三兄蕴章谢世，按理江右'源源米号'，以数未售所愿，而在在多与文人学士游，卒不废书史"。①可见捐取功名者有时是运气不济，退而求稳的结果。他们属于有才学的一类。

在徽州，有的通过"特奏名"途径而上升。宋代以来，对于年高而屡经省试或殿试落第者，遇殿试时许由礼部贡院另立名册上奏，参加附试，称"特奏名"。据道光《徽州府志》卷九《选举志·科第》记载，宋代徽州622名进士之中，"特奏名"进士多达70余人，占进士总人数的11%还多。乾隆年间，乾隆皇帝八十寿辰举行"万寿恩科"科举，黟县南屏叶氏宗族八十一岁举子叶逢年名落孙山。乾隆闻奏，特下谕旨"著加恩赏给举人"。其文曰："乾隆五十四年十一月初四日奉上谕，据陈用敷奏，本年江南省应试诸生内，有八十一岁之叶逢年，三场完竣，未经中式等语。该生年逾八旬，精神矍铄，踊跃观光，实为儒林嘉瑞，著加恩赏给举人，准其一体会试，以示朕寿世作人嘉惠耆龄至意。钦此。"第二年，叶逢年赴京会试，又榜上无名。乾隆皇帝闻奏，又下谕旨"著赏给翰林院检讨衔"。其文曰："乾隆五十五年四月十九日奉上谕，据知贡举铁保、姜晟奏：本年会试举子内有八十二岁之叶逢年，三场完竣，未经中式等语。本届朕八旬特开万寿恩科，该举子年老应试，庞眉皓首，踊跃观光，洵为升平盛事。著赏给翰林院检讨衔，加赏缎二匹，以示朕嘉惠耆儒仁寿作人至意。钦此。"②

在徽州文献中，获得功名者甚多，乃至到处流传着科第连绵的故事。如今徽州城乡还留下不少"恩荣"牌坊，歙县城里的许国"大学士坊"，程贤与程铎的"大夫坊"，凌绾、凌尧伦、凌相的"父子明经坊"（或曰"三世承恩坊"），毕力德的"柏台世宠坊"，江应晓和江秉谦的"豸绣重光坊"，许村许伯升的"五马坊"和"大郡伯第门坊"，汪伯爵和汪德章的"三朝典翰坊"，郑村汪叔詹的"司农卿坊"和"四世一品坊"，槐塘程元凤的"丞

---

① 黟县《环山余氏宗谱》卷二一《飞骑唐珊余君传》，民国六年木刻本。
② 《清实录》第26册《高宗纯皇帝实录》卷1353，"乾隆五十五年庚戌四月戊辰"条，北京：中华书局，1986年，第117页。

相状元坊",丰口村郑绮和郑廷宣的"台宪坊",殷家村殷正茂的"尚书坊"和"大司徒坊",洪坑洪本仁的"进士坊",忠塘村的"三世二品坊",稠墅汪克明和汪懋功的"父子大夫坊",棠樾村鲍象贤的"官联台斗坊",绩溪大坑口村胡富和胡宗宪的"奕世尚书坊",浒里村胡宗惠的"尚书府坊",冯村冯兰的"大夫坊",黟县西递村胡文光的"荆藩首相坊"等,无疑加剧了人们对科举功名的竞争力度。

据《西递明经胡氏壬派宗谱》卷一《六甲图》记载,嘉靖四十四年（1565）,胡文光任万载县知县以前,在西递明经胡氏宗族500多年历史上,由于人丁较少,所以只有仕宦9人;从嘉靖四十四年胡文光任知县到道光六年（1826）的261年间,西递明经胡氏宗族通过考选、捐职、封赠出了130多个官吏。同治《黟县三志·选举志》记载,从道光二十九年（1849）到同治八年（1869）,仅仅20年间,西递明经胡氏宗族敕授封赠大夫即多达17人。他们是：胡发芳,朝议大夫;胡淳典,朝议大夫;胡应钟,赠朝议大夫;胡尚琪,授朝议大夫;胡春缙,赠奉直大夫;胡承潭,授奉直大夫;胡承浩,授奉政大夫;胡时乾,奉政大夫;胡崇福,赠奉政大夫;胡崇朴,奉直大夫;胡宗腾,赠奉直大夫;胡守埔,封奉直大夫;胡禄彩,赠奉直大夫;胡之彦,赠奉直大夫;胡文镐,封奉直大夫;胡承源,授奉直大夫;胡元,封奉政大夫。

个人捐助买得功名的例子更多。据张仲礼统计,道光朝,江西捐纳生员者总数位居全国之首,为38 552人,与生员总数接近。在钱溪胡氏家族中,明代监生有23名,清代则增至65名。①在安福《三舍刘氏族谱》的"职官表"中,刘氏家族共有18名具有虚衔的官员,多数来自捐输。

或许是因为他们的经济背景,捐输得功名的人反而更容易获得官职,这里面比较容易让人理解的理由大概是有钱可以买权。正途出身者的为官空间就更加被挤占了。蒋琦龄在同治元年（1862）所上的《应诏上中兴十二策疏》中就抨击说,不仅捐纳出身的官吏已经太多,而且各省督抚更喜欢任命异途,而不愿意给贫穷的、从正途上来的官员以实际的职位。加上军功集团挤占,许多人只能充个"候补"而终老。

---

① 《钱溪胡氏族谱及文献》卷一《显达图》,清光绪三十二年木刻活字印本。

"异途挤正途"某种程度上可以反映科举制本身已无法左右官员选拔的大局，异途甚至成为官员来源的一个重要方面，且能发挥一定的积极作用。为此，我们或许应该对异途有一个更加客观、公允的认识。

　　本节主要考察了福建、江西、安徽的几个家族，通过正途、异途的交相使用获得壮大发展的历史，无论是移民还是土著，功名都在很大程度上决定了其在地方上的社会地位。正途固然为人们所特别推崇，异途亦为许多科举望族所兼用，并在某种程度上具有了搜罗遗才的作用。

第二节　从笔记小说看科举考试中的神异观

　　科举制度自创立之后，越来越走向制度化，考试的各个环节、程序逐渐严密起来，由于竞争更加激烈，人们的心态变得更为复杂，各种加诸科举考试之中的神灵观获得了存在乃至大行其道的空间。

一、考中的外在因素

　　考试能否得中，除了考生的实际水平之外，还有许多因素在发生作用。有时一些外部因素的作用也是决定性的，如贞元十二年（796），李程应举，试《日五色赋》。第一场试杂文后，主司已经判他落第。杨於陵看了李程的文章后，亲自面见主司，主司乃将李程擢为状元。[①]举子因得名人知赏，落而复第，可谓侥幸得很。唐文宗时，牛僧孺为相，赏识举子许道敏"文学精臻"，亲自向主司推荐，得到主司应允。不料牛罢相出任地方官，主司遂不敢录取许道敏。[②]这是由于推荐人的境遇变了，不幸落第。同卷又载：大中八年（854），颜标应举。主司郑薰以为颜标是颜真卿的后人。当时藩镇常有乱事，郑薰"志在激劝忠烈"，于是以颜标为状元。后来才知道，颜标与颜真卿毫无关系。[③]这是由于主司的误会，侥幸得第。大中九年，罗洙与韩洙同应举。韩洙与主司沈询

---

① （清）徐松撰，赵守俨点校：《登科记考》卷十四，北京：中华书局，1984年，第502—503页。
② （清）徐松撰，赵守俨点校：《登科记考》卷二十二，北京：中华书局，1984年，第818页。
③ （清）徐松撰，赵守俨点校：《登科记考》卷二十二，北京：中华书局，1984年，第822页。

为中表亲。沈询在录取时,将韩洙列为第七名。谁知填写榜文时,竟误写为罗洙。一个小小的失误,使本已被录取的韩洙落第,同时却使本未被录取的罗洙登第。以上事例说明,士人在科场上的命运可能会受到偶然因素的捉弄。此类事虽然少见,但在表明士人不能把握个人命运上,却具有典型的意义。韩愈《杂说四》说:"世有伯乐,然后有千里马。千里马常有,而伯乐不常有。"科场上举子与主司的关系,也就是马与伯乐的关系。由于主司未必有知人之明且科场舞弊严重,故才士难得知赏。实际上,士不遇时及不遇人,乃是古代大多数士人的共同命运,科举制下也不例外。不少士人因而一面钻营,一面祈求侥幸。

唐代社会流传着许多关于科第的神异传说。《登科记考》言之凿凿:贞元十年(636),豆卢署,本名辅真,旅居衢州。刺史郑式瞻建议他将二名改为单名,并书写"署、著、助"三字供他选择。当晚,他梦见有老夫要他选"四"字头者为名,并预言他四举以后及第,20年后为衢州刺史。醒来,他改名"署"。后来遭遇果然一一如梦中老夫所言。乃于所梦之地建"征梦亭"。①贞元十八年,樊阳源,初名源阳,夜梦当改阳源才能及第。他改名后,果如所愿。②以上二例,皆因梦改名得第。实际的意义是说明及第与否,偶然性很大。贞元二年,李俊应举。深夜五更时,他见冥吏送进士名册,上面没有自己的名字,于是哀求冥吏,将册上"李温"改为"李俊"。他遂于当年及第。③元和五年(810),陈彦博应举。他梦见上奏天帝的进士名册上有自己的名字。陈果然当年及第。④以上二例,说明功名乃冥定。元和七年,李固言应举。他曾得柳神许以及第,结果名列榜首。⑤长庆元年(821),本年钱徽知举,皇甫弘自知无望,于是返回家乡。归途中,他在梦中求得石婆神应允助其及第,乃又进京赶考。钱徽本来决定不取他。临写榜时,一时不知取谁为好。于是命人取一份文卷来看,打开来,竟是皇甫弘的。钱感叹道:"此定

---

① (清)徐松撰,赵守俨点校:《登科记考》卷十三,北京:中华书局,1984年,第490页。
② (清)徐松撰,赵守俨点校:《登科记考》卷十五,北京:中华书局,1984年,第554—555页。
③ (清)徐松撰,赵守俨点校:《登科记考》卷十二,北京:中华书局,1984年,第439—440页。
④ (清)徐松撰,赵守俨点校:《登科记考》卷十八,北京:中华书局,1984年,第647页。
⑤ (清)徐松撰,赵守俨点校:《登科记考》卷十八,北京:中华书局,1984年,第651—652页。

于天也！"①以上二例，皆是得神助及第。后一例，竟是靠神力改变了考官的主意。

在以上种种传说中，当事人的命运，不管是命中注定，还是鬼神助成，都与学业无关。这是科举不公的曲折反映，是对"学而优则仕"的否定。表面上看，神助是命运使然。但是否能得神助，人们并不知道。这就诱发了侥幸心理。实际上，上述离奇故事，就是此种侥幸心理的产物。

《儒林外史》第四十二回《公子妓院说科场 家人苗疆报信息》详细描述了乡试的过程：主考官在"贡院前先放三个炮，把栅栏子开了；又放三个炮，把大门开了；又放三个炮，把龙门开了；共放九个大炮。……放过了炮，至公堂上摆出香案来。应天府尹大人戴着幞头，穿着蟒袍，行过了礼。立起身来，把两把遮阳遮着脸。布政司书办跪请三界伏魔大帝关圣帝君进场来镇压，请周将军进场来巡场。放开遮阳，大人又行过了礼。布政司书办跪请七曲文昌开化梓潼帝君进场来主试，请魁星老爷来放光。……请过了文昌，大人朝上又打三恭，书办就跪请各举子的功德父母。……每号门前还有一首红旗，底下还有一首黑旗。那红旗底下是给下场人的恩鬼墩着；黑旗底下是给下场人的怨鬼墩着。到这时候，大人上了公座坐了。书办点道：'恩鬼进，怨鬼进。'两边齐烧纸钱，只见一阵阴风，飒飒的响，滚了进来，跟着烧的纸钱滚到红旗、黑旗底下去了"②。

接着又讲了一个故事，说一严姓子弟是个饱学秀才，在场里做完七篇文章，高声朗诵，忽然一阵微微的风，把蜡烛头吹得乱摇，掀开帘子伸进一个头来，严世兄定睛一看，就是他相与的一个妓子，严姓子弟一急，把号板一拍，那砚台就翻过来，连黑墨都倒在卷子上，把卷子黑了一大块，妓子就不见了。

《儒林外史》第四十四回《汤总镇成功归故乡 余明经把酒问葬事》

---

① （清）徐松撰，赵守俨点校：《登科记考》卷十九，北京：中华书局，1984年，第692—693页。
② （清）吴敬梓著，张慧剑校注：《儒林外史》，北京：人民文学出版社，1962年，第496—498页。

说"施二先生说乃兄中了进士，他不曾中，都是太夫人的地葬的不好，只发大房，不发二房，因养了一个风水先生在家里，终日商议迁坟"①。

《儒林外史》第二回《王孝廉村学识同科　周蒙师暮年登上第》中梅玖说了梦对他的帮助："正月初一日，我梦见在一个极高的山上，天上的日头，不差不错，端端正正掉了下来，压在我头上，惊出一身的汗，醒了摸一摸头，就象还有些热。彼时不知甚么原故，如今想来，好不有准。"②同一回中，当周进提到读过王孝廉的朱卷时，王孝廉道出了真实："那时头场，初九日，天色将晚，第一篇文章还不曾做完，自己心里疑惑，说：'我平日笔下最快，今日如何迟了？'正想不出来，不觉瞌睡上来，伏着号板打一个盹，只见五个青脸的人跳进号来，中间一人，手里拿着一枝大笔，把俺头上点了一点，就跳出去了。随即一个戴纱帽、红袍金带的人，揭帘子进来，把俺拍了一下，说道：'王公请起！'那时俺吓了一跳，通身冷汗；醒转来，拿笔在手，不知不觉写了出来。可见贡院里鬼神是有的。弟也曾把这话回禀过大主考座师，座师就道弟该有鼎元之分。"③

二、各种心理引导因素的影响

科举之中与不中，实在颇难蠡测，于是迷信风气应运而生。钱泳《履园丛话》卷十三《科第》分《种德》《立品》《孝感》《求签》《梦》《鼎甲》《元》《异事》《武科》等九目，以类辑事，所言无非迷信，其中尤著者，又可概括为命相、风水、感应和因果报应等四类。

宣鼎《夜雨秋灯录》记科场事五则：其中一则谓浙江嘉兴有吴生者，儒而兼贾，久已不预场屋。某年乡试，梦其父祖催其入闱，谓彼如不去，场中将缺一孝廉，并教其访同族吴兰陔，索其窗稿"乡人皆好之"一节题文，兰陔为时文名手，而屡困场屋。追入场应试，题出，为"乡人皆好之"一节。吴生直录兰陔旧作交进，而兰陔因得意之作为人录去，不胜悔恨，"谅天意，

---

① （清）吴敬梓著，张慧剑校注：《儒林外史》，北京：人民文学出版社，1962年，第521页。
② （清）吴敬梓著，张慧剑校注：《儒林外史》，北京：人民文学出版社，1962年，第23页。
③ （清）吴敬梓著，张慧剑校注：《儒林外史》，北京：人民文学出版社，1962年，第16—17页。

终身不得售矣"。遂草草终篇而出。然兰陔是科竟中,而吴生不中。兰陔见座主,以旧作呈阅,谓闱中之作,聊以塞责,不堪为多士寓目,请以旧作易之,座主许之,但说,"虽然,此文若在场中,未必中式。盖阅卷时走马看花,气机流走者易于动目,此文非反复数周,不知其佳处。试官有此闲情乎?故无益也!"吴生则以为父祖诓骗子孙,怨恨之极,夜复梦其父祖来,怒责之曰:"不肖子,何如?此中自有天命。汝若不抄截兰陔文,彼必自录,又不得中式矣!"生曰:"彼之中与不中,与我何干耶?"父曰:"闱中饭食,皆出帑项,非生时注籍,岂易得哉!汝命中尚有一次,不完,总不得安静也!"①

即对士子的入闱次数,多相信是命中前定事。由于迷信命运,于是问神、占卜、祈梦、算命之风,流行于士者社会。《履园丛话》《科第》类所记,即其明证。

苏州及第者多,这在全国均堪称有名。据《明清进士题名碑录索引》记载,明代自明太祖洪武四年(1371)至明思宗崇祯十六年(1643)时期内,全国共录取状元90名,苏州共出状元8名,占全国状元总数的8.89%。清代自清世祖顺治三年(1646)到清德宗光绪三十一年(1905),260年间全国共录取状元114名。如果按省划分,依次为江苏49名,浙江20名,安徽9名,山东6名,广西4名,直隶、江西、湖北、福建、广东各3名,湖南、贵州、满洲各2名,顺天、河南、陕西、四川、蒙古各1名,而吴地即今苏州所辖区域出状元26名。相比之下,其人数以明显的优势超过其他省份,占有清一代全国状元总数的22.81%,占江苏全省状元总数的53.06%。状元与科考人才辈出,必有其历史、地理、经济、人文的种种因素。②近代学者顾颉刚先生在《苏州史志笔记》里将之归结于"苏州地主家庭训练子弟适应科举制度之才能,其技术性在全国为最高"③。然而南宋时,范成大在其所撰的《吴郡志》卷四十四中,却将之归结为被应验了的二谶:"吴郡,自隋唐设进士科以来,未尝有魁天下者。比年,父老相传二谶:一曰:'穿窿石移,状元来归。'

---

① (清)宣鼎:《夜雨秋灯录三集》卷二,《科场五则》条下,《笔记小说大观》续编,第八册,台北:新兴书局,1962年影印本,第4646页。
② 朱焱炜:《明清苏州状元文学研究》,复旦大学博士学位论文,2004年。
③ 顾颉刚著,王煦华辑:《苏州史志笔记》,南京:江苏古籍出版社,1987年,第35页。

一曰'潮过夷亭出状元'。淳熙初，穹窿山中一夕闻风雨声，诘朝，视山半有大石，自东徙西，屹立如植，所过草犹偃。辛丑科，吴县人黄由子遂状元及第。夷亭在昆山县西三十五里，昆山虽近江海，自古无潮汐。绍兴中，始有潮至县郭。至是，潮忽大至，遂过夷亭，李彦平侍御亲见一道人，复诵此谶。谓非有邑应之，乃以告知县，叶自强作问潮馆于水滨，甲辰科，昆山人卫泾清叔亦为状元，黄、卫相继两举，天下传以为奇事。"①

这是一个十分有趣的谶谣。苏州摘撷科考之冠乃是明清时的事。在南宋以前，远不是如明清时那样独步天下的。二谶——"穹窿石移"和"潮过夷亭"——分别作为"状元来归"和"出状元"的前提，这种预设的事件，本都是在实践中不能实现的事，然而都匪夷所思地实现了。于是在当时就有姓黄的和姓卫的分别中了状元。或许，这两个人的高中只是个小验，而作为已实现了的两个谶谣，在南宋时修撰的地方志书里留下记载无疑更要接受后世的大验，令人不解的是，这些都应验了。其实这不过都是无聊文人的比附而已，没有任何史料价值。

后世苏州那里连科掇魁，以至父子高中、祖孙三代高中甚至五子登科的盛事似乎又是为此做了注脚。然而，将之归于那两个"穹窿石移"和"潮过夷亭"的自然现象所致，也总觉勉强。然而，这记载又毕竟是南宋时确凿留下的，可以肯定的是，范成大修撰《吴郡志》时，是不会知道明清时期吴地在科考上是会有那么股子疯狂劲的。《吴门表隐》中记载着苏州的钱启在乾隆年间从县试、府试到学院和科试再接着到乡试、会试、殿试，六中皆元。一路考过去，都是考第一。一个叫吴廷桢的"少试有司，二十三次皆第一"。在这种科考中元的狂潮面前，状元宰相，吴门四家；五子登科，吴门两家；道光十二年，更是发生一岁竟同郡三元的盛事：状元、会元、解元都为吴人获得。②也只是偶然巧合，并非范大成有先见之明。

在福建福州永福县有一座瑞云峰，当地流传这样的谶语："天宝石移，瑞云来期。龙爪花红，状元西东。"宋乾道间，果然发生了"崖石横山西行，啮地成溪，既而此石松上复生龙爪花"的自然变化，"是年萧国

---

① 绍定《吴郡志》卷四十四《奇事》，择是居丛书景宋刻本，第5页。
② （清）顾震涛撰：《吴门表隐》，南京：江苏古籍出版社，1999年。

梁魁天下，郑侨、黄定继之。萧居冲峰，郑居龟岭，黄居龙屿。当时诗云：'冲峰龟岭与龙屿，三处山川壮矣哉。相去其间只百里，七年三度状元来。'"[1]这一传说丝毫不亚于苏州的那一则谶语。可见当时人们老想着要建立起科名，获得与自然变化之间的联系。

　　福建同安有一个叫"铜鱼池"的地方，人们把它与科举联系起来，编成这样一个传说：如果科举那年铜鱼池水深，那么同安当年肯定会出进士。康熙《同安县志》记载说："邑中科第，全视铜鱼显晦以卜盛衰。"[2]因为有这样一个传说，所以同安城名铜鱼城，门为铜鱼门，桥名铜鱼桥，馆为铜鱼馆。据说这个名字来源于同安南门桥头的三块大石头，这三块大石头，是古同安（包括现厦门、金门等地）文明的象征，这三块石头形状很像鱼，颜色呈古铜色，当池中水深时，"铜鱼"在池中若隐若现，仿佛互相追逐嬉戏，栩栩如生。南宋绍兴二十三年（1153），朱熹在同安任主簿时为三块石头取名"铜鱼"。传说有时也可成为激励士子应科举的力量。在福建德化，人们也传说着当地美山上有一龟形石，只要这年龟形石"自鸣"，当地就一定有人登第，宋庆元时有黄奎，嘉泰时有黄龟朋，雍正丁未又有邓启元中榜眼。[3]其实自然变化与科名之间并不存在必然的关系，只是当时地方部分人的执念而已。

　　有的人相信祈梦，如民间有这样的传说：有一富翁一直为儿子屡试不第感到抬不起头，他先是给儿子捐了一个监生，接着便找时机让儿子进考场交个好运，谋得一个实在的功名。有一年考期已近，该富翁想起让儿子去邻村庙里托梦，儿子贪玩，给错过了时间。回到家里，富翁问儿子托到什么好梦，儿子随便说到"梦见蓝屋坪，有人铲草皮"，迷信的富翁寻思，这大概是说儿子此次应考仍然不会取中，蓝字去掉草字头，显然还是一个监生而已，于是他觉得何必费这份心呢？将人事附会到梦境，则纯属荒唐。

　　《闽杂记》中还有多条类似的记载，如雍正癸卯恩科乡试中，泰宁

---

[1] （清）郑方坤编辑，陈节、刘大治点校：《全闽诗话》，福州：福建人民出版社，2006年，第185页。
[2] 民国《同安县志》卷之八，民国十八年铅印本，第207页。
[3] （清）施鸿保撰，来新夏校点：《闽杂记》卷六，福州：福建人民出版社，1985年，第99页。

县的廖学信刚走出考场，就对别人说："今科我必中解元"，当时人有的还耻笑他，榜发后确实如此。廖学信说他三场试所坐的号舍的墙壁上，有两行字，分别是"今科解元坐此？""其信然耶？"其中刚好有个"信"字，或许正是这种附会，使他在考场上得到了很好的发挥。又如莆田考生郭兰石安家嘉庆丁卯科乡试，他回忆起先时曾祈梦于九仙祠，梦仙书"提灯聊玩"四字，当时他没有明白什么意思，揭榜前夜就把这四字写在灯笼上，偶然的是每个字都被烧掉了一半，留下了"是丁解元"四字，榜发又确实如此。无论如何，能够编出如此奇巧的说法，着实可以窥见当时人们对功名得中的无限企求。

士人的命运，因科场成败而有鱼龙之别，故士人莫不巴望春闱得意。然中式与否，常系于偶然。

三、鬼神对考试的影响

犹如举子以请托、钻营、行卷求助于考官或显贵一样，这类故事所反映的，是举子求助于鬼神。上苍茫茫，鬼神杳杳，要求助不是很难吗？这较之于求助权贵不是很靠不住吗？但这只是事情的一面，另一面则是：权贵不是容易求的；至于上苍和鬼神则随时随地可求。所以，侥幸和迷信之风不过是奔竞之风以另一种形式表现出来罢了。

迷信和侥幸心理为方术之士提供了生存土壤。元和七年（812），李固言应举。他曾遇见一位胡卢先生，预言他将及第并显达。后遇一僧，也做了同样预言。李固言果然进士及第，后来仕至宰相。①长庆元年（821），李躔应举。有术士为他卜运，预言他将及第，并在显达以后改名。李躔果然及第，并仕至宰相，武宗即位后，因武宗名躔，为避讳，改名回。②以上二例，都说明方术灵验。这自然要吸引举子争相预卜前程。宋代此风愈烈。程颐说："古者卜筮，将以决疑也。今之卜筮则不然，计其命之穷通，校其身之达否而已矣。"③《东轩笔录》卷十一云：

---

① （清）徐松撰，赵守俨点校：《登科记考》卷十八，北京：中华书局，1984年，第651—652页。
② （清）徐松撰，赵守俨点校：《登科记考》卷十九，北京：中华书局，1984年，第691—692页。
③ （宋）朱熹编：《河南程氏遗书》卷二十五《畅潜道录》，上海：商务印书馆，1935年，第358页。

宋时，"士大夫无不作卦影"。这样一来，就出现了"卖卜者唯利举场时"的社会现象。①至于求神拜佛就更热闹了。《夷坚支志》丁卷八《陈尧咨梦》谓："每当科举岁，士人祈祷，赴之如织。"②自宋至清，为功名事算命及拜佛之风，一直盛行不衰。

此外，人们还迷信风水。明清时期，为选择葬地，数年甚至数十年不葬亲者颇多。史载：邵宝任江西提学副使时，因当地颇多数十年不葬父母者，特规定士人不葬亲的不能参加科举考试。③清康熙时，刑部尚书徐乾学指出：虽有法律禁止久丧不葬，可是"世人往往犯之"。④乾隆时，江西按察使欧阳永琦奏请定出葬期，如超过守灵期 27 个月不葬不得参加科举考试，可是这些措施并不能发生效力。《儒林外史》第四十四回叙述当时风气："人家因寻地艰难，每每耽误着先人不能就葬。"⑤譬如施御史兄弟，老大中进士，做御史，老二没有中，就说是"太夫人的地葬的不好，只发大房，不发二房。因养了一个风水先生在家里，终日商议迁坟"。第四十五回描写余殷自吹他选的葬地："我这地要出个状元。葬下去中了一甲第二也算不得！"余敷帮腔："就要发！并不等三年五年！"⑥清康熙五十四年（1715），大学士李光地请假回原籍葬母及妻。因为选择吉地及吉日，前后历时三年，才办完丧事。清同治元年（1862），浙江按察使段光清请假回乡葬亲，也是由于选择葬地及葬日，历两年才完事。诚如《儒林外史》第四十四回中正直士人迟衡山所感叹的："士君子惑于龙穴，沙水之说，自心里要想发达，不知已堕于大逆不道！"⑦这是说为了功名富贵，士人竟连孝道都不顾了。

明代上海浦东陆深的乡试高中中有牡丹神话：传说青年陆深书房门

---

① （宋）魏泰撰，李裕民点校：《东轩笔录》卷十一，北京：中华书局，1983 年，第 129 页；（宋）江少虞撰：《宋朝事实类苑》卷七十三《诈妄谬误·卜者》，上海：上海古籍出版社，1981 年，第 972 页。
② （宋）洪迈：《夷坚支志》丁卷八《陈尧咨梦》，清景宋钞本，第 185 页。
③ 《明史》卷二百八十二《邵宝传》，北京：中华书局，1974 年，第 7245 页。
④ 《皇朝经世文编》卷六十三《礼政十·亲丧不葬》，北京：中华书局，1992 年，第 1577 页。
⑤ （清）吴敬梓著，张慧剑校注：《儒林外史》，北京：人民文学出版社，1962 年，第 276 页。
⑥ （清）吴敬梓著，张慧剑校注：《儒林外史》，北京：人民文学出版社，1962 年，第 277 页。
⑦ （清）吴敬梓著，张慧剑校注：《儒林外史》，北京：人民文学出版社，1962 年，第 276 页。

外有一株牡丹，每年开花仅数朵而已，但到了弘治十四年（1501）辛酉的春天，这株牡丹竟然开花有百把朵之多，并且每朵花都异常鲜艳，该年秋天，陆深至南京参加乡试，终于高中为解元。①

潘恩家族有"种德食报"之说：潘恩之父潘奎，当他任松江府郡椽时，正遇着一位严厉御下的松江郡守，其时潘奎住处附近有一个残暴不仁的土豪，往往鞭挞奴仆体无完肤，甚至丧命，并经常地冤杀奴仆。潘奎冒着被太守责打的危险，大胆地向太守陈述了那个土豪的种种不法劣迹和奴仆们的枉屈，太守听了潘奎陈述后进行了调查，果然情况属实，乃捕土奴仆。"有德者必有后"，一年之后潘奎果然有了做到左都御史的佳儿潘恩。②

因为迷信命运，于是问神、占卜、祈梦、算命之风流行于当时的士林社会。从唐代开始，科举制兴起，看相行业得到巨大发展。《太平广记》记曰："唐东市铁行，有范生，卜举人连中成败，每卦一缗，秀才郑群玉短于呈试，家寄海滨，颇有生涯，献赋之来，下视同辈，意在必取，仆马鲜华。遂赍缗三千，并江南所出，诣范生。范喜于异礼，卦成，乃曰：'秀才万全矣。'群玉之气益高。比入试，又多赍珍品，烹之坐享。以至继烛，见诸会赋，多有写净者，乃步于庭曰：'吾今下笔，一字不得生，铁行范生，须一打二十！'突明，竟掣白而去。"③长安的东市是有名的市场，范生在市场的铁行设座卖卜，每次一缗，价格不菲，可见其市场不小。连柳宗元应试前亦曾在长安问过卜。柳宗元贞元五年（789）到长安，贞元九年春进士及第，考了四回，"依违迁就，四进而获"④。当一位姓蔡的秀才下第回家，柳宗元都用"定数"来安慰，可见科举考试存在着诸多偶然因素，占卜由此也就有了市场。这方面的例子还有很多："元和中，（孟）简将试，谓日者卜之，曰：'近东门坐，即得之矣。'既入，即坐西廊，迫晚，忽得疾，邻座请与终篇，见其姓，即东门也。乃擢上第。"⑤"张曙、崔昭纬中和初同举，相与诣日者问命。曙时自负

---

① 同治《上海县志》卷十五《选举表上》，清同治十一年（1872）刊本，第1043页。
② 同治《上海县志》卷十五《选举表上》，清同治十一年（1872）刊本，第1048页。
③ 《太平广记》卷二百六十一《郑群玉》，北京：中华书局，1961年，第2043—2044页。
④ 周绍良主编：《全唐文新编》卷五七八《柳宗元》，长春：吉林文史出版社，2000年，第6602页。
⑤ 《唐诗纪事》卷四十一《孟简》，北京：中华书局，1965年，第632页。

才名籍甚，以为将来状元；崔亦分居其下。日者殊不顾曙，第目崔曰：将来万全高第。曙有愠色。日者曰：郎君亦及第，然须待崔拜相，当此时过堂。既而曙果不终场，昭纬首冠……后七年，昭纬为相，曙方登第，果于昭纬下过堂。"①又譬如"李相国揆，以进士调集在京师，闻宣平坊王生善《易》筮，往问之……揆时持一缣晨往，生为之开卦曰：'君非文章之选乎？当得河南道一尉。'揆负才华，不宜为此，色怏忿而去，王生曰：'君无怏怏，自此数月，当为左拾遗，前事固不可涯也。'揆怒未解。生曰：'若果然，幸一枉驾。'揆以书判不中第，补汴州陈留尉，始以王生之言为征，后诣之"②。

北宋沈括说开封"京师卖卜者唯利举场，时举人占得失，取之各有术。有求目下之利者，凡有人问，皆曰必得。士人乐得所欲，竞往问之。有邀以后之利者，凡有人问，悉曰不得。下第者常过十分之七，皆以谓术精而言直，后举倍获，有因此著名，终身飨利者"③。开封卖卜者主要是做举场的生意，卜者揣摩举子的心理，拣其乐意听者而答之。

钱泳《履园丛话》卷一三《科第》说：清初华亭王广心家族的子孙昌盛，科甲蝉联，与其精通"青乌术"，善于选择风水宝地做祖坟有关。④由于迷信风水，故当时有迟葬、迁葬等陋习。诸联《明斋小识》卷四《迁茔》曰："娄县盛邦直，精堪舆土遁术，谓其上世封茔不吉，改窆于吾邑刘夏镇。葬后墓中有声如蝉。久而年歇，至甲午，子麟中式，戊申，侄莲又中式。"⑤

人们还编出各种口诀来提高应试的信心。如"'甲巳乙午报君知，丙戌申官丁巳鸡，庚猪辛鼠壬逢虎，癸人见兔入云梯。'……如去年甲戌生人，其八字中有巳（蛇），今年乙亥年生人，其八字中有午（马）。即是文昌星座，主聪明才智过人。昔年重视科举，凡命中有文昌星即必增加信心，前去赶考。如果某人今年阴历五月生子，自一定有文昌星座，如果其生日

---

① 《唐诗纪事》卷六十六《张曙》，北京：中华书局，1965年，第996页。
② 《太平广记》卷一百五《李揆》，北京：中华书局，1961年，第1082页
③ （宋）沈括撰：《梦溪笔谈》卷二十二《谬误》，北京：中华书局，1985年，第148页。
④ 潘光旦《明清时代嘉兴的望族》说浙江海宁陈家业存在这种情况。
⑤ （清）诸联撰：《明斋小识》卷四《迁茔》，清道光十四年（1834）刻本，第11页。

也有午字,这是双重文昌星,一定高中魁元大捷天下,有状元之命"①。

为了求得好的兆头,学童入学往往举行破学仪式。新入学的学童准备熟鸡蛋二枚,另备四支细竹管,其中一管用一条灯芯穿透,另外还需几支青葱和几条芹菜。举行破学仪式时,新生面向壁上的"五文昌夫子神位"双足成八字形站立,此时村学究把两枚熟鸡蛋由学童背后胯下掷过去,同时口中念道:"混沌乾坤两把开,聪明领悟一齐来。"然后学童向神位行三跪五叩头的大礼。再烧金纸放鞭炮,所以初入学的学童应备果合、蓼花、糖饼等礼品及香金烛炮,以作对"五文昌夫子神位"之敬礼,因新生有破学仪式,故须加备熟蛋二枚,旧生则免。而所带来的竹管、葱、芹等物,供奉香案桌上,因葱谐音"聪",芹谐音"勤",以励学子聪明勤奋,而灯芯穿透竹管,则寓"一以贯之",亦含"通透"之意,均为美好愿望之象征。

科举行业中还拥有自己专门的行业神——文昌帝君。许多士子平时或应试前往往都要祭拜文昌帝,也有的拜文庙,祭孔子,并表现出极度的虔诚。有些庙宇祭祀"五文昌",包括魁星爷、朱衣神君、纯阳子吕洞宾、文昌帝和文衡圣帝关公。它们共司礼文制度,成为保佑考试及第而有求必应的神。据说,"魁星"就是"魁斗星",是北斗七星的第一颗星星,即廿八宿中的奎星,也被称作魁星或魁首。读书人相信魁星爷和榜上题名有关,故常于七夕日祭祀它,平时也常向它祈福。虽然有些传说把魁星描绘成一个麻子,且外貌特别丑恶,但读书人却奉之为神,敬之不疑。清朝时,福建的读书人在七夕之日买来青蛙放生,以祭拜魁星,据说是因为古代"奎"与"蛙"相通,民间就以置蛙放生来祝贺其生日,并且戒食青蛙以示尊敬。

台湾祭拜魁星以犬或羊来祭拜,称为魁星会,这是因为取其角之谐音,以为高中的吉祥前兆。据说,魁星高中与科举放榜的方式有一定联系。科举考试成绩揭晓和填榜时,其方式乃是拆一名、唱一名和填一名,从第六名倒回揭晓,一直填到最后一名的"孙山"。然后再从头开始宣布前五名的高中者,这前五名就叫作"五魁",第一名的状元就叫"魁

---

① 王尔敏:《明清时代庶民文化生活》,长沙:岳麓书社,2002年,第96页。

首"。清陈尉在《台湾竹枝词》中有"家家杀狗祭魁星"的句子。

在浙江海宁，上梁时有吟诗的习俗，有的诗也有祈求科举中式的内容，如"脚踏云梯步步高，新造高厅接云霄；上梯一步高一步，下梯步步后来高。小姐要上绣花楼，官官要上读书厅；读得书来识得字，三鼎甲里中头名"①。科举中式已经嵌入人们日常生活的方方面面。

万历壬子年，山东举行乡试，济南盛传童谣道："三人两子，太阳离岛"，指徐海曙、子日升。清人褚人获《坚瓠集》中记载，武进人翟海槎，字永龄，欲赴南京赶考，由于缺乏盘缠，便买枣数十斗，每次经过街市，便呼群童至，分给每个人一捧枣子，让他们沿街喊道："不要轻，不要轻，今年解元翟永龄。"②结果童谣满街，闻者信以为真，急往翟氏所居客房拜访，并纷纷买其枣，翟氏以此大获其利，同时也为自己做了宣传，可见士子举人利用谣谶自我标榜，是古代社会的一种风气。

清代考场命运决定论盛行。通常情况下，参加县级童子试的人数逾千人，参加省里乡试的人数为几千乃至上万人。文风昌盛的江南自不必说，即湖北黄冈县也是"童子试且数千"③。判卷官员人数少，卷子多，即使排除官场腐败因素，也难以做到真正公平客观，这成为"功名命定"说盛行的基础。曾有一位江苏学政以阅卷"快短明"著称。清人薛福成这样描述道："今之督学使者，按临各郡考试生童，每次须分十余场，往往因公事繁冗，期限迫促，不能从容评阅，悉心搜校……江苏为人文渊薮，闻昔学院有以'快'、'短'、'明'三字衡文者，大抵交卷愈快愈妙，篇幅愈短愈妙，而意义则取其明白轩爽。题纸一下，不可构思，振笔疾书，奔往交卷。取额一满，则不待终场而出案。"据说有一次，考试文题为《山梁雌雉》，有一个考生卷中仅十六字，曰"春秋绝笔，西狩获麟，乡党终篇，山梁雌雉"④。这份考卷，竟被取为第一名。更有戏

---

① 徐志舜主编：《汉族民间风俗》，北京：中央民族大学出版社，1998年，第185页。
② （清）褚人获：《坚瓠集》十集卷四，清康熙刻本，第555页。
③ （清）戴昌言修，（清）刘恭冕纂：光绪《黄冈县志》卷二《风俗》，《中国地方志集成》第17册，南京：江苏古籍出版社，2001年，第80页。
④ （清）薛福成：《庸庵笔记·学使以快短明衡文》，载陆林主编，汤华泉选注：《清代笔记小说类编·世相卷》，合肥：黄山书社，1994年，第469页。

剧性的是福建闽县人陈若霖，他早年一再为童子试所困，直到 28 岁还未考中生员，乃决意辍举业为商，结伴同往苏州贩布。陈若霖已经登上驶往苏州的商船，然而船为风所阻，连续多日未能起航。当他在船上等待风向转变时，"忽见岸上急足到，为公递家信云：昨学辕牌示，即于日内赶办科考，嘱公速回应试。公笑曰：此所谓蛇足也。漠不为意。其同伴皆促之回，亦不动，乃数人掖之上岸，将行李抛置路傍（旁）。时风已转，径扬帆去。公不得已，怏怏入城，旬日间遂入泮。是为乾隆丙午科，九月举于乡，次年三月成进士，入翰林"①。福建侯官郭氏家族笃信"宅运"之说。郭氏族人到北京应试，有一次住在"南半截胡同"旧宅。鹿泉公（郭溶）居之，同乡许柳丞水部亦居之，皆屡踬场屋。潘耀如丈不与文衡，亦归咎于宅运。光绪丙戌，诸叔计偕入都，文安公（郭曾炘）拟于邻近赁禅宇为安砚地。诸叔不信其说，仍下榻寓斋，是科俱落第。次科己丑，已移居宣武门大街，而南云叔（郭曾程）闱获隽。又次科壬辰，少莱叔（郭曾准）亦成进士入翰林。虽适然相值，而宅运之说，固未可尽废。②

是什么因素决定是否能取中，历代科场中人、科场外人在长期的历练和观察中似已形成了一些比较固定的看法，形成俗谚并流传下来，确可资我们分析，如"窗下休言命，场中莫论文"③。这是告诫应试者应正确对待平时的学习和考试。在平时学习时应立足于认真读书，认真准备，进入考场后，就不必恃才自傲，而应该放松心情，依平常的积累发挥，至于能否取中，可能就牵涉到考官判卷观点的差异性，佳卷也不一定都能被录取，所以要有正确的态度。确实考场的一举也不完全反映平时学习的成果，有时偶然因素也至关重要。又有谚语说："场中莫论文，一命二运三风水，四积阴功五读书。"④唐彪说："夫功名之得失，命实

---

① 北京图书馆编：《北京图书馆藏家谱丛刊·闽粤（侨乡）卷》第 11 册《螺江陈氏家谱·文诚公轶事三则》，北京：北京图书馆出版社，2000 年，第 573 页。
② 北京图书馆编：《北京图书馆藏家谱丛刊·闽粤（侨乡）卷》第 24 册《旧德述闻》卷五，北京：北京图书馆出版社，2000 年，第 514—615 页。
③ （清）文康：《儿女英雄传》，济南：齐鲁书社，1990 年，第 780 页。
④ 钟毓龙：《科场回忆录》，杭州：浙江古籍出版社，1987 年，第 73 页。

主之，不系文章也。"①唐时也说："霍渭崖为主考出，人问场中好尚何如，渭崖曰：尚命。命好而文好，应有收好文者，命好而文歪，应有收歪文者，命歪者反是，人皆服其公确，余谓此言犹未尽此中之利病，就使十六七双眼睛，皆收好文，其取舍当不一也，就使渭崖先生所取阅之卷而重阅之，其取舍又当不一也，其孰从而揣之，功名一道，天人我鼎足用事，其孰从而揣之。"②

许仲元说，科场遇合，变幻百端，偶然性很大，如有鬼神。唐宋以来，记载很多，鬼神弄人，若可解，若不可解，他自己九试棘闱，终于白蜡，而其弟丁未游庠，乙酉即领乡荐，其卷二三篇有漏下语，诗复失粘，"予谒副座师贺虚斋先生及本房谭武进大经，均言闱中但觉其文从字顺而已。稷堂夫子言甲午分房，八日抄荐卷已足，一夕欹枕间，辗转如芒刺在背，乃起独酌。忽得刘泰卷，颇赏其老洁，然因太质，仍置之，乍解衣，闻箱中纸声谡谡，仆从皆闻，谓开箱时，有鼠窜入也，乃取刘卷再阅，字字惬心，明晨遂荐之。榜发后，复阅之，平平耳"③。

赵吉士《寄园寄所寄》记载："壬辰，予与胡道南、沈禹玉会试……予语道南云，参乎全章题，曾揣摩否……时已二月初六将近□矣，道南晚作此题，止三百余字……同人取阅，而禹玉注目多时，予谑之曰：'君欲抄其文耶？何阅之久也。'予与道南、禹玉卷，俱在王公舜年房内，道南中式……禹玉已得复失，阅其落卷，即次题参乎全抄道南新作，因雷同而黜，道南初谒房师，即云场中两卷俱好，惜二题重复，邻房李公□云：'……何不两弃？'王公云：'必中其一，心乃安。'李为拈阄，乃得胡而弃沈。"录取结果靠拈阄，却也侥幸判中，即始作者取，抄袭者黜。④

既然有种种偶然，考生在考前就不能不苦读，考后就不能不听命，即

---

① （清）唐彪辑撰：《读书作文谱》，长沙：岳麓书社，1989年，第14页。
② （明）周亮工编纂：《尺牍新钞》卷七《与袁州平》，上海：上海书店出版社，1988年，第183—184页。
③ （清）许仲元：《三异笔谈》，《笔记小说大观》第二十册，扬州：江苏广陵古籍刻印社，1984年，第467页。
④ （清）赵吉士：《寄园寄所寄》卷六《焚麈寄·科名》，《四库全书存目丛书》，子部，第155册，济南：齐鲁书社，1997年，第237页。

所谓"谋事在人,成事在天"。科场险恶,确实玄机随处可见,有的人注意积德,注意阴功。晚清《科名显报》一书中记因善报得中的德行包括孝亲、友爱兄弟、悯讼冤、善处夫妇、保全人骨肉、全人妇媳、善成人婚姻、全人节、存人孤、救人于灾难、救人于溺、还人金、捐赈施粥、施棺助葬、周急济困、修塘筑堤修路、养弃婴、惜字、放生、全活物命、尊师重道等。因恶报而黜落的恶行包括不能孝亲、从父子兄弟上料理、仅守文字、不善处夫妇、宿娼、私起淫心、坏人名节、图人之财、坏人节义、诬人名节、代写离书、好谈人闺闻、忍心溺女、背师忘恩、不能谦谨、为恶人讼、忌妒害人、诱赌好赌、受贿、不尊善书等。此种如有鬼神在的普遍信念,对于维系世道人心有着积极的意义。《科场显报》分别记录了一个善报例和一个恶报例,对人们的行为取向颇具引导意义。有一例叫"场外举人":"句容某生,乡试已买卷校名,寄寓地藏庵,闻有姑因子出外十多年,不得不让媳另嫁而悲泣,即诡为其子作家书,并寄银十两,而该生以无金,不得不束装归。而此年又正好某抚军作监临,布政作监试,戏谓弃时文已久,不知尚能与诸生角艺否,于是以点名不到卷发誓,以试两主考法眼何如,至揭晓日,中第二名举人则句容某生也。后正好上述姑之子归而求禀缉恩人,抚军明真相,曰:'如此阳德,获中宜也',遂让其中举。"另有一例是:余姚邵某贪贿而假言一妇不贞而致其死,丁未场会试二场梦中得论表题,即做一好表藏笔管内却被查出,时监试之一为贵阳李时华,系举人出身,邵辨曰举人即不中进士也有官做,岂肯怀挟?李闻大怒,责三十板,另一进士出身监试叶永盛欲免题奏,李曰"先生是进士官不怕事,我是举人官,胆小不敢不题奏"。具疏上闻,邵被褫革遣戍,抑郁而死。①

在中国古代那些浸润于孔孟之道中的士人当中,道德人生是高擎于手中的旗帜:人一生一世,不仅要考虑外在状态,更要考虑立身行己的根基。"书中自有千钟粟,书中自有黄金屋,书中自有颜如玉""好男不吃分家饭,好女不穿嫁时裳"等都与科举制度有密切的关系。

---

① (清)淡友居士编:《科场显报》,收乾隆刻本《叟尘谈》中"场外举人"故事,抄本。

第三节　明清小说所见科举与社会生活的关联

一、中举受到全社会的推重

在全社会的各个阶层中，要想实现社会地位的提升和家族、地方威望的提高都纷纷寄望于科举，于是形成了"万般皆下品，惟有读书高"的社会风气，应科举常常成为个人、家庭、家族、乡里乃至郡县共同的事业，士子多怀着义不容辞的悲壮情怀登上科举之天梯。科举对社会成员具有巨大动员作用：范进生活那么贫困，尽管"已是十二月上旬，那童生还穿着麻布直裰，冻得乞乞缩缩"[1]，且已五十四岁，共考过二十余次，却仍孜孜于科举事业。因为举业是士人人生价值是否实现的主要标志。中与不中立刻使人的身份和地位区分开来，因而它足以令抱有积极的人生态度者进入应科举的行列。

范进中举足以令乡人敬歆。"当下众邻居有拿鸡蛋来的，有拿白酒来的，也有背了斗米来的，也有提两只鸡来的。"[2]路边的郎中也给予他诸多方便，胡屠户打过范进一巴掌后，受心理因素的影响，越发觉得手疼，路边的郎中给了他一块膏药，范进醒了之后，路边的郎中提供了让他歇歇的板凳，还打了水让他洗了脸。这一些全与他中了举人有关。胡屠户的表现更是前后判若两人，此前总是骂范进是现世宝，想中举是癞蛤蟆想吃天鹅肉，等其中了举后，却说女婿是天上星宿下凡，长相也好了，张乡绅更是送来了整栋的新房，还加上一应俱全的摆设和丫鬟。接着来奉承的人络绎不绝："有送田产的，有人送店房的，还有那些破落户，两口子来投身为仆图荫庇的。到两三个月，范进家奴仆、丫鬟都有了，钱、米是不消说了。"[3]世俗对是否中举表现了巨大的落差，这确实不能不让士子为之癫狂。连范进的母亲也"忽然痰涌上来，不省人事"[4]。

---

[1]（清）吴敬梓：《儒林外史》，北京：人民文学出版社，1977年，第36页。
[2]（清）吴敬梓：《儒林外史》，北京：人民文学出版社，1977年，第41页。
[3]（清）吴敬梓：《儒林外史》，北京：人民文学出版社，1977年，第46页。
[4]（清）吴敬梓：《儒林外史》，北京：人民文学出版社，1977年，第47页。

周进通过妹夫以录遗形式捐纳录了个贡监首卷,参加乡试中了举人,"汶上县的人,不是亲的也来认亲,不相与的也来认相与"。再经过会试又中了进士,且殿在三甲,接着"授了部属,荏苒三年,升了御史,钦点广东学政"。①

由于科举太被全社会推重,也确实有不少人通过舞弊手段企图中举。应科举的历程中,科举对德艺的要求往往被架空,于是士子有些变得无行,官僚、乡绅有些变得十恶。科举舞弊现象严重,如"枪替"、冒籍时常出现,匡超人当"枪手"等,这些都极大地损害了科举的严肃性和公正性。明朝人说:"我朝二百余年,公道赖有科场一事,自权相作俑,公道悉坏。势之所极(及)不能亟反,士子以侥幸为能,主司以文场为市,利在则从利,势在则从势。录其子以及人之子,因其亲以及人之亲,遂至上下相同,名义扫地。虽明宪在前,国法在上,而犯者接踵相继,致使富室有力者,曳白可以衣紫;寒畯无援者,倚马不得登龙。此忠臣义士所以扼腕而不平也。"②这里是说张居正身为宰相却以权谋私,损害了科举的公正性。

《焦氏笔乘》卷四也说:"近张居正弄权,小人羽翼,诸子连中鼎甲,官翰林。其党王篆、朱梃之子,皆窃科名,方乳臭子,应试京省,尚书巡抚以下,日夕候门,其入棘院监试,御史为之传递文字、被褥几榻,无异私家,饮食络绎,应接不暇。嘻,其甚矣!世间公道多坏,唯此一事,稍存饩羊,乃为无耻小人,废坏殆尽,其及于祸,宜也。昔宋人以贵胄不可先寒畯,退沈文通,进冯京为第一,所以示天下至公也。噫,此事难望于今之人矣。居正之覆辙,不可鉴乎?"③

由于科举制度是一项较公开的制度,有些舞弊行为还是不能逃脱世俗的指责的,民间社会还有各种积德行善方能有所成就的观念。

科举是选拔官员的制度,其对考官和考生都有严格的道德素养要求,科举考试尽管采取八股文的僵化方式,但答卷和评卷仍然可以带有极大的主观性,这其中包含对考官和考生德与艺的双重判断。如周进可

---

① (清)吴敬梓:《儒林外史》,北京:人民文学出版社,1977年,第34页。
② (明)徐复祚编次:《花当阁丛谈》卷五《沈同和》,北京:中华书局,1991年,第130页。
③ (明)焦竑辑:《焦氏笔乘》卷四《刘文介公》,北京:中华书局,1985年,第100—101页。

以在范进的卷子上"忙取笔细细圈点,卷面上加了三圈,即填了第一名;又把魏好古的卷子取过来,填了第二十名。将各卷汇齐,带了进去。发出案来,范进是第一"①,即包含了对范进长期致意于科举和朴实德行的肯定。

杜少卿、虞博士、马纯上等都致力于弘扬传统文化美德,修泰伯祠,但泰伯祠很快被废弃。他们注重文行出处,礼乐兵农。有的人明知世风不好,却并不丧失信心,仍孜孜于用古礼古乐来教育社会,协助推行"政教"。迟衡山、庄绍光十分注重君臣分际,虞博士亦待人厚道、诚挚。虞博士坚信"不要禁止人怎样,只是被了他的德化,那非礼之事,人自然不能行出来"②,所谓"以礼乐化俗""以德化人"是他们追求的至上境界。

二、应科举成为家庭最主要的任务

应科举成为许多家庭最主要任务。《儿女英雄传》讲了安学海与儿子安骥在科场上奋斗的经历:安学海自二十岁中举,如今将及五十岁,他把希望寄托在儿子安骥身上。但当家人、儿子一番劝说之后,他又动了上场的念头。作者指出:"这科甲功名的一途,与异路功名却是大不相同……从古到今,也不知牢笼了多少英雄,埋没了多少才学。所以这些人宁可考到老,不得这个'中'字,此心不死。"③安学海晚年得中第三名进士,后来被外任为淮安县知县,由于一身正直,被人构害。儿子安骥发奋学习,最后考中探花。这为安家的延续发展奠定了基础。

《儿女英雄传》描写道:"却说安老爷自从那年中了进士,用了个榜下知县,这期间过了三个年头,经了无限沧桑,费了无限周折,直到今日,才把那些离离奇奇的事拨弄清楚,得个心静身闲,理会到自己身上的正务。理会到此,第一件关心的,便是公子的功名。"④安老爷又与太太提起:"玉格的功名是我心里第一桩事,第二桩便是我家的家计。我家虽不宽余,也

---

① (清)吴敬梓:《儒林外史》,北京:人民文学出版社,1977年,第37页。
② (清)吴敬梓著,张慧剑校注:《儒林外史》第四十七回,北京:人民文学出版社,2018年,第376页。
③ (清)文康:《儿女英雄传》,上海:上海古籍出版社,1991年,第10页。
④ (清)文康:《儿女英雄传》,上海:上海古籍出版社,1991年,第425页。

还可以勉强温饱；都因我无端的官兴发作，几乎弄得家破人亡。还仗天祖之灵，才幸而作了个失马塞翁，如今要再去学那下车冯妇，也就似乎大可不必了。"①考虑到家计，安老爷不免要把希望寄托到儿子的功名上，因而说到底，儿子的功名仍是第一位的。在没有获得功名之前，家里必须靠合理的安排来维持，但都必须以儿子的功名为服务中心。在明清时期，我们看到大量的史料叙述了科举投资的高风险，但事实上科举事业却是大多数人心目中的至上事业，它意味着人生价值的最高实现，意味着既能光宗耀祖又能福泽后世。安学海得知自己的儿子取得功名后，发了一通感慨："玉格这个孩子，一定说望他到台阁封疆的地儿，也不敢作此妄想。只我自己读书一场，不曾给国家出得一分力，不曾给祖宗增得一分光，今日之下退守山林，却深望这个儿子完我未竟之志，却又愁他没那福命克继书香。不想今日侥天之幸，也竟中了。且无论他此后的功名富贵何如，只占了这个桂苑先声，已经不负我十年课子的这番苦心，出了我半载作官的那场恶气。"②《儿女英雄传》同样揭示了家人围绕科举事业做着大量的工作，这可以把子弟的主要精力引导到读书、学习上，树立报效国家和人民的信念，如安骥的父亲、母亲、妻妾和仆人都围绕在安骥周围，为其学习、应试提供着各种力所能及的服务。

科举是提高家庭社会地位的最有效途径，因而颇能激发学生学习的积极性，也能让塾师与弟子间相互促进。如《绿野仙踪》第一回说冷松为儿子冷于冰请了一个很有学问的塾师叫王献述，王献述让冷于冰在半年内就大有长进，后来王献述考上了第三名经魁。

《醒世姻缘传》第二十三回写道："这李大郎请到家教这两个孩子，恐怕先生不肯用心教得，要把修仪十分加厚，好买转先生尽心教道，每年除了四十两束脩，那四季节礼，冬夏的衣裳，真是致敬尽礼的相待。""那个舒秀才（舒忠）感李大郎的相待，恨不得把那吃奶的气力都使将出来。"后来舒秀才贡了出学，选了训导，升了通判。③

---

① （清）文康：《儿女英雄传》，上海：上海古籍出版社，1991年，第421页。
② （清）文康：《儿女英雄传》，上海：上海古籍出版社，1991年，第474页。
③ （清）西周生著，筱月校点：《醒世姻缘传》第二十三回，北京：华夏出版社，1995年，第204页。

在科举面前，不同家庭所走的路也是存在差异的。《儿女英雄传》提到了安家与《红楼梦》中的贾家就大不一样：

> 就拿这《儿女英雄传》里的安龙媒（即安骥）讲，比起那《红楼梦》里的贾宝玉，虽说一样的两个翩翩公子，论阀阅勋华，安龙媒是个七品琴堂的弱息，贾宝玉是个累代国公的文孙，天之所赋，自然该于贾宝玉独厚才是。何以贾宝玉那番乡试那等难堪，后来直弄到死别生离？安龙媒这番乡试这等有兴，从此就弄得功成名就？天心称物平施，岂此中有他谬巧乎？
>
> 不过安公子的父亲合贾公子的父亲看去虽同是一样的道学，一边是实实在在有些穷理尽性的功夫，不肯丢开正经；一边是丢开正经，只知合那班善于骗人的单聘仁，乘势而行的程日兴，每日里在那梦坡斋作些春梦婆的春梦，自己先弄成个"文而不文正而不正"的贾政，还叫他把甚的去教训儿子？
>
> 安公子的母亲合贾公子的母亲看去虽同是一样的慈祥，一边是认定孩提之童一片天良，不肯去作罔人；一边是一味的向家庭植党营私，去作那罔人勾当，只知把娘家的甥女儿拢来作媳妇，绝不计夫家甥女儿的性命难堪；只知把娘家的侄女儿拢来当家，绝不问夫兄家的父子姑媳因之离间，自己先弄成个"罔之生也幸而免"的王夫人，又叫他把甚的去抚养儿子？
>
> 讲到安公子的眷属何玉凤、张金凤，看去虽合贾公子那个帏中人薛宝钗、意中人林黛玉同一艳丽聪明，却又这边是刻刻知道爱惜他那点精金美玉，同心合意媚兹一人；那边是一个把定自己的金玉姻缘，还暗里弄些阴险，一个是妒着人家的金玉姻缘，一味肆其尖酸，以至到头来弄得潇湘妃子连一座血泪成斑的潇湘馆立脚不牢，惨美人魂归地下，毕竟"玉带林中挂"，蘅芜君连一所荒芜不治的蘅芜院安身不稳，替和尚独守空闺，如同"金钗雪里埋"，还叫他从那里"之子于归，宜其室家"？
>
> 便是安家这个长姐儿比起贾府上那个花袭人来，也一样的从幼服侍公子，一样的比公子大得两岁，却不曾听得他照那袭而取之的花袭

人一般，同安龙媒初试过甚么云雨情；然则他见安公子往外一走，偶然学那双文长亭哭宴的"减了玉肌，松了金钏"，虽说不免一时好乐，有些不得其正，也还算"发乎情，止乎礼"，怎的算不得个天理人情？

何况安公子比起那贾公子来，本就独得性情之正，再结了这等一家天亲人眷，到头来，安得不作成个儿女英雄？只是世人略常而务怪，厌故而喜新，未免觉得与其看燕北闲人这部腐烂喷饭的《儿女英雄传》小说，何如看曹雪芹那部香艳谈情的《红楼梦》大文？那可就为曹雪芹所欺了！曹雪芹作那部书，不知合假托的那贾府有甚的牢不可解的怨毒，所以才把他家不曾留得一个完人，道着一句好话。燕北闲人作这部书，心里是空洞无物，却教他从那里讲出那些忍心害理的话来？①

显然，一种积惯成习的生活可能成为影响家庭发展的重要原因，安家是循着积极健康的路子走来的成功家庭，这里既成就了英雄，儿女之情亦得到充分的实现。而贾家表面上追求儿女之情的实现，却舍弃了维持家庭延续发展的科举正业，结果只能走向死境，家庭的再起需要靠"兰桂齐芳"才能实现。难怪科举被许多家庭看作第一位的任务。

《儿女英雄传》说："功名一道，岂惟科甲，便是一命之荣，苟非福德兼全，也就难望立得事业起！不然只看世上那班分明造极登峰的，也会变生不测；任是争强好胜的，偏逢用违所长。甚至眼前才有个转机，会被他有力者夺了去，头上非没个名器，会教你自问作不成。凡事固是天公的游戏弄人，也未必不是自己的暗中自误！然则只吾夫子这薄薄儿的两本《论语》中，'为山九仞'一章，便是无限的救世婆心，教人苦口。其如人废而不读，读而不解，解而不悟，悟而不信何？"②应科举首先要习学儒家经典，儒家经典本身就宣传着许多修身、立德奋发有为的思想，许多读书人经过阅读儒家经典，培养起一种强烈的社会责任感和报效国家的炽热情怀，强调立德、立功，当然也时常有悖逆儒家思想的，他们对儒家经典缺乏信念，只把儒学当作通向仕途的敲门砖。真正追求儒家信念的人们追求"朝闻道，夕死可矣"。力求"富贵不能淫，威武不能屈，贫贱不能移。""为天

---

① （清）文康：《儿女英雄传》，上海：上海古籍出版社，1991年，第448—449页。
② （清）文康：《儿女英雄传》，上海：上海古籍出版社，1991年，第468页。

地立心，为生民立命，为往圣继绝学，为万世开太平。"只有坚持这种信念的人才被认为是福德兼全的人，否则即使侥幸进入仕途，前景也不会光明。当然现实社会的运行经常出现相逆的情况，于是儒家学者不断秉持批判的精神，力求消除社会不健康的一面，把社会引向和谐、美好。小说告诉我们，安学海年近五十才到黄淮一带任知县，因不谙官场恶劣风气，遭遇诬陷和排斥。

科举制度采用集中考试的形式，固然能相对公正和公平，却也容易因社会期望值太高，让考生无形中产生巨大的心理压力，在考场上发挥失常。人们会编造出德行良好者往往能得到超常的发挥，考出较平时好得多的成绩的神话，如安骥应考后，主考官开始曾把他排在第八位，却因为其岳公神灵的求情而前进到第三名探花。这些由考生编造的神话无疑也能激发后来者注意修炼自己的德行，成为既有学识，又有德行的人。真正成为社会的楷模。

三、明清小说有关科举考试的若干细节

《儿女英雄传》还向我们披露了科举考试的若干细节，如入考场有搜检，有时非常严格，但各考场执行起来却大不一样。安公子参加乡试时：

> 才进得外砖门，早见梅公子站在个高地方，手里拿着两枝照入签，得意洋洋的高声叫道："龙媒，这里来！"公子来到跟前，只听他道："你来的正好，咱们不用候点名了。我方才见点名的那个都老爷是个熟人，我先合他要了两枝签，你我先进去罢，省得回来人多了挤不动，又免得内砖门多一次搜检。"公子是谨记安老爷几句庭训，又因这番是自己进步之初，从进门起，就打了个循规蹈矩一步不乱的主意，便回覆他说："我的名字在头牌后半路呢，此时进去也领不着卷子，莫如还等着点进去罢。"说话间，早听见点名台上唱起名来，梅公子道："我可不等你了。"说着，把那枝签丢给了公子，先自去了。
>
> 公子依然候着点了名，随着众人鱼贯而走，来到内砖门头道搜检的所在。原来这处搜检不过虚应故事，那监视搜检的只有几位散秩大臣副都统，还有几位大门行走的侍卫公。这班侍卫公却不是钦派的，

每到乡会试，不过侍卫处照例派出几个人来在此当差，却一般的也在那里坐着。公子候着前面搜检的这个当儿，见那班侍卫公彼此正谈得热闹……

看了看前面的人，一个个搜过去。轮到自己，恰好走到个干瘪黄瘦的老头儿面前。公子一看，只见他一张迂缓面孔，一副孱弱形躯，身上穿两件边幅不整的衣服，头上带一个黯淡无光的亮蓝顶儿，那枝俏摆春风的孔雀翎已经虫蛀的剩了光杆儿了，一个人垂首低眉的坐在那里，也没人理他……

一路想着，看进了那座内砖门。不曾到贡院门跟前，便见门罩子底下那班伺候搜检的提督衙门番役，顺天府五城青衣，都揎拳掳袖的在那里搜检。被搜检的那些士子也有解开衣裳敞胸露怀的，也有被那班下役伸手到满身上混掏的；及至搜完的，又不容人收拾妥当，他就提着那条卖估衣般的嗓子，高喊一声"搜过"，便催快走。那班士子一个个掩着衣襟，挽着搭包，背上行李，挎上考篮，那只手还得攥上那根照入签，再加上烟荷包、烟袋，这才迈着那大高的门槛儿进去，看着实在受累之至。公子有些心怯。①

有时搜检官会故意为难并没有舞弊嫌疑的人，有时则会对有舞弊嫌疑的人睁一眼闭一眼，可见宽严并不一律。接着是领卷子，交签归号。安公子是成字六号。在号门口，安公子竟不知进出号舍是钻出钻入的，后来低头毛腰进了号舍，"看了看，南是墙面，北作栖身，那个院落南北相去外也不过三尺，东西下里排列得蜂房一般，倒有百十间号舍。那号舍，立起来直不得腰，卧下去伸不开腿。吃喝拉撒睡，纸笔墨砚镫，都在这块地方。假如不是这块地方出产举人、进士这两桩宝货，大约天下读书人那个也不肯无端的万水千山跑来尝恁般滋味！"②

好在是一个老号军帮助他整理了诸样杂什，安公子发现：归号诗"也有抢号板的，也有乱坐次的，还有诸事不作找人去的、人找来的，甚至有聚在一处乱吃的、酗饮的，便是那极安静的，也脱不了旗人的习气，喊两

---

① （清）文康：《儿女英雄传》，上海：上海古籍出版社，1991年，第449—451页。
② （清）文康：《儿女英雄传》，上海：上海古籍出版社，1991年，第453页。

句高腔，不就对面墙上贴几个灯虎儿等人来打。公子看了这般人，心中纳闷，只说：'我倒不解，他们是干功名来了，是顽儿来了？'他只一个人静坐在那小窝儿里凝神养气"①。号军提供给他热饭的服务，因事情安排得有条有理，他也显得胸有成竹，但一方面是墙外梆锣嘈杂，另一方面是人语喧哗，令他难以入睡。他后来还了解到，有些考生入场极具随意性，有的甚至在考卷上画人头，有的还随意改造号板，形成与外面隔绝的状态。

考试出场之后，家人接回是不用说的，接着有的人就想到扶乩。许多考生认为，"单靠文章未必中用，是要仗福命德行来扶持文章的。何况三项都有了，还要分个运会机缘的迟早"②。

如考试归号，靠近厕所的是臭号，三天下来考生难以忍受。安骥甚至因此憋着不愿去厕所。③

考试之后有十五天左右的候榜时间。"这半月之中，凡是下场的，最好过，也最不好过。好过的是，磨盾三年，算完了一桩大事，且得消闲几日。不好过的是，出得场来，看着谁脸上都像个中的，只疑心自己不像；回来再把自己的诗文摹拟摹拟，却也不作孙山外想，及至看了人家的，便觉得自己某处不及他出色，某句不及他警人。方寸中是顷刻楼台，顷刻灰烬，转消闲得不耐烦。"④

对于考官而言，判卷有时也受到神的支使，似乎是安公子的先辈在劝说应该给安公子判好的成绩，考官开始抵制，却反复失败。《儿女英雄传》说安骥的先辈看到安骥的名字已经大书在天榜上了。考官自称素来破除情面，不受请托，坚决抵制。⑤但是其后又来了一位神道，也是为安骥说情的，考官表示即使是神道来说情，仍将抵制，后来发现神道却是老者的仆从，心里有些折服，才勉强把安骥的卷子列为"备卷"。人们把房官荐卷比作"结胎"，主考取中比作"弄璋"，中了副榜比作"弄瓦"，到了留作备卷

---

① （清）文康：《儿女英雄传》，上海：上海古籍出版社，1991年，第454页。
② （清）文康：《儿女英雄传》，上海：上海古籍出版社，1991年，第459页。
③ （清）文康：《儿女英雄传》，上海：上海古籍出版社，1991年，第464页。
④ （清）文康：《儿女英雄传》，上海：上海古籍出版社，1991年，第462页。
⑤ （清）文康：《儿女英雄传》，上海：上海古籍出版社，1991年，第463页。

到头来依然不中,便比作个"半产"。①

又如宣布取中人名单,"先把五魁的魁卷放在当中,又把第六名以下的中卷一束束挨次摆得齐整,然后才把那束备中的卷子另放一处。向例填榜是先从第六名填起,全榜填完了,然后倒填前五名"②。结果因为第一名卷子评卷有误,经商量,为了不改动其他人的排序,就决定从备卷中卜得一个补上。原先的那个第一名名字叫马代功,真的变成了替人立功。作者感慨道:"功名一道,岂惟科甲,便是一命之荣,苟非福德兼全,也就难望立得事业起!不然,只看世上那班分明造极登峰的,也会变生不测;任是争强好胜的,偏逢用违所长。甚至眼前才有个转机,会被他有力者夺了去,头上非没个名器,会教你自问作不成。凡事固是天公的游戏弄人,也未必不是自己的暗中自误!"③安骥因此取中了第六名举人。这里强调能否得中,需要学业和德行的双重支持。

四、许多社会风俗与科举密切相关

考得功名后,有跑报习俗,有考生的家庭也在功名公布前翘首等待。得知有亲属或亲戚获得功名,大家都前往祝贺,参加庆祝宴会,表明习俗对获得科考功名的极端重视。安骥得中的消息传来,安家为之兴奋,安骥本人知道后"怔了半天,一个人儿站在屋里旮旯儿里,脸是漆青,手是冰凉,心是乱跳,两泪直流的在那里哭呢!"安骥要上梓潼庙祭祀,他的岳母张氏则跑到魁星阁感谢魁星神。她拜佛时来过,却不敢接近。因为"他见那魁星塑得赤发蓝面,锯齿獠牙,努着一身的筋疙瘩,跷着条腿,两只圆眼睛直瞪着他,他有些害怕,轻易不敢上去。落后来听得人讲究魁星是管念书赶考的人中不中的,他为女婿,初一十五必来,望着楼磕个头,却依然不敢进那个楼门儿。今日在舅太太屋里听得姑爷果然中了,便如飞从西过道儿里一直奔到这里来,破死忘生的乍着胆子上去,要当面叩谢魁星的保佑。便把烟袋荷包扔下,一个人儿爬上楼去了。……张太太正闭着两只眼睛冲着魁星把脑袋在那楼板上碰的山响,嘴里可念得是'阿弥陀佛'合

---

① (清)文康:《儿女英雄传》,上海:上海古籍出版社,1991年,第466页。
② (清)文康:《儿女英雄传》,上海:上海古籍出版社,1991年,第466页。
③ (清)文康:《儿女英雄传》,上海:上海古籍出版社,1991年,第468页。

'救苦救难观世音菩萨'"①。乡试得中之后,照例是拜见座师,在天地佛祠、父母前磕头,拜见舅母、岳父母,又去何家岳父母祠堂、先生馆里行了礼,安骥认识到"一念不违天理人情,天地鬼神会暗中阿护;一念背了天理人情,天地鬼神也就会立刻不容。《易》有云:'积善之家,必有余庆;积不善之家,必有余殃。'"的道理,批判了那些"丢了这玉检金科,靠些才智用事,以至好端端的骨肉伦常,功名富贵,转眼间弄到荡析沦亡,困穷株守"的现实状况。②父亲会教,儿子愿意接受,这是较为理想的一种状态,但现实里很多情况与之背离。

其后要会同年、会同门、公请老师、赴老师请、序齿录、送朱卷,直至赴鹿鸣宴。③

接下来是参加会试,安氏父子再度开始了唱与随的合作。安公子应试恰好遇上了好的时机,礼闱临近之时,安老爷已了解到几位主司分别是升了兵部尚书协办大学士兼内务府大臣的乌克斋、升了侍郎的莫学士和升了总宪的吴侍郎,其中有两位是安公子的先生,一位是安老爷的世弟兄。安老爷想,儿子有了这一层担保,加上有真实艺业,应该是较为保险的了。

安学海在得知儿子已取在前十名时,心理活动是复杂而生动的。他"望子成名比自己功名念切还加几倍,一时又想到相公的满州话儿平常,怕他上去背不上履历来;一时又虑到孩子腼腆,怕他起跪失了仪。从天不亮起来,坐在那里看两行书,搁下;又满屋里转一阵,写几个字,搁下;又走到院子里望望。等到日已东升,这个心可按捺不住了。忙忙的洗了手,换上大帽子,到了自己讲学那间屋子去,亲自向书架子上把《周易》蓍草拿下来,桌子擦得干净,布起位来,必诚必敬揲了回蓍,要卜公子究竟名列第几。揲完,却卜着火地晋卦,一看那'康侯用''锡马蕃庶''昼日三接'三句,便有些犹疑,心里暗道:'四大圣人这两卷《周易》诚然是万变无穷,我的这点《易》学却也有几分自信,怎的今日卜得这一卦,我竟有些详解不来? 按这个晋卦的卦象,火在地上,自然是个文明之兆,'康'字

---

① (清)文康:《儿女英雄传》,上海:上海古籍出版社,1991年,第470、473页。
② (清)文康:《儿女英雄传》,上海:上海古籍出版社,1991年,第477页。
③ (清)文康:《儿女英雄传》,上海:上海古籍出版社,1991年,第477页。

岂不正合'安'字的字义，'马'字又是个'骥'字的左畔，分明是玉格（儿子安骥）的名字了。这'昼日三接'，不消说是个承恩之意，我心里却卜得是他的名次，难道会名列第三不成？那有个旗人会点了探花之理！不是这等解法。'又参详了半日，说：'呀，不妙了！莫非他改了三甲了罢？'说着，又自己摇摇头说：'益发不是，从没个前十名会改三甲的。况且他那策底子我看过的，若说有甚么毛病，那班读卷的老前辈都是何等眼力，又怎的把他列到前十本去呢？'越想心里越不解，便收拾起来，回到上房，把这段话告诉太太合舅太太"①。安学海是一个历经科举考试的人，他相信科举考试还是凭实力竞争的，而且那些主考官都是硕学之士，具有公断的法眼。他翻阅《易经》为儿子预卜吉凶，其中既表达了他对儿子通过科举考试取得优异名次的深切愿望，也是对其等待结果时的一种焦急心情的生动描摹。人们对科举寄予了太多的期望，因而《周易》中的辩证思维竟也变成了心理寄托的依据。后来一个笔帖式贺喜升在放榜前跑来告诉安学海其儿子果真中了三甲的消息后，安家人已抑制不住喜悦，但还是等到泥金捷报到了的时候才开始举行正式的庆贺活动。

"论安老爷这个人，蹈仁履义，折规周矩，不得不谓之醇儒。"②他谢绝家人、亲戚举行过高规格的庆贺活动，只是在庄园门外立起一对高大朱红旗杆，庄门上高悬一面粉油大字"探花及第"的匾额，迎门墙上满贴着泥金捷报的报条。接着安家人都打扮光鲜，举行了游行活动。"一路也过了四五处烟村，也过了两三条镇市，那两面锣鼓接连十三棒敲的不断，惹得那些路上行人，深闺儿女都彼此闲论……内中也有几个读过书的庞眉皓发老者，扶了根拐杖，在那里指指点点说道：'不知这位安水心先生怎样自修，才生得这等一位公子！又不知这位公子怎样自爱，才成了恁般一个人物！'"③

安骥的岳母为其向文昌帝祈求保佑。安骥的母亲也积极为安骥寻找合适可靠的对象，能为其提供为学、考前和考后的各项照顾。

---

① （清）文康：《儿女英雄传》，上海：上海古籍出版社，1991年，第484页。
② （清）文康：《儿女英雄传》，上海：上海古籍出版社，1991年，第487页。
③ （清）文康：《儿女英雄传》，上海：上海古籍出版社，1991年，第489—490页。

《儿女英雄传》中载:"那知我大清兵民畏法,官吏知法,大臣执法,圣天子神明乎法。原来那日进上前十本殿试卷去,圣人见那第三本,虽然写作俱佳,只是策文靡丽而欠实义,字体姿媚而欠精神,料不是个远大之器。及至看到第八名安骥这本,不但写得黑圆光润,那策文的经学、史学两条,对得本本源源,漕政、捕政两条,对得来条条切中利弊。天颜大喜,便从第八名提向前来,定了第三名,把那原定的第三名改作第八名,因此安公子便占了个一甲三名的探花郎。"①皇帝被称为圣人,意味着他本身就是文化上的代表,他必须是有才学的人,这一点我们可以从清代皇帝的培养历程中得以了解。皇帝在不了解考生的任何背景下,完全依据其文章来判断优劣,是科学的,排除了人情因素。

显然,科举对长相颇有要求,因为选官的要求,在安公子中探花的这场考试中,"状元清华丰采;榜眼凝重安详;到了那个探花,说甚么潘安般貌,子建般才,只他那气宇轩昂之中不露一些纨袴,温文儒雅之内不粘一点寒酸。真真是彝鼎圭璋,熙朝人瑞;就连那个传胪也生得方面大耳,一部浓须,像是个干济之才。众人不胜叹赏"②。科举选官不仅要根据才学,还特别注重人品和长相,可以说科举能够选拔到当时社会最优秀的人才,使他们充实到政权机构,通过才学、德行勤政为民,形成极大的凝聚力。

《儿女英雄传》中有关考前、考中、考后的习俗记载可以与钟毓龙《科场回忆录》及诸多明清笔记、志书记载相印证。具有信史的意义。③

商衍鎏《清代科举考试述录》也有相关的记载。可见,我们看明清科举考试不能单单看到《儒林外史》中所揭示的科举制度执行中的弊端,还要看到像《歧路灯》《醒世姻缘传》等之中的科举对社会所产生的积极意义,给予科举制度一个更科学、更公正的评价。科举制度对社会有正负两方面作用。科举制度的正面作用主要表现在:①科举带动了全民教育的兴起。②科举带动了官僚阶层的不断更新。异地就职的官员还成为文化交流的使者,凡政区涉及的地方,文化教育就能开展起来。③科举制度不仅培养了

---

① (清)文康:《儿女英雄传》,上海:上海古籍出版社,1991年,第483页。
② (清)文康:《儿女英雄传》,上海:上海古籍出版社,1991年,第483页。
③ 王日根:《中国科举考试与社会影响》,长沙:岳麓书社,2007年。

大量官员，而且也培养了其他诸多行业从业人员的文化素质，加速了这些行业文化的建设。④科举制度加速了社会的垂直流动，塑造了全社会积极进取的精神状态，保持了社会的活力。科举制度的负面作用主要体现在它可能导致部分士子的身心遭受摧残，因为社会加之于这些士子的压力往往太大，而且为了应付科举考试还会产生若干走捷径、爱钻营和求偿心理，背离科举制本身的宗旨，成为中华文化中糟粕部分的培养基。不过科举制度也力图克服这些弊端，只是有时效果不好，或许可以说，科举制度中形成的若干弊端成了科举被废除的催化剂。科举的弊端被祛除之后，其若干正面作用也失去了根基。于是科举制度就长期被"平反"，也长期被诟病。近代科举制被废除是时代的必然要求，却也多显得仓促和被动。后来的政治发展就把科举废除带给社会的不适暴露无遗。

第四节　明代温州龙湾科举兴盛与文化发展

自宋以来，浙江温州地区的经济呈现出上升趋向，文化发展也出现了良好的势头，加上这里濒临大海，经济地位和军事地位都进一步得到提升，当地人通过科举等途径进入仕途，乃至影响到明代政治与决策，成为温州经济、文化成就的重要体现。

科举制度作为中央政府的一套选官制度，具有极强的扩张性与凝聚力，当沿海区域建立起行政区划后，科举的威力便马上在该区域彰显出自己的威力。温州龙湾是人文兴盛、人才辈出之地，经科举制度而晋升的士子迅速形成了较大的群体。总结明代龙湾科举兴盛与文化发展的经验，对于继承优良传统、建设文化强区具有一定意义。

一、优良的习学传统使龙湾成为文化气氛浓郁之地

叶适是当地著名的文人，对当地文风有积极影响。当地女子中也涌现了不少才女。大量诗文显示了这一点。

对对子是文化基本功的重要表现。当地人的妙对即甚多，如"鹊噪鸦鸣，一则以喜，一则以惧；镜花水月，焉能为有，焉能为无。""白狗乌蹄黑尾，向红日，眠绿草池边；苍龙赤舌斑须，跨紫云，起碧波潭里。""骚

客寻梅,蜡屐踏残千片雪;佳人斗草,罗裙满裹一包春。"就连小学生亦谙熟这一技巧。有一小学生折花朵藏诸袖,被太守看见了,太守便试以对曰:"小小书生,袖里暗藏春色。"小学生马上应道:"堂堂太守,眼中明察秋毫。"又有小子随父富家籴谷,主人知其善对,试之云:"锦带花开开似锦",即以"金城谷贵贵如金"答之。还有一对堪称绝句,叫"白羊吃尽黄杨树,杨死羊生;老鸦踏折嫩丫枝,鸦飞丫落"。还有"醉后马驮回,梦中鸡唤醒"等,均体现了当地文风的浓郁。①

王阳德乡试座师王一言,字行恕,万历甲午(1594)举于乡,魁其经,乙未(1595)联第进士,丁酉(1597)拜行人,庚子(1600)晋地官员外(侍)郎,司榷税。癸卯(1603)坐元旦失朝,左迁浙江布政司照磨。甫莅任,适同年云川舒公汀按浙,主监临,檄入场供事。阳德试乡,文词诡于时好,主司弃不录,公阅备卷,奇而收之,卒成嘉靖壬戌(1562)进士。王叔杲,字阳德,永嘉人,明嘉靖进士,官至福建布政使参政,著作有《玉介园存稿》。②王瓒,字思献,号瓯滨,永嘉人,明弘治进士,历官翰林编修、礼部侍郎等职,追赠礼部尚书,赐谥文定。张璁颇为自信,当时张文定为举子时,往谒文定公瓒曰:"使我有公甲第,当久作宰辅,岂淹一部佐乎?"③时王官南礼侍。或许张璁心怀大志,终于成就了自己的治国抱负。由此可见,良好的榜样能产生巨大的社会动员作用,也带动了当地的习学风气。

一代代学有所成的永嘉人积淀起当地浓郁的文气,使后世的子弟纷纷景从,形成风尚。

二、龙湾人对科举有执着的追求

科举是传统社会人们谋求社会地位提升的正途,龙湾人深明其理。史料记载:"永嘉场英桥王毓,字尹成,别号樵云,有七子,七子之子二十八,

---

① (明)姜准撰,蔡克骄点校:《岐海琐谈》,上海:上海社会科学院出版社,2002年,第106—107页。
② (明)姜准撰,蔡克骄点校:《岐海琐谈》,上海:上海社会科学院出版社,2002年,第14页。
③ (明)姜准撰,蔡克骄点校:《岐海琐谈》,上海:上海社会科学院出版社,2002年,第280页。

二十八之子九十四，而始有以诗书之业起者。九十四之子二百六子（太仆寺丞清辈），二百六之子三百五十（推官王良弼辈），三百五十之子而取科名，其颖出且未艾也。"①

王毓家族经过几代人的不懈努力才实现了科名的突破，无论如何，科举制度给每个贫寒家族以升格的机会，只要矢志奋斗，就可能会有所成就。其中不断地壮大家族是达成这一目标的重要条件，家族中人数多，中举的概率自然就大，王毓家族正是凭借自身繁衍壮大，从而实现了科名的突破。

龙湾科名辈出对当地习学风气产生了带动作用，如张璁、王瓒等均为当地人树立了良好的榜样。

同乡之间的相互照应也增强了当地人习学的积极性。《岐海琐谈》第四六五目说："瑞安有贡生某，性多憨，往京谒选。道遇文选妻舅同舟，因以温之漆器烦通关节与典选者，求补美任。逮到部，复虑不达，投以揭帖为证。主者怀怒返其馈物，故择一边方久无学校者授之教职，俾其无往而归。或劝其不必到任，彼云：'朝廷授我以官，恶可弃置？'竟挈其妻偕往。既抵其地，学宫久废，止存余址。生员承袭祖父旧称，绝无明经谈艺之业。始入境，以学校之事询诸陇上耕者。答云：'学废弛多年，教职不至久矣。予虽称为生员，沿袭祖父故名耳。'此公告以奉朝廷之命，振作边方，非无因而至者也。耕者留归，馆谷于家。次日遍往号召，称为生员者咸来参谒。轮次供膳，各以得师相庆。此公谕令制衣巾，习礼节，创造泮宫、圣庙，朝夕讲诵，春秋释奠，升降周旋之仪，彬彬足观，莫不恨其相遇之晚也。其等辈以耕猎为业，亦间事于摽掠者，俱分所得输于师长。却因室人恋归心切，数留步允，复厚遗赠，防护之而出境。历任三载，所得甚不赀云。"②

这里说的是一个就任于偏僻地区的教职人员本来想谋求好的官职，结果弄巧成拙到了偏僻荒凉之地，但他矢志振兴儒学，赢得了良好的名声，得到了当地人民的拥戴，且改变了当地的社会风气。

---

① （明）姜准撰，蔡克骄点校：《岐海琐谈》，上海：上海社会科学院出版社，2002 年，第 231 页。
② （明）姜准撰，蔡克骄点校：《岐海琐谈》，上海：上海社会科学院出版社，2002 年，第 224 页。

三、龙湾士子对礼仪有诚笃的坚守

"诸生陈化光,当某分守按瓯,同侪辈迎诸郭外道次。众俱下跪,陈独挺然站立。守问何人?自答府学生陈化光,遵奉宗师教条,不敢道跪。守衔之,诳其玷于行谊。转闻学宪,卒坐削籍。夫下谄上骄,士风澜倒。令甲虽具,只视空言。陈生顾以独复之行,期障颓波,不几于恃螳臂而当车辙矣乎!育女既长,切禁缠足,曰:'此乃拂天地自然之性,恶可使从俗为哉?'中途遇雨,故意缓步徐行,从容态度。人云:'雨至濡首。'答云:'浑体沾湿无妨,然秀才体统不可因雨而改也。'性之傲僻大约如此。曾将周兴嗣《千字文》重次其韵以上阮函峰宗师,觊图复学,卒不获愿。"[①]

《岐海琐谈》中记载陈化光是一个深受儒学和科举制度影响的士子,他笃信有关秀才可以不必向上级官员下跪等教条,不愿像世俗那样谄媚上司,但由于上司无知且霸道,捏造罪名革去了他的生员资格,显示出世俗上骄下谄的恶风之盛。但尽管如此,陈化光仍然坚持自己的操守,这就显得较为可敬了。他明白缠足不是礼仪所规定的,属于违背天地自然之性的举动,坚决反对自己的女儿缠足,他也特别注重士人在世俗社会中的榜样和仪型作用,举止斯文,不会因为遇雨就有失斯文,尽管被淋湿了身体,却保持了士人的从容和守礼。

四、龙湾士风中也存在投机取巧走捷径的恶习

明清时期,科举考试中舞弊、走捷径等现象特别多,有的人虽然能通过正常途径取得功名,但在其正式取得功名之前总是充满变数。有的人便试图走捷径,如"吾乡孝廉有治《礼经》者,家饶于资。嘉靖辛酉(1561年)冬计偕北上,舟次兰江,逆旅主赵氏语曰:'吾有关节可通会场,惟输金三百,事可集矣。'孝廉倾囊,仅足其数,举而与之。卒成壬戌(1562年)进士。盖江西某宦起用赴京,知己必与入帘,故预嘱赵主,不意孝廉逢其会耳"[②]。明代官场以江西人主导政坛,形成政治集团,党同伐异现

[①] (明)姜准撰,蔡克骄点校:《岐海琐谈》,上海:上海社会科学院出版社,2002年,第231页。

[②] (明)姜准撰,蔡克骄点校:《岐海琐谈》,上海:上海社会科学院出版社,2002年,第277页。

象明显。政治上的显赫者往往蓄意拉拢同党，从未及第士子中培养党羽，这同样是一条有效的捷径，可以博得士子的感恩和忠心。

其他的作弊手段也很多，如"有客来言，提学道考试儒童可容飞卷者。余询其法，盖先以席舍之桌（卓），将柱脚中身镂空框，值当胸处掩之以板。框空透脚，竟入于地，以去节竹伏埋土中，内接卓（桌）脚之窍，外则度越重墙，竹木空处长引丝线，两端俱置轮盘。试目与文俱系丝线，以手左右牵之，可得循环出入。仍于夹墙内通风之处，令一人司柝，以声数多寡订为出入之候。余时俱和声乱击，复将盖墙余茨塞断夹墙来路，以阻巡逻及他击柝者度此侦知。内而席舍之卓（桌）必置诸巷末号尽之处，遇试日，预将此号之签除起，勿俾入筒。临期无拘所挚何签，必坐于此，更无重号者得以夺之也。其用术亦巧且劳矣！"舞弊者可谓挖空了心思，想出这样一些手段，诚所谓"道高一尺，魔高一丈"。防范措施总是赶不上被防范对象的智慧。"比者，（万历）庚子（1600年）春洪宗师校温试儒童日，校士馆左邻城隍庙，墙足下通一小窦，奸民倪某等为子飞卷，托一门隶将文从窦投入。逻者擒送本府，仅惩以杖。其在内交通诸役姑置勿论，将何以示警乎？以此较诸前者，更见便易，其防范疏虞不待言矣。又闻皂捕辈有蒋元者，工为飞卷之术。不拘何所，靡有不达。每试儒童，预系诸禁。一候本官入试，谋事诸人通贿禁卒，出不旋踵（踵），竣事返之，绝无知觉。视法比如同儿戏，思之可发一笑。"①这种舞弊途径甚至被某些人操练得特别娴熟，或亦可看出执法不严之一斑。

五、命定观对当地人也有一定影响

在明清笔记史料中有关科举命定观为很多人所信服，各种事例也见于小说中，如《儒林外史》就说到王惠、梅玖等在考场或遇到神笔，或被日头扎中，终于科举及第。在《岐海琐谈》中也有不少类似的记载。譬如："嘉靖癸丑（1553年），学宪阮函峰鹗岁考按温，永嘉庠滕崇应充本年岁贡，考劣停廪。阮入夜卧不安枕，燃烛重阅见遗诸卷以至再三，卒得卷查知本年应贡，拔置前列。逮发落，语其故，莫不为之庆幸。追计偕北上，卒于

---

① （明）姜准撰，蔡克骄点校：《岐海琐谈》，上海：上海社会科学院出版社，2002年，第276—277页。

中途。夫以一贡之故，俾主司寝不安席，似为天心注念矣。然甫就道，遽尔云殂，独有靳于首邱者何邪？盖应主旅亡，故俾之贡而北行耳。死有其地，尚不清爽，何况生平之荣名利禄哉？"①这一说法显示了人们对命运的认定。确实在科举活动中，人们都说"一命二运三风水"，在温州，这一观念也同样有市场。

有一则史料说："朱达卿中嘉靖己酉（1549年）浙江乡试，尝祈梦于栝（括）之丽阳神，以卜前程之否泰。神告之曰：'回首已成《黄阁赋》，知君原是栋梁材。'以为异时有台鼎之望。忽一日，江水暴涨，有一巨木乘流漂至西郭，达卿拾诸水浒，木上题有'栋梁'二字，遂改制为其父松坡生椁。居无几何，达卿先没，即以是椁殡之。瓯人称椁为'材'，所谓栋梁者，此其验矣。"②接着还有一则史料描述了梦卜与前途的关联，"陈德靖孝廉中嘉靖戊午（1558年）乡科，先日梦与诸同袍游行，见美女三四相聚。或指之曰：'此嫦娥也。'己与朋辈各抱其一，咸疾号拒绝，众惧，释之，惟己所抱者坚持不释。自念生平奇遇，焉可恶其声而遽舍之哉？既而惊寤，深奇所梦。迨进场，卷编'月'字号，窃庆嫦娥之抱，兆征此矣，即以是科中式。又日卜前程于括苍丽阳庙，其神告以'凉不饮水，馆不盖舍'八字而已。解之者谓：'凉去水，馆去舍，为京官二字，异时决受京秩无疑。'及谒选职，任直隶滁州守。解组归田，中途感疫，渴思水饮，不获遂愿。及抵杭，疾将革，旅主不许属纩于家，特构浮厂收殡。'凉不饮水，馆不盖舍'，验诸此矣"③。再一个故事说："吴某每应试，辄梦题目，自游庠以至出贡，屡验无爽。其时，彭时望、王元沛辈望重一时，声称鹊起。适宗师按临，俱候迎憩于驿舍。吴继从外入，遥目之，窃曰：'沙兄至矣。'以其经试，必遭沙汰故耳。吴未之知，揖谓之曰：'昨梦宗师发试案，某与二丈连名。'二人恒卑视吴，恐己不利，连唾却之。比试，试题名次以符所梦，

---

① （明）姜准撰，蔡克骄点校：《岐海琐谈》，上海：上海社会科学院出版社，2002年，第227页。
② （明）姜准撰，蔡克骄点校：《岐海琐谈》，上海：上海社会科学院出版社，2002年，第243—244页。
③ （明）姜准撰，蔡克骄点校：《岐海琐谈》，上海：上海社会科学院出版社，2002年，第244页。

由此食廪，以贡出身，官至闽县教谕。""李空同尝称其父正每梦试目验。比试，诸生辄叩曰：'何梦？'即未梦，戏谓曰：某目某目，辄又验。夫偶梦试目，验或有之，未闻有屡验者；屡验异矣，未闻戏言而又验者。李亦以贡出身，终王门教授，世事之相类有如此者，然李则几于神，益又奇矣。"①这些故事说得神乎其神，确实多少能影响人们的作为和态度。

六、龙湾人有强烈的爱家情结

龙湾人对家乡有着强烈的爱恋，形成了明显的龙湾意识。他们在中了功名后首先想到的是回家，向家乡人回报这一喜讯。史料说："宣德八年癸丑（1433年）进士梁宏，居在郡城城西。登第后未谒选，疏请南旋。将抵家，遥望江心二塔，瞻眺间不胜欣跃，失足堕水，因而及溺，人咸伤之。"②这则史料真实地反映了一个士子获捷后衣锦还乡的得意心情。

总之，明代温州科举风气鼎盛，获得功名者也众多，且教育事业仍处于向上发展的进程之中。张文忠曾修《温志》，其论风俗："永嘉其失浮，乐清其失悍，瑞安其失诈，平阳其失鄙，泰顺其失野。"③尽管各地有些风俗上的差异，但是重文亦已形成风气，体现了滨海新开发地区逐渐向主流文化靠近，且当地人保持了极高的参与热情，并产生了积极的效果。

第五节 明清山东临朐冯氏科举望族

科举制度在中国推行了约1300年，影响可谓巨大。目前学界对科举制度的讨论多集中在其形式、内容、作用和影响上，本部分则立足于明清时期山东临朐冯氏科举家族的个案，借助族谱、方志和个人文集等材料，来探讨科举为冯氏家族带来的荣耀、科甲联第的原因，以及科举与修谱、立祠、设祭田宗族活动的内在关联性，从而揭示科举制度与明清社会秩序间

---

① （明）姜准撰，蔡克骄点校：《岐海琐谈》，上海：上海社会科学院出版社，2002年，第245页。

② （明）姜准撰，蔡克骄点校：《岐海琐谈》，上海：上海社会科学院出版社，2002年，第139页。

③ （明）姜准撰，蔡克骄点校：《岐海琐谈》，上海：上海社会科学院出版社，2002年，第116页。

存在的相互耦合关系。

一、临朐冯氏溯源

临朐地处鲁中，属古青州之地，然多"瘠土之民"[1]。明洪武初，"诏简山东民三户迁一人戍辽"。冯氏祖先应诏戍守辽东，"朐南盘羊，有讳思忠者，以义勇行，遂家于广宁左卫十三站五家屯"。由此可知，先前临朐冯氏应属贫民之列。戍守辽东时期，冯氏历经思忠、福通、春、振等四世传至"宪副闾山祖"冯裕。"（冯裕）祖谓春，世积善不衰"，"至我（冯裕）先君，平直有宽厚，善声益彰，当理卫之书数载，每以济人为事，而自无所利也。故人多德之。……先母太宜人勤俭慈孝，相家政井井有条。姻戚莫不称焉"[2]。当冯氏一族在广宁生活略有好转的时候，冯裕父母先后病逝，"裕少孤，父之叔母池育之"[3]。在叔母的支持下，冯裕拜"倡明理学"的义州贺医闾为师，并于弘治十七年（1504）中举，正德三年（1508）中进士，"除华亭令"。冯裕成名后为官南北，遂有迁归故里临朐的愿望。嘉靖六年（1527），冯裕被调派为平凉知府，"道出青，裕乃大治县上先人冢墓，会其乡党父老，欢恰道故。复还家临朐，命子惟健以眷属居郡城（青州）"[4]。嘉靖十三年，从贵州按察司副使任上致仕归乡，至此，冯氏复归故籍。以后临朐冯氏历次修谱，皆尊冯裕为一世祖。

在中国传统文化里，强调"慎终追远""敬天法祖"，所追的"远"往往只是最先建立功业的那个人，所法的"祖"亦是能让家族产生荣誉感、自豪感的那个先人。这其中包含了一种激励精神、一种贵族化追求和一种向上进取意识。科举制度提供了满足这些需求的机制，因而能得到全社会极大程度的拥戴和追随。由于科举制度最初就以否定世袭性为职志，因而它更在于使人们世代保持着这种向上进取的心态。冯裕通过科举走进官场实现了政治抱负之后，其家族中的后辈必须保持这种状态甚至走得更好，其家族声望才能更高，继续编修族谱的动力才会变得更强。

---

[1] （清）屠寿征修，（清）尹所遴纂：康熙《临朐县志书》卷首《临朐县志叙》，清康熙十一年刻本，第2b页。
[2] 车家沟本《冯世氏录》卷二，抄本。
[3] （清）姚延福：光绪《临朐县志》卷十四《人物》，民国十六年十月再版。
[4] （清）姚延福：光绪《临朐县志》卷十四《人物》，民国十六年十月再版。

二、衍为科举望族与仕宦连绵

从冯氏族谱看，自冯裕归居临朐以降，冯氏出现了科举蝉联的盛况；而没有获得进士或举人的家族子弟，也大批地在基层考试中获得了乡贡科名；此外还有一些通过特殊的入仕渠道如通过荫补而官运亨通。总体来说，重视家族教育与文化传承和通过科举考试取得功名，成为这一时期冯氏家族兴起与发展的主要途径。

冯裕步入仕途以后，家道并不昌盛。他为官清廉，后因忤逆权贵而"致仕归"故里时，"官囊萧然""家徒四壁"而"不能自给"。好在长子惟健持家有方，善于经营，"以心计经营生产"。①在经济条件颇为富足以后，冯裕居家讲学。而后冯惟重、冯惟敏、冯惟讷三人先后中举，冯惟重、冯惟讷并于嘉靖十七年（1538）进士及第。至此，冯裕四子中，已有二进士、二举人，"四子登科，人以为青云之报云"②。长子惟健在"屡试南宫不第"后，以家业自任，"供二亲甘指，诸弟妹婚嫁以时举"③，这说明冯氏一门的发展乃是一人经营生产，以辅助其他兄弟从事举业，这也反映了经济基础乃是"一心只读圣贤书"的读书人能够科举入仕的重要基础。但直至冯氏四兄弟入仕前，冯氏家族并不特别富有。冯惟重、冯惟讷、冯惟敏的先后步入官场，才使其家族困境有所缓解：冯惟敏辞官后重金购得冶源老龙湾，"构亭冶源之上"④；冯惟讷致仕后，"爱海浮山之胜，营菟裘其中"⑤。经过两代的经营，冯氏家族终于跃升为书香传家而又经济富足的地方望族。

临朐冯氏在经济富裕之后更为重视子弟教育，引导他们走科举入仕之路。自冯裕以降数代，冯氏共考中十位进士、十二位举人，而明经贡举者更比比皆是。康熙壬子年（1672）编修《临朐县志》时，因冯氏科举功名显赫，单列"冯氏世家"以示荣耀。

---

① （清）姚延福：光绪《临朐县志》卷十四《人物》，民国十六年十月再版。
② 嘉靖《临朐县志》卷三《人物志》，天一阁藏明代方志选刊本，1962年。
③ （清）姚延福：光绪《临朐县志》卷十四《人物》，民国十六年十月再版。
④ 《古拾遗》说："（老龙湾）冯氏别业，园林宏敞，广约三里，袤近里许，湖面水域十五余亩，竹林约八亩。两岸园林泉池，处处景致，天成者，数不胜数；人为者，四十有八。"由此可见冯氏家景。转引自潘心德主编：《老龙湾》，济南：济南出版社，1997年，第16页。
⑤ （清）屠寿征修，（清）尹所遴纂：康熙《临朐县志》卷三《宦绩传》，清康熙十一年刻本。

由族谱可知，冯氏家族在八世以前功名最为出众，父子连第、兄弟同榜皆屡见不鲜。不唯如此，大批的冯氏族人在基层考试中获得了乡贡科名，太学生、廪生、庠生、监生、奉祀生、武生等更是比比皆是。八世以后冯氏家族走向衰退，惟十世冯林中乾隆戊寅岁进士，科举功名的辉煌时代宣告断链。

自科举制度诞生起就与仕途紧密联系起来，明清时期更是如此。"中外文臣皆由科举而进，非科举者毋得与官"①，"科举为抡才大典"②。人们区分经科举而入官者为"正途"，否则便属"异途"，长期在官场抬不起头。何炳棣在《明清社会史论》中也说过，明清两代的大部分时期内，中国缙绅阶级地位的由来只有部分是财富，而极大部分得自科举功名临朐冯氏家族，通过科举之途径，或入阁拜相，或出任一方要员，步入达官显贵之仕途。③

冯氏一世祖冯裕，弘治甲子举人，正德戊辰进士。先任华亭县知县、萧县知县、晋州知州，为官清廉，颇有政绩。后又出任南京户部员外郎、平凉府知府、石阡府知府和贵州按察副使等职。他也常说："希宠者负君，媚人者负己，谋身者负人，生平盖三无负矣。"为后世子孙步入仕途做了很好的训诫。冯裕四子之中，长子惟健操持家计，其余三子皆有入仕。冯惟重乃冯裕次子，嘉靖戊戌进士，官行人司行人，专司捧节奉使之事。然英年早逝，嘉靖己亥年奉命告祭湖南湘水和衡山而病死途中。冯惟敏，嘉靖十六年（1537）举人，此后"屡上南宫不第"。后经谒选授直隶涞水知县、镇江教授、保定府通判。冯惟讷，嘉靖十七年与其兄惟重同中进士，累官陕西佥事、河南右参议、浙江督学副使、山西参政、按察使、陕西右布政使、江西左布政使等职，是冯裕四子中官运最为亨通者，因政绩卓著，以光禄卿致仕。④

冯氏三世中，以冯子履⑤官绩最为显赫。冯子履乃冯惟重遗腹子，隆

---

① 《明史》卷七十《选举志》，北京：中华书局，1974年，第1696页。
② 《清史稿》卷108《选举志三》，北京：中华书局，1977年，第3149页。
③ 何炳棣著，徐泓译注：《明清社会史论》，北京：中华书局，2019年。
④ 车家沟本《冯世氏录》卷三，抄本。
⑤ 除冯子履外，还有冯子复、冯子升分别官辽东广宁左卫所户指挥佥事职和后官户部郎中，皆有政绩。

庆丁卯中举，次年即中进士，授知安国县，因捕盗有功，擢兵部主事，寻为山西佥事，迁参议副使、陕西佥事、易州兵备副使，升为河南布政司右参政。而以冯子履之子冯琦为首的五世更是将仕宦之途推向一个高潮。冯琦，万历丁丑进士，历任礼部侍郎、吏部侍郎、礼部尚书兼翰林院学士等职，逝世后赠太子少保，谥号文敏。冯子升之子冯瑗，万历乙未进士，历官湖广茶陵知州、山西参政、开原兵备道、河南布政司使。冯子临之子冯珣，以选贡谒选授陕西长武知县，先后任交河县知县、兴安州知州、汉中府同知等。冯璋，府庠生，官茂陵卫经历。冯琰，天启九年恩贡，官四川重庆府璧山县知县。冯瓛，世袭辽东广宁左卫千户指挥佥事。

自五世之后，冯氏家族的仕途似乎并未受到太多的影响。冯士标，崇祯庚辰进士，顺治二年（1645）参加谒选，授兵部武选司主事，月余升为陕西按察司官福建按察司佥事，顺治九年升四川建昌兵备副使，顺治十二年改福建按察司副使，巡视海道。① 而冯氏家族中为官最显赫者当属六世冯溥。冯溥，字孔博，冯士衡之子。顺治丙戌进士，改翰林院庶吉士，授编修。屡迁秘书院侍读学士，吏部右侍郎，刑部尚书。康熙十年（1671）授文华殿大学士。康熙二十一年加太子太傅，逝世后谥号文毅。②

冯氏家族在官场的衰败自七世始。科场不振的冯氏子弟只能依荫生的身份混迹官场。冯溥之子冯协一，荫生，官浙江绍兴同知，后历任光州府知府、汀州府知府、福建台湾府知府等。③ 冯协一之子冯愿，荫生，官池州府通判。冯肃，荫生，历官扬州府知府，升副使。冯恬，河南商城营守备。至此，临朐冯氏走过了最辉煌的官宦生涯，八世而后虽代有为官为吏者，但已日薄西山。④

---

① 冯氏五世中为官者还有冯士圭，官兵部驾御守备；冯士翼，官通州守备；冯士杰，历官户部员外郎；冯士榘，历官户部主事；冯士衡，官孝丰知县；冯士伟，官江西九江府游击。
② 此外，六世中冯淞，曾任城武县训导。
③ 冯善世，官青城训导；冯勋世，恩赐农官；冯训世，捐儒学训导，改授县丞；冯新世，胸监生，官卢州府通判；冯慈彻，官兵部司务。
④ 九世为官者：守训，候选州史；又兴，贡生，雍正六年保举任四川屏山县知县，升贵州都匀府麻哈州知州；时基，南汇县县丞，萧县知县；时陆，拔贡，署长山沾化等县教谕。十世为官者：阁，恩赐八品衔；林，乾隆戊寅科岁进士，署商河教谕，实授宁海州训导；清，恩赐九品；庄，府学廪优贡生，任兖州府宁阳县教谕；鑾，从九品；锡，贡生，就职教谕；键，候选训导；镐，恩贡生，就职州判。十一世为官者：汝汇，巨野县屯官；汝澍，议叙九品。

明代长州人吴宽说"今世以进士为荣。荣之者何……其上有父母，又必有恩典及之。"[①]明清时期的封赠及荫官制度使官位和功业可部分地在家庭内部传递或延续。为官者的长辈、妻子可通过封赠获得级别不等的荣耀，子孙后辈可获得荫生、荫官等。自冯裕之父母至八世殿元之妻妾的九代中，冯氏家族共有四十余人不同程度地获得封赠或恩赐[②]，泽及子孙的荫生、荫官也不乏例证[③]。

此处以冯琦之父冯子履和冯琦之妻姜氏获封赠之例略窥封赠施行的过程。"(琦)闻子履病笃，方为礼部右侍郎，一日三上疏请归，并引讲臣例乞封父母。"[④]可知当事人上疏乞封是必要条件。礼部由此上奏，"原任日讲官、礼部右侍郎兼翰林院侍读学士冯琦奏称，比照日讲恩例，请给诰命，伊父冯子履封通议大夫、礼部右侍郎兼翰林院侍读学士"，再命有司查"《大明会典》并《恤典》条例，内一款两京三品文官父母，曾授本等封者"，即根据当事人的条件，或查章据典，或依附先例，才能"恭候命下之行"。最终冯琦之父冯子履获赠资政大夫、礼部尚书兼翰林院学士，其母宋氏诰封太夫人。[⑤]冯琦之妻姜氏病逝后，其子冯士杰上奏乞求姜氏与冯琦合葬。"伏见大明会典并恤典条例内一款，凡两京二品以文官并父母妻曾授本等封者，俱照例祭葬，又一款凡二品、三品文臣，曾授经赐葬者，妻故在后俱许附葬。惟授夫人者例给开矿工价。……伏乞……赐祭开矿合葬，将臣父列名并祭"，最终"得旨如所请"。[⑥]获封赠的实际过程较上述的固定程序远为复杂，除有赖于个人的功名外，当事人的人脉关系也起着无可替代的作用。以冯琦为父母乞封为例。冯琦上疏以后，时太子少保吏部尚书孙丕扬也上

---

① （明）吴宽撰：《家藏集》卷三五《荣感堂记》，《四库明人文集丛刊》，上海：上海古籍出版社，1991年，第290页。
② 根据车家沟《冯氏世录》所载奉祀神主，共有四十余人先后获得封赠。
③ 荫及子孙表现在：冯琦之子：冯士杰，荫生，历官户部员外郎；冯士楷，荫生；冯士桀，荫生，历官户部主事。冯子复子冯子瓒，世袭辽东广宁左卫千户指挥金事。冯溥子：冯抚世，荫生；冯治世，荫生；冯慈彻，荫生，官兵部司务；冯协一，荫生，历官福建台湾府知府。冯协一子：冯愿，荫生，官池州府通判；冯肃，荫生，历官扬州府知府，升副使。冯又异，荫生。冯阁，恩赐八品衔。冯恭，改补父荫。
④ （清）姚延福：光绪《临朐县志》卷十四《人物》，民国十六年十月再版。
⑤ 车家沟本《冯世氏录》卷一，抄本，第36—38页。
⑥ 车家沟本《冯世氏录》卷一，抄本，第48—50页。

奏说"冯琦日讲效劳，应准照例给典父母诰命"①；工部署掌部事都察院右副都御史徐作等亦为之陈情，表明其广泛的社会交际能在关键时候给予帮助。

临朐冯氏在科举仕途中志得意满，光宗耀祖、惠及子孙，一时荣耀齐鲁。但冯氏子弟也有大批失意科场，"屡试南宫不第"或满头白发也未能中个举人（八世以前，冯氏 9 名进士，12 位举人，却有 30 多位贡生，170 多位廪生、庠生、监生等）。而即便进入仕途，也有因不谙官场钩心斗角、权力倾轧之道而主动或被动辞职退居乡里者。科举社会获取功名的偶然性和政治场里的云波诡变，随时会波及个人乃至家族的命运。这也诱使冯氏子弟退而求其次，他们有的即忘情于山水，以诗文言志，为后世"立言"。

冯氏以科举起家，诗文也著称于世，其中有一定文学成就者不下十余人，仅诗文集收入《四库全书》者就达 5 人。王士禛曾说："冯氏自间山先生裕起家进士，以诗名海岱间。有四子，惟健、惟重、惟敏、惟讷，皆有诗名。"②冯裕被罢官后，居家讲学，著述《方伯集》，并与退居青州的黄卿、陈经等八人结成"海岱诗社"，后结集为《海岱会集》十二卷。冯惟健虽未驰骋仕途，但文学造诣非同寻常，"奇思健气，溢为词章。诗赋得之汉魏，骚选近体似初唐。书启诔赞，超轶峻整"③，著有《陂门山人集》。冯惟重虽英年早逝，却自幼为文不俗，其诗"清新俊逸，直逼盛唐"④，有《大行集》行世。

冯惟敏是冯氏中文学成就中最高者，一生著述颇丰，有散曲集《海浮山堂词稿》、杂剧《不伏老》《僧尼共犯》、诗文集《冯海浮集》《石门集》等，冯琦一生著述不辍，著有《宗伯集》《两朝大政记》，编有《唐诗类韵》《北海集》《通鉴分解》《宋史纪事本末》《海岱会集》《淡然轩集》，与堂弟冯瑗合编《经济类编》。除此而外，冯琦还先后将曾祖冯裕的诗文编成《北

---

① 《明神宗实录》卷 300，"万历二十四年八月丙午"条；又见（明）冯琦：《宗伯集》卷 24，明万历刻本，第 212 页。
② （清）王士禛：《渔洋诗话》卷上，载（明）王夫之等撰：《清诗话》上册，北京：中华书局，1963 年，第 182 页。
③ （清）姚延福：光绪《临朐县志》卷十四《人物》，民国十六年十月再版。
④ （清）姚延福：光绪《临朐县志》卷十四《人物》，民国十六年十月再版。

海集》，将曾祖与祖父辈的诗歌编为《五大夫集》并付印成册，于传承家学传统颇为有益。官居刑部尚书、大学士之位的冯溥，不仅著有《佳山堂诗集》并被收入《四库全书》，更重要的是他屡任考官又独具慧眼，清初一批著名文人都因其举荐而获重用。冯溥之子冯协一也颇具才华，著有《友柏堂遗诗》。①后人对冯氏家族的文学成就评价甚高，"二百年来，海岱间推学者，必有临朐冯氏"②。

三、严格的家学传承

临朐冯氏之所以代有人才，科举仕途与文学成就荣耀一方，除其家族中个人的聪慧与自身努力外，冯氏严格的家学教育和循循善诱的家学传统都是不可忽略的因素。冯氏一世祖冯裕生于广宁，"裕少孤贫"，在叔祖母的管教下，冯裕不但"刻苦读书"，而且"闻义州贺医闾先生倡明理学，即往师事之"。③冯裕后来虽四方为官，但都尽己所能地把后辈带在身边亲自教导：冯惟健"从父游南都"，"（冯裕）官石阡，力不能携家，独惟敏从之行。暇则读六经、诸子、史，含咀英华"，冯惟重也经常"读书官廨"④。冯惟讷在冯裕的严格督促下更是"一岁诵古文，三岁不成章；七岁间礼仪，洒扫辟中堂。八岁问奇字，十岁谐宫商；十二受遗经，十五气飞扬。弟乃齐余肩，少余一岁强；英风在凤禀，弱冠传流芳"⑤。冯裕辞官后，更是居家讲学，提携后辈。⑥冯子履能"有声海内"，有赖其母蒋氏近乎苛刻的训诫，"（子履）幼孤，母蒋训育之。子履稍有识，检父书教之，训诫甚严。年十三即为名诸生。后稍嗜酒，尝夜饮达旦，蒋怒不食，子履伏地泣

---

① 冯氏家族著作传世的还有冯子咸《日进札记》《自警私课》《读礼抄记》等；冯瑗《黄龙纪事》《开原图说》等有关武略的著作；冯珣《韫璞斋稿》；冯士标《西征集》；冯世衡《西苑集》。
② （清）王士禛：《佳山堂诗集序》，载（清）冯溥：《佳山堂诗集》，《四库全书存目丛书》，集部，第215册，济南：齐鲁书社，1997年，第14页。
③ 政协临朐县委员会编：《临朐县旧志汇编》，潍坊市新闻出版局（内部资料），2002年，第22页。
④ （清）姚延福：光绪《临朐县志》卷十四《人物》，民国十六年十月再版。
⑤ 郑树平主编：《跨越百年时空：山东省益都卫生学校120年校庆文集》，济南：山东大学出版社，2005年，第389页。
⑥ （清）姚延福：光绪《临朐县志》卷十四《人物》，民国十六年十月再版。

谢，乃已。子履卒致通显，有声海内，盖得之母教为多云"。①冯溥，七岁即入私塾，八岁时，其父士衡令读《左传》《国语》及秦汉唐宋之文章。冯溥读不懂，塾师也说此书非幼童所宜读，冯士衡与塾师发生争执并辞退之，请来有盛名却极其严格的岳父白采执教。②冯氏一族颇有切磋学问的传统。冯裕晚年曾与青州地方名流结成"海岱诗社"，唱和诗歌。冯惟健"从父（冯裕）游南都"时，与陈凤、卢国等结成文社，并被推为祭酒。冯惟敏与临朐马衍、迟凤翔为切磋之友，互相规益，后皆有所成。在家族内部，冯惟敏也不忘切磋学问。"每岁首与子侄宴，为诗歌，道天伦乐事，必加勉勖。"③

  冯氏子弟在严格的家学管教下而又勤奋好学，读书应举之风颇盛。况且自冯裕为官以来，代有涉足官场并功名显赫者，为冯氏家族带来无量的财富和无形的官场人脉关系网络。冯裕初入官场即有清河县知县蒋恺与之结亲，将女儿嫁给其子冯惟重。④冯琦、冯溥分别官居尚书、大学士，其亲友、门人在朝为官者更是不乏其人。冯溥之子冯协一能依荫生的身份官光州府知府、汀州府知府及台湾府知府等，应与冯溥的朝中人脉有极大的关联。在较丰富的经济基础及较广泛的社会联系的资源支持下，冯氏家族亦较能于科举一途有所作为。

四、科举望族与宗族建设

  嘉靖朝发生的大礼仪之争对宗族的发展产生的直接影响是引发了民间祠堂建造、宗族兴起的浪潮。经科举而有多名家族子弟相继入仕而成为地方望族的临朐冯氏，以程朱理学为圭臬，积极投入诸如建祖祠、修家谱、创立敦睦会等活动中。科举望族由此成为宗族建设的基本力量，并引领着社会的价值取向。

  据记载，冯氏能追溯到的始祖冯思忠家居临朐盘羊，洪武初年应诏戍守广宁，传五世而至冯裕。冯裕成名后于嘉靖六年（1527）回临朐省墓。

---

① （清）姚延福：光绪《临朐县志》卷十四《人物》，民国十六年十月再版。
② 曹立会著，政协临朐县委员会编：《临朐进士传略》，济南：齐鲁书社，2002年，第185页。
③ （清）姚延福：光绪《临朐县志》卷十四《人物》，民国十六年十月再版。
④ （清）姚延福：光绪《临朐县志》卷十四《人物》，民国十六年十月再版。

"族之耆辈言：吾祖于前代为万户侯，有遗冢焉。今凌夷久矣，为某者宅其上，当质之官府云。府君（冯裕）愀然不应，宅之者，固巨室也。然其故固不可知矣。间尝命敏曰：吾以幼孤，既长而不知前世系，有叔祖母者，略能言之而莫详也。"①

作为宗族认同及整合族人的重要手段，冯氏编修族谱甚早。远在冯裕第一次前往临朐省墓时，就曾追溯"戍辽"之祖而做《冯氏世系》和《冯氏先陇表》，后来其子冯惟敏据此编成《冯氏世录》并"爰付梓人"。此时的冯氏家族还未枝繁叶茂，《冯氏世系》和《冯氏先陇表》的意义或许仅限于冯裕及家人在临朐名正言顺安家的证明。

除编修族谱外，冯氏重要的宗族活动还有祭祀祖先、修建祠堂及建立敦睦会。在宗族活动的运作中，先后起关键作用的有冯惟敏、冯子咸和冯琦。据说冯惟敏"独娴礼法"，在他的操持下，"齐鲁间言家法者称冯氏"。②据车家沟本《冯氏世录》载，冯氏先祠中供奉的冯惟敏之高祖父母、曾祖父母、祖父母、父母的神主牌位，皆由冯惟敏奉祀。然而冯裕在世时并未修建祠堂，为祭祀安葬在辽的祖辈，冯裕还曾令冯惟重往广宁祭拜，"卒达墓所……封石为识"。③

如果说修谱建祠祭祀等宗族活动还不足以突出士人地位的话，那么以"敬宗收族"为目标的敦睦会则彰显了他们的作用，而科举与宗族的关联也充分展示其中。在敦睦会成立中起关键作用的是三世孙冯子咸。冯子咸，万历年间中举人，推崇程朱理学，治家以《颜氏家训》为宗，"讲求濂洛之学，为文根极理要，治家宗《颜氏家训》……造次以礼义，自防，究心理学，言必称程朱"，"知友共推其学行，仿古黔娄、柳下之遗"，著有《日进札记》《自警私课》等。④《续敦睦会约单》中说自冯裕起冯氏已历经四世，"子孙渐繁，分门各户，会既不常，情亦有睽"。其实冯琦在《敦睦论》中说得更明白，"予近见巨家大族，不数年间离分析裂，推原其故，皆有一家之人自相残贼，以强凌弱、以富吞贫，岂惟不知同气之亲所当联属，亦不

---

① 车家沟本《冯世氏录》卷二，抄本。
② （清）姚延福：光绪《临朐县志》卷十四《人物》，民国十六年十月再版。
③ （清）姚延福：光绪《临朐县志》卷十四《人物》，民国十六年十月再版。
④ 梨花埠《冯氏世录》卷三之《续敦睦会约单》3，抄本，第71页。

知唇齿之势相为倚。故一败而不可收拾"。因此冯子咸"考之往典,皆有睦族之会"①,于是冯子咸与族兄族弟侄相商"举一敦睦之会"。关于设立敦睦会整合宗族的作用与意义,冯子咸在《续敦睦会约单》中说:"敦睦会……以德业相劝。上绍先世之休风,下为子孙之法,则使一家之中,情意常流通,骨肉不至乖隔。"这反映其欲借会族以达相亲相恤,避免成员离散离心和家族衰落。"合一家之聪明以为聪明,合一家之智虑以为智虑,合一家之才力以为才力,家门安得不昌,福泽安得不盛。"②

敦睦会简单易行,按最初的规定是每月朔日祠堂行香之后举行。"设席二案,每案十二器,酒数行,俱不宜多,惟在洽情。"距离较远的族人由于路途的原因,每年会四次:正月初三日、清明日、六月二十四日、十月初一日。③而敦睦会所"敦"的内容则遵《吕氏乡约》,"会中事宜俱照《吕氏乡约》行:一曰德业相劝,二曰过失相规,三曰礼俗相交,四曰患难相恤。每会除款叙外,须考问德业,或看何书,或作何文,或治何事,或接何宾友。不可优游度日,不可滥友匪人。凡如此类,难以枚举。务要实心相告,或婉词曲譬,或直言规正,须至诚恳恻,冀其能改,有不悛者,众共斥之。会中吉凶,或不常之事,俱众为协力相赞助,或扶其孤弱,或济其贫乏"。仿《吕氏乡约》设定的冯氏敦睦会内容不外乎两点:其一,相互劝告;其二,互帮互助。冯子咸"合食而周其贫乏者",并与族侄冯珣合倡设立义仓,"其等差而赈贷之"或"备荒年用谷",皆是互帮互助之意。④而相互劝告的内容中以"考问德业,或看何书,或作何文"为重,不难发现冯子咸的良苦用心:冯氏由科举起家,科场的辉煌才是维护家族长久不衰的利器。而冯氏家族自四世至八世有数以百计人次走读书入仕之路,不得不说与敦睦会中的喋喋相劝有关。自冯子咸开始推行敦睦会后,临朐冯氏的会族相聚历世而不断,"人尊祖训,家守先型,雍雍穆穆,实为青之望族"。至八世冯治世后,又做《续敦睦会约单》,内容与冯子咸的《敦

---

① 梨花埠《冯氏世录》卷三之《续敦睦会约单》3,抄本,第71页。
② 梨花埠《冯氏世录》卷三之《续敦睦会约单》3,抄本,第71页。
③ 梨花埠《冯氏世录》卷三之《续敦睦会约单》3,抄本,第71页。
④ 梨花埠《冯氏世录》卷三之《续敦睦会约单》3,抄本,第71页。

睦会约单》大致不差。①

　　由上述分析看出，临朐冯氏修谱、祭祀、建祠堂、设敦睦会等宗族活动都是由获得一定功名并深谙程朱理学的族人倡导建立的。科举与宗族活动实具某种关联性。一方面，科举入仕使冯氏族人无论在程朱理学造诣方面还是在物质基础上都具有了开展宗族活动的前提条件；另一方面，科举社会纵向流动性的增加及科举成败的偶然性，使读书人要面对残酷竞争的压力。就整个冯氏家族而言，虽然由科举起家并仕途平坦，但也随时会因子弟无法于科举之路上取得成功或仕途波折而趋于没落②。于是在面对个人乃至家族兴衰不定的情况下，冯氏后人开始思考以"敬宗收族"的方式来整合家族。当时盛行的修谱、建祠堂等方式都成了很好的手段。冯氏还仿古法设立敦睦会，通过这种方式唤起族人的同宗意识，凝聚宗族的向心力，并使远者近、疏者亲而亲者益亲，以求维持家族的兴盛不衰。临朐冯氏通过运作宗族等方式，在科举领域取得的声望及由此衍生出来的地位保持了八世之久。③

---

① 梨花埠《冯氏世录》卷三之《续敦睦会约单》3，抄本，第71页。
② 如冯惟健、冯惟敏"屡试南宫不第"，冯裕、冯士衡被"罢归"。
③ 何炳棣曾说，明清时期大家族的影响通常能持续八代以上。Ho Ping-Ti. *The Ladder of Success in Imperial China: Aspects of Social Mobility, 1368-1911*. New York: Columbia University Press, 1962, p.166.

第四章　明清科举制度与官场生态

第一节　清代客场冒籍与土客冲突

科举制度被认为是较能体现公平精神的选拔人才制度，在中国传统社会中运行了约 1300 年。为了体现公平性，科举制向来必须建立在十分严格的户籍管理的基础之上。"国家取士，从郡县至乡试，俱有冒籍之禁。"①户籍的确认特别受到重视。它充分考虑地区文化发展差异、社会等级制度等因素，因而为广大人民所接受。然而，明清时期，随着商品经济的发展，官吏易籍就任制度化，回原籍应试遂变得很难执行，亦不便管理。于是出现了为大商人阶层子弟专列商籍、专设名额、便利于大商人的变通做法。民国时人许承尧在《歙事闲谭》中说："明制设科之法，士自起家应童子试必有籍，籍有儒官民军医匠之属，分别流品，以试于郡，即不得就他郡试。而边镇则设旗籍、校籍。都会则设富户籍、盐籍，或曰商籍。山海则设灶籍。士或从其父兄还役，岁岁归就郡试不便，则令各以家所业闻著为籍，而就试于是郡。"②嘉靖《两淮盐法志》卷二十五《商籍二》说："吴宪自新安来钱塘。初试额未有商籍，业卤之家，艰于原籍应试。宪因与同邑汪文演力请台使设立商籍，上疏报可。至今岁科如民籍例，科第不绝，皆宪之倡也。"③作为徽州商人的老乡，吴宪为徽州商人谋求了一份优待。各类功名的录取依不同地区而有定额，严禁"优伶"之类的贱民参加科

---

① （明）谢肇淛：《五杂俎》卷十四《事部二》，北京：中华书局，1959 年，第 412 页。
② 许承尧撰，李明回、彭超、张爱琴校点：《歙事闲谭》，合肥：黄山书社，2001 年，第 1041 页。
③ 嘉靖《两淮盐法志》卷二十五《商籍二》，明嘉靖三十年刻本。

考[①]，防范不法士子跨区域冒籍应试。一般规定是：士子入籍二十年，且又有族产、祖坟等不动产，方能投牒自进[②]，否则一旦查获，按冒籍律论。商籍的设立、运学的设置都给固有的户籍制度带来了挑战，冒籍滋生现象更加严重。近年来，有关科举人才的地域分布及科场舞弊的相关研究颇受学界关注[③]，但把科场冒籍舞弊置于社会史的视野下，探讨土客冲突背景下的集团身份验证是否合理、合法问题的研究还不多见。本部分旨在通过分析清代种种科场冒籍舞弊，分析土客之间矛盾冲突的制度渊源，力求为现实社会此类考试的防弊提供借鉴。

一、科举冒籍的溯源

科举冒籍由来已久。唐代时，资历、门第在科举和铨选中仍然占据极为重要的地位，于是就有不少士子或变易昭穆，或窜改甲历，以使自己符合科考资格或以优于本身的资历参选。唐初便屡有"作伪资荫者"。武后时，选举之人"冒籍窃资，邀勋盗改"为弊甚深。安史之乱后，原保存的中央

[①] "凡娼、优、隶、卒之子孙，均不得应试……盖旧时考试为士子进身之阶，考取之后，异日举人、进士而作显官，例得褒封三代。娼、优、隶、卒而受褒封，谓之有玷名器，故不许其子孙考试，以杜绝其根本。其他，若家人、长随、司阍者之子孙，剃头、剔脚者之子孙，喜娘、轿夫之子孙，皆谓之身家不清，不得应试。"（钟毓龙：《科场回忆录》，杭州：浙江古籍出版社，1987年，第3—4页）

[②] 入籍的规定还见于周庆云《盐法通志》卷九十九《杂记三·两淮商灶籍学额》中记载："（侨寓商民）其实有田产（庐）、坟墓在江南，与入籍之例相符者，准具呈明于居住之州县入籍。"（《稀见明清经济史料丛刊》第二辑，第25册，北京：国家图书馆出版社，2012年，第292页）嘉庆《如皋县志》卷四《赋役一·户口》也说："其客户、外户有田地、坟（宅）墓，二十年听于所在隶名，即编为户。"（《中国方志丛书》，台北：成文出版社，1970年，第9册，第335页）道光《重修仪征县志》卷十二《食货志一·户口》亦载："其客户、外户有田地、坟墓者二十年准其入籍，俱为民户，无田地者曰白水人丁。"（《中国地方志集成》，南京：江苏古籍出版社，1991年，第45册，第153页）徽州商人购置田地，实现土著化，即为了谋求进入仕途。

[③] 刘海峰：《科举取才中的南北地域之争》，《中国历史地理论丛》1997年第1期；范金民：《明清江南进士数量、地域分布及其特色分析》，《南京大学学报（哲学·人文·社会科学）》1997年第2期；〔韩〕裴淑姬：《论宋代科举解额的实施与地区分配》，《浙江学刊》2000年第3期；郑若玲：《考试公平与区域公平：高考录取中的两难选择》，《高等教育研究》2001年第6期；王燕：《明代嘉靖至万历年间的科考弊端及其纷争》，《苏州大学学报（哲学社会科学版）》2002年第3期；夏卫东：《论清代分省取士制》，《史林》2002年第3期；程民生：《论宋代科举户籍制》，《文史哲》2002年第6期；张学立：《从"枪手"看清代科场枪替活动的市场化倾向》，《史学月刊》2004年第3期。

档案散失，冒名者更为猖獗。有些人甚至买通吏部掌管文案的令吏，伪造出身，以求取科举。①

宋代为体现科举人才的地域平等发明了解额制。②《续资治通鉴》卷七载，宋太祖开宝五年（972）下诏："诸道举人，自今并于本贯州府取解，不得更称寄应。"③之后，欧阳修与司马光就"凭才取人"和"分路取人"展开长时间的激烈争论，最后持"分路取人"观点的司马光占了上风。

洪武十七年（1384），明政府规定了一条试子籍贯登记的通则，各府、州、县生员乡试前必须各具"年甲、籍贯、三代"④。清承明制，规定更为具体。顺治二年（1645）即定"生童有籍贯假冒者，尽行褫革，仍将廪保惩黜；如祖父入籍在二十年以上，坟墓田宅俱有的据，方准入试"⑤。顺天乡试还专门设置了审音御史。清政府确实较严厉地推行了这一政策，如南通张謇1925年在《啬翁自订年谱》中说：幼时曾误受塾师之诱，假报邻县籍贯入学，即饱受要挟欺诈，耗资千金，几至破家。最后不得不向学政自首。⑥

明清时期，由于商品经济的发展，以及商人的游走不定，社会流动性增强，户籍管理出现了许多新的盲区，科举冒籍舞弊时有发生。据《大明会典》载，天顺六年（1462）下敕说："科举本古者乡举里选之法。今南北所取举人名数，已有定制。近年奔竞之徒，利他处学者寡少，往往赴彼投充增广生员，诈冒乡贯，隐蔽过恶，一概应试，所在教官侥幸以为己功，其弊滋甚，今后不许，违者听本职及提调科举官、监试官拿问。"⑦

嘉靖二十二年（1543），礼科给事中陈斐就生员多冒籍顺天乡试所奏：

---

① 易禾：《从唐代考试中的舞弊方式看唐宋时期的社会变革》，《文史知识》1994年第2期。
② 李弘祺：《宋代官学教育与科举》，台北：联经出版事业公司，1994年，第164页。
③ 《续资治通鉴》卷七，北京：大众文艺出版社，1998年，第90页。
④ （明）赵用贤等纂，（明）申时行等修：《大明会典》卷七十七《礼部三十五·贡举》，《续修四库全书》第790册，上海：上海古籍出版社，1995年，第404页。
⑤ （清）昆冈等修，（清）刘启瑞等纂：《钦定大清会典事例》卷三百九十一《礼部·学校·生童户籍》，《续修四库全书》第804册，上海：上海古籍出版社，1995年，第239页。
⑥ 张謇：《啬翁自订年谱》，载张謇研究中心、南通市图书馆编：《张謇全集》，南京：江苏古籍出版社，1994年，第800—802页。
⑦ 《大明会典》卷七十八《学校》，明万历年府刻本，第839—840页。

其中奸究之徒，或因居家之时，恃方作奸，败伦伤化，削籍民；兼之负累亡命，变易姓名，不敢还乡者，有之；或因本地生儒众乡，解额有限，窥见他方人数颇少，逃学入京，投结乡里，交通势要，钻求诡遇者，有之；或以顺天乡试，多四海九州之人，人不相识，暮夜无知，可以买托代替者，有之。一遇开科之岁，奔走都城，寻觅同姓，假称宗族，贿嘱无耻，拴通保结。不得府学，则谋武学；不得京师，则走附近，不得生员，则求儒士。百孔营私，冀遂捷径。①

冒籍的手段可谓花样繁多，目的皆在于以此谋求到一个好的功名。

二、清代科举中冒籍形式类型考

冒籍舞弊花样繁多，既集过去历朝冒籍舞弊之大全，又规模巨大、人数众多，对整个社会危害至深。根据冒籍形成的主客观条件，笔者大致可以将其分成两大类：一是客观社会流动形成的科举冒籍，二是举子投机心理作祟下的冒籍舞弊。

（一）客观社会流动形成的科举冒籍

清代构成社会流动的主要参与者包括四方游走的商人、异地任官者的宗亲及规模庞大的移民群体。当科举制度关于籍贯的严格限制成为他们入仕的羁绊时，种种冒籍舞弊便从中滋生。

1. 四方游走的商人

明清时期，商品经济有了长足发展，交通条件更加便利，长途贩运贸易由此经常化起来，行商甚至携家带口经年客居异乡。他们常常苦于其本人或子弟每到考试之期回籍应试，路远费多。明政府曾于明代万历年间，根据在浙经商的安徽人吴宪所请，专门设立商籍，以便于商人及其子弟在客居地应试。清顺治十一年（1654），"设立直隶、江南、浙江、山东、山西、陕西六省商学"②。但是禁例一开，不管做何种生业者都纷纷冒充商

---

① 李国祥、杨昶主编：《明实录类纂——北京史料卷》，武汉：武汉出版社，1992年，第1050页。
② （清）昆冈等修，（清）刘启瑞等纂：《钦定大清会典事例》卷三百八十四《礼部·贡举·乡试中额一》，《续修四库全书》第803册，上海：上海古籍出版社，1995年，第472页。

籍，如乾隆二十五年六月二十二日浙江学政李培因所奏："杭州商籍向来徽杭之人，无论作何生业，均可冒入，是以考者盈千，经臣檄行盐驿道张逢尧责成甲商在于公所按照引名面同厘剔，该商等自顾身家，凡有可疑并即剔去，是以此次仅得三百人就试。"①考者盈千而合规者仅三百人，可见冒考之严重。甚至还有民籍混冒商籍者，致使商籍形同虚设，商人冒籍应试舞弊现象时有发生，如钟毓龙《科场回忆录》中说："旅杭之商人寓客，令其子孙回籍应试，路远费多，亦往往思就近考试，以图简便，此冒籍之所由来也。然外籍之人多取一名，即本籍之人少取一名，与本籍不利，且妨碍学额，故为定例所不许。"②杭州商籍学额的设置便利了在杭州经商的徽州商人，他们由此享有了单独占有学额的特权，这为徽商子弟进入仕途提供了极好的保障。

2. 异地任官者的宗亲

自秦统一中国起，中央即有意识地制定官员回避本籍的法令。易籍就任从此衍为定则。西汉时即有地方各级监官长吏不得任用本籍人的禁限，刺史不得用本州人，郡守国相不得用本郡人，县令、长、丞、尉不但不用本籍人，而且不用本郡人。东汉甚至有"不得对相监临法"和"三互法"，把回避制度推向了更大的范围，以防止"相互比周之弊"。③烦琐化了的制度往往缺乏可操作性，东汉禁止"比周"的制度却以豪强的滋长而收场，乃至一直延续到隋唐。虽履行遏制之策，但效果终不显著。宋代为加强中央集权严厉推行了回避制，明代也多有这方面的规定。清代官吏铨选之籍贯禁限粲然大备，如顺治十二年（1655），"在京户部司官、刑部司官，回避各本省司分；户部福建司兼管直隶八府钱粮，直隶人亦应回避。在外督抚以下，杂职以上，均各回避本省。教职原系专用本省，止回避本府"。康熙四十年（1701），"五城兵马司正副指挥、吏目等官，顺天府人均令回避"。康熙四十二年，"候补候选知县各官，其原籍在现出之缺五百里以内者，均

---

① 中国第一历史档案馆：《乾嘉时期科举冒籍史料》，《历史档案》2000 年第 4 期，第 18 页。
② 钟毓龙：《科场回忆录》，杭州：浙江古籍出版社，1987 年，第 5 页。
③ 严耕望撰：《中国地方行政制度史》上编卷上《秦汉地方行政制度》下册，台北：台湾"中研院"历史语言研究所，1961 年，第 350 页。

行回避"。乾隆七年（1742），"寄籍人员，凡寄籍、原籍地方，均令回避。如浙江人寄籍顺天，则直隶浙江两省均应回避之类"。①清季为防范地方官员结党营私，规定不得在本籍任官，其子弟也不能在其现任地冒籍考试。康熙六十年（1721）上谕："官员不得在现任地方，令其子弟冒籍。违者革职。……准入籍二十年以上者，定例准其考试。"②但是有禁不止，某些官员往往利用手中权柄为其子弟谋取在当地中式的机会。于是，在外任官或做幕僚者本人或其子弟也经常冒当地之籍参加科考。乾隆元年正月二十四日，江南道监察御史谢济世奏称："院、司、道、府、州、县幕中诸友挂名庠序，混入科场，是此举实无益于地方，徒破国家冒籍之禁也。即如乙卯科广西第一名举人潘乙震，系江南山阳人，作幕入粤，冒东兰州籍中式，榜后即领会试咨文，取道回伊本家。"③乾隆二十五年四月二十八日，广西学政鞠恺奏曰："本省府县相邻之人冒考者固有，而浙江、江西、湖广、广东等省之人冒考广西者尤多，大抵或因父兄作幕，或因亲友贸易，诡计影射，混入考试，并无实在田产庐墓。入学之后，仍归故乡，而大比之期复来冒试。"④官吏之子弟因离政权较近，更便于冒籍舞弊。

3. 规模庞大的移民群体

清初，为了加快边疆的开发，清政府曾经鼓励内地民人定居西部边塞地区，对科考户籍要求也有所放宽，但其后这些地区也变成了冒籍纠纷的多发地带。据《清代朱卷集成》一书收入的91份四川乡试朱卷履历，其中有46人祖籍为其他省份，占总数的50%以上；在会试中，有29份为四川籍贯，其中有10人祖籍为外省，占总数的30%以上。⑤可见，外来移民在科举中所占分量之重。乾隆二十六年五月初九，四川学政陈筌为清理冒籍所奏曰："川省幅员广阔，五方杂处，别省流寓者十居八九，冒籍岐考之弊

---

① （清）昆冈等修，（清）刘启瑞等纂：《钦定大清会典事例》卷四十七《吏部·汉员铨选·本籍接壤回避》，《续修四库全书》第798册，上海：上海古籍出版社，1995年，第702页。
② （清）昆冈等修，（清）刘启瑞等纂：《钦定大清会典事例》卷三百四十《礼部·贡举·申严禁令》，《续修四库全书》第803册，上海：上海古籍出版社，1995年，第374页。
③ 中国第一历史档案馆：《乾嘉时期科举冒籍史料》，《历史档案》2000年第4期，第13页。
④ 中国第一历史档案馆：《乾嘉时期科举冒籍史料》，《历史档案》2000年第4期，第17页。
⑤ 张杰：《清代科举家族》，北京：社会科学文献出版社，2003年，第253页。

最易潜滋。"①同年六月十二日，广东学政郑虎文为鹤山县冒籍生员事宜奏称："粤东人文远胜粤西，各府州冒籍绝少。惟鹤山县系雍正十年新设，其时广州府属民人共一百五户，愿捐修城工，题奉部议给还捐项，准其移居入籍，子弟一体应试。"但很快这里便成为冒籍舞弊之渊薮，仅"由鹤山县拨入府学冒籍生员二十八名，鹤山县学查出冒籍生员六十二名"。②又据《学政全书》载："广西各属中向有因本地无人应试，准令外省及本省异府之人入籍考试，嗣因冒籍纷纷，有妨土著，于乾隆三年部议复准外省入籍考试之例即行停止，久经通行在案。据现今查出冒籍人等俱系停止以后复行窜入者，此其不遵功令，罔知法度，深属可恨。况此等人皆系学问平常，在本籍不能入学而冒考幸进，以为得计。至其所冒籍之地，虽土著文风未盛，而就地取才（材）士子犹可渐自濯磨，若尽被冒籍占据，则土著进取为难，文风日就颓废，攻讦势难宁息。"③

（二）举子投机心理作祟下的冒籍舞弊

在个人投机心理的驱使下，贱民阶层的士子千方百计地想要突破对其身份的限制；而地域之间中式难易程度的差异，也诱使个别士子避重就轻；甚至某些受商品意识泛化影响的举子，投机钻营，从中渔利。

1. 贱民冒考

历代都严禁"优伶"等贱民阶层参加科举考试。据明卧碑记："各省廪膳科贡，各有定额；南北举人，名数各有定制。近来奸徒利他处寡少，诈冒籍贯，或原系娼、优、里、隶、卒之家，及曾经犯罪被革，变易姓名，侥幸出身，访出拿问。"④清承明旧制，皂隶人等一应不得为官，其子孙也不准应试。嘉庆六年（1801）十一月，山东金乡县童生张敬礼参加县考，有武生李长青告其系皂隶之孙，因其曾祖父张荩臣曾经当过皂隶，不应赴考。后经审实，不仅张敬礼不得应考，就连结保廪生苏体训也被杖责

---

① 中国第一历史档案馆：《乾嘉时期科举冒籍史料》，《历史档案》2000年第4期，第18页。
② 中国第一历史档案馆：《乾嘉时期科举冒籍史料》，《历史档案》2000年第4期，第19页。
③ 中国第一历史档案馆：《乾嘉时期科举冒籍史料》，《历史档案》2000年第4期，第17页。
④ 钟毓龙：《科场回忆录》，杭州：浙江古籍出版社，1987年，第45页。

斥革。①嘉庆九年（1804），直隶滦州生员高玉树呈控快役刘廷璘冒捐监生，并令其子考试童生，该州知州代为出结，听任冒考，转将原告高玉树锁拿。后高玉树的兄长高景逸不服，进京控诉，左都御史英善、直隶总督颜检等都据此事而上奏，案情复杂，嘉庆帝也多次降旨严查。后刘廷麟被革去监生，杖一百；知州解任；其他涉案人等均遭严惩。②

2. 避难就易

清代疆域辽阔，各地经济文化差异很大，区域间的士子素质各异，如南方文风较为发达，士子素质普遍高于北方，如果南方的士子冒籍到北方参加科试，取中的可能性相对增加，但就占用了北方的录取名额，进一步加大了南北方的文化差距。早在康熙五十一年（1712），即已有"迩来浙江、江南人冒直隶等处北籍、及代人考试者甚多"③之说。乾隆二十一年（1756），重申严禁南人冒北监、北贡应试，谓"顺天乡试立南、北皿字号，分额取中，向有南人冒捐北监入试者"；又谓"顺天乡试，南人冒北皿中式者固多，而冒北贝中式者，更不可计数"。④乾隆五十八年十一月十六日，广西学政戴衢亨奏报："考试广州府属至东莞县，点名时，查出该县文童叶永叨年貌不符，当经究出买名应考情事，即发交该提调，按例究办。"⑤嘉庆十二年《皇朝续文献通考》卷八五载："山西省近年以来，南省士子接踵冒籍考试、入学补廪者相继而起，其中获登科第、身任职官者亦不乏人……不独山西为然，各省恐亦在所不免……嗣后各省督抚应饬令地方官，于士子考试出仕之初，实力查禁，俾冒籍者无可侥幸。其业经中式及见任职官，准其自

---

① 中国第一历史档案馆：《嘉庆年间皂役及其子孙冒捐冒考史料》，《历史档案》1998年第1期，第30页。
② 中国第一历史档案馆：《嘉庆年间皂役及其子孙冒捐冒考史料》，《历史档案》1998年第1期，第35—37页。
③ 《清圣祖实录》卷二百四十九，"康熙五十一年三月庚子"条，北京：中华书局，1987年，第470页。
④ （清）昆冈等修，（清）刘启瑞等纂：《钦定大清会典事例》卷三百四十《礼部·贡举·申严禁令》，《续修四库全书》第803册，上海：上海古籍出版社，1995年，第378—379页。
⑤ 中国第一历史档案馆：《乾隆朝中晚期科举考试史料》（下），《历史档案》2003年第1期，第58页。

行呈明，应改归原籍者，照旧例行。"①又因为"每县学每次考试录取几人，各有定额，而投考之童生则各县多寡不等，额少人多者录取难，额多人少者录取易。故额少人多处之童生，往往思就额多人少之县参加考试，以期易取"②。不同年份各地考生数量多有变化，容易让考生明了择地而试对自己功名可能产生的影响。

3. 其他投机冒考

在具体实践当中，投机冒考者花样繁多，如广东学政平恕在乾隆五十一年（1786）为报肇庆等地生童科试情形所上奏折中说："试潮州府时，查出揭阳县童生陈勋年貌与府试册不符，发提调讯明，该童本名陈辉乾，因胞侄陈勋考前病故，该童府案无名，冒名应考，当经照例惩逐。"③《清稗类钞》吴改堂冒籍应院试条记："吴半松丁母忧，返吴江，其子改堂试于江阴，见斥归，半松泫然流涕曰：'吾老矣，能及见汝成诸生耶？'改堂慨然曰：'三日后见之矣'。遂复至江阴，冒常熟籍，成诸生。归久之。移入吴江学，寻补廪膳生。"④更有甚者，一人冒考数处，然后四处兜售，从中渔利，如"江苏地方童生应试，率皆彼此通融互考，且有一人冒考数处，或多作重卷数名，以为院试时售卖之地者"⑤。

从以上种种冒籍不难看出，冒籍一般是从文化水平较高的地区流向开化较晚、文化水平相对落后的边远地区。在与冒籍者的竞争中，土著士子常常处于劣势，冒籍者进取多一人，土著则少一人，于是土著民怨沸腾，土客之间的冲突不断加剧，从而产生了众多的"攻冒籍"事件，由此引发的讼狱也接连不断。据《清代朱卷集成》一书收入的91份四川乡试朱卷履历，其中有46人祖籍为其他省份，占总数的50%以上；在会试中，有29

---

① 转引自顾明远总主编：《中国教育大系·历代教育制度考》，武汉：湖北教育出版社，2015年，第1729页。
② 钟毓龙：《科场回忆录》，杭州：浙江古籍出版社，1987年，第5页。
③ 中国第一历史档案馆：《乾隆中晚期科举考试史料》（上），《历史档案》2002年第3期，第47页。
④ （清）徐珂编撰：《清稗类钞》，北京：中华书局，1981年，第604页。
⑤ （清）昆冈等修，（清）刘启瑞等纂：《钦定大清会典事例》卷三百八十六《礼部·学校·童试事宜》，《续修四库全书》第804册，上海：上海古籍出版社，1995年，第171页。

份为四川籍贯,其中有 10 人祖籍为外省,占总数的 30%以上。①可见,外来移民在科举中所占分量之大,如《学政全书》记载:"广东新宁县滨海,有嘉潮一带客民二千余户,向为土著所阻,不得入籍应试,频年构讼,未能静息。"②但正是这种矛盾的存在才使舞弊案件被及时地揭发出来。此类攻冒籍事件在明末清初历史小说《醒世姻缘传》中也有反映,如第三十七回《连春元论文择婿孙兰姬爱俊赵郎》就提到,薛教授移居明水镇不久,其子薛如卞参加童子试时,"童生中要攻他冒籍,势甚汹汹",廪生连城璧不敢出保,后来由于连城璧的父亲连春元看上了薛如卞一表人才,想招薛如卞为女婿,便让其子出了保结。后来"薛如卞有了这等苴实的保结,那些千百年取不中的老童,也便不敢攻讦"③。乾隆二十三年(1758)三月,山东青州府考试童生,有原即墨县典史沈洪达之子沈宝篆,原籍浙江,冒籍参加童子试,致使人心不服,纷纷攻击。武生胡德辉、增生黄如书二人出名写帖告白,后惊动乾隆帝,亲自颁发上谕,令山东巡抚阿尔泰奉旨详查,事情属实。结果,除了将沈宝篆父子处分外,还将青州知府琳朝以失察冒籍之罪交部议处。④《清稗类钞》中也有"易三短子不得应县试"的故事:长沙易某,曾充善化门丁,有一子叫易三短子,能文而轻狂。光绪时,想参加县试,同邑的人纷纷攻击他,并联名通邑,约定童生不出互保结、廪生不填册保送。后短子冒其族人名入场,案出竟得冠军。众人得知后,到学院去控告他,但督学陆总宪赏其文,仍令其入场复试。当时,众怒不可遏,复卷而起,重击栅栏,意欲罢考。陆督学无奈,悬牌除短子名,众乃归座毕试。短子随后也逃往武昌,在陆督学的推荐下做了郡守某司的书札。⑤

真正冒籍者被攻击或遭到严惩都是无可厚非的,而那些即使定居已久、符合参加科举条件者,在当地土著人看来,他们依然是外来户,心理上还不愿接纳他们,尤其忌恨他们占据大多数的科举解额,所以一有机会这些

---

① 张杰:《清代科举家族》,北京:社会科学文献出版社,2003 年,第 253 页。
② 中国第一历史档案馆:《乾嘉时期科举冒籍史料》,《历史档案》2000 年第 4 期,第 33 页。
③ (清)西周生辑著,夏海晏注:《醒世姻缘传》(注释本),武汉:崇文书局,2018 年,第 336—337 页。
④ 中国第一历史档案馆:《乾嘉时期科举冒籍史料》,《历史档案》2000 年第 4 期,第 16—17 页。
⑤ (清)徐珂编撰:《清稗类钞》,北京:中华书局,1981 年,第 604 页。

当地土著人便恣意攻击，有时甚至诬告他们。例如，陕西的商州坐落南山，界连楚豫，向有安徽、湖广等省民人前来垦殖，荒山渐成沃土，四方辐辏，生齿日繁。家稍丰裕者，便延师课子，"与商州土著生意向来不能水乳"，每当客籍童生呈请入籍考试时，虽年限业已相符，土著童生也往往以身家不清相攻击，"构讼数年未能结案"。①乾隆八年（1743）九月二十八日镇江府试，溧阳县童生点名给卷之时，忽有众童指责童生蔡士荣系别籍冒考，环请斥逐。但查实后发现，蔡士荣自河南移住，历年已旧，与入籍考试之例相符，但"将此情由晓谕诸童，讵仍抗违不遵，坚欲册内除名，同声附和，阻挠喧嚷"，最后镇江知府无奈之下，"当即饬令拿究，始各惊散"。②土客在科举中额上的矛盾之深，由此可见一斑。在处理此类案件的过程中，也推动着相关制度建设的完善。兹以嘉庆八年（1803）靖州十八姓冒籍案为例，加以剖析。

案件发端于嘉庆七年，湖南靖州通道县文童生张世伟到步军统领衙门呈控靖州民人梁、吴、陈、刘、孙、明、朱、潘、彭、谭、倪、黄、汤、张、卢、江、曾、杨等十八姓冒籍考试一事。

通道县建自唐代，原分编五里，一汉四苗，向设苗学三名、汉学八名。来自江西、浙江等省的汉人明代时都已开始定居靖州，"有明年间，彼处文风夐陋，民不知书，每逢考试，多系靖州梁、吴、陈、刘……杨等十八姓民人前赴应考，后因取进人多，随即入为县籍"。但到康熙年间，通道本地民人"渐粗知文义，争思应考博取青衿，奈童生颇多而文理较劣，每试学额八名，梁、吴等姓分占六七，心怀不甘"。但通道土著"僻在边隅，学鲜师授，其应试诗文本难与十八姓争胜，故历次学臣按试，一则人少而取进多，一则人多而取进少，相形之下，遂不觉因愧成忌，辗转渎控，必欲使之改籍而后快"。所以，从乾隆后期，"通道本处士民总因梁、吴等姓占额太多，群相侧目，故每遇县考，恃众阻截，不令十八姓进城"。后为了防止土著聚众滋事，便不在一体应试，先考完本地童生后再补考十八姓生员，最后统一录取，但由于"梁、吴等姓总因文理较优，取进人多"。③因此，

---

① 中国第一历史档案馆：《乾嘉时期科举冒籍史料》，《历史档案》2000年第4期，第14页。
② 中国第一历史档案馆：《乾嘉时期科举冒籍史料》，《历史档案》2000年第4期，第14页。
③ 中国第一历史档案馆：《乾嘉时期科举冒籍史料》，《历史档案》2000年第4期，第24—27页。

土著居民还是不满，攻击十八姓冒籍的案件不断发生，张世伟的控告也是当地土著民众的呼声。

案情反映到刑部后，刑部委托湖南巡抚高杞审理，高杞了解到该案并非真正违禁冒籍的详情后，为了使土客相安，拟定从嘉庆九年（1804）开始，土著与十八姓之间分额取进，"凡岁科两试，通道本处文童约有一百余名，每次酌分进六名；梁、吴等姓文童约计四五十名，每次酌分进两名"。并且让"十六姓内吴大铎等遵断出具情愿分额甘结"，高杞也将此处理意见于嘉庆八年七月向皇帝做了汇报，并且皇帝批示"依议。钦遵在案"。①

但是十八姓中的梁东泰甘结时没有到场，由其堂兄梁大坤代为画结，事后，便"以限定二名心怀不甘，辄捏写应知州威勒具结、朦详分额等词，于六月内起身赴京具控"。是年十一月二十一日，刑部左侍郎赓音奉旨（"此案著赓音、邵自昌提集案内人证卷宗，秉公查审，定拟具奏。钦此"）查办该案。后经过重新提审甘结生员，"均各允服，应知州并未勒结，亦非朦详"，对梁东泰进京告状，并不知情。结果，梁东泰由于捏写控词，不仅没有赢得官司，反而被革去生员，杖一百，折责发落。同时，赓音等还拟定"应照入籍二十年准其考试之例，自嘉庆九年起核计，二十年后，由学臣察看情形，会同抚臣咨部销去木字号戳记，梁、吴等姓与本地土著一体校录取进，免其分额"。②

本来土客的融合有利于文化的提升，可是科举定额录取制度确实也限制了土客间融合的步伐，土客间的争斗往往亦由科举中额的分配而引起，由此而构成的讼案实际上是土客矛盾尖锐化的产物。传统地方政府或屈服于民间形成的俗例，作息事宁人的调解，对土客进取名额再作瓜分，这显然只能加深土客间的文化分野；或者采取强硬之策，让土客站到同一起跑线上，以科举制度的推进带动当地文化的整体进步。从长期的眼光看，后者的做法似乎更能代表历史发展的方向。

总观清代科场中的冒籍舞弊现象及由籍贯观念引发的土客之争，反映了科举制度本身发展过程中存在着诸多无法弥补的漏洞，特别是商品经济发展、社会流动性增强之后户籍管理制度无法有效执行时，层出不穷的冒

---

① 中国第一历史档案馆：《乾嘉时期科举冒籍史料》，《历史档案》2000年第4期，第25—26页。
② 中国第一历史档案馆：《乾嘉时期科举冒籍史料》，《历史档案》2000年第4期，第26—27页。

籍现象严重扰乱了科举制的正常运行,激化了土客间政治资源分配的矛盾,由此而构成的诸多争讼事件本身亦在不断破坏着科举制度的神圣性,乃至很大程度上使之最后落得被废除的结局。

第二节 从"枪手"看清代科场的市场化

科举制度作为中国对人类文明的最伟大贡献之一,日益成为学界研究的焦点,特别是20世纪90年代以后,科举学成为一门专学,相关的研究逐渐引向深入,"从冷寂走向热门,从制度的考证和史实的回忆走向理论的探讨,从激情的批判走向理性的判断,从幼稚走向成熟"[①]。有关科举考试舞弊的文章,近年来也有不同程度涉及,但大都囿于制度层面的研究[②],结合社会经济变迁对其舞弊现象进行深入探讨的则极为少见。本部分试图结合清代社会经济变迁的大背景,从科场"枪替"入手,以"枪手"为中心,从清代科场的市场化趋势进行剖析,以期深化相关研究,不断从历史中汲取灵感和资源,启发对现实问题更多的思考。

一、"枪替"现象溯源

"枪替",又称为枪冒或倩代,即在考试时请人代做诗文,被雇冒考者曰"枪手"。《辞海》中把"枪手"解释为:"旧时指代人应考的人,亦称'枪替手'。"[③]"枪替"作为一种作弊手段,几乎与科举制相伴而生,自有科

[①] 刘海峰:《"科举学"的世纪回顾》,《厦门大学学报(哲学社会科学版)》1999年第3期,第17页。

[②] 从制度层面的相关研究可参阅李国荣:《清朝最大的科场夹带作弊案》,《历史档案》2001年第1期;李国荣:《清代科场夹带作弊防惩研究》,《历史档案》2002年第1期;侯建良:《清代科举考试中的营私舞弊和严厉处分》,《光明日报》1981年7月20日;宋才发、熊贤军:《历代科场舞弊的惩治与防范》,《华中师范大学学报(哲社版)》1986年第1期;曲万法:《科举考试中对徇私舞弊的防范措施》,《理论学刊》1988年第1期;白应东:《科举考试惩戒舞弊的法规措施及其借鉴意义》,《汉中师范学院学报(社会科学)》1997年第2期;王天平:《北宋时期惩戒科举舞弊的法规措施及借鉴》,《煤炭高等教育》1998年第4期;陈剩勇:《中国古代科举考试中的舞弊与反舞弊》,《长白学刊》1998年第4期;卢奔芳:《历代科场舞弊的手段及惩治》,《南宁师范高等专科学校学报》2001年第1期。

[③] 据《辞海》对"枪手"的解释:"枪手"二字最早出现在《宋史·兵志五》:"熙宁元年,诏广州枪手十之三教弓弩手",其意思是持枪士兵;至清代才真正具备冒名代考的含义。

举,就有"枪替"。《唐语林》卷七云:"在中书则开铺卖官,居翰林则倩人把笔。"《新唐书》卷四十五《选举志下》也载:"然是时仕者众,庸愚咸集,有伪主符告而矫为官者,有接承它名而参调者,有远人无亲而置保者。试之日,冒名代进,或旁生假手,或借人外助,多非其实。"①宋代尽管对科举制度进行了全方位的改革,使之更加趋于平民化,但"枪替"事件也屡有发生。洪迈《容斋随笔》中指出,当时请人代答之风甚盛,而"禁之愈急,则代之者获赂谢愈多。其不幸而败者百无一二"②。明代有关雇倩代笔的记录,在皇明奏章和私人著述中更是屡见不鲜。据《明史·选举志》载:"贿买钻营、怀挟倩代、割卷传递、顶名冒籍,弊端百出,不可穷究,而关节为甚。"③周元暐《泾林续记》中还专门记载有相关"枪替"的具体案例:

> 孙某某家素饶裕,戊午科托亲周某某挟重资往觅考官,买举人遇于上江,定议银千五百两……房考属曰"汝此番错过实录,文字未嘉,下科须觅高才者倩其代笔,庶可万全"。至辛酉孙复得门路,而忆前言,颇当临场,浼庠友钱文台代作……孙后为某某通判,在仕途十余年,待钱甚厚,赠遗不可胜记。④

二、清代"枪替"的种种表现

清代科举,承明旧制,并且使之进一步标准化和制度化,强化了回避、磨勘、复试等科场细则,堪称科举制度最为完备的阶段。在防范舞弊方面,更是采取了细密化的措施和严厉的惩治手段。正如《清史稿》所言:"有清以科举为抡才大典,虽初制各沿明旧,而慎重科名,严防弊窦,立法之周,得人之盛,远轶前代。"⑤《钦定大清会典事例》也记载了相关的具体惩罚措施:"(顺治二年定)生儒入场,细加搜检。如有怀挟片纸只字者,先于

---

① 转引自杨学为、朱仇美、张海鹏主编:《中国考试制度史资料选编》,合肥:黄山书社,1992年,第134页。
② (宋)洪迈撰,穆公校点:《容斋随笔》下卷十三《科举之弊不可革》,上海:上海古籍出版社,2015年,第516页。
③ 《明史》卷七十《选举志二》,北京:中华书局,1974年,第1705页。
④ (明)周元暐著,(清)潘祖荫辑:《泾林续记》,功顺堂丛书,吴县潘氏刊,道光元年,第18页。
⑤ 《清史稿》卷108《选举志三》,北京:中华书局,1977年,第3149页。

场前枷号一个月，问罪发落。如有倩人代试者，代与受代之人，一体枷号问罪，搜检员役知情容隐者同罪。"① 并且屡兴大狱，严惩了一大批涉嫌科场案的官员，如王德昭所说："清代科场案迭兴，其中虽不无因政治动机或个人恩怨而起，藉端构成巨案，但要之以惩处私弊者为多。每次试官、考生因株连而骈诛、流放、罢废者，累累相望。"②

清代科场舞弊较前代，有过之而无不及，"枪替"事件在科场中几近泛滥成灾。与清代社会经济的日益商品化趋势相伴相随，清代科场的市场化趋势日趋明显，"枪手"表现相当活跃，并且呈现出职业化和商品化的趋势。

第一，清代"枪手"买卖的市场要件已相当完备。市场是天生的平等派，供需关系在市场经济中也是一种永恒的关系，有买就有卖。清代"枪手"之所以如此活跃，是因为这一时期确实存在着巨大的地下买方市场。正如《官场现形记》第五十六回所言："凡是考试都可以请枪手，冒名顶替进场。"③《清稗类钞·考试类》中"童试有一条葱"记载广东某积惯"枪手"，逢场必售，说明卖方市场当时也是相当完备：

> 粤东科场积弊至多，枪替，其一也。有某观察者，当其为诸生时，尤优为之，故虽已入泮多年，而县试、府试、院试皆往，往必售，盖包办也。粤人谓之一条葱，犹一条鞭也。彼之冒名顶替，岁以为常，几于一岁易一姓名焉。④

而且积惯"枪手"对不同考试都有明码标价，并借以契约的形式巧妙地使双方的权利、义务"合法化"，如钟毓龙在《科场回忆录》中所说的：

> 作枪替之人，不过欲得钱耳。癸卯科，余所闻枪手之价格，为前三后三。未入场之前，先付银三百元，是谓前三。场后榜出，不中则已，中则更付三千元，是为后三。然中试（式）之后，雇主爽约不付，则如何？事犯重罪，不能涉讼也，则有一法，令雇主先出立借据，上

---

① （清）昆冈等修，（清）刘启瑞等纂：《钦定大清会典事例》卷三百四十《礼部·贡举·严申禁令》，《续修四库全书》第803册，上海：上海古籍出版社，1995年，第372页。
② 王德昭：《清代科举制度研究》，北京：中华书局，1984年，第42页。
③ （清）李伯元：《官场现形记》第五十六回，长沙：岳麓书社，1993年，第611页。
④ （清）徐珂编撰：《清稗类钞·考试类》，北京：中华书局，1984年，第598页。

书"某某科举人某某,因场后需用,向某某借到银三千元"云云。如此,则假使不中,则某某并非举人,枪手不能执此以索诈;假使中式,则有借据为凭,雇主无从图赖。此种方法,真匪夷所思。①

其中兜揽生意、充当说合,起到了中介人的作用的"枪架"也应运而生。雇倩者、"枪架"、"枪手"围绕着货币关系("枪资"或中介费)展开。可见,清代"枪手"买卖的市场要件已相当完备,且各尽所能、各取所需,科场几乎变成买卖的市场,科场的市场化趋势已格外明朗。

第二,清代"枪手"作弊方式也更加灵活多样。据钟毓龙《科场回忆录》中所记,依据"枪手"作弊方式的不同,可把"枪替"分为三种:"一曰传递,一曰顶替,一曰龙门掉卷。"②

(1)传递,即先将题目递于场外,再将"枪手"之文传于场内。其传递手段或是飞鸽传送,或是挖墙传递,可以说是挖空心思,无所不用其极。《钦定大清会典事例》中有详细记载:

> 京城举场附近之地,近科以来,闻有积惯奸徒,窝藏枪手,专为场内代倩文字。而不肖举子,勾通外场巡绰兵役及闱中号军,将题目走漏消息,用砖石等物掷出场外。及文字作成,或遥点灯竿、连放爆竹,或将驯养鸽鹞,系铃纵放,作为记号,预行指定地方,以便关通接递,仍用砖石等物掷入场内,最为积弊。③

其中"枪架"负责兜揽业务或勘测地形;试院之附近的居民,出于利诱,也经常参与其中,窝藏"枪手",代为传递。乾隆三十六年(1771)十月二十七日,四川学政孟超然为遵旨汇陈岁试撞骗顶冒诸弊事所上的奏折中就提到积惯"枪手"田立本两次传递作弊被拿获的情形:

> 乾隆三十五年十一月内,臣考试嘉定府属童生。据代办提调乐山县知县胡启楷禀称,田立本与武生邓璲包揽犍为县童生曾添泰、张著

---

① 钟毓龙:《科场回忆录》,杭州:浙江古籍出版社,1987年,第76页。
② 钟毓龙:《科场回忆录》,杭州:浙江古籍出版社,1987年,第75页。
③ (清)昆冈等修,(清)刘启瑞等纂:《钦定大清会典事例》卷三百四十《礼部·贡举·严申禁令》,《续修四库全书》第803册,上海:上海古籍出版社,1995年,第380—381页。

文等起意传递未成，已被拿获，惟邓璲闻风潜逃，臣即将邓璲褫革饬拿审究。据嘉定府知府穆丹审详，田立本即田泰中，先于乾隆三十三年四月内在南充县与童生杜兰芝等传递未成，案内审拟杖徒发配剑门驿，乘间潜逃。三十五年十一月，在乐山县与素识之武生邓璲道及贫难，起意包揽，得利均分。邓璲往揽童生曾添泰、张著文二名，每各议出银五十两，以马大丰店后紧靠考棚西墙，欲在墙下挖眼传递，因医生张燦然与马大丰佣工尚君佐熟识，遂托张燦然往告尚君佐，许与钱文。田立本等前往店后，用刀挖通一眼，以便临期穿绳，当时即被查拿。查田立本虽甫经包揽即被拿获，但前已反案，不知悛改，实与积惯枪手无异，应照积惯枪手例，枷号三个月，发烟瘴地面充军。①

这种作弊方式在武科考试中也是有过之而无不及，因为绝大多数的武生重武轻文，武试一般可以轻易过关，而文试则成为不可逾越的障碍。为了实现其龙门科第的梦想，就转而求助于"枪手"，如乾隆元年（1736）三月二十日，湖广彝陵镇总兵王进昌为严武科倩代事奏折曰：

> 臣目击武弁，其由进士、举人出身、虽才艺可观、曾经读书者固不乏人，而仅识之无、不辨章句者亦复往往而有，则其从前乡会内场凭何中式，诚难为之究诘。此皆由于主试监官向以外场为重，内场校阅或未必认真严密，以致传递倩代不能尽除。②

乾隆九年十一月三十日，苏州巡抚陈大受为武闱缉拿招摇作弊之人，所上的奏折中也谈到江宁武生传递倩代作弊的情形：

> 又据江宁府知府官保禀称：访有徐州府铜山学武生刘万化，八月内来省应试，有江宁民人沈邃玉素与相识，包揽传递，刘万化随令沈邃玉找寻历科惯充军之张歪，同至万化寓所。万化告以伊有门生、欲寻枪手，代做传递，讲定谢仪三十两，议以十两给与枪手，以四两给与历科充当水、火夫或轿夫，余银十两，张歪、沈邃玉及预事各人

---

① 中国第一历史档案馆：《乾隆朝整饬科场史料》，《历史档案》1997年第3期，第25页。
② 中国第一历史档案馆：《乾隆朝武科史料选编》，《历史档案》1995年第4期，第19页。

派分，仍议中式后再谢各人，共银五十两。张歪旋觅有上元县学生员陈廷选，同至万化门生胡道济寓中，道济之父、武生胡景遂面试作论不佳。陈廷选复转觅江宁县学生员无吴曰唯，假称徐州武生欲延西席，馆谷甚丰，诱至胡景遂寓，作论合式，曰唯旋即辞退。胡景遂出银二两交张歪，转付陈廷选作代笔定银，廷选收用。①

（2）顶替，即本人不到场，而请"枪手"代到。这也是"枪替"者最为惯用的伎俩。下面，笔者将乾隆中后期各地学政、大臣关于地方童生考试"枪替"情形所上的奏折编制成表格以示说明（表4-1）。

表4-1 乾隆中后期各地学政、大臣所奏关于地方童生考试"枪替"案一览表

时间	上奏者	雇倩者	"枪手"	"枪架"	"枪资"
乾隆二十六年十二月十八	浙江学政李因培	湖州府武生郑新	海盐武生王国宁	俞耀祖	不详
乾隆三十一年十一月六日	四川学政罗典	嘉定府文童朱镕	杨怡	宋鋐	不详
乾隆四十九年七月初二	湖北学政王懿修	咸宁文童周梦笔、咸宁文童李开文、蒲圻文童覃方薪	襄阳生员任滋荣、枣阳革生徐谈、襄阳生员郭攀昆	不详	不详
乾隆五十年正月二十八	广东学政平恕	博山童生聂荣、新安童生钟之琛	海阳邱作宾、嘉应钟朝春	不详	不详
乾隆五十年四月初七	安徽学政叶观国	灵璧县吴上元	宣城先江镇	不详	不详
乾隆五十年六月初九	江西学政刘跃云	兴国县文童徐耀祖	上犹生员曾昼锦	结保廪生李景山	不详
乾隆五十年七月二十九	山东学政赵佑	历城童生阴瑄	山西临汾郭一诚	历城童生翟勉、廪保郭佩	"各道穷乏，欲为人代倩获利" "翟勉遂为说合议谢,立有借字"
乾隆五十一年三月十九	山东学政赵佑	汶上童生荣舒元	东昌府生员乔汝襄	武生王浩然	乔"家贫游食" "许给银六十两"
乾隆五十五年五月初六	四川学政戴均元	崇庆童生陈登云	生员周作浩	不详	不详

---

① 中国第一历史档案馆：《乾隆朝武科史料选编》，《历史档案》1995年第4期，第27页。

续表

时间	上奏者	雇倩者	"枪手"	"枪架"	"枪资"
乾隆五十五年七月初八	湖北学政李长森	随州文童冷复夏	襄阳革生李振铎	严恕、张灿	不详
乾隆五十五年十月十六	安徽学政秦潮	潜山童生陈璜	潜山童生王度	不详	不详
乾隆五十六年八月初八	山东学政邹炳泰	德州童生姜平	河南怀庆李克仁	陵县廪生康新泽	"许银一百八十两，写立票约，已交过银二十两"
乾隆五十七年二月二十四	四川学政戴均元	彭县生童李其蕃、金唐童生刘德庆、绵州童生孙茂林	革生冯作泰、革生伍聚星、生员周曰	不详	不详
乾隆五十七年三月初三	直隶总督梁肯堂	枣强童生李人恒	江南丹徒县何廷振	冀北杨锡纯、宁阳李世同	中介银："五两枪资""枪手"："谢银四十两并衣物"
乾隆五十七年五月初四	江西巡抚姚芬	兴国童生刘新昌	粤人黄超扬	生员朱衣点	不详
乾五十八年五月二十四	顺天学政吴兰	青县童生何天衢	柏乡县高位育	柳正元、张兴山	"谢以银两"

资料来源：中国第一历史档案馆：《乾隆朝整饬科场史料》，《历史档案》1997年第3期；《乾隆中晚期科举考试史料》（上），《历史档案》2002年第3期；《乾隆中晚期科举考试史料》（中），《历史档案》2002年第4期；《乾隆朝中晚期科举考试史料》（下），《历史档案》2003年第1期

注：上述资料中有关"枪替"的例子很多，本表选用的只是一些奏述相对详尽之案例

从表4-1可知，仅仅乾隆朝二十几年相关"枪手"顶替的案件就比比皆是。尽管有些奏折上没有详细提及"枪架"和"枪资"，但是我们可以断言，在实际的运作当中，这些因素都是必不可少的，这也是"枪手"活动中最为关键的因素。因为在这种"枪替"作弊方式中，雇倩者、"枪手"、"枪架"都围绕"枪资"，根据市场行情，讨价还价，最终完成"枪替"交易。

（3）龙门掉卷，即本人入场，"枪手"也入场，接卷后，互相调换，其前提是通过打通关节，把两人的号房安排在一块，谓之"联号"。乾隆三十六年八月二十四日，山东巡抚周元理为报科场联号之弊所上的奏折，提到教员刘象益从中作梗的两起联号作弊事件：

同年七月间，平度州生员于煌和素相交好的掖县贡生刘受祜，二人约同赴省乡试，途中于煌言及场中欲浼（浼）刘受祜代倩，刘受祜疑为戏言，并不推阻。于煌随许以得中酬银八十两，不中亦送银二十两以为润笔。刘受祜贪利应允，于煌遂起意图谋联号。到省后，七月二十七日，有现在省城教学之乐安县告顶生员刘象益与于煌原系世好，来寓看望。于煌知其在省教读，必多熟识，随托其图谋与刘受祜联号，情愿出银一二十两，并许事成谢刘象益银十两，若中式，再谢银二十两。

又有掖县生员翟明，与高密县生员任大文素有亲谊，同寓省城应试。翟明因患疟未瘥，恐入场作文不工，思与任大文联号，浼（浼）其改削文字。许中后谢银四十两，先付银十两，任大文因咸好应允。翟明亦与刘象益交好，是日适与相遇，告知情由，亦愿出银一二十两，嘱其营干与任大文联号，并许刘象益将向日欠伊家小钱三十千免其偿还以作酬谢之资。刘象益两下俱含糊答应而去。后刘象益金钱开道，四处活动，篡改坐号。事发后，涉案者严惩不贷（贷）。①

西周生《醒世姻缘传》中，几年只学得"天上明星滴溜转"的狄希陈去参加童子试，也是通过此种舞弊方式骗得个生员身份，从侧面给这种舞弊方式提供了佐证。

由此可见，无论从"枪手"买卖的市场要件，还是从"枪手"的作弊方式看，清代科场的舞弊行为都带有相当的商品经济痕迹，市场化趋势越来越明显。而长期深受"君子寓于义，小人寓于利""尊德行，道学问"等信条熏陶和感染的士子，何以能撕下象征高贵的方巾，寡廉鲜耻地拜倒在"孔方兄"的膝下？笔者认为有其深层次的社会背景。

三、清代科举中的市场化倾向

首先，思想观念的世俗化趋向是造成科场市场化的根源。明中叶以来，传统社会经济急遽变化，商品经济迅速发展，商品意识已从经济领域扩展到主流思想意识形态当中，逐利、奢靡之风逐渐成为一种时尚。传统的程

---

① 中国第一历史档案馆：《乾隆朝整饬科场史料》，《历史档案》1997年第3期，第23页。

朱理学主流意识受到严峻挑战，人们逐渐放弃了程朱理学统治下的"四民论"和传统的义利观，接受了"最能紧扣时代脉搏，直接反映新兴工商业者利益的，是言私、言利的'治生'论和与之密切相关的'新四民论'"[①]。在日常的生活当中，人们开始以"经济人"的角色参与社会生活，并力图以最少的资源投入获得个人利益的最大化。清代诸多舞弊行为显然受制于此种义利观的驱使，无论是雇倩者还是"枪手"，他们之所以敢冒天下之大不韪，作奸犯科，无不是其个人私利膨胀所致。

其次，科举制度本身日趋僵化也是科场市场化的重要因素。宋代以来，随着投考人数的大量增加，要想再像以前的察举制或唐初的"行卷""通榜"[②]那样录取士子除了注重考生的科场答卷之外，还需关注其科场外的品行，已经是一件不可能的事情了。在这种情况下，要想维护考试制度的公平性，也只能"一切以程文为去留"，特别是明代被认为是"为防止考试作弊而走向极端化的产物"[③]的八股文的出现，更是背弃了道德的关怀。正如顾炎武所言："国家设科之意，本以求才。今之立法则专以防奸为主，如弥封、誊录一切之制是也。"[④]问题之严重，就连乾隆皇帝也不得不承认，士子"因陋就简，衹记诵陈腐时文百余篇，以为弋取科名之具，则士之学已荒，而士之品已卑矣"[⑤]。面对针砭科场舞弊方面雪花般的奏折，也只能发出感慨和哀求："每阅诸臣条奏之折，不独为伊等愧，而朕之不能感化，亦且引以为愧。试思国家旁求俊人之典，致下侪于防闲宵小之条，伊等清夜扪心，即不自愧，宁不为国家取士大典稍存颜面耶。"[⑥]这种舍本逐末、

[①] 马敏：《官商之间：社会剧变中的近代绅商》，天津：天津人民出版社，1995年，第48页。
[②] 所谓行卷，即为应试的举子将自己素日所作的诗文择其佳者，投呈给当时的名公巨卿及文坛上有名望地位的人，求其赏识，制造声誉，向主考官推荐，以增加及第希望的一种途径。行卷与通榜是伴生的，在省试之前就有达官贵人、社会名流、文坛巨子与主考官相互通气，共同拟定举子才德声望的"榜贴"（名单），称通榜（刘虹：《中国选士制度史》，长沙：湖南教育出版社，1992年，第176—177页）。
[③] 刘海峰：《科举考试的教育视角》，武汉：湖北教育出版社，1996年，第93页。
[④] （清）顾炎武著，（清）黄汝成集释：《日知录集释》卷十七《糊名》，长沙：岳麓书社，1994年，第615页。
[⑤] 乾隆三年《训士子留心经学谕》，载李国钧主编：《清代前期教育论著选》下册，北京：人民教育出版社，1990年，第4页。
[⑥] 乾隆五十三年《整饬文风谕》，载李国钧主编：《清代前期教育论著选》下册，北京：人民教育出版社，1990年，第17页。

学非所用的选士之法,也必然驱使士子把平生的精力消耗在刻板的八股文上,而放松对传统道德修养的追求。当现实生活当中遇到义与利的两难选择时,他们就很容易意志不坚,从而滑向了见利忘义的一边,尤其是那些久经科场而又屡战屡败之士,沮丧懊恼之极,则走上了科举制的对立面。有钱或有势者,就另辟蹊径,借助于外力,最终达到自己的目的;而另外一类像《儒林外史》中匡超人那样的穷酸人物,则可能由于生活所迫,不得不放下知识分子的臭架子,走上充当"枪手",卖"艺"求生的道路。

最后,官僚制度腐朽在科场市场化中更是起到推波助澜的作用。科场的腐败,不能不说不是官场腐败的延伸,而通过科场舞弊走上官场的士子,则又成为官场腐败的源流,二者互为因果,恶性循环。最终把一直被西方誉为中国"第五大发明"的科举制度推向了死亡的深渊。但这并不是科举制度自身的错,而更多地受制于其直接的执行者——人的因素。因为不管"枪替"以哪种方式进行,一般都要打通试官之关节,或是主考,或是廪保,或是书办。乾隆九年(1744),福建巡抚周学健为陈厘剔科场诸弊四条办法事奏折中说:"科场联号换卷传递等项,弊窦多端,总不离承办科场书吏之手。"① 邓嗣禹对此亦有精辟的论断:"知明清(考试)方法之严密,不惟足以冠古今,亦并足以法中外。……中国盛行考试,以千有余年:历代继绳,时加改革,积千余年之心思才智,覃精竭思,兴利除弊,制度严密,良有以也。后虽流弊丛生,要治人之不善,非方法之不良。不足为本身病也。"② 由于吏治的腐败,虽有严刑酷法,也只能是形同虚设,屡禁不止,因为对雇倩者来说,"考试中榜的巨大成功机会远远超过了作弊和行贿被察觉并治罪的风险。风险小而所得大,因而是值得一试的"③。这种环境成为进一步助长科场市场化的因素。

---

① 中国第一历史档案馆:《乾隆九年整饬科场史料选》,《历史档案》1995 年第 2 期,第 18 页。
② 邓嗣禹:《中国考试制度史》,"民国丛书"第五编,上海:上海书店出版社,1936 年,第 377—378 页。
③ 张仲礼:《中国绅士——关于其在 19 世纪中国社会中作用的研究》,李荣昌译,上海:上海社会科学院出版社,1991 年,第 214 页。

四、小结

综上所述，清代商品经济的浪潮已经波及科场当中，并使原本庄严、神圣的科场沾染了铜臭的气息，出现了市场化的倾向。在这个看似另类的市场当中，基本的市场构成要件都已相当完备，尤其是作为市场主体之一的"枪手"，能根据市场的不同需求，提供灵活多样的"枪替"服务，真可谓"人尽其才，货畅其流"，一切都在默默而有序中进行。然而，把这一非常态的现象放到社会变迁的大背景下看，既是明清以来中国社会经济变迁的结果，又是这种变迁在科场这个特殊社会空间中的反映，这是完全可以理解和接受的。因此，我们不能简单地把所有弊病都归罪于科举制度本身。清代科举制度的发展已相当完备，但是由于时代的发展和外部环境的变化，使原本很好的制度与制度环境发生冲突，在这种形式下，历史往往选择"削足适履"，以改变制度来适应变化的环境。清代科场的诸多舞弊行为及由此引发的市场化趋向，可以说便是其冲突的直接体现。事实上，清代科举制度的终结也正是这种冲突激化的必然结果。

第三节　清代科举考试舞弊中的挟带

挟带是自科举考试出现后就伴生的一种舞弊形式，清以前就多有表现。在科举制度广泛推行的清代，尽管政府不断颁布禁止挟带的法令，但一者挟带的手段更为多样，再者挟带的范围更为扩大，甚至形成了一定的市场化倾向。挟带等舞弊行为的盛行严重损害了科举本身所标榜的公平性，导致一批庸碌之徒混迹官场，政治趋于腐败，使世人对科举的信心逐渐减弱，亦成为科举制度迅速被废除的催化剂。

挟带，又称怀挟，是科举考试中最常见的舞弊手段，搜查挟带也是科举关防的主要任务。挟带的东西或是跟考试内容有关的经书典籍，或是前人高中者的优秀范文，或是好事者猜题拟作的范文。与冒籍、"枪替"、用襻等作弊形式相比，挟带是一种隐蔽性较强又不必花大钱的作弊方式。清代虽是科举制度推行最充分、最完备的时期，却也是科举舞弊极端肆行的时期。就挟带的手段和类型而言，亦可谓越来越"登峰造极"。

一、清代以前科举考试中的挟带

唐代就有在入场时搜检考生衣服的做法,只是那时荐举还占很大的份额,挟带没有成为巨大的问题。

冯梦龙《古今谭概》里说到,宋代有人用薄纸书写参考文字,称为纸球,公然在市场上叫卖,想必销路不错。后来又有人制作石印袖珍本"四书""五经"出售,方便考生挟带。

宋代废除了荐举制,考试变得愈加重要,考试中常见的挟带作弊就兴盛起来。宋代的考试方法较唐代更为精密,然而士子舞弊也较前代更为隐蔽。欧阳修曾针对当时科场挟带等弊上疏揭露:"近年举人,公然怀挟文字,皆是小纸细书,抄节甚备,每写一本,笔工获钱三十二千。亦有十数人共敛钱一二百千,雇倩一人,虚作举人名目,依例下家状,入科场,只令怀挟文字。入至试院,其程式,则他人代作。事不败,则赖其怀挟,共相传授。事败,则不过扶出一人。既本非应举之人,虽败,别无刑责,而坐获厚利。"① "诸道进士猥杂,或挟书假手,侥幸得官"的现象出现了。太平兴国元年(976)的一次孝悌力田试及文、武诸科考试,考文者"文无可取",试武者"上马则陨",只好将考试作废。于是,宋真宗景德二年(1005)就规定,举人入试,"不得怀挟书策,犯者搏出,殿一举",即罚停参加考试一次。但是,到了大中祥符五年(1012),虽然搜出了挟带者十八人,累及连坐同保者八十多人,可是经过重新考试,那十八人竟有十二人合格,看来他们中的大多数还是有才能的。于是,这一年又做出规定,以后贡院考试,不准解衣搜查。这样,只要是稍微隐蔽的挟带者都可蒙混过关了。

南宋偏安于江南,为了笼络知识分子,科考十分芜滥,考生常常达到数万人。入场检查很不严格,考场内的巡逻军卒同时担负供应砚水、点心、泡饭、茶酒、菜肉之类的货卖,考场如市场,而且准许就题目中的疑难进行提问。因此,虽有巡逻、弥封、誊录、隔帘等做法,仍然难免"奸弊滋生"。有人指责南宋科举考试的弊端有传递答案、涂改试卷编号、调换试卷、把试卷传到场外请人代答、收买誊录人员帮助修改等多种,但却不提及挟

---

① 《欧阳文忠公集(四)》卷一百一十一《条约举人怀挟文字劄子》,《四部丛刊初编》据商务印书馆1926年版重印,集部,第151册,上海:上海书店出版社,1989年,第1页。

带,可见南宋考试中的挟带现象已经是熟视无睹了。

明代的考试中对挟带者的处罚很严厉,而且法外有法。对待考生如同囚犯。据艾南英的《前历试卷自叙》描述:"天暑酷裂,督学轻绮荫凉,饮茗挥箑自如。诸生什伯为群,拥立尘垒中,法既不敢执扇,又衣大衣厚衣,比至就席,数百人夹坐,蒸熏腥杂,汗流浃背。"严冬时,诸生则需"解衣露足","上穷发际,下至膝踵,倮腹赤踝"①,此乃为防怀挟而采取的极端做法。另据《东方古册》介绍,明代万历年间的状元赵秉忠,当年参加县考,因为有一个考生被查出鞋子里藏有挟带,虽然时值大雪严寒,考官仍然逼令他和其他考生一律脱光鞋袜,赤脚站在冰雪地上,罚立很久。被搜检出身怀挟带的人要当众受到杖责,还要被取消考试资格,回家为民,情节严重的还会被送到边地充军。

尽管如此,挟带现象还是未能杜绝,而且手法趋于多样化。据记载,通常是先将必考的"四书""五经"抄在薄纸上,再卷起来,藏在笔管中;或折叠起来,藏入砚台的底部或鞋子的夹层里;或抄写在布条上,然后塞入腰带,系在腰里;或抄写在衣服的夹里上。这些手段用得多了,久了,被考官熟知了,也就很难混得过去。于是又有人动起新的脑筋来。有的人把挟带条藏在特制的蜡烛里;有的人把袖珍的"四书""五经"做在馒头里;还有的人买通守卫人员,事先把挟带物藏在考场里,入场后再取。唐代就已有用乌贼鱼汁密写的方法,清代也被用在了挟带上。其方法是用乌贼鱼汁作墨汁,把挟带的内容写在裤子的里上,然后涂上烂泥,入场后泥干,把泥去掉,文字就显现出来了。明代八股文使考题僵化,更是提高了压题、拟题的命中率,于是科场挟带弊端无穷,其术也是变化万千,如"募善书者,蝇头细字,写与金箔纸上,每页一篇,工价三分,经书俱千篇,厚不盈寸二三,场亦如之。或藏笔管中,或置砚底,更有半空水注,夹底草鞋之类。又用药煮写于青布衣裤上,毫无形迹,将壁泥糁上,旋即拂净,则文字立见,名曰文场备用,每副价银百两"②。

---

① (明)艾南英:《前历试卷自叙》,《景印文渊阁四库全书》第1406册,台北:台湾商务印书馆,1986年,第125页上。
② (明)周元暐:《泾林续记》,北京:中华书局,1985年,第14页。

二、清代科举考试舞弊中的挟带

清代对挟带的检查和处罚更严。清乾隆年间有规定，砚台不准过厚，笔管要镂空，水壶要用泥瓷的，木炭不得超过二寸，蜡烛台必须用锡制的、单盘、台柱空心通底，糕饼之类要打开，考篮须编成玲珑格眼式等。不仅乡试和会试规定如此，就连县、府、院的考试，也都有明文规定"不得挟带片纸只字"。如果被搜检出有挟带物，则其会被立即戴上重枷，在考场门口示众，然后剥夺考试资格和功名（如秀才、举人身份），及至戍边。但是，搜查越严，处罚越重，挟带者反而越多。据记载，衣带、衣里、考篮及馒头、糕点、酒瓶、砚台、帽子和鞋都是私藏挟带的常用工具。

就挟带的内容来说，大体上有三种：一是"四书""五经"。当时书肆里发卖的石印袖珍本主要是作挟带用的。二是历次考试所公布的优秀考卷（程文）。当时已有人把这种考卷汇编成册，加以评点，刻印出卖牟利。《儒林外史》第十三回中的马二先生就是这一行的行家里手。三是考生猜题的习作。因为考试的题目限于"四书""五经"，猜题就有了范围。据说，在清初的顺治、康熙时期，考生最多的顺天乡试，事先猜准题目的能有十之五六。康熙以后，出的题目便比较离奇了，但仍能猜中十之三四。猜到题目，对考生当然十分关键，可以事先准备，临场不慌。

由于衣帽是最常见的挟带工具，所以有穿皮袄者必须去掉面子、穿呢衣者必须去掉里子的规定，以致考生所穿的没有面子的皮袄，白花花的一片，实在不雅。有时，考生穿的皮袄或呢衣都会被没收。会试在三月，这时的北京往往天气很冷，许多考生冻得生病，不能终场。直到乾隆十年（1745）才又有了考生准许穿带面子的皮衣和带里的呢衣的条款。不过，政策的改变是由于乾隆九年的那次顺天乡试。当时，乾隆皇帝听说挟带之风一直很盛，于是决定严厉惩治一下。他特地派了舒赫德和哈达哈两员亲信大臣，带领大批士兵，对参加这年顺天乡试的考生进行突击搜查，并且悬赏，搜出一个挟带者，赏一两银子。这样，士兵就特别专注，特别卖力，不仅考生的衬衫要脱下来检查，就连辫子也要解开看看，肛门也要检查。被查出的挟带者被当场戴上重枷示众，以致示众者排成了一大片。排在后面等候检查者看到守门士兵如狼似虎，不但藏有挟带者立即掉头溜掉，就连未曾挟带者也不敢进场。本来太阳出来以前就该入场完毕,这天直到太阳快要落山时,进场者仍然寥寥无几,考试也就无法进行。因考期不能更改,乾隆帝只好下令让考生全部进场考试。但考生此时都已如惊弓之鸟,不知入场后又会怎样,尽管身上没有挟带,仍然如坐针毡、忐忑不安,头一场就有2000多人交了白卷,第二场、第三场又有1000多人放弃考试。事情弄到这种地步,乾隆帝只好再颁布诏书严厉批评学政、考官对考生管教不严的同时,又命令取消不准考生穿有夹里呢衣及有里子皮衣的规定。①

当然,不管怎样严厉的检查,都不免有疏漏。有的人事先收买了守门的兵士,特地在人少的时候进场,士兵喊一声"已查",就放行了。也有的人明明身上有挟带,却故意装出坦然之态,守门者往往就不检查了。清初,著名文人朱彝尊的孙子朱稻孙在入场的时候故意先把里里外外的衣服解开,指着肚皮对守门者说:这里面的挟带很多。守门人以为他很风趣,爱开玩笑,就挥挥手放行了。另外,由于一场考试中考生多时有上万人,一个一个检查,也是一件很苦的差使,因而只对最先入场的查一查,后面的就不管了。同治元年(1862)的状元徐甫就是摸准了这个规律,参加会试时故意排在队伍的最后面入场。这次搜查虽然很严,但查到一大半,士兵就累了,高喊一声"全部查过",统统放行,徐甫因而顺利地混进了考场。

把应试者视同囚犯,实行侮辱性的搜查,实在过于野蛮。有些有见识的人很早就反对这样做,主张对挟带要区别对待。清代大学者阮元就是如此。他担任乡试主考官时就注意区别不同情况。如果挟带的确实是自己写的文稿,文理也较通顺,就允许其继续入学学习,下次参加考试。如果是雇人代写的,或者是抄写别人的现成文章,则严加处理。还有一些人反对用偏题、怪题刁难学生,而主张拟大多数考生能够理解的平易考题来考察学生的真正水平。他们认为,这样做,挟带现象可能就会有所减少。

在约1300多年的科举史上,随着专制制度的不断强化,挟带与搜检、士子与考官之间的比拼也在不断地升级。在挟带手段上,表现为多样化和智能化,尤其是晚清时期,科场挟带多少融入了一些近代科技的成分,上文提到的石印袖珍本便是佐证。把清代常见的挟带方式加以简单归类,可

---

① 李国荣:《清朝最大的科场夹带作弊案》,《历史档案》2001年第1期。

分以下三种。

1. 随身挟带

随身挟带是舞弊者惯用的伎俩，较为多见的是将考前准备好的小抄夹在衣帽当中。乾隆三十五年（1770）八月，河南巡抚觉罗永德在巡查乡试中发现临漳县生员赵麟兆所戴雨帽的帽缨上系有纸卷，查有字迹，当即解下，看是"诗三百题目文字半篇"。据赵麟兆供认，这半篇文字原是废纸，在家时随手折成纸卷系结为帽缨，进场时忘记解下，实非有心挟带。但其结果仍免不了被驱除出场。①

有的干脆把文字写在衣服上，穿戴入场。人们陆续在各地发现了不少清代用来科场舞弊的衣物，其制作之精巧，令人不可思议。

更有一些不择手段的士子利用身体挟带，如乾隆九年顺天乡试第二场搜出吏部侍郎王应采之弟王应纶挟带，当众"从口中吐出表判文"②。又据冯梦龙《古今谭概》载："万历辛卯，南场搜出某监生怀挟，乃用油纸卷紧，束以细线，藏粪门中。搜者牵线头出，某推前一生所弃掷。前一生辩云：'即我所掷，岂其不上不下刚中粪门，彼亦何为高耸其臀，以待掷耶？'监试者大笑。"③由此可见，科场挟带真是无孔不入。也难怪乾隆帝下令要士子宽衣搜检，不惜到内衣中间。

2. 考具挟带

科场考试一般时间较长，有时还要在号舍内住宿，所以需要带的日用品很多，如被褥、食物之类，文房四宝更需齐备，那些削尖脑袋的士子就开始在这些东西上做文章。《清稗类钞》记："入场者，辄以石印小本书济之，或写蝇头书，私藏于果饼及衣带中，并以所携考篮酒鳖与研之属，皆为夹底而藏之，甚至有帽顶两层靴底双屉者。"④关于被褥挟带，乾隆二十

---

① 中国第一历史档案馆：《乾隆朝整饬科场史料》，《历史档案》1997年第3期，第21页。
② 《上谕十一》，《史料旬刊》1933年第33期，第203页。
③ 转引自陈文新、何坤翁、赵伯陶主撰：《明代科举与文学编年》，武汉：武汉大学出版社，2009年，第2770页。
④ （清）徐珂编撰：《清稗类钞》，北京：中华书局，1981年，第587页。

五年（1760）八月二十八日，四川总督开泰在巡视川省乡试时搜出江县生员郭梦发"所携毡条内夹有小字篆四道"①。关于笔管内挟带，乾隆五十五年，江苏学政胡高望在巡考苏州府时发现在场内查处吴县童生陈堂"将笔交给常州县童生周维新，递与吴县童生顾敦堂，当即搜获笔管，验有文稿数行"②；次年，胡高望又在砀山抓获童生刘家修"笔管内藏匿诗文"③。另外，砚台、蜡烛挟带也时有发生，"康熙时，凡应京兆试者，拟《四书》题，十得五六，经文后场，秘藏砚烛中携入"④，等等诸如此类，不可胜计。从乾隆九年顺天甲子科乡试首场二十一名士子的挟带方式，也可窥见一斑（表 4-2）。

表 4-2　乾隆九年顺天甲子科乡试首场挟带案犯一览表

挟带者	籍贯	身份	年龄	挟带方式、内容	备注
同陵泰	镶黄旗满洲哈岱佐领下	生员	22 岁	在筐笆内挟带经书	系少詹仙保之子
图敏	镶黄旗满洲青海佐领下	生员	25 岁	在裤带上挟带文字	系原任礼部郎中穆臣之子
常岱	正白旗蒙古禧缘管领下	生员	35 岁	在帽内挟带文字	系拜唐阿观保之子
徐汉	镶蓝旗汉军金文渊佐领下	生员	26 岁	在锡烛台内挟带经文	系原任佐领徐锦之子
黄烋	正白旗汉军董启祚领下	监生	38 岁	在帽缨上挟带文字	
赛明阿	镶蓝旗觉罗博麟佐领下	岁贡	37 岁	在帽子上挟带经文	
徐宪	江南无锡县	监生	35 岁	在帽缨内挟带经文	
陆光远	江南太仓州	监生	26 岁	在帽缨内挟带经文	
陈瞻	江南太仓州	监生	38 岁	在帽顶内挟带经文	
虞学鸿	江南金坛县	监生	31 岁	在袖缝内挟带经文	系原任刑部主事虞钦元之子
华公辅	江南金匮县	监生	26 岁	在裤裆内挟带文字	加捐县丞候选

---

① 中国第一历史档案馆：《乾隆朝整饬科场史料》，《历史档案》1997 年第 3 期，第 10 页。
② 中国第一历史档案馆：《乾隆中晚期科举考试史料》（上），《历史档案》2002 年第 3 期，第 50 页。
③ 中国第一历史档案馆：《乾隆中晚期科举考试史料》（中），《历史档案》2002 年第 4 期，第 21 页。
④ 《清稗类钞·考试类·顺天乡试拟题》，转引自顾明远总主编：《中国教育大系·历代教育制度考》，武汉：湖北教育出版社，2015 年，第 1741 页。

续表

挟带者	籍贯	身份	年龄	挟带方式、内容	备注
章有年	浙江湖州府归安县	拔贡	33岁	在帽顶内挟带经文	
赵瑊	浙江杭州府钱塘县	监生	34岁	在衣服内挟带文字	
罗森	江西建昌府南城县	监生	37岁	在笤帚柄内挟带文字	
赵光德	广西郁林州博白县	贡生	33岁	贴在身上挟带文字	
宋师日	云南楚雄府	拔贡生	30岁	在袖内挟带文字	
范如荄	四川夔州府开县	岁贡	42岁	在帽胎内挟带文字	国子监肄业
常文麟	顺天府良乡县	生员	30岁	在帽顶内挟带文字	
路之清	直隶河间府宁晋县	生员	64岁	在帽顶内挟带表文	
李柱	顺天府通州	生员	39岁	在裤裆内挟带经文	
靳福鏻	直隶深州饶阳县	生员	40岁	在戒尺内挟带文字	

资料来源:《哈达哈等折》,《史料旬刊》1931年第33期,见《民国文献资料丛编》,第4册,北京:北京图书馆出版社,2008年影印本,第182—184页

3. 考前置入

这种变相的挟带舞弊一般要打通考场的监守人员,将写好的文字交给他们,伺机藏于号房之中。"其场内供应人役,或豫(预)将文字埋藏号舍及出入处所,或巧为传递,或外廉官与诸生认识诡送饮食。"①乾隆年间还出现了专司此种"监军",在"士子未入科场,此辈前往寓所,预令书写细字文章;机乘修理贡院,代为埋藏号底,临期挖取交送;迨至入场,又复串通传递",这种舞弊方式风险较小,所费也不会太多,故士子"往往堕其术中"。②或者是兵役和贡院的维修人等通同作弊,让他们在维修时将写好的文字放进号房之中,此等舞弊方式经常发生,如乾隆九年(1744)九月初十日,川陕总督庆复等在乡试前视察号舍,上下逐一搜查,"将埋藏文字

---

① 商衍鎏:《清代科举考试述录》,北京:生活·读书·新知三联书店,1958年,第56—57页。
② 中国第一历史档案馆:《乾隆九年整饬科场史料选》,《历史档案》1995年第2期,第15页。

尽行搜出，当堂烧毁"①。

　　总之，到了清代，挟带舞弊不管从技术手段还是作弊方式上都较前代更为多样，防弊措施和惩戒力度也较前代更为严格，但是到清朝后期，由于时局动荡，政治腐朽，纲纪松弛，搜检渐渐变成了例行公事，科场挟带也成了司空见惯的事情，即使被发现一般也不作严重处理，如《儒林外史》第三十七回记载，虞博士巡童子试，有个习《春秋》的童生带了一篇刻的经文进去，后来告出恭，竟把经文夹在卷子里送到堂上。虞博士揭卷子，看见经文忙塞进靴桶里，其他巡视的人问是什么东西，虞博士说："不相干。"等那童生回来，悄悄递与他："你拿去写，但是你方才上堂不该夹在卷子里拿上来。幸得是我看见，若是别人看见，怎了？"那童吓了个臭死。后居然考了第二等，来谢虞博士，虞竟推不得，说："并没有这句话，你想是昨日错认了，并不是我。"后来别人问及此事时，虞博士解释说："读书人全要养其廉耻，他没奈何来谢我，我若再认这话，他就无容身之地了。"②

　　清代挟带舞弊不管是在规模上还是在手法上都超越了前代，如出现了专门包揽挟带作弊的中介或中间人。"乡、会试为抡才大典……近有将怀挟文字，倩人写成小卷，或将坊刻小本书籍，携带入场，甚至有贡院夫役包揽，代为带入者。"③乾隆三十六年（1771）九月，云南巡抚诺穆亲就专为匠役包揽舞弊事上奏皇上：八月初六日，云南乡试入闱后，搜获木匠李广才挟带体注试策，审讯得知，乃系号军刘能通同包揽。考前，刘能向昆明生员杨正芳宣扬，自己被派充号军，可以替人挟带文字，但由于杨正芳丁忧不能进场，没有应允。刚好东川府学廪生李炳垣也在现场，刘能知其家道殷富，乘机怂恿，李炳垣正是幸进心切，"恐于场中书旨不能记忆，后场对策空疏，托带四书体注三本、坊刻近科试策一部"，刘能应允，准备让木匠李广才带入，然后自己伺机传递，并"三面言明谢银七两"，恰巧李炳垣没带现银，由杨正芳代垫，李广才分得银五两，刘能分银二两。但至

---

① 中国第一历史档案馆：《乾隆九年整饬科场史料选》，《历史档案》1995年第2期，第22页。
② （清）吴敬梓：《儒林外史》，北京：人民文学出版社，1977年，第438—439页。
③ （清）昆冈等修，（清）刘启瑞等纂：《钦定大清会典事例》卷三四二《礼部·贡举·整肃场规二》，《续修四库全书》第803册，上海：上海古籍出版社，1995年，第402页。

入闱，李广才至头门，就被搜获，李炳垣、杨正芳、刘能、李广才枷号围前示众，后均被革职发配。①

更有甚者，一些颇具商业头脑的人从中发现了商机，专门印制用于挟带的小册子，并以高价兜售，从中牟取暴利。乾隆五十四年（1789），翁方纲奏："江西士子有临场习用新出小本讲章，又坊间亦有编辑经书拟题及套语策略等类，于临场前刊印发卖。"②徐州圣旨博物馆从山西一位清史专家处征集到的《四书备旨》就是最好的例证：这本书名叫《四书备旨》，厚约1厘米，长5厘米，宽3厘米，印刷、装帧很是精美。据首页标注，该书印于1893年，印刷商为"上海城内周月记机器印书处"。小书收录"四书"的全部内容和批注，足有20多万字。密密麻麻，一页就排了900多字。其中，正文字大小2毫米见方，而注解文字仅1毫米见方。首页上还写有："幸勿误带入场。"

类似这样的挟带资料在其他地方也有发现。据各种网站或报刊记载，目前国内发现的作弊本已有七八种③，由此可见，清代科举考试舞弊风气之盛行，挟带手段之精妙。

---

① 中国第一历史档案馆：《乾隆朝整饬科场史料》，《历史档案》1997年第3期，第24—25页。
② （清）昆冈等修，（清）刘启瑞等纂：《钦定大清会典事例》卷三八八《礼部·学校·颁发书籍》，《续修四库全书》第804册，上海：上海古籍出版社，1995年，第202页。
③ 其中最珍贵的一册现珍藏于南京江南贡院，长7.5厘米，宽5厘米，每页540字，共30页，全书共约1.6万字，被称为"压库之宝"。而浙江省东阳市发现的石印微刻《五经全注》孤本比南京江南贡院的"袖珍书"体积更小，字数更多，内容更丰富。每个字大小不到1毫米，但看起来十分清晰，可见当时石印技术之高超。该书依次为《易》《书》《诗》《礼》《春秋》，印行于光绪己丑年（1889），首页是"依样庐主人"作的序，序文说："自石印法兴，五经翻本花样日新，从未有删繁就简便于取携者，亦舟车一憾事也！"其意思是为了旅途的"便于取携"，但实际上是为考生作弊提供方便。还有收藏家顾念群先生从安徽歙县一富商后代家中购得的、一套5本清光绪甲午年印制的、前科举考试用的微型作弊书珍本——《经艺五美》，该书长9厘米，宽6.5厘米，厚0.4厘米，全套计有9万余字，内容为"五经"中的句子为题作注解精选，均注有作者的姓名，字体极小，一粒米可盖6个字。这是国内首次发现的全套清代考场作弊书。此外，西北大学博物馆在渭南征集了一件罕见的清代考场作弊实物——挟带，这件挟带白绢所制，长约2米，宽0.47米，文字若米粒，写得密密麻麻但又清晰可辨，计有10万字之多，内容均为"四书""五经"等必考科目，按八股文格式事先做好。为能及时找到所需的内容，这位考生又在挟带上做了不少暗记，整个内容均用文字编号。白绢细软，一揉成团，便于携带。此外，还有在遵义发现的《春秋体注》和在沧州发现的《文料大全正续集》等。

第四节　光绪十九年广东乡试弊端表现
与治理举措

　　光绪时期处于清朝末期，离科举制度被废除也没有多长的时间。通过广东巡抚刚毅的奏折，我们看到广东一省的乡试中暴露了若干严重的弊端，可谓集历代科场舞弊之大全。身任广东巡抚的刚毅积极上奏，并不断地督促地方正、副考官遵例而行，下大力度治理这些弊端，从而倡导清真雅正文风，端正地方社会风气，治理行为涉及科场舞弊行为如"枪替"、挟带、冒籍、抄袭旧文、文风浮夸、考官誊录改串、索贿等多个方面，从中我们能窥见光绪时期科场舞弊与科场舞弊之治理相辅而现，参差不齐。

　　清末废除科举的呼声日益响彻云霄之际，广东这一地处中西文化碰撞最激烈的地区仍然按部就班地举行乡试，但各种弊端纷纷呈现，令时任广东巡抚的刚毅非常头痛。

　　闱姓赌博是广东延续较久的一种科举恶习，当弛禁之时，"人皆视为利薮，竞相赴买"。闱姓赌榜风气会衍生若干其他弊端，导致"良莠不齐，或妄思弊混，或虚构谣言，诳人渔利，情伪百出"。①

　　考官赴任经费问题："光绪十九年七月初四日，准户部咨广东司案呈，准礼部等衙门咨称，本年癸巳恩科乡试，奉旨：广东正考官著顾璜去，副考官著吴郁生去；广西正考官著张亨嘉去，副考官著劳肇光去；福建正考官著龙湛霖去，副考官著杜本崇去。"因为顾璜是通政司副使，属四品以上大员，路费无须支给，副考官翰林院编修吴郁生系五品以下，在部预支路费银二百两。②

　　各种舞弊问题：怀挟、倩代、冒籍等。因为"科场之设，条例严明，而行之二百余年，以千万士子争趋一途，日久弊生，势所必至。惟有随时补偏

---

① 中国第一历史档案馆：《光绪癸巳科广东乡试史料》（上），《历史档案》2002年第1期，第37页。
② 中国第一历史档案馆：《光绪癸巳科广东乡试史料》（上），《历史档案》2002年第1期，第37—38页。

救弊，庶不致士品日坏，真才得以自见"。广东巡抚刚毅在光绪十九年（1893）八月初六日仍坚持要严肃考场纪律。要认真严查代倩传递之弊。刚毅发现当时对这些弊端办理不力，且有飞题场外倩人作文潜递者、有"枪手"充作号军者、更闻有替身入场且敢雇人顶名复试者，千技百态，防不胜防。在誊录环节，誊录手对给予贿赂的，则书写精工，否则潦草舛落，致误佳文。有的誊录手擅自更改考卷文字，这些均严重影响了考卷的公正裁判。在衡文环节，更要防备考官与士子私通关节。因为有三场考试，考官有时只重视第一场，忽视第二、第三场，其实这样存在着偏颇。对于落卷的处置，"或有将落卷入房付家人加点，并不照例随时交内收掌官，以便搜阅。及时将放榜，主试官苦无暇晷，虽有佳文，无从寓目。请通饬各省同考官，将落卷随时送主试官搜阅。如主考官精力不逮，准选派二三同考官帮同搜阅"。本来，《科场条例》规定："落卷房考已经批抹者，经主考官搜出佳文，仍行取中。又，房考阅卷，止准就所分之卷阅看，不得互相抽阅。每日看毕，交内收掌，不准携入所住各房，违者指明参处。"嘉庆五年（1800）规定："试卷逐日分房阅看之后，或荐或落已有一定，原无须积留房考处，恐启彼此互查之弊。嗣后每日房考将阅过若干卷，分注荐卷，统交监试……听主考官随时搜阅。如将所阅试卷携入住房，即行指明参奏。"①这些规定均表明此类事件至少都存在过。《科场条例》还规定：磨勘官必须对抄袭雷同现象加以甄别，但实际上亦经常并没有执行到位。因为"士子希图幸获，无所忌惮，中则居然正途，不中不失为故我。其由磨勘斥革者，不过十中一二"②。光绪十年十一月，广东地方奏请"嗣后乡、会试未经中式各卷，如查有雷同录旧，应比照磨勘中卷之例，将剿（抄）袭雷同者罚停二科，全篇抄录旧文者斥革。并令考官于阅卷查出后，即将某号与某号雷同及抄录旧文，概于朱卷面分别注明，另为一束，俟揭晓日，乡试由监临查检墨卷，拆去弥封，开具姓名、籍贯清单，连朱墨卷一并咨送礼部分别办理。仍于场前由提调官出示晓谕，俾士子怵于惩处之严，不敢尝

---

① 中国第一历史档案馆：《光绪癸巳科广东乡试史料》（上），《历史档案》2002年第1期，第41页。
② 中国第一历史档案馆：《光绪癸巳科广东乡试史料》（下），《历史档案》2002年第2期，第65页。

试"①。官员力图通过严法来保证制度的运行。还有的考生在试卷内书写卦画及篆字,这样便有认关节之嫌疑。这些也是必须要由内外帘官加以把关的。②

针对科场积弊,江南道监察御史何崇光曾上奏称:"考试为抡才大典,宜如何严密关防,若如所奏誊录改卷、闱外走卷、枪手冒充、号军场前拜房、场后换卷等弊,赇法营私,亟应严禁。"希望能切实整顿,务期有弊必惩,以挽浇风而端士习。广东积弊较为严重,自然是应该加重整顿的地方,大体体现为:第一,誊录改卷。"誊录写卷,名曰卖花,相沿已久,而其流弊竟有贿买名手充作誊录代为删改者,亦有出场后倩人改正,飞信入誊录所,一文竟改至数十字及百余字者……如前广东巡抚裕宽监临时,因朱墨卷不符,贴出者至二三百卷之多,可知积弊已非一日。"第二,闱外走卷。"富儒意图幸进,竟预倩枪手数人,藏于隐僻之处,得题分作,片刻立成,即飞进场中,其巧捷有不可思议者。"第三,"枪手"冒充号军。"近有枪手从外说合,临时充当号军,入场替作文者,故过堂时之号军皆系伙夫,而入号时之号军变为枪手。"第四,场前拜房。因为禁令较严,一些士子便预先揣摩,"对于可以入帘之知县拜认为师生,而不肖帘官利其厚谢,莫不乐为钻营,贿托呈荐无所不有"。第五,场后换卷。经查发现竟有考生用一二百金可以更换考卷的。这些弊端均需花大力气加以整顿和清理。可见当时人们已认识到积弊的严重性,政府也已制定了相应的措施,但执行效果如何就不得而知了。③

刚毅认为策题应避免以本朝人发问,"抑之则近于攻讦,扬之则涉于党同",对政治可能产生门户之见。④

同治时,已有官员提出:"我朝制艺取士,人才辈出,奉行既久,不免有空疏剽窃之弊,急须崇尚实学,力挽颓风……头场《四书》文,以清真雅正为宗;二场经文,取其有关实义者,若敷衍成文,概弃弗录;三场策

---

① 中国第一历史档案馆:《光绪癸巳科广东乡试史料》(下),《历史档案》2002年第2期,第65页。
② 中国第一历史档案馆:《光绪癸巳科广东乡试史料》(上),《历史档案》2002年第1期,第42页。
③ 中国第一历史档案馆:《光绪癸巳科广东乡试史料》(下),《历史档案》2002年第2期,第67—68页。
④ 中国第一历史档案馆:《光绪癸巳科广东乡试史料》(下),《历史档案》2002年第2期,第69页。

问，以经史与时事分问、使贯串古今，通达治本者，得以敷陈政事得失利弊以及筹饷用兵之道。其言果有所采，不必责以忌避，亦不得绳以小疵，庶于由旧之中，仍寓责实之意。贡士对策，原以觇其经济学问，乃近科以来，专务缮写，相习成风。嗣后著仍遵旧例，不必拘以字数，最短者以千字为率，其不及者，以不入格论。各贡士从容条对，不必专事缮写，自可拔取真才，士子趋向随主试为转移。近日各省考试题目，多有割裂太甚，应试生童遂各钩（勾）心斗角，习为穿凿支离，最为风俗人心之害。嗣后各省学政及府州县学各官，务当恪遵功令，所出试题，不得割裂小巧、牵连无理及诗题引用僻书、私集，以正文体而培风化，违者照例议处。"①

主考有搜落卷的权力，但这一权力时常被架空，"科场贿买关节之人举学问本属平平，房考先将佳文压住，而以庸浅之卷与关节之卷同荐主司，往往易受其愚，主司偶搜阅落卷，又主考、房考俱系钦点，往往哓哓争执，是以搜卷之例扞格难行"②。这样，房考的权力就过大，刚毅请求救下主司严搜落卷，房考于头场正卷荐毕后，各将落卷送主考搜阅，倘搜出佳文，即将此房所荐之卷比较，倘较所荐为优，即发与监试补打荐条，如有争执，即将两造查取之文呈进，好丑不难立辨。主考搜落卷确实允当的话，房考就可能受到处分。尽管各人的看法可能存在歧义，但可相互牵制，一定程度上能保证录取的公平性。主考与房考有时因观点不同会发生严重的争执，这时就需要监试的参与，主考才能从容地翻阅落卷，从而较公正地搜出落卷。这是保证遗才得进仕途的重要环节，也是维持科举公平性、公正性的一个重要途径。乾隆时就规定："乡、会试派主考房官秉公阅看试卷，由内监试按照卷数分为十八束，签派各房阅看……各房官诚能细心检阅，矢公矢慎，阅荐之后听主考取中，自可甄拔真才，即有一二不肖房官欲通关节，设其人不在所分卷束之内，亦无从作弊。"③可是，光绪时闱中房官于阅卷时竟有互相披阅之事，这便容易通同舞弊。更有甚者竟将试卷携带入私室，

---

① 中国第一历史档案馆：《光绪癸巳科广东乡试史料》（下），《历史档案》2002年第2期，第66页。
② 中国第一历史档案馆：《光绪癸巳科广东乡试史料》（下），《历史档案》2002年第2期，第57页。
③ 中国第一历史档案馆：《光绪癸巳科广东乡试史料》（下），《历史档案》2002年第2期，第69页。

这就更难避免舞弊现象的发生了。

"乡、会试设有正、副考官及同考各官，原恐一二人衡鉴未能允当，是以必待复加甄阅，以昭慎重，且使彼此互相防范，难以舞弊徇私。既云落卷，则同考官初阅时，自必以其文不佳或词句中实有疵颣，是以未荐。迨经正、副考官搜出后，同考官亦应将其所以不荐之故签出相商，或疵颣尚小，瑕不掩瑜，方可取录。何得一经正、副考官搜出取中，即为补用荐条。似此同时阿附，与外省督抚保题卓荐业经定有其人，始发交两司补详者何异？不特相率为伪，甚至通同一气，徇情作弊，何不可为，殊非公明甄录之道。况如此办理，即设正、副考官足矣，又安用同考官为耶？向来同考官阅卷时，于指出疵颣处所仅自登记，不准于卷上批写，所以正、副考官搜出取中后，得以授意同考各官，将其从前批坏之语擎去，补用荐条，遂尔泯灭无迹。此系历来场中之弊。"允许主考、副考、同考各官均能在卷子上批注，这样便保存下来取中或不取中的理由，皇帝还可以亲自裁断，亦能让"得中者知其公，不中者亦无可怨"。①由于考官环节增多，需要充分调动各个环节的积极性，否则仍会流于形式。

选取得力的考官是保证科举录取公正性的前提，"三载宾兴为抡才大典，各直省主试经朕特加简任，宜何如涤虑洗心，认真校阅，务求为国得人"。道光帝发现"顺天同考官及会试同考官俱系翰詹科道部属，该员等甲第本高，又经朕亲加校试，尚无荒谬之人充选，所以得人较盛。各直省同考官则年老举人居多，势不能振作精神悉心阅卷，即有近科进士，亦不免经手簿书、钱谷，文理日就荒芜，各省督抚虽照例考试，帘官仍恐视为具文，全恃主试搜阅落卷，庶可严录取而拔真才。士子握斩怀铅，三年大比，一经屈抑，又须三年考试，或竟有终身沦弃者"。因此主考、副考、同考各官都应该为考生着想，认真考校试卷，做到判卷公正。②

对于试卷的书写格式，历来都有规定。例如，三场需默写二场起讲、二场经文原系顶格誊录，其默写在三场五策之后，亦应顶格。刚毅也提醒

---

① 中国第一历史档案馆：《光绪癸巳科广东乡试史料》（下），《历史档案》2002年第2期，第58页。
② 中国第一历史档案馆：《光绪癸巳科广东乡试史料》（下）。《历史档案》2002年第2期，第59页。

广东正、副考官严格按照书写格式进行判卷。①

  刚毅致力治理的问题还有科试题目泄漏现象。因为内帘监视官、同房考官、匠役、丁役每个环节都可能存在泄漏现象，因此只有严加关防，才能保证事情的万无一失。

  弥封官、收掌官也必须负起责任。《科场条例》规定："试卷由受卷所送至弥封所，该所官信手戳印红号，墨卷号必与朱卷号相对，头场必与二、三相对，卷号必与簿号相对。"道光十七年（1837）规定："亲自印号，不准假手书吏。至错印红号有关士子中式者，每卷该所官罚俸一年；知贡举、监临失于查察，罚俸三个月。三卷以上，该所官降一级留任，知贡举、监临罚俸九个月。如查有情弊，知贡举、监临不行参处，除该所官照例究治外，知贡举、监临降二级调用。"《科场条例》还规定："士子于二场试卷录真后默写头场，或首艺，或此艺，或三艺，或小讲，或起比，或中后半篇，或试帖一首，听考官临时酌令默写，于填榜前，先将中卷核对，如互异在十字以内、文义不甚悬殊者，仍可取中。至歧误过多、优劣迥别者，概不准取中。其朱卷亦一律誊写，以便随时查对。又，二场默写头场某处，刊于题纸之后。各等语。是弥封所官戳印红号关系甚重，原不容稍有舛错。查定例，二场默写头场文字，本以防誊录改窜之弊，初非为校对红号而设。惟是头、二场朱、墨卷既经戳印红号，又有所写头场文字可凭，如试卷不符，不难先期查出更正。至第三场与头、二场之卷，向无默写二场文字之例，如红号一经舛错，非至拆封填榜之际不能查出，而为时既迫，原卷实不易搜寻，遂不免有更易中卷等事。"为了避免这种现象的出现，刚毅认为："嗣后顺天暨各直省乡试及会试第三场策问后，即仿照二场之例，令士子默写二场经文首艺，或小讲，或起比，或中后半篇，听考官临时酌定，兼将顶格默写式样刊刻于题纸之后，令士子一体遵照。并照例于填榜前，先将中卷核对，如互异在十字以内、文义不甚悬殊者，仍可取中；如歧误过多、优劣迥别者，概不取中，其朱卷亦一律誊写。"②

---

① 中国第一历史档案馆：《光绪癸巳科广东乡试史料》（下），《历史档案》2002年第2期，第60—61页。
② 中国第一历史档案馆：《光绪癸巳科广东乡试史料》（上），《历史档案》2002年第1期，第44—45页。

同一日，刚毅再致书广东正、副主考官，要求他们厘正科场文体。当时文风追求华丽，刚毅遵循皇帝旨意，要求对"凡有乖于先辈大家理法者，摈弃勿录，则诡遇之习可息，士风还淳"，要求考官"务取清真雅正、法不诡于先型、词不背于经义者拔置前茅，以为多士程式。如有好为怪异、于题义毫无发明，但抄写子书中人不经见之语、以妄希诡遇者，概置勿录"。[①] 刚毅回忆自己在主持顺天乡试时，看到"有传抄中式之文，全篇引用老氏者，又于全篇杂抄子书者，浮词满纸，故矜奥博，实均于本题全不相涉，既显为违清真雅正之旨，又隐启揣摩捭扯之风，转相仿效，流弊伊于胡底。若浮华之士不求切实，只将隐僻子书拉杂汇抄，便可侥幸入彀，势必将先辈理法之文一切废弃，于文风士习大有关系"[②]。对于华丽的骈文，清廷也力求戒绝，因为它有悖"清真雅正"的主旨。对于科举考试中仅用《春秋》出题，难免出现多省重复的现象，而且在这种指针的影响下，"士子不读全经不知本事，但记数十破题，便敷入试之用"。乾隆时，纪昀、彭元端、觉罗巴彦学、李台等建议："嗣后《春秋》题俱以《左传》本事为文，参用《公羊》、《穀梁》之说，在三传亲承圣教，既较三千年后儒家之论为得其真，而士子不读《左传》不能成文，亦足以劝经学而裨文风。"[③] 得到乾隆皇帝的允准。刚毅重申词条，也是希望实际科考中能重拾这种精神，克服截搭题背离原著的缺点。

　　刚毅反复发文正、副主考，旨在严申《科场条例》，力求做到公正选才。乾隆五十三年（1788）二月十九日，所有大学士、九卿议复并通行各省督抚一份条例："一、乡、会试二场向用经文四篇、论一篇，但各省定例俱系分经中式，或一经佳卷较多，或一经佳卷较少，考官按例取中，未免为经额所限，致有偏枯。且各经分载卷面，其中或有暗藏关节之卷，亦易于检阅。伏思士子束发授书，原应《五经》全读，现在乡、会两试，只就各生

---

① 中国第一历史档案馆：《光绪癸巳科广东乡试史料》（上），《历史档案》2002 年第 1 期，第 46 页。
② 中国第一历史档案馆：《光绪癸巳科广东乡试史料》（上），《历史档案》2002 年第 1 期，第 46 页。
③ 中国第一历史档案馆：《光绪癸巳科广东乡试史料》（下），《历史档案》2002 年第 2 期，第 56 页。

所习本经取中，应试各生只须将本经揣摩诵习，即可幸中，而于本经之外，或竟至束书不观，殊非崇尚经术之道。自应于乡、会试二场，酌改每经各出一题，每人作经文五篇，俾应试举子咸读《五经》，以敦实学。即不安义命之徒夤缘关节，势必不能尽人请托，而通场卷面并不分经，各房考亦断不能遍阅全场，将关节之卷检出呈荐，在主考凭文录取，毋庸复查照经额拘泥迁就，于防闲关节、甄录佳卷均有裨益。惟士子专习一经奉行已久，明岁即届乡场，为期甚近，若即改用《五经》考试，在大省不乏兼通《五经》之人，或可取中足额，但恐边省、小省全读《五经》者较少，猝难通习，或致二场不谙题解，背谬经旨，难于取中。查宋臣朱熹有将各经分年试士之议，应先请仿照其法，自明岁戊申乡试为始，用《易经》出题；次年己酉会试，用《书经》出题，以后按照乡、会科分，将《诗经》、《春秋》、《礼记》依次出题考试。并令各省学政于某科应用某经之年考试生员，即用某经出题，乡、会五科之内以次考毕《五经》，即边省、小省，经轮年考试之后，亦俱能诵习《五经》，晓悉义旨，再于乡、会试二场裁去论一篇，《五经》各出一题，此后即作为定例。其生员岁试俟五科后，令该学政不拘何经，酌出一题，随时轮流间出。一、向例士子墨卷，每场添注、涂改不得过百字，违者贴出，以防誊录、对读改卷之弊。但闱中阅卷最重头场制艺，如一篇内私易数十字，庸劣之文便可以观。应请于《四书》文每篇尾及试帖诗末句下旁，□涂改几字添注几字，闱中颁刻式样照依开写。倘有以少报多至十字以上预为私改地步及遗漏违式者，概行贴出，并责成外帘各所官员详晰查核。如受卷所应贴不贴，经誊录、对读两所贴出，将受卷官参处。其誊录、对读有私改文字等弊，该管官未经查出，混送内帘中式，经磨勘官签出者，即将誊录、对读两所官议处，并将本生严行查办。至二、三场每篇仍一体开写添注、涂改字数，再令各生于二场试卷誊真后默写头场，或首艺、次艺、三艺，或小讲，或起比，或中后半篇，或试帖一首，听考官临时酌令默写。于填榜前，先将中卷比对，如互异在数十字以内，文义不甚相悬，仍可取中。至歧误过多，优劣迥别者，概不准取中。一、首场题纸限用夫、盖、且夫、今夫等字样，应即刻于《四书》每题之下；选用诗韵数十字，应即刻于诗题之下。其开写添注、涂改式样及默写首场某项，亦即刻于每场题纸之后，与题目同时发给，事关简便，易于稽查，以免员役人等于号口往来络绎，致滋弊端。"①乾隆皇帝对这些建议均表示认同，希望科举制度能更好地发挥超拔贤才、全才的作用。

《科场条例》规定：填注涂改字数多少也有规定，超过一定数量就要受到惩治，目的是"原以防誊录、对读代改文字之弊"。但事实上确实也有考生因为处于"远乡僻壤，士子未能遍行知悉，又复因檐寸晷精神恍惚，以致错误"②并不知晓，因此对他们必须宽免。对于填注、涂改多的，要计算字数多少也需要花费大量的人力，而一般情况下，收卷官也仅四员，势难兼顾，应请嗣后收卷官增派四员，令其亲手接卷，照数逐一登记，并于簿面注明受卷官某人，以便稽核，即登记完竣后，将簿册用印密加封于榜后，送磨勘官详加核对。如有不符，即将登记簿册之受卷官传询参究。刚毅想加强对各个细节的管理，根治涂改等现象。

本来乡试临场人数不敷足额，按《科场条例》应遵例停考。有时有些地方应试各生未能到齐，人数仍不足十名，要具奏停止。③

因为"各省乡试之卷盈千累万，自弥封、发誊录、对读，必须分作多次转送内帘较阅。惟各省办理不一，皆有偏倚之处，有以交卷之先后为进卷之次第者，于是弥封所书吏妄为颠倒，有将受嘱之卷先行弥封之弊，有以府分之宪纲为进卷之次第者，因而首府之卷占先，外府之卷居后。在试官衡文原无先后之见，然既得佳卷，莫不先睹为快，万不能俟后来之卷方定去取也，而后次所进之卷，遂多额满见遗之憾。如近科各省取中举人，近省府分取中较多，职是故也"。这便产生了不平等和不公平。刚毅认为："嗣后乡、会试卷，由受卷所汇齐后，或按府排匀，始行弥封，以次转送内帘，抑或签挚次第，不必以交卷之先后、府分之宪纲为次第，庶弊端尽去，归于大公。"《科场条例》规定："会试朱卷按省汇进，不得分府零进。等语。又查会试及顺天乡试，向由臣部与顺天府于场前分配旗分、省分、府分，

---

① 中国第一历史档案馆：《光绪癸巳科广东乡试史料》（下），《历史档案》2002 年第 2 期，第 63—64 页。

② 中国第一历史档案馆：《光绪癸巳科广东乡试史料》（上），《历史档案》2002 年第 1 期，第 47 页。

③ 中国第一历史档案馆：《光绪癸巳科广东乡试史料》（上），《历史档案》2002 年第 1 期，第 48 页。

作为四处造具名册,场中受卷、弥封、誊录、对读等所,按照名册各分四处承办。受卷所分四处收卷,收齐后按册清理,次序分送弥封四处,由是而誊录所四处、对读所四处,均按照名册为凭接续办理。其对读所四处,有对读完竣之卷,即各送外受掌汇进内帘。此会试与顺天乡试进卷之章程也。各所既以名册为凭,则是按册办理方易清查次序,决无以交卷先后为进卷先后之理。各所既均分四处承办,则是首府、外府卷可同进,亦无首府卷先进、外府卷后进之事,定章本极详备。"可实际执行时却出现进卷先后现象,导致后进之卷虽优秀却无法被录入的结果。刚毅认为这种弊端必须得到纠正。①

文章当以清真雅正为宗,可实际上"近年风气喜为长篇,又多沿用墨卷庸词烂调,遂尔冗蔓浮华,即能文者亦不免为趋向所累。等语。士子半日殚心经术、探讨古文及时文诸大家,以立其体,作文尤须体会先儒传说,以阐发圣贤精蕴,独出心裁,屏除习见之语,其文自然合度,何必动辄千言因陈不察耶!"清廷规定:"嗣后乡、会两试及学臣取士,每篇俱以七百字为率,违者不录。其庸熟墨派悉行扬除。又或过为新奇,堕入牛鬼蛇神恶道,尤在所澄汰操觚者慎,毋掉以轻心。司衡者各宜示以正轨,务期风会蒸蒸日上,以副朕崇雅黜浮之至意。"②刚毅竭力将这样的谕旨传达下去,希望能出现一些振兴的气象。嘉庆皇帝于嘉庆元年(1796)二月初三日"朕披阅各该省所出《四书》题、《五经》题,多涉颂圣诗题,亦系习见语,殊属非是。试官简任抡才,出题考试固不可竟尚新奇,然亦须择其题句,足以发挥义理敷陈经术者,方可征实学而获真才。若只将颂圣语句命题试士,何足以觇底蕴?且《四书》、《五经》内字句冠冕、语近颂扬者,皆可预拟而得,并易启揣摩宿拘之弊,于士习文风均有关系。嗣后各省乡试派出试官、各省学政所出题目,务将《四书》、《五经》内义旨精深及诗题典重者,课士衡文,用副朕敦尚经义崇实黜华至意"③。嘉庆皇帝对片面的颂圣试题提

---

① 中国第一历史档案馆:《光绪癸巳科广东乡试史料》(下),《历史档案》2002年第2期,第54页。
② 中国第一历史档案馆:《光绪癸巳科广东乡试史料》(下),《历史档案》2002年第2期,第55页。
③ 中国第一历史档案馆:《光绪癸巳科广东乡试史料》(下),《历史档案》2002年第2期,第62页。

出了批评，显示了对科举一味阿附政治的做法的不屑，具有鲜明的积极意义。

因为近代社会发展的需要，科举考试中八股文制度遭到越来越多的质疑。有的人提出要废除八股，有的人则主张"八股不必尽废，宜添策论、谈理"。刚毅认为："小试第一场，出文题一道、论题一道、诗题一道；复试出《五经》题一道、策题一道，□□写性理改为默写《孝经》。乡、会试第一场出论孟题各一道、论题一道、诗题一道；第二场仍出《五经》题各一道；第三场仍出策问题五道；殿试仍出策题四道，或问古今治乱，或……均须直言无隐。大小试出题，均不准过事割裂，至背圣贤本旨，所以正人心而端士习。"①讲求经世致用也成为科举考试顺应时势变化的一个基本改革思路，这表明科举制度的改革进程一直没有停顿。

许多规章不能得到很好的执行，如乾隆元年（1736）七月十八日奉准礼部咨开，八月初六日入帘，适值祭社稷坛斋戒之期，应停止筵宴。到光绪十九年（1893）八月初八日祭祀先师孔子时，广东巡抚刚毅亦要求停止筵宴。②

又如回避要求，《科场条例》规定的非常具体："一定例。乡会试内帘主考、同考、内监试、内收掌，外帘知贡举、监临、提调、外监试、外收掌，受卷、弥封、誊录、对读四所各官之子弟姻族，俱令照例回避。一定例。乡、会试入场官员之子弟及同族，除支分派远散居各省、各府籍贯迥异者毋庸回避外，其在五服以内，虽分居外省、外府、外县，及服制虽远聚族一处之各本族，并外祖父、翁婿、甥舅、妻之嫡兄弟、妻之姊妹夫、妻之胞侄、妻姊妹之子、嫡姊妹之夫、嫡姑之夫、嫡姑之子、舅之子、母姨之子、女之子、妻之祖、孙女之夫、本身儿女姻亲，概令回避。入场日内、外帘及场内执事各官，将应行回避各生姓名自行开出汇单，交知贡举、监临及至公堂监试御史，详加复核，开单知会砖门点名御史，于名册内扣除。一定例。宗室入场官员之祖、孙、父、子，同胞叔侄兄弟及切近姻亲，俱照例回避一定例。觉罗入场官员，其同族有服制者及外姻各项，俱照例

---

① 中国第一历史档案馆：《光绪癸巳科广东乡试史料》（下），《历史档案》2002年第2期，第62—63页。

② 中国第一历史档案馆：《光绪癸巳科广东乡试史料》（上），《历史档案》2002年第1期，第38页。

令其回避。一、场内办理供给之顺天府治中通判,其子弟姻族,俱令照例回避。一、两翼副都统、参领、章京、砖门御史等官之子弟姻族,俱毋庸回避。"①嘉庆九年(1804)六月二十六日,对女婿、孙女婿的回避亦提出了明确要求,本来科场考试官外姻有服亲眷悉行回避,惟例载女婿回避,而孙女婿以无服制仍在不应回避之例。到道光元年(1821)七月初五日,吏礼二部及军机大臣会议增改科场回避各条:"凡子弟及同族,除支分派远散居各省、各府籍贯迥异者毋庸回避外,其余虽分居外省、外府,在五服以内及服制虽远聚族一处之各本族,并外祖父、翁婿、甥舅、妻之嫡兄弟、妻之姊妹夫、妻之胞侄、嫡姊妹之夫、嫡姑之夫、嫡姑之子、舅之子、母姨之子、女之子、妻之祖孙、女之夫,本身儿女姻亲,概令照例回避。"②即使是嘉庆、道光时期,科举防弊的制度建设仍在推进。

另外,清廷对于应试士子要知道遵例敬避庙讳也做出了详细规定,对考官回京须按旧制由驿路正站行走,只是光绪时期遇到军事状况,临时会做出一些调整,但这可能衍为考官改变回京路线的一些借口。譬如,光绪年间,广东考官差竣回京,辄称患病,改由水路启行,这是有违定例的事,刚毅认为应该加以制止。③

总之,由《光绪癸巳科广东乡试史料》我们可以归纳出以下认识。

第一,光绪时期,广东乡试中确实存在若干弊端,但治理这些弊端的政策与措施也相应出台,并由广东巡抚刚毅督促地方主考加以执行,这时离科举被废除仅十余年的时间。可见科举的被废除并不是严格规划的结果。清政府对科举适应时势要求也做出了若干调整,抑制浮华文风、追求对儒家道德秩序的坚守、以贯彻儒家学说经世致用的精神,体现了对时代的适应追求。

第二,科举考试制度运行至久,到光绪时诸种弊端均密集呈现,达到了无以复加的地步,与儒家教育、化育人才的宗旨越加背离,科举制度由

---

① 中国第一历史档案馆:《光绪癸巳科广东乡试史料》(上),《历史档案》2002年第1期,第39页。
② 中国第一历史档案馆:《光绪癸巳科广东乡试史料》(下),《历史档案》2002年第2期,第61页。
③ 中国第一历史档案馆:《光绪癸巳科广东乡试史料》(下),《历史档案》2002年第2期,第71—72页。

阐扬儒家学说的推进政策变成了助长各种社会恶习的温床，这是科举制度的制定者所不愿看到的。

第三，科举考试的执行者对科举运行产生了极其重要的影响。一些地方风气败坏，自然无法承担选拔真才的任务，而一些地方严格遵行《科场条例》及各种中央、地方规条，科举便能产生若干积极的效果。

第五节　生员与恶吏间的较量

清代州县官的职责是"掌一县治理，决讼断辟，劝农赈贫，讨猾除奸，兴养立教。凡贡士、读法、养老、祀神，靡所不综"[①]。凡行政、司法、教化等皆在州县官的权限之内，好的州县官真可谓地方的父母官，老百姓便能享受福泽。但是，《莆田人民公控蒋唐佑呈稿》[②]呈现出来的却是恶官蒋唐佑倚仗自己的权势操弄法律条文，屡屡滥用法律解释权与执行权，并寻求官官相护，欲置控告他的生员于被动局面，生员在这场民告官的斗争中历经曲折与艰辛。

一、生员告官的曲折过程

《莆田人民公控蒋唐佑呈稿》记录了一起生员联合控官案，41 天共有 11 封呈文[③]，典型地展现了生员的不懈上诉与地方官的敷衍塞责。

光绪二十七年（1901）十二月十三日，刘玉粦等五名生员罗列县主蒋唐佑的八项劣迹[④]联名上控至臬宪与藩宪，却被斥责为事不干己、抗帮作讼、不守卧碑，引律例褫革在案。之后，众绅上控闽浙总督，反驳臬宪的"事不干己"批词，述说士人上控乃是为国计民生着想，却仍被斥责为捏词上控、挟制地方、八款无实在证据，且要求兴化府立即提集讯究。为配合

---

① 《清史稿·职官三》，北京：中华书局，1977 年，第 3357 页。
② 《莆田人民公控蒋唐佑呈稿》，民国间抄本，福建省图书馆藏。
③ 分别为《廿七年十二月十三日控蒋县主唐佑呈稿》《十二月十八日粦等禀》《廿六日粦等投到呈》《正月初一日粦等呈》《初六日苏以惠等禀》《初十日粦等呈》《廿三日粦等呈》《廿三日粦等禀》《廿三日惠等禀》《正月廿二日举人肖睿颐等禀》《廿四日刘ㄙㄙ等禀》。
④ 分别为侵吞捐款、苛勒勇费、增税浮收、辱士类以报复、冤平民以护回守、违通分以括呈候、匿巨案以粉饰政绩、假开沟以觊久留。

府讯,众绅于二十六日上呈兴化府,详细论证了八项劣迹的"在在皆然"。具体指明了浮收、侵吞捐款、隐匿巨案等劣迹的详细情形及证人信息。但讯问时,府宪"证据竟未一语询及",仍要求提集人证,斥令抱病未投候的翁桐豫速到案。

面对上宪的步步紧逼,光绪二十八年(1902)正月初一日众绅再次上诉,但恰逢封印①,该呈并未受理。正月初二日,蒋唐佑怀印晋省,刘玉粦等仍被投候在案。苏以惠②"公愤不平",联合数百人于正月初六日佥禀至府,称"自蒋邑主莅莆一载有余,纵差勇为强盗,待士庶若深仇,任性恣情,虐民蠹国,善无可述,恶不胜书",刘玉粦等为了"一邑之公论,非挟一己之私怨也"。批判上宪为了回护蒋唐佑,竟擅改律文,以愚民众,愤言"大宪受国厚恩,各宜精忠报国,断无爱一县令,忍负朝廷"③,希望公平彻究此案,撤去蒋县主职位。对此,玉贵批道"记在下",含混而未知其具体态度。

民众的支持让众绅备受鼓舞,于初十日上呈批判府讯时的官官相护,是"吏可为而士民无所控告也"④。且引用"官民人等告讦之条"及"抗帮作证"的例文,应证苏以惠提及的官私改律例条文的恶行。但此呈仍石沉大海。正月二十三日众绅再上两封禀文,继续论述八项劣迹并非"毫无证据",而是有人证、案卷及治理现状为证。证据明显,蒋县主却仍可逍遥在外,原因即是官官相护,请求上宪能另派廉明道员监督处理此案。对于自己的连续上呈,刘玉粦再次表示乃是为了国计民生的"不得已而上控"。且有意思的是,刘玉粦禀文中还附上至莆田县、郡城隍庙与名山宫求得的签文,暗示时局状况,说明除县主乃顺应天意。对此,府宪引用了八项劣迹中的两项说明生员乃"捕风捉影",再次斥责生员"无实在证据"。

同日,苏以惠亦上一禀文至府,以详细的数字论述了庚子赔款中莆田县应摊捐之数及蒋唐佑于各项的浮收情况,希望上宪能选干练委员办理此案。为防止被上宪责为"抗帮作讼",苏以惠附上了"顺治九年生员卧碑"

---

① 每年年底至第二年年初大约有一个月的封印时间,不理讼。
② 苏以惠自称"老民",从其呈词可见,其有一定的号召力,亦识文字,应为生员或地方头人。
③ 《初六日苏以惠等禀》,《莆田人民公控蒋唐佑呈稿》,民国间抄本,福建省图书馆藏。
④ 《初十日粦等呈》,《莆田人民公控蒋唐佑呈稿》,民国间抄本,福建省图书馆藏。

自表清白。但府宪仍以"果有此事,应由受害人出台控诉"指责苏以惠"事不干己",并扣上了"抗帮"帽子。

上宪的诸多敷衍言行让众绅对其失去了信心。当绅民得知蒋唐佑将于正月二十四日早上晋省时,立即前往县署衙门阻止,得知蒋令已前往三江口登轮,复赶往三江口,却并未追上,路遇县主之空轿,闹出一场毁轿殴亲勇的事件①。与此同日,众绅上呈许督宪称此刻蒋令的晋省,必将导致案情的难决。许督宪却以"蒋令晋省面禀,非逃也"反驳众绅。《莆田人民公控蒋唐佑呈稿》收录的内容仅记到此。据其他史料文献可知,光绪二十九年(1903)二月张之洞查参许应骙时,蒋唐佑才被革职。从光绪二十八年正月二十四日到二十九年二月的一年多时间内,蒋唐佑没有受到任何调查,张之洞称"嗣后蒋唐佑署事期满,本管知府玉贵禀请留署,周莲深知其人地不宜,委员接署,其眷属回省,复经该府会营派兵护送,袒庇若此。查蒋唐佑得罪县民,至辱其舆从,眷口回省又虑及百姓阻闹,其为众恶所归,不独四五绅士与之为难,亦可想见"②。若无查参许应骙,此案定不了了之,甚至又是以一场官剿民反结案③。

当告官的力量较为薄弱之时,官府一般均采取息事宁人的办法来平息争斗,往往肆意践踏告官者的利益。张之洞曾评述道:"惟调阅各省控案,凡地方生员一经上省控官,即褫衣顶无一免者,最甚者莫如蒋唐佑莆田一案。"④作为本案告发者的生员付出了巨大的牺牲,如"事不干己""抗帮作讼""不守卧碑"这类批词体现的是对异己见解的抵拒,对生员身份的褫

---

① 时人记载:"一日天初明,市民束草人一(背书蒋之姓名),拥入县署,缚于树而鞭之以示辱,众不期而集者数千人。蒋于前一夜往涵候轮赴省。众阅入署内一搜,乃知蒋并不在署,即飞奔到三江口;将得蒋而甘心焉,至则蒋已登轮,方启锭离岸,未及五分钟也。"详见宋增佑:《江梅阳侍御轶事》,载朱维幹、林镗、程履咏编纂兼点校:《江春霖集·附录》,莆田:马来西亚兴安会馆总会文化委员会,1990年点校本,第41页。
② 《查明许应骙参款折》光绪二十九年二月十三日,载苑书义、孙华峰、李秉新主编:《张之洞全集》卷五十九《奏议》,石家庄:河北人民出版社,1998年,第1545页。
③ 时人记述称:"蒋以巨绅唆使民叛变为词,许督即拜折呈报,乃折弁方在途中,而李给谏之参劾,已邀俞旨。"详见宋增佑:《江梅阳侍御轶事》,载朱维幹、林镗、程履咏编纂兼点校《江春霖集·附录》,莆田:马来西亚兴安会馆总会文化委员会,1990年点校本,第42页。
④ 《查明许应骙参款折》光绪二十九年二月十三日,载苑书义、孙华峰、李秉新主编:《张之洞全集》卷五十九《奏议》,石家庄:河北人民出版社,1998年,第1544页。

革则更是对揭发官员腐败者的残酷无情之打击。

为了达到平息事端的目的，地方官员不惜擅改法律条文以震慑绅民。蒋唐佑案中，诸上宪为了钳制民口，回护蒋唐佑恶行，直接篡改法律条文以震慑绅民。如苏以惠指出，"臬批所引例载'官民人等'改作'民人'，而不问虚实，立案不究……生员抗帮作证，句脱'代人'二字，而地方立引详请斥革衣顶，上文又节去'审属虚诬'一语，骗诈挟仇，厶等固无□□，审属虚诬，厶等又未经讯，不引则已斥革"①。刘玉粦等亦引用"官民人等告讦之条"及"抗帮作证"的例文，批判上宪的擅改行为。可见，地方官为了私利可以滥用法律解释权，擅改法律规定，任意取舍而做解释。若擅改的是《大清律例》，或许部分绅民会有察觉。若是省例或暂流通于官僚阶层的通例，这种随意曲解可能就不会被察觉。尽管《大清律例》规定"若官吏人等挟诈欺公，妄生异议，擅为更改，变乱成法者，斩"。但很多官吏仍铤而走险，"以律杀人"。②面对众绅证据的丰富，各级上宪用空洞的批词加以搪塞，且褫革五名告官的生员，以儆世人，引为借鉴。

除此之外，不法官员还不惜向上宪诬告生员，请求兵差协助捕剿绅民。请兵剿的原因即是蒋唐佑的"以巨绅唆使乱民叛变为词"上报。③因为朝廷是最关心时局稳定的，对于"地方偶有刁民聚众滋事，则专赖管辖之道府……须移兵动众，徒事烦扰"④。这一政策时常被地方官滥用。当光绪二十八年（1902）仙游县民进行抗捐斗争时，知县王士骏立马向许应骙上奏，请求派兵协助剿灭民反，结果不仅杀害多人，且让绅民赔兵费1.8万两白银。

总体来看，莆田人民公控蒋唐佑一案虽然案情并不复杂，却完整地展现了地方恶吏如何倚仗权势，压制下属，不惜通过动用褫革生员身份、请求兵差协助捕剿绅民等手段强行平息民众的不满情绪，显示出一些地方政

---

① 《正月初六日苏以惠等禀》，《莆田人民公控蒋唐佑呈稿》，民国间抄本，福建省图书馆藏。
② 《讲读律令》，《大清律例会通新纂》卷六《吏律·公式》，载沈云龙主编：《近代中国史料丛刊三编》第23辑，台北：文海出版社，1987年影印本，第762页下栏。
③ 宋增佑：《江梅阳侍御轶事》，载朱维幹、林镗、程履咏编纂兼点校：《江春霖集·附录》，莆田：马来西亚兴安会馆总会文化委员会，1990年点校本，第42页。
④ （清）尹耕云纂：《豫军纪略》卷二《会匪二》，清同治十一年刊本，又见沈云龙主编：《近代中国史料丛刊》第17辑，台北：文海出版社，1973年，第86页。

治的黑暗。本部分希望以此为个案，探讨清末福建省莆田县的法律社会运作状况，以及由此展示的与地方社会秩序之间的关系，弥补福建省区域法律研究的不足。①

二、恶吏纰政种种

侵吞捐款、增税浮收，违通分以括呈候，冤平民以护回守、苛勒勇费，此几项劣迹控诉的均是蒋唐佑的谋经济私利行为。经济私利的诱惑力往往让地方官知法而犯法。

1. 侵吞捐款、增税浮收：恶吏借国难发财

"疲"是清末诸多地方县政遇到的共同问题，"无米之炊"的感叹充斥着清代官员的治闽政书。②徐宗幹曾以其治台经验说明其养廉仅敷公用③，为政时常常感到诸事掣肘，因为"万一偶有蠢动，道库所存无多也，府库悬罄也……智如诸葛、勇如武穆，亦束手而无可如何"④。所以，一旦官民皆穷，地方吏治极为难理，即"各省吏治之坏，至闽而极……然犹是民也、犹是官也，岂其无可治之民、无可用之官而卒至束手无策者？一

---

① 作为区域社会史研究的一个重镇，厦门大学与福建师范大学的一批研究者对福建省的宗族、义田、海洋社会经济、仪式、民间信仰、科举、教育等方面进行了有益的探讨，取得了重要的研究成果。但福建的区域法律社会史方面一直缺乏足够的重视，该研究计划"民间纠纷与清代福建地方社会"，即希望通过福建省区域法律的考察，将研究对象置于区域社会的结构与脉络之中，透过个案在具体的社会历史情境中理解法与秩序的关系。本部分即是该研究计划成果之一。

② 如季麒光治台时，感叹"卑县视事以来，殚心察核，茫无措乎，正苦无征者断难无米为炊，即有征而万不足于额者，更虑催科抚字之鲜术"。程荣春治泉时，亦感叹"惟同安库储无项，难为无米之炊"。详见（清）季麒光：《东宁政事集·覆议二十四年饷税文》，载陈支平主编：《台湾文献汇刊》第四辑第二册，北京：九州出版社，厦门：厦门大学出版社，2004年，第223页；《府县各衔通禀各宪为漳郡风闻被贼窜扰情形》，载（清）程荣春：《桐轩案牍》，福建师范大学图书馆抄本。

③ 曰："以干一身言之，台地每年养廉止一千六百两，而职兼臬司、学政，谳员薪水、幕友修脯，在在需资；加以船工例价不敷，兼捐养精兵各款，全恃各属旧例致送公费应用。其实即陋规也，因不敢踵而加增，有无亦悉听其便，仅仅敷衍办公。"详见《请加增养廉议》，载（清）徐宗幹：《斯未信斋文编》卷二《官牍》，《台湾文献史料丛刊·第八辑》，第152册，台北：台湾大通书局，1987年点校本，第105页。

④ 《请筹议积储》，载（清）徐宗幹：《斯未信斋文编》卷二《官牍》，《台湾文献史料丛刊·第八辑》，第152册，台北：台湾大通书局，1987年点校本，第68页。

言以蔽之曰：穷而已矣"①。清末的莆田县即面临这一问题。

清末莆田"额征地丁银六万一千三百余两，奏销限完四万二千三百余两，存留各款七千两，实征银四万九千三百余两"，地方治理过程中已经有"无米之炊"的困扰。所以州县常常以报解不敷，递加规例。②如此大背景下的莆田县摊上了三万两白银的庚子赔款，无疑是雪上加霜。为了摊得捐款，莆田县新增了随粮捐、铺捐、酒捐、膏捐、贾捐等五项捐税，绅民已经奄奄一息。此时，官吏还不断借国难大势浮收③，当浮收的"度"超过绅民接受程度时，绅民的反抗随即而来。莆田县发生了众绅控诉蒋唐佑一案，隔邑之仙游县则直接爆发了民众反抗捐税的运动。

借国事浮收，在清末莆田并不罕见。光绪三十二至三十四年（1906—1908），御史江春霖连续上奏参劾莆田田赋不均，就多次谈及地方官员如何利用时局需索民众。如莆田县广业里区的大洋村本应完地丁一两，知县先是勒纳制钱五千。光绪二十八年又以庚子摊捐为借口，加制钱四百。光绪三十二年又为筹造全闽铁路，"复有每两加二百之议"，结果"合以前数，非五千余文不能完一两。蚩蚩者氓，其何以堪"。所以光绪三十二年春夏间，县属各绅士以年来饥荒频仍，民声凋敝，援照前署县陆藻章④通禀，五钱以上大户，每两折纳洋银二圆；五钱以下小户，每两折纳制钱三千成案，联名上控，请禁加勒，却仍遭拒，还发生了林应同京控案。⑤

---

① （清）徐宗幹：《答王素园同年书》，载（清）丁日健：《治台必告录》卷五《斯未信斋文编》，《台湾文献史料丛刊·第三辑》，第41册，台北：台湾大通书局，1984年点校本，第349页。
② 《奏劾莆田田赋不均，请饬量为增减疏》，载（清）江春霖著，卢金城校注：《江春霖御史奏稿简注》，厦门：厦门大学出版社，2000年，第5页。
③ 莆田县众绅控诉道："莆田税契旧例契尾每张六百五十文，税身每两七千五文，每百办补水十六文，洋艮一呈当制□九百八十五文，向无随封，今城中每亩随封小洋二角，乡村小洋四角，店面每间三员不等，契尾加至六百六十文，税身加至八十文，补水加至二十文。"苏以惠更以详细的数字对比，说明蒋唐佑在各捐项征收时的浮收幅度。详见《廿七年十二月十三日控蒋县主唐佑呈稿》《廿三日惠等禀》。
④ 光绪二十一年任。
⑤ 《奏劾莆田田赋不均，请饬量为增减疏》，载（清）江春霖著，卢金城校注：《江春霖御史奏稿简注》，厦门：厦门大学出版社，2000年，第5页。

2. 违通分以括呈候：有恃无恐的贿卖官差

"违通分以括呈候"控诉的是蒋唐佑的贿卖代书行为。代书，本是为了方便地方官理讼，避免讼师兴风作浪，导致收到的词状"阅其词似有莫大奇冤，讯其实不过寻常细故，甚至所告情节全无影响，竟系索诈不遂，凭空诬告者"①。讼师的渲染导致讼状言语惊人，历来为地方官所忌讳②，清代闽省亦不乏捉拿讼师的活动，令代书做状即是为了少讼师从中作梗。但到了道光年间，莆仙地区的代书不解作词已经十分普遍。陈盛韶记道："仙游代书不解作词，惟终日守官戳。别有讼师作词，称曰师傅，又曰制堂。"③莆田与仙游毗连，诸多习俗相近，此代书职能转化亦相同。"只守官戳"，可见代书职能单一，如此一职还能"贿卖"，说明代书仍能从"盖官戳"中得到不少需索，否则职位就失去了贿卖的吸引力。毕竟同官吏贿买官职一般，如果该差衔不能为买差者带来好处，民众不可能以闲钱投资此行为。普遍贿卖的结果即导致差役素质低下，不仅不恤民生，更以民为利薮，制造种种机会索诈乡民。时人对此现象即有概括："咄咄真怪异，官差出钱买差事，差有钱，不苦饥，何故作犬马，效驱驰，时时供鞭笞，呜呼嘻嘻，我知之，日前某乡里，官府去验尸，所控主令与凶首，大半出洋年已久，除却妇孺更无人，铜片银员无不有，出差买得来，衙门九湾十八曲，以钱买差未有错。"④

官吏的贿卖亦是如此，不讲为官素质，只求获得银钱⑤，让地方吏治日益败坏。且庚子摊捐让官吏可以以国难为借口，进行多方位需索。如本

---

① 《禀安抚广条陈地方事宜事由》，载（清）程荣春：《桐轩案牍》，福建师范大学图书馆抄本。
② 李殿图曾叹道："余初见闽省控词，无不悚目骇心。及平心研讯，或家无斗筲而妄称抢劫；或户无租赋而具控浮收；格填两三伤，必称群猛攒殴；产无立锥地，必引丁胥朋诈；冒充先儒之子孙，以争祀田，而忍忘其祖；冒认他人之丘垄以夺山场，而自乱其宗；孀妇未云改适，而三党意在分甘，多方促迫，未之人欲终服刑而不能；一天或被殴毙，而尸属皆存奢望，牵引富饶。"详见（清）黄贻楫编：《李石渠先生治闽政略》，清光绪六年晋江黄谋烈梅石山房木活字印本。
③ （清）陈盛韶著，刘卓英标点：《问俗录》卷三《仙游县》，北京：书目文献出版社，1983年，第77页。
④ 《买差》，载古丰州人撰：《泉俗刺激篇》，福建省图书馆抄本。
⑤ 如光绪二十七年，莆田县令吕兆璜被控后仍可买署诏安，二十八年蒋唐佑被控后仍可捐升知府，等等。

案，自玉贵莅任兴化府以来，已经通分莆、仙两邑，"呈限八百二十文，传呈限一千二百文"。蒋唐佑莅任莆田期间，还在此基础上另加"小费"，"盖戳计期呈指候二员，传呈括候四员"。①所以，民众一旦涉讼，不仅需承担蒋唐佑的小费需索，更需填满代书的私欲，"县呈稿贵"现象自然产生了。加上国难当前，往往"官民皆沦胥以败，奚暇讲吏治哉"②，官吏借此寻租更为便利。

3. 冤平民以护回守、苛勒勇费：官与委弁之间的权力与经济交易

"冤平民以护回守、苛勒勇费"控诉的是蒋唐佑的护委弁行为。当巡检李鹏带兵勇往办东蔡北赖等村命案，铳毙与案无干一民众，尸母呈控，蒋、李反诬该民众拒捕，且开板戮尸。此外，练兵吴捷登离伍回家犯奸被控，营弁反越俎械捕铳毙乡民，且诬乡民拒捕格杀致死。巡检、营弁干涉词讼，本来即为法律所禁止，此类规定充斥清代治闽政书。如"巡检一官，原因邑界辽远，非县令一人所能控御，故设为巡检以分任之，所以防缉盗贼、稽查奸宄，不受民词，不理民事，止奉行上令而已"③，武弁亦"缉匪安良，是其专责"，"勿得干预民事"④，季麒光即曾因为巡检干预词讼，责备道："该司虽属长才，善于厘察，然官箴所系亦宜自知爱惜，本府前日之批当亦略有见闻乎，特行饬谕，如再蹈前辙，不自检束，本县惟有详揭而已，勿谓本县之不情也。"⑤但两案中，蒋唐佑不仅纵容巡检、营弁越俎，且回护委弁，冤及平民。那么，回护的背后又有怎样的利益关系？

且看清末福建省营弁招募的三大弊端："一因各官招募兵丁，多有买充，一经入伍，即恃众滋事，而营中弁目皆受其资财，以有恃而无恐；一曰营中游守所以愿招此等棍徒入伍者，利其不以饷米为重，可以藉词不发，既

---

① 《廿七年十二月十三日控蒋县主唐佑呈稿》，《莆田人民公控蒋唐佑呈稿》，民国间抄本，福建省图书馆藏。
② 《请筹议积储》，载（清）徐宗幹：《斯未信斋文编》卷二《官牍》，《台湾文献史料丛刊·第八辑》，第152册，台北：台湾大通书局，1987年点校本，第68页。
③ （清）季麒光：《论孙巡检札》，载（清）季麒光著，李祖基点校：《蓉洲诗文稿选辑·东宁政事集》，香港：香港人民出版社，2006年，第221页。
④ （清）黄贻楫编：《李石渠先生治闽政略》，清光绪六年晋江黄谋烈梅石山房木活字印本。
⑤ （清）季麒光：《论孙巡检札》，载（清）季麒光著，李祖基点校：《蓉洲诗文稿选辑·东宁政事集》，香港：香港人民出版社，2006年，第221页。

沾其利，不能不回护其短，每遇因案移提，辄庇护不肯移送；一因各营季饷不能按时给发，月米又多延欠，安分良民莫肯充伍，所募充者非无赖之人，即曾经犯案之徒，倚营弁为护符，各差不敢拘拿，如果要案万难徇护，兵则逃去，而营中即假充误公开革蒙混移护。"①换句话说，地方官招募特定的人员入伍，既可得到贿卖差职的银钱，又可克扣饷米，贪污季饷。既受其利，又不能不为其护短。所以蒋唐佑案中，蒋才会对营弁和兵丁的诸多不法行为给予回护，而营弁即以部分勇费报酬蒋令。这种报酬在众绅的控诉中即成了蒋唐佑"苛勒勇费"的劣迹。

也正因为营弁与地方官之间有此层利益关系，营弁才敢"干预词讼，日见猗横"②，不法种种。清代才会出现诸如"并以闽省营兵藉端勒索滋事之案层见叠出"③、"兴化营兵控案累累"④的种种描述。为了革除此弊，清廷于嘉庆十年（1805）下诏"凡有控告营中弁得赃滋事等案，把总以上应由道员提讯，外委及兵丁等由府提讯，不得批县厅□，以符体制"⑤，但从本案情形上看，似乎此规定亦无严格执行。

不管是侵吞捐款、增税浮收，冤平民以护回守、苛勒勇费，还是违通分以括呈候，蒋唐佑均利用权势，借用庚子摊捐的国难与清末地方政府疲弱的社会大背景，谋求私利。当这种借国难发财行为影响到绅民利益时，绅民群起控诉，各级上宪即用法律执行权与解释权斥责生员，维护同僚，借法寻租由此实现。

三、官官相护是清朝政治运行的必然产物

在本案的运行过程中，各级机构均视此类案件为"猛兽"，直接的反应便是建立攻守同盟，共同扑灭民众之怒火。人们的共识是"在官人役，不

---

① 《遵札会议整饬营务，剔弊章程稿》，载（清）程荣春：《桐轩案牍》，福建师范大学图书馆抄本。
② 《文武办事和衷》，载（清）程荣春：《桐轩案牍》，福建师范大学图书馆抄本。
③ 《营兵滋事，文武约束参罚章程》，《福建省例》卷二十八《刑政例下》，台北：台湾大通书局，1987年，第1012页。
④ 《营兵被控即开革名粮解讯，如有庇护，将该管将弁严处》，《福建省例》卷二十八《刑政例下》，台北：台湾大通书局，1987年，第1010页。
⑤ 《词讼》，载佚名编：《福建度支备览》，抄本。

难立刻拘解,而终因任锢习,肆意延宕,谓非有心庇护,其谁信之?"①
许多人常以官场积习对其含混解释,称"总由积习既深,官官相护。平时
因循疲玩,置民瘼于不问。遇有案件,又务博宽厚之名,扶同徇隐,以致
各州县中多有昏愦不职,颠倒是非,甚成恣意贪婪,肆无忌惮"②。其实,
这已成为清王朝维持政治稳定运行的必然产物。

1. 不愿揭开的面纱:责任连带制度下的官官相护

一旦讼官,揭发的往往不止该官吏恶行,官僚体制背后千丝万缕的人
际关系与权力运作方式,往往让简单的讼案变得复杂。一旦案件被剖开,
从知县到知府、藩司、臬司、督抚均可能因此涉入其中③。清代不乏此类
细故经不懈上控,最终成为一场官僚政治案的案例。④所以面对讼官,官
官相护将案件掐灭在萌起阶段是诸上宪自保的最好办法。因为清代普通官
吏都不敢保证自己毫无浮收,康熙帝即曾经说过:"所谓廉吏者,亦非一文
不取之谓……如州县官只取一分火耗,此外不取,便是好官。"⑤局外之人
亦有清代官僚机构每个角落都存在着腐败的说法⑥。所以,任何一名上宪
也不敢保证此类讼官案件的剖开,会不会累及自己。既然如此,何不一开
始即官官相护,及早掐灭讼案。如果生员足够"识趣",可能因此妥协,斗
争转向了"求开复衣顶",案情就不会继续深究下去。若遇及"不识趣"的

---

① 《凡蠹役滋事诈赃罪犯在徒罪以下,分别锁挂铁铃》,《福建省例》卷二十八《刑政例下》,
台北:台湾大通书局,1987年,第1012页。
② 《各省有将关系生死出入大案审出实情着督抚核实题奏》,《福建省例》卷二十八《刑政例
下》,台北:台湾大通书局,1987年,第1007页。
③ 如光绪二十六至二十七年莆田县发生的江春澍控告县主案件。此案源于巡检司查销赃窝盗案
时与生员江宁章发生了冲突,官吏为了公报私仇,诬告江宁章的侄子江春澍。为了反击,江
春澍于七个多月时间内上呈37封,控告的对象亦从县令身边的谋士、胥吏,转向县令,再
转向各级上宪。一案揪出了数案的痕迹十分明显。此案将另文分析。
④ 详见〔加〕卜正民:《明代的社会与国家》,陈时龙译,合肥:黄山书社,2009年。
⑤ 《康熙朝东华录》卷十七,"康熙四十八年九月乙未"条,载蒋良骐编:《近代中国史料丛
刊三编·第九十六辑》,台北:文海出版社,2006年影印本,第632页b。
⑥ 即"所有中国官员,除了薪俸,都要拿外快及养廉银;中国人所谓'清官'与'贪官',最
大的区别就在于前者使百姓为公道而付钱,而后者则贩卖不公道给最高的出价者"(〔英〕
密迪乐:《关于中国政府和人民及关于中国语言等的杂录》,第114—115页,转引自〔美〕
约翰·R.瓦特:《衙门与城市行政管理》,载〔美〕施坚雅主编:《中华帝国晚期的城市》,
叶光庭、徐自立、王嗣均,等译,北京:中华书局,2000年,第462页)。

生员，案件才有可能进一步升级，官绅斗争才会更为激烈①。

本案即是如此，案件一开始，众绅即罗列蒋唐佑的八项劣迹，但臬宪以"事不干己"褫革了生员，企图掐灭案情。众绅却始终"不惜衣顶"，不懈上控，许督宪干脆提集生员讯究。府讯并未遏止生员的言行，众绅再次以详细的证据、证人情况②，以及蒋唐佑在庚子摊捐中的浮收数字③反驳上宪的"毫无实在证据"批词。但在如此翔实的证人罗列与数字分析面前，府宪与督宪还依然在为蒋唐佑层层开脱。首先批责此事应由受害人上控，接着说明蒋令"捐项统归省委收解，与县主无涉"④，生员的"八项劣迹"乃捕风捉影。不仅如此，府宪还以"官员近在同城，上宪自会自行纠察"，批责生员不得再上渎。但此"自会自行纠察"竟是令蒋唐佑自行禀复，甚至在蒋唐佑怀印逃至省时，藩司还为其处理种种善后事宜，将其留省署任，且派委员接其眷属回省，以免遭县民的阻拦，所以张之洞叹道："袒庇若此。"如此的袒庇，并非完全出于官吏之间的交情，官场的责任连带是诸上宪不愿处理此案的主要原因。从案件的结局亦可见，当福建御史李灼华弹劾许应骙的奏章上交至清廷时，揭开的就是整个官僚人际的面纱。许应骙遭查参，杨文鼎的劣迹被一一发掘，蒋唐佑事件亦遭重新调查，最后被革职。

虽然如果上宪以被控官吏为牺牲品，满足绅民控诉愿望亦是自保的一种方式，但客观地说，本案众绅获得成功，许应骙、杨文鼎等亦为其官官相护付出了代价，纯属意外之果。许应骙等被查参，更多还是因为光绪二十九年（1903）仙游县民抗捐斗争中的失误⑤，引起了御史李灼华、江春霖的注意。时人的数据也显示，如果许应骙没被查参，蒋唐佑不仅可以仍逍遥法外，得到藩司等上宪的诸多回护，更可以"以巨绅唆使乱民叛变为词"上报督宪，以剿灭绅民叛乱结束此案。所以，诸上宪遇及讼官案的第一反应还是官官相护，将案情掐灭于萌起阶段。

---

① 如光绪二十六年至二十七年莆田县官绅纠葛案中的江宁章与江春澍即是此两类生员的典型代表。
② 《廿六日粦等投到呈》，《莆田人民公控蒋唐佑呈稿》，民国间抄本，福建省图书馆藏。
③ 《廿三日惠等禀》，《莆田人民公控蒋唐佑呈稿》，民国间抄本，福建省图书馆藏。
④ 《廿三日惠等禀》之《批文》，《莆田人民公控蒋唐佑呈稿》，民国间抄本，福建省图书馆藏。
⑤ 许应骙应仙游县令王士骏之请，派兵镇压民乱。

2. 中央与地方信息沟通权的把握

官官相护网络的坚固，还在于清廷信息的受阻隔。天子难以周知天下史料，所以有了督抚、州县等等层级的地方代理人。代理人方便了地方治理，也造成了信息的垄断。

如光绪二十九年（1903）二月张之洞查参许应骙以前，自蒋唐佑至杨文鼎均在清廷档案中留下至优至良的记录。杨文鼎"器识宏通，心思精细，练兵筹饷，规划周详，且于外国情形均能洞悉"①，玉贵"才具优长，心思精细，宽猛相济，措置合宜"②，蒋唐佑"才具优长，肯任劳怨"③，均属"材堪造就，为通省出色人员"④。可在张之洞查参许应骙之后，许应骙成了"资老年高，不免自负，大率好谀而恶直，是官而非民，此其用人行政不能允协之病根……其为用人太偏，下情壅蔽，以致舆论不孚"⑤；杨文鼎成了"恃才傲物，多揽权利，豪纵娱乐，喜人应酬，偏徇属员，轻革诸生，于上控各案动辄批驳，不恤民隐，实非掌刑狱司风宪之官所宜"⑥；蒋唐佑则是"卑鄙妄为，劣迹多端，舆情怨愤，应请旨革职永不叙用"⑦；而乡民眼中的玉贵亦是"酷吏"⑧。可见，官官相护导致了中央与地方信息沟通的阻隔。

有清一代，信息沟通受阻酿成冤案十分常见。如光绪二十八年（1902）

---

① 中国第一历史档案馆编：《光绪朝朱批奏折》第 18 辑《内政·职官》，北京：中华书局，1995 年，第 236 页。
② 中国第一历史档案馆编：《光绪朝朱批奏折》第 15 辑《内政·职官》，北京：中华书局，1995 年，第 198 页。
③ 中国第一历史档案馆编：《光绪朝朱批奏折》第 15 辑《内政·职官》，北京：中华书局，1995 年，第 198 页。
④ 《清德宗实录》卷四百八十八，"光绪二十七年十月己未"条，北京：中华书局，1987 年影印本，第 461 页上栏。
⑤ 《查明许应骙参款折》光绪二十九年二月十三日，载苑书义、孙华峰、李秉新主编：《张之洞全集》卷五十九《奏议》，石家庄：河北人民出版社，1998 年，第 1552—1553 页。
⑥ 《查明许应骙参款折》光绪二十九年二月十三日，载苑书义、孙华峰、李秉新主编：《张之洞全集》，卷五十九《奏议》，石家庄：河北人民出版社，1998 年，第 1553 页。
⑦ 《查明许应骙参款折》光绪二十九年二月十三日，载苑书义、孙华峰、李秉新主编：《张之洞全集》，卷五十九《奏议》，石家庄：河北人民出版社，1998 年，第 1554 页。
⑧ 宋增佑：《江梅阳侍御轶事》，载朱维幹、林鏗、程履咏编纂兼点校：《江春霖集·附录》，莆田：马来西亚兴安会馆总会文化委员会，1990 年点校本，第 42 页。

五月仙游县民群起反抗王士骏借摊捐庚子赔款浮收，闯入县署，拆毁征税局。王士骏恼羞成怒，向兴化府及省里请兵剿民，格杀二十余名完案，事后还令乡民摊赔兵费 1.8 万两白银。案情起因本是县令浮收过渡，但上达许应骙时，许应骙不仅全信王士骏之词，且立即派兵支持，令王士骏将"滋事抗捐之犯"立即就地正法。还上奏清廷，称莆仙二邑民情强悍，抗官藐法由来已久，这次抗捐斗争，王士骏进行了多方解谕，却无法防止。幸而"王士骏本系闽省老吏，夙著贤能，此次变起仓猝，竭力防御，衙署仓库均未被扰，城厢各处教堂一律保护平稳，其各项捐输亦系照章办理，并无不合，应免置议"。① 若不是有福建道御史李灼华的弹劾许应骙之折及江春霖携村民京控之事，恐怕仙游民变不可能有澄清之日。

3. "官非一任"制度缺陷下的官官相护

为民父母，地方官理应于地方事务尽职尽责。但由于地方复杂的权力运作方式及"官非一任"的官吏任职制度缺陷，地方官通常以"只求在任日久，斗者解散、抢者屏息，一二年内不出竖旗聚众之案"作为为官目标。因为即便实心为政，以猛治县，可"恶者渐向善，善者不为恶，官民渐相浃洽"，但"此官、此境，谈何容易"。② 相较之下，"种种为难，得忍且忍，姑求无事为福，苟安目前"③更为保险。一旦有此思想，地方官对待公事，往往"但求出门，不求了事"，办案善于推诿，"院仰司，司仰府，府仰县之类。一经转行，即算办毕"。④ 审案亦自命为和事之人，"奏交之案，十审九虚，刁讼之民，十虚九赦"⑤。如此治理下的州县，必定积案日多。面对积案，接任之员又以事非己任，认为"为时未久官又换。管汝冤仇结不断，管汝百

---

① 《闽浙总督许应骙奏仙游县民闭肆哄署抗官拒捕折》，载中国第一历史档案馆、北京师范大学历史系编选：《辛亥革命前十年间民变档案史料》，北京：中华书局，1985年，第390页。
② 《上刘玉坡制军书》，载（清）徐宗幹：《斯未信斋文编》卷二《官牍》，《台湾文献史料丛刊·第八辑》，第152册，台北：台湾大通书局，1987年点校本，第57—58页。
③ 《致兆松厓廉访书》，载（清）徐宗幹：《斯未信斋文编》卷二《官牍》，《台湾文献史料丛刊·第八辑》，第152册，台北：台湾大通书局，1987年点校本，第61页。
④ 《清讼事宜八条》，《福建省例》卷二十八《刑政例下》，台北：台湾大通书局，1987年，第1033页。
⑤ 《清讼事宜八条》，《福建省例》卷二十八《刑政例下》，台北：台湾大通书局，1987年，第1037页。

姓訾且怨"①，往往"或怠于审办，或吝惜解费"②，置身事外。

这种"官非一任"的思想在督抚一层同样存在。既然如此，何不于任内处理好官僚人际关系，"扶同徇隐"③，既能博宽厚之名，也为自己将来的仕途买个保险。可见，官场与地方社会权力运作的复杂方式，让官官相护现象尤为普遍，给吏治腐败提供了制度背景。

四、官绅之间权力与舆论的较量

当吏治腐败超过绅民能接受的"度"，绅民的反抗即紧随而来。为了震慑绅民，各级上宪总是动用法律的解释权与执行权，利用官威的震慑力进行官官相护，以权力钳制或压倒绅衿的反抗。处于权力相对弱势的生员则不断地在形象上正化自己，不懈上控，十分倚重舆论的力量与法律的武器。官吏的官官相护与生员的不懈上诉展示的是清代法律在地方实践过程中的权力与舆论力量的较量。

1. 争取舆论支持，分解官官同盟

讼状写作讲究用语技巧，本案生员并没有花太多的精力来夸大案情原委，而是集中于运用各种方式争取朝廷、上宪及民众的支持。希望借舆论的力量，通过法律的武器，孤立蒋唐佑。

首先，夸耀上宪，分解官官同盟，以舆论力量制约上宪。

对兴化府知府玉贵、臬司杨文鼎、藩司周莲及闽浙总督许应骙的名声与为官特点，众绅不可能一无所知。但案件一开始，绅衿还是希望通过夸耀上宪，分解官官同盟，如众绅的头几封呈词，夸耀杨臬司"爱民若子，执法以公……心肠正直"④；夸耀玉贵"明慎折狱"⑤，之所以错革绅衿，

---

① 《悬案》，转引自陈盛明：《明诚集：海疆学术·闽南文献》，厦门：厦门大学出版社，2015年，第88页。
② 《详定命盗案犯解费章程》，《福建省例》卷二十八《刑政例下》，台北：台湾大通书局，1987年，第1029页。
③ 《各省有将关系生死出入大案审出实情着督抚核实题奏》，《福建省例》卷二十八《刑政例下》，台北：台湾大通书局，1987年，第1007页。
④ 《廿七年十二月十三日控蒋县主唐佑呈稿》，《莆田人民公控蒋唐佑呈稿》，民国间抄本，福建省图书馆藏。
⑤ 《正月初一日粦等呈》，《莆田人民公控蒋唐佑呈稿》，民国间抄本，福建省图书馆藏。

只是暂为劣官"欺蒙"罢了。此类言辞既发泄了对上宪执法不公的愤怒，又表明执法不公并非其素质缺陷，避免案件一开始即得罪上官，希望借婉言分解官官同盟。以执法应持平的舆论力量给上宪压力，希望上宪能"表率僚属""以察吏治""安国家与莆民"。①

其次，争取朝廷的支持。

士子，作为国家官吏储备人才及地方的知识阶层，地方官对其应礼遇有加。地方官辱及士人，即是践踏文人权威，易引起士人与朝廷的共同愤怒②。郑兆璜即曾劝说"生员莫轻打"，因为"干系诸生体面，且前程难量"。③所以众绅控诉蒋唐佑八项劣迹时，突出其竟于考试生童时，带勇持械入场，"实以无父无君命题"；一旦生员小有过错，则大加凌辱，曾将生员押捕关所，甚至关押茅房，派差勇拘办。这些侮辱士人的行为，彰显了蒋唐佑"无父无君"思想，希望由此激起仕宦与清廷对蒋唐佑的愤怒。

最后，"天意"的运用。

如论及蒋唐佑积怨太深，民不敢反抗，天怒人怨的结果就是上天以自然灾害警示上宪，曰"由是怨积成仇，□□致沴，水溢旱干，为自来所未有，虎灾鼠疫到处，而皆就苛政会以踊"④。再如，上宪以诸多借口回护蒋唐佑，斥责生员连续上控时，刘玉燊引用了他到莆邑、郡城隍庙及名山宫的求拜结果，以签文暗示"三军夺帅正此时"⑤，让此次除县主行为多了一层"顺应天意"的成分。这种神力的借助往往能争取到更多的舆论支持，毕竟古代社会"王法所不能及者，仗神力以辅之"⑥的思想十分普遍。且希望以此报应论警示诸上宪执法以公，以免"刑官无后"⑦。

---

① 《正月初一日燊等呈》，《莆田人民公控蒋唐佑呈稿》，民国间抄本，福建省图书馆藏。
② 即便是在约束生员行为过程中，亦强调地方官不可"因一时之喜怒，任性加刑"，否则"照违令律议处"。详见《禁革生员公呈保结，干预公事等款》，《福建省例》卷二十八《刑政例下》，台北：台湾大通书局，1987年，第986页。
③ 《五莫轻打》，载（清）郑兆璜编辑：《醒世金箴》卷七《慎刑篇》，民国二十年刻本。
④ 《廿七年十二月十三日控蒋县主唐佑呈稿》，《莆田人民公控蒋唐佑呈稿》，民国间抄本，福建省图书馆藏。
⑤ 《廿三日燊等禀》，《莆田人民公控蒋唐佑呈稿》，民国间抄本，福建省图书馆藏。
⑥ 《告城隍文》，载（清）徐宗幹：《斯未信斋文编》卷三《艺文》，台北：台湾银行，1960年点校本。
⑦ 《关圣帝君劝居官慎刑文》，载（清）郑兆璜编辑：《醒世金箴》卷七《慎刑篇》，民国二十年刻本。

2. 塑造生员形象，抨击官官相护

上宪的诸多回护，让众绅发现单靠舆论力量难以分化官官联盟，孤立蒋唐佑。于是开始塑造生员的正面形象，批驳诸上宪批词的不合理性，且以法律解释抨击官官相护。

首先，塑造生员形象，反驳上宪批词。

作为四民之首，忧国忧民是生员应有之责，且范仲淹的忧乐天下情怀历来均是官民颂扬形象，为何本案中努力为民请命的生员成了事不干己的抗帮做讼之徒？这是生员塑造自身形象，抨击上宪批词中很有说服力的一点。且看众绅如何展开：看到蒋唐佑的八项恶行，众绅"目击荼毒，心伤桑梓，譬燕雀之处查虑有焚巢之祸"①。如此之贪吏，"一日不去，地方一日不安，即厶及邑人一日无生之日"②。而士又为四民之首，"不能不为民请命"③。所以控诉蒋县主恶行，是"出一邑之公论，非挟一己之私怨也"④。此等行为，合乎卧碑中之"和国爱民"一条，又如何称得上是不守卧碑⑤。况且刘玉粦等五名生员向来恪守卧碑，尚无包揽词讼之事，府县案卷可查，"惟秉性憨直，遇有关系地方公事，曾代鸣不平而已"⑥。既然范仲淹提倡的士人忧乐天下情怀，历来为人颂扬，"厶亦秀才也，岂不能同忧乐于天下？"⑦况所陈蒋县主的八项劣迹，"此实关系国计民生起见，而不暇其事之干己否也？"⑧为了正义，"衣顶不足惜，罹罪不足惧，只此区区为国为民之心，上可对天地，中可质□明，下可告士庶，不避冒渎"⑨。但面对生员的如此胸怀，诸上宪则官官相护，办案不公，"钳民之口也"⑩，实在是"贪吏可为，而士

---

① 《廿七年十二月十三日控蒋县主唐佑呈稿》，《莆田人民公控蒋唐佑呈稿》，民国间抄本，福建省图书馆藏。
② 《十二月十八日粦等禀》，《莆田人民公控蒋唐佑呈稿》，民国间抄本，福建省图书馆藏。
③ 《十二月十八日粦等禀》，《莆田人民公控蒋唐佑呈稿》，民国间抄本，福建省图书馆藏。
④ 《正月初一日粦等呈》，《莆田人民公控蒋唐佑呈稿》，民国间抄本，福建省图书馆藏。
⑤ 《廿三日粦等呈》，《莆田人民公控蒋唐佑呈稿》，民国间抄本，福建省图书馆藏。
⑥ 《十二月十八日粦等禀》，《莆田人民公控蒋唐佑呈稿》，民国间抄本，福建省图书馆藏。
⑦ 《十二月十八日粦等禀》，《莆田人民公控蒋唐佑呈稿》，民国间抄本，福建省图书馆藏。
⑧ 《廿三日粦等呈》，《莆田人民公控蒋唐佑呈稿》，民国间抄本，福建省图书馆藏。
⑨ 《十二月十八日粦等禀》，《莆田人民公控蒋唐佑呈稿》，民国间抄本，福建省图书馆藏。
⑩ 《正月廿二日肖睿颐等禀》，《莆田人民公控蒋唐佑呈稿》，民国间抄本，福建省图书馆藏。

民无所控告也"①。如此之上宪受国厚恩,却徇私舞弊,实在是"忍负朝廷"②。

这种塑造生员形象抨击官官相护的努力,应该说是成功的。因为从苏以惠的两封禀文,以及积极组织民众反抗府县褫革五名生员衣顶的事件可见,莆田县民是站在了生员的一边。所以光绪二十八年(1902)正月二十四日蒋唐佑带印晋省时,莆邑绅民还联合阻止。

其次,解释法律,抨击上宪执法不公。

执法人的不公造成"国家制律本无不好,显系不平也"③。对执法人的失望不等于对法律信心的尽失,绅民往往通过解释法律知识反击执法人,甚至走向京控,寻求更高一层执法力量的支持。

发挥"笔""舌"优势,置官吏于徇私舞弊的负面形象。蒋唐佑案中,众绅针对上宪的"事不干己""抗帮作讼""不守卧碑"等批词进行了全面的反驳,不仅解释法律术语,且引用实例说明罪名的不成立④。针锋相对的法律术语解释让上宪常常以刁健、胆玩批斥生员,而生员则以各种问句"反问"官吏⑤。层层的逼问,反映了生员借法律与文化知识把握,反击官官相护网的努力。一旦文字反击不能遏止官吏行为,京控以寻求更高一级执法力量支持就紧随而来⑥。一旦京控,不管案情是否得以昭雪,绅民都

---

① 《初十日粦等呈》,《莆田人民公控蒋唐佑呈稿》,民国间抄本,福建省图书馆藏。
② 《初六日苏以惠等禀》,《莆田人民公控蒋唐佑呈稿》,民国间抄本,福建省图书馆藏。
③ 《十二月十八日粦等禀》,《莆田人民公控蒋唐佑呈稿》,民国间抄本,福建省图书馆藏。
④ 如针对"事不干己",众绅反驳如下:"侵吞捐款,浮收税例,事干蠹国……谁忠无愤,干己此一也;纵亲勇、凌辱士类……兔死狐悲,可为寒心,干己此二也;冤抑平民……则民无所控诉……械斗相寻报复,城火殃鱼……干己此三也;隐匿巨案,岂觊久留,以民命为草营,以民膏为鱼肉,士首四民,不能不为民请命,干己此四也。"详见《十二月十八日粦等禀》,《莆田人民公控蒋唐佑呈稿》,民国间抄本,福建省图书馆藏。
⑤ 如众绅被褫革衣顶后,刘玉粦反问"刁生劣监应办,贪酷官吏岂不应办"。在罗列详细证据批驳督宪的"并无实在证据"批词后,又反问"并无证据,么等固应斥革,如有证据,不敢理,么等尔应革,但不知县主应究否?"详见《十二月十八日粦等禀》,《廿六日粦等投到禀》,《莆田人民公控蒋唐佑呈稿》,民国间抄本,福建省图书馆藏。
⑥ 时人对官吏不才引发京控多有描述,曰:"盖闽省地方官于词讼事件,率多漫不经心,放告则委诸捕衙,呈词辄滥行批准。出票之后,置若罔闻,因此奸刁棍徒,稔知其故,凭空构造,肆行陷害。而衙蠹藉以鱼肉乡懦,票到手即为支钱凭据,多方索诈,不饱其欲,即捺搁不提,每有被告之人,经年累月,求审不得,即幸而集讯,又苦于言语不通,情难上达。覆盆之下,不平则鸣。是以上诉京控之案,纷至沓来。"详见《各属清理词讼,严定考核功过及裁汰白役》,《福建省例》卷二十八《刑政例下》,台北:台湾大通书局,1987年,第1027页。

能得到些许胜利感。因为一旦京控,"至京师而情伪歧出,失其本真,虽有皋陶不能穷诘,且督抚者总核一省之讼而不暇为听,京师之三法司总核天下之讼,愈不暇为听,况讼经数载,其隐情必深,其机谋必幻,其株连必众,其事绪必纷,其布置早定。调一卷提一人,近者数日,远者数十日,诛一胥,纠一吏,少则累及数员,多则累及数十员,纵能洞悉奸邪,实有不易平反之势"①。

这种京控累官的行为在清代福建省并不鲜见,如陈盛韶治闽期间曾感叹诏安县民遇事不告官,却屡屡"酿成掳禁械斗京控重案"②。陈盛韶的解释是,二都地僻,民不知有官衙。但民不知衙门,却知道京控,就十分值得细思了。或许民非真不知衙门,只是不信衙门罢了。因为诏安诸令遇事往往派官兵下乡剿民,对乡民骚扰极大,民因此恨官,常以蛊毒报复官吏,即"会营至,挚其颈,火其屋,搜其室,鸡犬罄空,旁及亲属。积月累日,兵差费盈万,率然而退。民不知官之以法来,但以欲来也。阴谋以蛊之,兵差往往中毒,将弁亦有遇毒者,后遂为重戒矣"③。所以,以往邑令到诏安县二都官坡寨巡察,必一路携银碗银匙银箸等物,且一路不敢饮水。官民之间的关系已经到达此类地步,民众又如何能寄希望于官吏。既然官吏不能为民办事,何不以京控累官。且历史亦证明,京控往往"累及官长"④,诏安"历任官受其累"⑤。

绅民重重阻碍官吏作恶,事先出击,诬告生员,不仅能满足诸官报复生员的心理,且能从中获得罚银。面对绅民可能的京控累官行为,诸上宪则利用清末地方司法改革的有利契机,进一步收揽了司法审判权,使自己

---

① (清)路德:《邱叔山府判录存序》,载(清)盛康:《皇朝经世文续编》卷一〇一《刑政四·治狱上》,沈云龙主编:《近代中国史料丛刊》第85辑,台北:文海出版社,1972年影印本,第4941页。

② 《红花岭》,载(清)陈盛韶著,刘卓英标点:《问俗录》卷四《诏安县》,北京:书目文献出版社,1983年,第95页。

③ 《蛊毒》,载(清)陈盛韶著,刘卓英标点:《问俗录》卷四《诏安县》,北京:书目文献出版社,1983年,第87页。

④ 《京控》,载(清)陈盛韶著,刘卓英标点:《问俗录》卷四《诏安县》,北京:书目文献出版社,1983年,第89页。

⑤ 《红花岭》,载(清)陈盛韶著,刘卓英标点:《问俗录》卷四《诏安县》,北京:书目文献出版社,1983年,第95页。

拥有了绝对的话语权。

3. 诬告生员：报复又噬肥

清代闽省办案诬告生员堪称普遍，以"闽中下南四府之所独"①。谢金銮曾言"今泉漳之俗，凡有控案，必列生员，曰某某抢夺杀人，而生员喝令也；某某掳禁勒赎，而生员主谋也。且族党相倾，则必尽录，其乡其族之衿监，虽深山闭门，不谙世事者，皆所不免。甚有其人已死于一二年之前，而控者不知，犹列其名姓者"②，徐宗幹亦称"台地恶习，有构讼者，必将同族之文武生员指名列控，勿论其虚实"③。至清代中后期，办案混拘生员已经成为闽省的一个通例，即"闽省地方办理案件，有因拿犯不获，率据差役混禀，将事外之生员传唤跟拘之事，漳泉尤为特甚，且有硬派族长、房长名目，不依本族齿序，由县给票，将生员点充之事，殊非功令所有"④。对此，谢金銮哀叹"求其不捕生员者，十不得一，究其终也，求其明正生员于罪者，亦十不得一，呜呼，由其后之十不得一可知生员之非其罪也，而纷纷索捕者何为也？"⑤。蒋唐佑一案可为此热衷诬告生员现象找到点解释。

首先，快报复。蒋唐佑不仅混拘生员、派差勇拘捕诸生，更可将生员关押茅房，其报复心理可见。且混拘生员，不管生员如何反映，官吏均可以借此打击其势力，时人称"控生员，则传之而至可以困辱之；传之不至，可以革其衣顶"⑥、"或畏累则匿不敢出，官吏不察，以抗传斥革"⑦。

---

① （清）薛凝度：《元宵命盗杂论》，载（清）薛凝度修，吴文林纂：嘉庆《云霄厅志》卷三《命盗》，民国二十四年铅字重印本，《中国方志丛书》，台北：成文出版社，1977年，第148页。
② 《重士》，载（清）谢金銮：《泉漳治法论》，1965年冬据清同治七年重刊本抄本。
③ 《君子轩偶记》，载（清）徐宗幹：《斯未信斋杂录》，《台湾文献史料丛刊》第8辑，第152册，台北：台湾大通书局，1987年，第52页。
④ （清）卢凤芩修，（清）林春溥纂：道光《新修罗源县志》卷十一《学校》，清道光十一年刻本，《中国地方志集成·福建府县志辑》，第14册，上海：上海书店出版社，2000年，第474页上栏。
⑤ 《自序》，载（清）谢金銮：《泉漳治法论》，1965年冬据清同治七年重刊本抄本。
⑥ 《重士》，载（清）谢金銮：《泉漳治法论》，1965年冬据清同治七年重刊本抄本。
⑦ 《君子轩偶记》，载（清）徐宗幹：《斯未信斋杂录》，《台湾文献史料丛刊》第8辑，第152册，台北：台湾大通书局，1987年，第52页。

其次，饱私囊。一旦生员被诬在案，若不出钱贿赂尸亲与官府，紧随而来的捕役必"先尽室远遁空其庐，令与兵役至，索人不得，则焚其庐舍，殃其鸡犬鱼烂而未已"①，损失更大。所以生员对此"盖欲其出而贿息也"②十分清晰，往往破财消灾，此现象被时人称为"择肥而噬之计"③。且相对于富户，生员更是理想的诬告对象。因为闽省"士习刁顽，往往不畏官法"④，且常"恃符抗法，或持州县之短长，砌词妄控；或揽他人之词讼，插唆行私"⑤，诬告生员在情理上更为易行。蒋唐佑案中，其诬告柏汝钰、陈南金、李树本等，结果"传闻皆以罚款罢事"⑥，即是这一现象的具体案例。

4. 利用改革的契机：绝诸生京控之路

蒋唐佑案中，众绅不懈上控，却始终没有走向京控。其原因还与清末福建省进行的地方司法改革紧密相关。

清朝中后期，因为经济、社会、人口、政治等诸方面的变化，极大考验了清王朝的法律体制，清廷及各省督抚纷纷采取各种尝试以适应新形势的变化，"谳局"的设立即是举措之一。谳局设立初衷是想在省府另选委员办案，既可减少官官相护导致的执法不公；又可避免州县上交案件被驳回后，来回解犯的拖累与花费太多，以及上宪无法监督州县后续审理情况，即"至于谳局之设，原因招解各案未协，若俱发回，非但长途跋涉，疏忽堪虞，且省外动须禀详请示，非如省局可以面陈请示办理"⑦。设想十分

---

① 《治南狱事论》，载（清）谢金銮：《泉漳治法论》，1965年冬据清同治七年重刊本抄本。
② 《君子轩偶记》，载（清）徐宗幹：《斯未信斋杂录》，《台湾文献史料丛刊》第8辑，第152册，台北：台湾大通书局，1987年，第52页。
③ 《办理命盗案件立定条款》，《福建省例》卷二十八《刑政例下》，台北：台湾大通书局，1987年，第1016页。
④ （清）卢凤芩修，（清）林春溥纂：道光《新修罗源县志》卷十一《学校》，清道光十一年刻本，《中国地方志集成·福建府县志辑》，第14册，上海：上海书店出版社，2000年，第474页上栏。
⑤ 《禀安抚广条陈地方事宜由》，载（清）程荣春：《桐轩案牍》，福建师范大学图书馆抄本。
⑥ 《廿七年十二月十三日控蒋县主唐佑呈稿》，《莆田人民公控蒋唐佑呈稿》，民国间抄本，福建省图书馆藏。
⑦ 《各属解省案件发审章程》，《福建省例》卷二十八《刑政例下》，台北：台湾大通书局，1987年，第1034页。

完美，所以清廷对各地方①的这一法律改革举措，亦多持默许态度。清廷甚至将不少京控案移交各地方谳局处理，即"谳局为首府专司，无论京控各案，全在省府会督提调总办，暨众局员认真审办"②。从字面上看，此一地方司法改革有利于减少地方司法过程中的官官相护及借法寻租行为，但地方司法阶层却可借此契机，为借法寻租营造更为便利的环境。

因为清廷对谳局的默许态度及将京控案件的交审，表明清廷已经将拥有的最高审判权部分下放给地方。形式上看，这一权力是交给谳局这种"由地方性政府设立的一个没有正式'国家编制'，却负责实际审判职能的部门"③，但谳局的性质决定了其不可能脱离省、府衙门而存在。因为谳局的成员遴选直接由各省督抚负责，只是地方自设机构，其经费来源亦是省府两级财政，运作亦受各省督抚制定的地方性法规和习惯规范。不仅如此，谳局的处案结果均应"呈送两院、臬司稽核"，且在省里各级具有执法权的官吏当中，谳局排行最小，因为一旦遇有催审案件，是"由院随时催司，臬司催府，府催局员，斧凿相寻，不使少懈"④。这一性质决定了谳局实际上只是省府监督下的机关，清廷难以对其发生影响。如此一来，清廷因为谳局下放给地方的部分司法权力，实际上是增大了地方省府一级的司法特权。所以，一旦官不得其人，谳局作为中央与地方处理京控缓冲器的职能定难以施展，反倒阻碍了绅民的京控之路。所以蒋唐佑案中，虽然有"为公呈未蒙明察，异交谳局讯办事"⑤的记录，但整个案卷没有留下任何谳局办理此案的意见。光绪二十七年（1901）莆田县发生的江春澍控县主吕

---

① 李贵连等的研究指出，清代中后期地方上设有发审局的有直隶、安徽、河南、江西、山东、山西、四川、浙江、江苏、广东、陕西、云南、甘肃、福建、湖北、湖南；热河、奉天、吉林等地在清末新政中始改行省制，但此前也设有发审局。详见李贵连、胡震：《清代发审局研究》，《比较法研究》2006年第4期。
② 《清讼事宜八条》，《福建省例》卷二十八《刑政例下》，台北：台湾大通书局，1987年，第1034页。李贵连等通过对四川、江苏、直隶等地的发审局研究，亦"京控交审案件、部驳发回之案和提省后发交案件"是发审局主要审理的案件。详见李贵连、胡震：《清代发审局研究》，《比较法研究》2006年第4期，第22页。
③ 李贵连、胡震：《清代发审局研究》，《比较法研究》2006年第4期，第18页。
④ 《清讼事宜八条》，《福建省例》卷二十八《刑政例下》，台北：台湾大通书局，1987年，第1034页。
⑤ 《十二月十八日粦等禀》，《莆田人民公控蒋唐佑呈稿》，民国间抄本，福建省图书馆藏。

兆璜一案的处理过程中也可见,对于县主纳部民之女为妾一事,谳局称"未奉有宪示,不敢自主裁准",不敢依《大清律例》处理。

五、余论

官吏作恶普遍存在于清代地方政府机构。以往论及法律公平性往往以"情理法"为标准评判执法官吏的行为。徐忠明曾对官吏的执法风格总结道:"儒吏特别关注道德教化,循吏偏重平衡道德与法律,良吏颇能坚守法律,能吏崇尚'威猛'的严刑峻罚。"[1]但不管是所谓的儒吏、循吏、良吏还是能吏,其执法背后其实都存在着一种法律公平性的强盗逻辑理解。蒋唐佑等诸官吏为了对抗生员等的告发而滥用法律解释权,即"酷吏自诩严明,而祸流数世者比比;能吏而矜判断,而殃及子孙者又比比,更进而言之,过于小心,而冤枉莫代为伸者,非慎也;拘于文例,而恻隐弗存于念者,亦非慎也"[2]。如官场运作过程中的讼费索取、浮收现象,其违背法律是无疑的,但清廷却以其能补充地方衙门运作,对其保持一种"睁只眼闭只眼"的宽容态度,清朝政治的黑暗因而越加积重难返。

---

[1] 徐忠明:《情感、循吏与明清时期司法实践》,上海:上海三联书店,2009年,第207页。
[2] 《关圣帝君劝居官慎刑文》,载(清)郑兆璜编辑:《醒世金箴》卷七《慎刑篇》,民国二十年刻本。

第五章 晚清科举制度所遇困境及其变革

第一节 明清失意士子的职业走向

明清时期科举考试失意者中的许多人转变为私塾中的教师，塾师成为当时社会一个庞大的阶层，尽管这些人的经济地位相差很大，但却在总体上及客观上促进了全社会教育的普及。此外，许多落第者走进三教九流之中。科举制度由此突破了选官的局限，产生了深刻的社会影响。

明清时期入仕倚重科举，科举制度的实施造就了数量庞大的科举人口，从生监、举人到进士，逐层筛选，除绝大部分进士、部分举人及少数监生入仕为官外，其余人均自谋职业。作为知识分子，他们中大多数以自己的"知识"为谋生手段，或受聘为师，或自立学馆，或讲学书院，从而加入教育这一行业。即使入仕为官者，其中亦有不少就职官学，或成为学校教师，或成为教育行政官员，对明清教育发展直接起着推进作用。从一些名人的自传中我们时常能读到他们对启蒙老师的无限崇敬之情，这表明塾师阶层中存在大批学识渊博、品行卓越者。从明清小说中也能读到许多塾师竟然惹出"郁郁乎文哉"变成"都都平丈我"的笑剧，塾师中的冬烘先生确实也不乏其人。

显然，塾师包含不同的等级，有的在私人书院执教，有的在大户人家坐馆，还有的自开私塾，招收贫寒人家的子弟就读。在安徽徽州，塾师成为当地颇受人尊敬的一个阶层，有的家族甚至成为塾师世家。塾师对弟子的教育及对弟子今后的发展产生巨大的影响，许多名人都把塾师看成是对自己一生都有巨大影响的人。

在安徽婺源，"民俗俭负气，讼牒繁，不善服贾，十家之村，不废诵读，士多食贫,不得已为里塾师,资束脩以自给,至馆百里之外不惮劳"①。在婺源的塾师中,游氏一族外出游砚的人数特别多。《星源游侍郎公传》说:"先生生当家末造,族巨皆受什一力田,又多出为童子师,鲜业儒术,公独崛起,攻经术,为族倡,治经为诸生嚆矢。凡左右邻乡习经术诸生,皆从公游讲业……公族为星源著姓,与大坂汪族巨相伯仲,而荐绅不逮,始与公偕诸生者千一……迄公老白首,诸生居族人什五。"②游氏一族文风兴盛,他们在取得初级功名后,往往外出游砚,如游逊从秀才起步,攻读经术,招揽学子,"门下讲业士丛盈门墙,其贽修典腆,自大江以南皆莫茂才若也。……即边隅远地,咸轻道里辽远,负笈携书门墙,旦暮习薰雅德"③。游三泉是星源济溪人,家世为耕读世家,曾祖父、祖父和父亲都在歙县设帐,"邑学士多宗之"④。除了游氏之外,婺源江德彰、程练等都长期设帐教课;歙南小溪项氏是乐意为塾师的又一世家,尽管"家甚贫,无中家产",项化却诲子弟不倦,他本人"深于《易》,为《易》诸生嚆矢",项元表为塾师于方家,"以童子师终其身,为句读师嚆矢","凡问字乞书者,屦屦盈其门,书贽多束脩,岁书贽什六,束脩什四,业骎骎裕"。他设帐的范围不超过七八十人,人称项元表"业精且多生徒",设帐授读五十余年,竟也"起家几千金"。⑤另外,歙县岑山人范廷忠所授生徒多达百人,许多人后来也成为当地的塾师。⑥方洪门下经生多至六七十人,所到之处设帐授徒,门庭若市。据载,在他的早年,父亲经商不利,"贾无中人三家产",等到他

---

① (清)刘光宿修,(清)詹养沉纂:康熙《婺源县志》卷二《疆域风俗》,清康熙八年刻本,《上海图书馆藏稀见方志丛刊》,北京:国家图书馆出版社,2011年影印本,第142册,第710页。
② 《复初集》卷三十一《星源游侍郎公传》,《四库全书存目丛书》,集部,188册,济南:齐鲁书社,1997年,第182页。
③ 《复初集》卷三十二《星源游茂才传》,《四库全书存目丛书》,集部,188册,济南:齐鲁书社,1997年,第203页。
④ 《复初集》卷三十一《星源游师传》,《四库全书存目丛书》,集部,188册,济南:齐鲁书社,1997年,第191页。
⑤ 《复初集》卷三十二《项处士传》,《四库全书存目丛书》,集部,188册,济南:齐鲁书社,1997年,第200—201页。
⑥ 《复初集》卷二十七《明故处士范公墓志铭》,《四库全书存目丛书》,集部,188册,济南:齐鲁书社,1997年,第142页。

的晚年,"贽礼繁伙,起家至千金"。① 歙县黄埠口人曹奎弃儒授徒,门下之士愈益增多,于是专一设帐授徒,"因资生,生日益饶"②。歙东长径里人胡沛然门下生徒众多,"起家千金"③。这些塾师已经逐渐专业化,且能稳定地维持生计,而不像一些塾师仍然把塾师职业当作应举的过渡职业。从塾师所获得的报酬看,往往并不亚于商业,甚至我们可以把这种塾师事业就看作类似商业的活动。教育活动也逐渐产业化了,有了受教育这样广阔的市场,塾师成为稀缺的一种资源,许多读书人也会自然地转向塾师行业,并赢得不错的经济收益。

一般而言,在书院执教境况较好,有些书院由绅士或管辖该地区的地方官员创办,由绅士负责管理。在这类书院中担任主讲的有致仕官员、举人和贡生等,他们都曾获得过较高的功名。书院的负责人被称为"山长",往往也是当时杰出的学者,他们可以是本地人,也可以从外地延聘而来。名气较好的书院能获得大量的捐助,从广东400多座书院的记录看,在清代它们共收到捐赠的田地62 740亩,店铺296座,以及现银360 019两④。依靠这些由捐赠建立的基金,书院可以有稳定的粮食或现金流入,以支付管理人员和教师的薪酬,以及给予学生的津贴。有些省城大书院的山长是在总督、巡抚和学政共同商定人选后再正式加以礼聘的。在州县中,对书院教师的延聘通常也要经州县官和当地绅士的共同商定。除确定的薪酬外,很多教师还从书院获得以聘仪程仪、薪膳、节仪等名义发放的钱款,以及学生送上的一些"孝敬费"即"贽礼",如广东肇庆瑞溪书院的山长每年的薪酬为500两银子,加上各种名目的补贴后总数就超过1000两。当然,通

---

① 《复初集》卷三十二《方师传》,《四库全书存目丛书》,集部,188册,济南:齐鲁书社,1997年,第192页。
② 《复初集》卷二十九《曹居士状》,《四库全书存目丛书》,集部,188册,济南:齐鲁书社,1997年,第159页。
③ 《复初集》卷三十二《胡茂才传》,《四库全书存目丛书》,集部,188册,济南:齐鲁书社,1997年,第211页。
④ 刘伯骥在《广东书院制度沿革》一书中第204—205页上列出一张表格,说明广东400多座书院收入的主要来源,其中171座书院获得田租,66座将现金交商生息,19座获得店铺的租金,76座获得官方补助,29座获得绅士的捐款,其他获得来自盐税、茶税、船租和其他地方费的款项。详见刘伯骥:《广东书院制度沿革》,长沙:商务印书馆,1939年,第204—205页。

常情况下，书院山长的收入在几百两银子，这在塾师行业中仍属翘楚。

有些家庭愿意请塾师到家里来教授学生。不是很富裕的家庭会和亲戚或邻居一起请一名塾师到他们中某一人的家中来教书；有时一个村庄或邻近几个村庄的众多家庭联合起来去请一名塾师；有些有绅士身份的塾师喜欢在自己家里开课授徒，向学生提供食宿，并分别向学生收取学费；有些宗族则会建立族学来让其子弟上学。在这种情况下，课堂通常设在宗祠之中，塾师的束脩由宗族付给。此外，还有由绅士创建、管理的义学，用来招收付不起学费的学生。

不同类型塾学中的塾师收入状况亦不同，功名较高者一般也会有较高些的收入。如福建闽侯的何青芝出身于贫苦家庭，在乡试中得中头名解元后，两次进京会试，都落第而归，此后他就在家里教授学生。他是有名的八股文行家，他的很多学生都取得了更高的功名。他的教学收入为一年几百两银子，因而有能力帮助穷困的朋友。

苏州的王晋阶中生员后做了四十年的塾师，依靠束脩收入为自己建造了新的宅第。①新阳赵之襄虽然只有生员资格，后来又出钱捐了贡生，但他的学生却多有晋进，或为举人，或入翰林，他因而也被当地人推崇。浙江萧山黄庭坚虽只是一介廪生，却擅作八股文。萧山邻县会稽的很多人士以高薪聘请他去当塾师。在嘉庆后期和整个道光年间，上述地区好几百名生员，三十余名举人曾是他短期或长期的学生。②江苏宿迁叶道源获得举人身份，其学生亦越来越多地获得功名，因而他的收入亦颇为丰厚。他还曾在扬州开设了一所学塾。有段时间他还在居住地的义学和山东的一所私人书院中教书。他父亲的朋友云贵总督张石卿要他去云南，并承诺荐举他出任一个重要的官职，他谢绝了这个荐举，并说："吾教授数十年，不乏英俊之士可以任天下事，馆谷所入，足给吾衣食所需，间有余者，以赡亲族，山高水长，游览足乐，吾安用显贵耶？家有田园，适足为子孙累

---

① 陈龙甲：《王音山司训传略》，载（清）王熙桂修，（清）叶耀元纂：《洞庭王氏家谱》卷十九，清宣统三年木活字本，《中华族谱集成 王氏谱卷》，第17册，成都：巴蜀书社，1995年，第85页下栏。

② （清）黄中献等修：《萧山埭上黄氏家谱》卷五，清光绪二十一年萃涣堂木活字印本，第10页。

耳。"①由此可见，科举培养了一批官僚，同时也培养了一批师资，有的人因为官场不顺，滞留乡间，终身为塾师；有的人厌倦于官场的相互倾轧，乐于为人师，布德意，这无疑对教育的普及与人才的培养产生了积极的意义。

塾师在许多人那里往往并不是纯粹的职业，他们常常兼理地方讼务，甚至包括算命、看风水等。许多家塾、族塾都对塾师做了较严格的规定。但塾师中也确有部分品行高卓者、勤勤恳恳者和敬业奉献者，如郑燮、蒲松龄等都当过塾师。另外有《儒林外史》中的周进，《绿野仙踪》中的王献述，《红楼梦》中的贾雨村、贾代儒，《金瓶梅》中的温必古（温葵轩，又叫温南风），《歧路灯》中的塾师好坏直接导致了谭绍闻这类学生的学好与习坏。

《儒林外史》第二回中，申祥甫说："孩子大了，今年要请一个先生，就是这观音庵里做个学堂。"众人说："俺们也有好几家孩子要上学，只这申老爹的令郎，就是夏老爹的令婿，夏老爹时刻有县主老爷的牌票，也要人认得字，只是这个先生，须是要城里去请才好。"夏总甲说："先生倒有一个，你道是谁？就是咱衙门里户总科提控顾老相公家请的一位先生，姓周，官名叫作周进，年纪六十多岁，前任老爷取过他个头名，却还不曾中过学，顾老相公请他在家里三个年头，他家顾小舍人去年就中了学，和咱镇上梅三相一齐中的。"请周进为塾师，"每年馆金十二两银子。每日二分银子在和尚家代饭，约定灯节后下乡，正月二十开馆……直到开馆那日，申祥甫同着众人领了学生来，七长八短几个孩子，拜见先生。众人各自散了。周进上位教书，晚间学生家去，把各家贽见拆开来看，只有荀家是一钱银子，另有八分银子代茶，其余也有三分的，也有四分的，也有十来个钱的，合拢了不够一个月饭食。"②周进一总包了，交与和尚收着再算。《红楼梦》第二回中，贾雨村中进士，当了县太爷，但因其"虽才干优长，未免贪酷，且恃才侮上，那同寅皆侧目而视，不上一年，便被上司参了一本……即命革职"，流落扬州，盐政林如海"嫡妻贾氏生得一女，乳名黛玉，年方五岁，夫妻爱之如掌上明珠，见他生得聪明俊秀，也欲使他识几个字，不过假充养子，聊解膝下荒凉之叹。且说贾雨村在旅店偶感风寒，愈后又因盘费不继，正欲得一居停之所，以为

---

① 叶德辉等纂修：《吴中叶氏族谱》卷五十一，清宣统三年东洞庭逌公宗木刻活字本，第93页。
② （清）吴敬梓：《儒林外史》，北京：人民文学出版社，1962年，第20—24页。

息肩之地，偶遇两个旧友，认得新盐政，知他正要请一西席教训女儿，遂得雨村荐进衙门去。这女学生年纪幼小，身体又弱，功课不限多寡，其余不过两个伴读丫鬟，故雨村十分省力，正好养病"①。《水浒传》中吴用是一塾师，他在阮小二面前说："如今在一个大财主家做门馆。"②在得到刘唐有关生辰纲的消息后，那吴用还至书斋，挂了铜链在书房里，吩咐主人家道："学生来时，说道先生今日有干，权放一日假。"③这吴用的打扮，戴一顶桶子样抹眉梁头巾，穿一领皂沿边麻布宽衫，腰系一条茶褐銮带，下面丝鞋净袜，生得眉清目秀，面白须长，这人乃是"智多星"吴用，表字学究，道号加亮先生，祖籍本乡人氏。显然，吴用只能在偏僻的乡间为塾师，他教书极不负责，随便就可以宣布放假，可能他的收入也实在不高，不然为什么刘唐一来告诉他生辰纲的事，他就扔下教书的活，走几十里地去找三阮，策划着如何劫取的事。吴用还会算命，卢俊义就是在听了他算的命之后被诱引上梁山的。

明清时期的落第士子往往成为义塾、义学的开办者或师资，一方面他们可赖以赚取生活之资，另一方面他们可将科第希望寄托在学生身上，自己也以图适时应考，如《北窗琐语》载："江南一士人，王姓。未第时尝设馆吴下，作《屈屈歌》以自叹曰：'屈屈复屈屈，仰天难诉乖造物。人皆读书多显达，何我读书成抑郁。叹昔吾年二八时，优游学读诗与书。初心只说教书好，谁知教书无了期。人生百岁能几何，在家日少离日多。春来倏忽赴东馆，岁暮欲还犹蹉跎。……先生先生王先生，可怜三十名未成。'"④又据《见闻杂记》载，有一位叫范兼山的先生是嘉靖丁酉举人。范先生年轻时是钱正郎宅馆师，生活很俭朴，讲学效果很好，"说书及经每岁必遍，而《易·系辞》及《学》《庸》每说二通"⑤。在明代，周清原所著的《西

---

① （清）曹雪芹、高鹗：《红楼梦》第二回，长沙：岳麓书社，1987年，第11页。
② 《水浒传》第十五回《吴学究说三阮撞筹，公孙胜应七星聚义》，北京：人民文学出版社，1975年，第186页。
③ 《水浒传》第十四回《赤发鬼醉卧灵宫殿，晁天王认义东溪村》，北京：人民文学出版社，1975年，第182页。
④ 《屈屈歌》，《北窗琐语》，第9页，载尹德新主编：《历代教育笔记资料》第三册《师道》，北京：中国劳动出版社，1992年，第110—111页。
⑤ 《书馆今昔悬殊》，《见闻杂记》卷二，第175页，载尹德新主编：《历代教育笔记资料》第三册《学校》，北京：中国劳动出版社，1992年，第40页。

湖二集》卷三中就记载了一位"饱读儒书，口若悬河，笔如泉涌"的乡学先生甄龙友。由于家贫，甄龙友便想以开学馆授徒为生，于是便写了一张红纸贴于门首道："某日开学，经蒙俱授"，过了几天，果然招集得一群村学童。但这种以广告形式招收学生，在古代是少见的。①

有的落第士子从事堪舆术活动。徽州方承训的从叔方时清晚年专门探讨堪舆之术，他听说江西老人精《青囊经》，但足不出郡邑，于是便特意持书远道造访，与之切磋一年多，得其精要。方承训的另一从叔方济也特别喜谈堪舆之术，江西两浙业青囊者与之过从甚密。

有的落第士子走入僧道队伍。寺庙的数量和规模在明清时期获得壮大，这一方面得益于商人把部分商业利润投资于寺庙的建设；另一方面也因为科举制度培养了大批能够阅读佛教经典的预备人士，他们进入佛门，为佛教的盛兴做出了显著的贡献。有的落第士子从事着一些低贱职业，如充当胥吏。②康熙时，湖北黄冈生员"日与吏卒为伍者"不少。雍正时，河南不少科举者充巡抚衙门中旗牌舍人这种杂役。③有的充当讼师，为人写状词，还有的充当辩护人。四川地区的讼师多由贡监生充当，因为他们有一定的文化知识，刚好适应了时代的需要。有的落第者投充营伍，尽管雍正以前禁止生员入伍，但雍正时，陕甘提督所属兵丁中有六十余名是生员，其后，人数竟越来越多。另外，卖文作画者不乏。

有的人直接参与到与日常生活直接相关的类书的编纂与刊刻中，使这些类书成为通俗教育的良好教材。当时的日用类书如《万宝全书》及一些书翰启札方面的类书，都适应了庶民教育的需要，如福建建阳县儒学就藏有很多拆字、算命、相面、地理、风水一类的杂书，诸如《卜筮元龟》《拆字林》《子平渊海》《地理大全》《千金风水》《麻衣相法》等。④正是这类

---

① （明）周清原：《西湖二集》卷三《巧书生金銮失对》，明末云林聚锦堂刻本。
② （清）于成龙：《于山奏牍》卷二《禁士人充里役示》，《四库全书存目丛书》，史部，第67册，济南：齐鲁书社，1996年，第732页。
③ 《召募着役事（召募殷实农民充应旗牌承舍）》中说道："除系自身农民准其照常供役，其武进士、武举、贡监、武生、考职、州同、吏员尽行革退，概不许充当外，合行召募。"（清）田文镜撰，张民服点校：《抚豫宣化录》卷四，郑州：中州古籍出版社，1995年，第247—248页。
④ （明）冯继科纂修：嘉靖《建阳县志》卷五《学校志·图书》，宁波天一阁藏明嘉靖刻本，《天一阁藏明代方志选刊》，上海：上海古籍出版社，1982年影印本，第31册，第28—30页。

日用杂书的刊行，满足了庶民求知的欲望，从而也形成了对知识分子的尊重，如《居家必用事类全集》、高濂于万历年间撰成的《遵生八笺》《饮馔服食笺》《灵秘丹药笺》，以及万全撰的《养生四要》《万氏家传保命歌括》等都适应了当时人们对养生等知识的需求。道家养生学说这时也被挖掘出来，如胡文焕《养生导引法》、袁黄《袁了凡静坐要诀》、丁福保《静坐法精义》、杨践形《指道真诠》等都刊行于世，赢得了很大的市场。另外，如称呼大全、尺牍大全、契约帖式、玄理、术数之类都因为落第士人的参与而得以大行其道，迅速普及于社会的各个角落。到了明代晚期，更是出版了大量生活必备的日用类书，如《天下四民便览三台万用正宗》《万宝全书》《五车拔锦》等。《五车拔锦》收载内容较多样化，它将四散分开的资料广为搜罗，依照人们日常生活必需的知识架构，加以重新分类编排，共计有天文、地舆、人纪、诸夷、官职、律例、文翰、启答、婚娶、葬祭、琴学、棋谱、书法、书谱、八谱、茔宅、克择、医学、保婴、卜筮、星命、相法、诗对、体式、算法、武备、养生、农桑、侑觞、风月、玄教、却病、修身等三十三门。存仁堂刊梓的《万宝全书》，封面上刻印有"徐笔洞先生纂"及"每部定价银壹两正"等字眼，显然像这样将五车学文分类汇聚，"凡人世所有日用所需，靡不搜罗而包括"的书，透过出版销售的方式，为百姓的日常生活提供了知识检索与查核的功能。明清商书亦大量涌现，陈学文先生所著《明清时期商业书及商人书之研究》[①]有详细的记述。该书分为"明清商书的总体及应用之研究"与"明清商书的个案之研究"上、下两篇，附录一为《关于明清商书版本与序列的研究》，针对明清商书较为重要和流行者二十余种，撰有简单的提要。附录二为《商书研究论著目录》，极具参考价值。明清盛行出版商用类书，如《一统路程图记》《新刻士商必要》《客商一览醒迷》等。明代中叶以后，受商品流通量扩增、商人资本活跃、商业繁荣、与商贾贩销于全国等各种因素推动，为新兴商贾阶层所编的、具有特定商用目的的类书应运而生。以乾隆五十七年刊行之《重订商贾便览》为例，该书内容包括工商业作坊要遵守商业伦理道德，经营粮食五谷兼菜籽分辨、神诞风暴、吉凶日期、各省疆域风俗土产、算法摘要、平秤市谱、辨

---

① 陈学文：《明清时期商业书及商人书之研究》，台北：洪叶文化事业有限公司，1997年。

银要谱、应酬书信、时令佳句、月令别名、族亲称呼、天下水陆路程附土产等。这些商书主要以从事商业活动的商贾为阅读对象，或作为商业经济的知识传授，或作为商贾商业活动的条规和准则，或作为职业道德的读物，或作为初涉商场生徒的启蒙教材，印刷发行量很大，传播很广。商用类书是商人行旅时的重要参考，是编纂者根据自身经商、行旅中的体察与征询商旅，并参考流传下来的交通图籍编成的，商旅路线大都以两京或徽州为中心展开。

有的读书人到商行、洋行的账房当文案；有的直接从事书业、钱业、典当等，成为商业化的文人。这些人还多少可与他们所学挂上钩。但也有一些落魄文人厕身于勾栏瓦肆，从事杂剧、通俗小说或散曲的写作，许多人加入了以江湖艺人为主体的书会。

另外，还有的读书人以行医、为讼师或占卜代笔、卖字卖画为生。一些擅长书画者还真能赖以谋生，"各省书画家以技鸣沪上者，不下百余人"，如书法家有工小篆、隶书、小楷的，画家有擅长画山水、花鸟、人物的，都可赢得很大的名气，甚至"屠沽俗子，得其片纸以为荣"。[①]他们的收入也自然不菲，不过这类人终究不占多大比例，至于那些没有一技之长的读书人，多有流落街头卖字卖文形同乞丐者。

明清小说的创作者中有不少属于科场的落第者，如吴敬梓（1701—1754），字敏轩，一字文木，安徽全椒人，幼年即聪颖，善于记诵，稍长补官学弟子员，尤其精于《文选》，诗赋援笔立就。他的家族是名门望族。曾祖父辈兄弟五人，四人均中进士，他的曾祖是顺治朝探花，做过翰林院侍读。祖父辈中有举人、进士、榜眼，只有他的祖父是个监生，他的父亲只取得一个拔贡身份，做过几年县学教谕，因得罪上司丢了官，殒了命。吴敬梓本想以己之力重振家声，却仕途多蹇，未能如愿。雍正十一年（1733），吴敬梓因屡试不第，又家境衰落，受乡邻歧视，被迫移居金陵。他潜心创作小说《儒林外史》，表达了自己对科举制度的认识，为后人留下了认识科举制度的一个良好视角。

近代以来，有的塾师到上海谋职，在商人家中的私塾教读其子弟。由于上海一般商贾市民大多有一定余资，其子弟将来无论是科举入仕，还是

---

① （清）黄式权：《淞南梦影录》卷四，上海：上海古籍出版社，1989年，第139—140页。

从事商贾，都需要一定的文化，特别是这里商业发达，围绕商业的就业机会比较多，即使是一般店铺的伙计、学徒也必须具备记账、算账的基本能力。因此，一般家庭都会让子弟读书，或独家延师，或乡族聚资。上海有很多大小私塾馆地，据20世纪70年代初有人估计，数量不下千余处。在私塾馆地教书是在沪士人的一项主要职业，从事此业的人数也最多。后来，由于来谋生的塾师越来越多，职位之紧张便日益显现，如1872年《申报》记述上海塾师业的情形说："上海为商贾辐辏之地，铺户林立，各省趋利之徒固已少长咸集，而寒士之谋馆者，亦若以乐土之可居而群贤毕至。计上海大小馆地不下千余……（但因求职者多而）几无位置……是故风闻某处有馆缺，不问东家之若何，子弟之若何，即纷纷嘱托，如群蚁之附膻。"①这些塾师一般修金是一年一百两，这在当时大约勉强能够养家糊口，少数富裕的东家可能给得多一些，但能得二百两的已经是很少见的了。王韬的父亲由原来的坐馆先生而受雇助西人译书，但到王韬21岁时，其父去世，只取得秀才资格的王韬继承父业达12年之久，虽然时人还以"失节"观之，但王韬因"其时寄以全家之仰事俯育，曾无……为荫之择也"②。因"寒饿所迫"，顾不得"气节"而愿意到西人处谋食的并不只有王韬。

上海为繁盛之区，商贾云集，有钱者多，账房、教馆中的职位较多，谋生较容易。长期生活在上海的王韬述及19世纪五六十年代文人学士流入上海谋食的情形时说："沪虽非孔道，而近来名流至者联镳接轸，特一至即去，如海鸥、天雁，往稻粱乡谋食，饱即飞去。顾往时来者辄如所欲，近因捐赈频闻，又值兵革之后，稍为减色；然犹较他处为优，盖此间为人海，亦利薮耳。"③正因为这里是易于挣钱的"利薮"，有"较他处为优"的谋生机会，因而吸引了周围地区的文人学士纷纷来此谋生。

在王韬残存下来的1858—1860年的日记中就记载了他经常接待来上海谋生的各地文士。有的是为临时躲避战乱，有的是曾为官为幕之士，也有的学有专长。他们来找王韬帮忙，多数仍然不能如愿，"败兴而返"者居

---

① 《师说》，《申报》1872年8月17日，第1页。
② 方行、汤志钧整理：《王韬日记》，北京：中华书局，1987年，第66页。
③ （清）王韬：《瀛壖杂志》，长沙：岳麓书社，1988年，第122页。

多数，看到这些才学之士的流落不遇，王韬不由地感叹："嗟乎！穷途落魄，谁为哀王孙而进之食者？"①如《上海竹枝词》中描写街头靠占卜代笔为生的拆字先生道："拆字先生本不凡，炎天从未脱长衫。吉凶祸福当场判，下笔立书信一函。"②在当时的时事画报《点石斋画报》所描绘的上海街景中，就常可看到街头摆摊的占卜和代笔先生，还有的设摊卖文，类同卖艺者，如王韬在1858年的日记中记载，他在街上，"见岭南人以属对之，佳者粘在墙上。……闻属对者于交卷时，先付青蚨二十二枚，是粤人明借以射利矣"。他不由感慨："风雅扫地，为之一叹。"③在上海的文人中，更有生活无着而陷于绝境者，如咸丰九年（1859）新岁，王韬往某友处贺年，却见其家"双扉寂闭，阒无一人。入其室，则几案墙壁间尘厚盈寸，景况之索莫可知"④。还有一位嘉庆举人，曾任过江南乡试外帘官的闽台籍文人，在沪上老病无归，住在悯人公墅，死后了无积蓄，"病时所用，乃系英译官密妥士之夫人所赠，死后不名一钱。检其箱箧，仅有皮、棉、单夹衣数十袭而已"。结果是"闽人公赙三十金及一柩"，才办了丧事。⑤那些靠拆字、算命、代笔为生的下层文人常常是白天在街头摆摊，晚上只能住在下等客栈，与车夫、水手等挤在一块儿。《儒林外史》中写到依靠修理乐器的倪霜峰考了37次都没能取得功名，6个儿子都卖给了人家，自己的晚年只能靠修理乐器来维持，想来明清时期行业的丰富与复杂，以及社会服务的多样化都与科举培养了人们的识字能力有关。王韬说："吾人束发受书，无不重识字，而忧患即自此始。然为之不工，反不如一材一艺之足传也。"⑥在上海，有些读书人在西人事业中任文事，在西人创办的出版机构、报馆、学堂等文化事业及西国驻沪官署乃至西人洋行中就职。19世纪40—60年代，西人的出版机构墨海书馆就聘有数位中国文士协助西士翻译西书，西人后来创办的中文报纸《上海新报》《申报》《万国公报》等报馆中也都聘有中国文士任笔务。

---

① 方行、汤志钧整理：《王韬日记》，北京：中华书局，1987年，第6页。
② 朱文炳：《上海竹枝词》，载顾炳权编：《上海洋场竹枝词》，上海：上海书店出版社，1996年，第425页。
③ 方行、汤志钧整理：《王韬日记》，北京：中华书局，1987年，第10页。
④ 方行、汤志钧整理：《王韬日记》，北京：中华书局，1987年，第75页。
⑤ 方行、汤志钧整理：《王韬日记》，北京：中华书局，1987年，第124页。
⑥ （清）王韬：《瀛壖杂志》，长沙：岳麓书社，1988年，第106页。

在西人创办的教会学校中，也聘有中国文士做中文教习。由于这些西人事业中的职位薪水较一般民间塾师略高，因此虽有骂名，但仍为许多士人所向往。

在上海，商人多成为社会的翘楚，他们往往致富而成为役使塾师的人，"脩膳薄云秋，防先虑后。呼马呼牛"，令人感到"眉眼谁甘受？因此把教读洋泾一念勾"。[①]有的士人气不过，就也加入了商人的行列。对于深受儒家思想熏陶的士人来说，入商是要有很大勇气的。"贱商""抑商"经过当政者的实施和民间教化早已深入人心，人们择业自然循着士、农、工、商的顺序。明清时期的蒙学读物《四言杂字》即说："人生世间，耕读当先。"生意买卖列在后面。另一本蒙学读物《教儿经》中也说：至上者是读书求仕，其次是"不读书把田种"，即务农，然后是"无田无地学买卖"，读书为士，上可以入仕做官，飞黄腾达，下可以教读为师，成为一方绅士，享受特权，被人尊重，因而自然是人们的首选。

入仕是中国古代士人的基本价值追求，可无数次的努力归于失败之后，一部分人仍孜孜不倦，皓首穷经；一部分人变得心灰意冷，转营他业；还有一部分人则不惜铤而走险，创建、加入民间教门或秘密会党，走一条"绿林入官府"的冒险之径。洪秀全就是一个典型。他"自幼即好学，七龄入塾读书。五六年间，即能熟诵四书、五经、孝经，及古文多篇，其后更自读中国历史及奇异书籍，均能一目了然"[②]。但在1828—1843年，凡15年，他从14岁熬到29岁，连秀才都没有获得。于是，他和有着同样遭遇的冯云山及洪仁玕毅然决然地走上了反抗清政府统治的道路。在太平天国的营旅里，还有曾做过讼师而出入公门的黄玉昆；通文史、精医理的赖汉英；熟读经史，曾为乡村书塾的曾水源、曾钊扬；曾应北闱乡试的秀才何震川；少读书史且机警有谋的黄再生等经历过科举洗礼的人们。福建莆田的林兆恩本出身于名门望族，6岁开始读书，16岁时撰博士家言，"下笔有神"，18岁成为县庠生，但三次乡试均告落榜，他遂断绝了应举的念头，一度"放情云水。兴之所到，百里非遥。物我两忘，天地为细。触景兴咏，

---

① （清）王韬：《瀛壖杂志》，长沙：岳麓书社，1988年，第187页。
② 〔瑞典〕韩山文：《太平天国起义记》，简又文译，载中国史学会主编：《中国近代史资料丛刊 太平天国（六）》，上海：上海人民出版社，1957年，第838页。

忘怀浩歌，俯仰之间，惟化是适"①，历经四年多，心情逐渐平复，遂潜心致意于儒释道三教，进而成为"三一教"派的创始人。

王尔敏先生认为，部分读书人为了生计，选择绘画书艺或研习岐黄已经算是高雅的了，俗常的则有商贾乃至驵侩之类②，可见读书人已不是一个专门的阶层。随着社会变迁的加快，落第者有的继续奋斗于科举事业之中，有的在别业中兼营儒业，也有的则放弃了对举业的追求，走向了社会的各种职业中。因为他们掌握了一些知识，知识往往为他们谋生提供了较普通民众多一些的优势，因而在那些需要一些知识的职业里，我们都能看到他们的身影。科举的影响由此突破了选官的局限，产生了深刻的社会影响。

第二节　从《樊山政书》看晚清教育的变迁

《樊山政书》是樊增祥（1846—1931）担任知县直至布政使期间的为政记录，其中涉及教育方面的内容甚多，包括教育经费的筹措途径、教育行业的管理与人才的选拔、"存古"与趋新思想并重等方面，体现了晚清时期地方官员在面对急剧的社会变迁时的积极作为，亦为我们理性、科学地对待社会变迁中的新旧思潮，有效地解决当下社会存在的问题提供了一个借鉴。

鸦片战争以后，中国与外部世界的联系进一步加强，教育领域"守旧"与"趋新"观点纷呈，樊增祥作为临民之官，在为政中形成了自己的教育观点，并通过《樊山政书》阐述了自己的教育思想与实践。

一、教育经费的筹措

晚清兴起了由书院改学堂的风潮，这是由上而下推动的，但朝廷并没有给予学堂创办经费，往往需要学堂通过筹款来实现，因此各地教育经费筹措的情况相差是很大的。

教育经费的筹措办法有将过去书院的经费挪来使用、将武试的公款挪来使用、将过去文乡试宾兴公车费挪移而来、将骡柜抽收挪移而来。樊增

---

① 《林子全集》利六，《旧稿卷之三》，转引自马西沙、韩秉方：《中国民间宗教史》，上海：上海人民出版社，1992年，第730页。
② 王尔敏：《明清时代庶民文化生活》，长沙：岳麓书社，2002年，第2页。

祥认为这样做可以"化私为公,化无用为有用",而要严格执行这一任务必须坚持廉平仁断、必须禁止"奸侩刁绅敢于扰阻"的现象发生。①

樊增祥对兴办教育很为用心,对于那些致意于此的官员他给予了很高的评价,而对于那些懈怠于此的官员他则痛加批评,如长武县李令只是一味地禀评前任,而自己如何筹款兴学毫不提及,但请留旧山长辞新教习以节经费而已。②

樊增祥认为:"若以陋规移作学堂经费则妙不可解矣。"③他希望在供支各镇料豆钱中积储一部分,用来贴补各镇新设之蒙小学堂,这样"一转移间,化私为公,民所出者较少,官所损者无多,而学堂所恃以立者则久而远,民受其惠,官享其名,士得其实,是一举而三善备也"④。樊增祥这种在不增加百姓正常负担之外为学堂建设开辟财源的办法,真可谓用心良苦。

学堂的经费来源在具体实践中往往是多种多样的,如《批葭州赵牧思诚详》中说到,一刁徒魏占阙本身没有尺寸之地,平空讹赖白云山道人,因此一讹,而道人十六坰香火地平分一半与学堂为业。⑤事实上这是学堂经费来源的一个重要方面。再如《批凤翔府县会禀》中说到,县官曾向种烟户收取烟税以拨充学费。⑥樊增祥提倡捐廉办学,从其《批华州褚牧禀》中可以看出其对捐廉拨充小学堂经费给予了支持。⑦

当他发现砖坪厅有捐给养济院的一笔钱财已经二十余年无人过问时,建议"其现缴之钱,一律拨充学堂经费"⑧。樊增祥一心想着教育事业,在有可能的情况下即为教育筹集款项。

樊增祥鼓励各地将丰年所得用于兴学。他说:"得息兴学,大利也,铁路有成亦大利也,两俱有益,事在必行。"⑨

---

① (清)樊增祥撰,那思陆、孙家红点校:《樊山政书》,北京:中华书局,2007年,第76页。
② (清)樊增祥撰,那思陆、孙家红点校:《樊山政书》,北京:中华书局,2007年,第176页。
③ (清)樊增祥撰,那思陆、孙家红点校:《樊山政书》,北京:中华书局,2007年,第345页。
④ (清)樊增祥撰,那思陆、孙家红点校:《樊山政书》,北京:中华书局,2007年,第346页。
⑤ (清)樊增祥撰,那思陆、孙家红点校:《樊山政书》,北京:中华书局,2007年,第513页。
⑥ (清)樊增祥撰,那思陆、孙家红点校:《樊山政书》,北京:中华书局,2007年,第432页。
⑦ (清)樊增祥撰,那思陆、孙家红点校:《樊山政书》,北京:中华书局,2007年,第493页。
⑧ (清)樊增祥撰,那思陆、孙家红点校:《樊山政书》,北京:中华书局,2007年,第421—422页。
⑨ (清)樊增祥撰,那思陆、孙家红点校:《樊山政书》,北京:中华书局,2007年,第523页。

有时，樊增祥还会把对不法商家的处罚金充作学堂经费，如《批渭南县刘令德全详》中说到，当地聚顺成浮收之五百余金勒令缴出充作学堂经费，罚款之后还要将其清除出银炉业这一行当。樊增祥说："惟此等胆大嗜利之徒，岂可复充银匠贻害闾阎，应将官银匠成聚革去卯名，招商另充，以惩前失而戢后患，成聚押追吞款，不缴不释。"①

《批临潼县李令禀》中说："该县办理蒙小各学堂，在各镇牙侩向抽斗秤用钱项下十取其二，裨于士子，并不刻于牙人。乃河南北悉已遵行，独新丰一镇为降调之，县丞黄某把持，市侩恃符阻挠学务，法当重惩。即仰该令将黄侩立提到案，诃之如叱狗，押之如圈豚，勒令出具任提行用，永不阻挠甘结。俟该镇一律遵办，再令此獠取保。如敢违抗，即仰该令将该市侩锁押来省，听候本司亲讯严惩。来禀曰其谬有三，本司惩之之法亦有三，笞臀，一也，咨革，二也，永盛粟店查封，三也。彼如不畏，即着来省尝试。"②遇到降调官员，地方上有时有些人会故意刁难，影响政令的执行。

樊增祥特别鼓励雒南县令于离任前竭力办成中学堂，"惟冀该令将所筹雒源中学堂早日办成，不必定俟年满"③。

樊增祥鼓励改神庙为学舍的做法，《批白河县于令禀》中说到，该县将猴王庙"泥像扑碎，就其庙基改为小学堂，彼猴王窝留赌匪，法当碎首殒身，而猪奴变作学僮，顿觉改头换面。新学之所谓改良者莫善于此"④。樊增祥对此给予了较高的评价。⑤《批长安县禀》中说："以二郎庙改作学堂，将洪福寺庙产并作学费，淫僧勒令还俗，俾与妻子完娶。该令此举，改墨为儒，改邪为正，改僧为俗，改暗为明，新学改良无逾于此。"⑥樊增祥认为，兴利若与化害结合起来，就能产生更加积极的社会效果，是一举两得的好事。樊增祥的所作所为都包含了文治的色彩。

---

① （清）樊增祥撰，那思陆、孙家红点校：《樊山政书》，北京：中华书局，2007年，第522页。
② （清）樊增祥撰，那思陆、孙家红点校：《樊山政书》，北京：中华书局，2007年，第513页。
③ （清）樊增祥撰，那思陆、孙家红点校：《樊山政书》，北京：中华书局，2007年，第433页。
④ （清）樊增祥撰，那思陆、孙家红点校：《樊山政书》，北京：中华书局，2007年，第433页。
⑤ （清）樊增祥撰，那思陆、孙家红点校：《樊山政书》，北京：中华书局，2007年，第431页。
⑥ （清）樊增祥撰，那思陆、孙家红点校：《樊山政书》，北京：中华书局，2007年，第445页。

二、教育须得行内人士经营

樊增祥认为，为官必须要具有一定的专业素养，他在《批韩城县词讼册》中说道："大凡有学问人，虽初任而即能了事，若胸无墨水，虽服官数十年，历任七八州县，而冥顽如故。人安可以不读书。"[1]在他心中读书，不仅可以提高个人素养而且也是做好行政事务的前提。他在《批雒南县禀》中又说："读书人说话做事，自与常人不同。""凡作州县，对百姓说话要口才，对上司说话要文笔，无言语，无文学，而能政事者，未之有也。"[2]或许在行政运行以文牍为媒介时文化素质是对为官者的基本要求，它足以决定事业的成败。

在《批鄠县陈令禀》中樊增祥说："天下惟有过来人能说在行话。兴办学堂断非不学之官与初通之幕所能就纸片上敷衍也。"对于新事业的开拓，"能文之士偶得蓝本所作必愈佳，若不能文者，虽有陈篇，何从钞（抄）袭"。[3]能文者往往能创造性地开展工作，避免简单地生搬硬套。

樊增祥是个讲究办事效果的官员，他在《批淮安府禀》中说："天下事所以不振者，尽坏于'名存实亡'四字。属员以是敷衍上司，外吏以是敷衍京朝官，自办新政以来，取民之财，数倍往昔，而实事求是者，寥寥无几……大学平治之道重在毋自欺，人人如贵府之不欺……氓之蚩蚩，每以小事结讼，而市魁衙蠹又播弄而鱼肉之。苟牧令不了事拖延辗转，因讼破家者多矣。胥天下而学法政，及裁判庶狱仍不能不用中法，亦如胥天下之饷以练新军而不能打仗，及有事仍用旧军。吾侪此时作官惟有我尽我心，我行我法而已。"[4]体现出了较强的务实作风。

樊增祥特别强调秉持公心的重要性，认为有了把事务办好的公心，就会寻找到达致成功的路径。他在《批华州褚牧禀》中说："牧夙承家学，尤谙新理，中西兼总，成俗化民，吾陕兴办学堂，真知教育之旨者，吾心藏写不过十人，而该牧即其一也。曩在耀特斗大一州耳，而酾金开学，规画井然，及莅华州，益以学务为重，经年措置，甫得观成。"[5]充分肯定了有

---

[1] （清）樊增祥撰，那思陆、孙家红点校：《樊山政书》，北京：中华书局，2007年，第530页。
[2] （清）樊增祥撰，那思陆、孙家红点校：《樊山政书》，北京：中华书局，2007年，第385页。
[3] （清）樊增祥撰，那思陆、孙家红点校：《樊山政书》，北京：中华书局，2007年，第352页。
[4] （清）樊增祥撰，那思陆、孙家红点校：《樊山政书》，北京：中华书局，2007年，第571页。
[5] （清）樊增祥撰，那思陆、孙家红点校：《樊山政书》，北京：中华书局，2007年，第544页。

旧学基础者具有吸收新学的可能性,并具有兴办好学堂的能力。

要办好学堂,必须具有一定素养的人才能胜任。《批鄂县陈令禀》中说:"天下惟有过来人能说在行话,兴办学堂断非不学之官与初通之幕所能就纸片上敷衍也。昨见邸抄河南因学堂之或得或失,举两人,劾两人。若吾陕七十余厅州县以学务为殿最,嘉者固不胜嘉,恐劾者亦不胜劾也。陕中学堂举办之初,以商州为最宏大而最切实,嗣是亦有十许处可观者。"① 他了解到,起初各学堂以制定章程为难事,等有了章程范本之后,各县又必须因地制宜,"譬如能文之士偶得蓝本,所作必愈佳,若不能文者,虽有陈篇,何从钞(抄)袭。该令读书从政,事事精能,此次兴学较他县为晚,而所论较他县为详。盖取诸人以为善,与文必己出者,其难易详略,固有间矣"②。泥守条文往往不是读书人的风格。

樊增祥认为,"兴办学堂诚为当务之急,而其弊有二。东南各省民智早开,官私学舍,其比如栉。人习和文士多横议。西学好处,一无所知,一无所能,而专以平权自由之谬说互相夸煽,此偏于新学之弊也。西北如吾陕者,士风朴僿,地远江流。耳目囿于乡鄙,心力尽于时文,加以俗俭民穷,人无远志,一旦废八股,讲时务,怯者不肯来,来者不肯学,比比皆是,此局于旧学之弊也。且以书院改学堂,经费恒虞不足,就地筹捐,苦无为炊之米,是以新章诞布两载于兹,虽实心办理者亦自有人,而斋舍粗立,经费无著者,又比比皆是,风气之不开,浑沌之难凿,事固不容勉强,亦难任其因循,综其规画之成不成与办理之效不效,则信乎为政在人矣。学堂之难难在无学生又难在无教习。通都大邑招考诚不乏人,若荒僻小县秀才犹不知书,而况童稚,故曰:无学生也。既改书院为学堂,则乡塾师不任教育,当取稍习时务者为之师,而天文、舆地、西文、西语就地取材,百不获一,聘之远方,无此力量,故曰无教习也。然此皆不足难,所难者仍在有本有文、实心办事之地方官。官得其人,不学可教之使学,无师则身自为师。官非其人,纵使身居大邑,人才盛而物力充,而座鲜佳宾,胸无墨水,虽欲兴学,从何下手,虽欲课士,谁为发题。吾陕各属小学堂若

---

① (清)樊增祥撰,那思陆、孙家红点校:《樊山政书》,北京:中华书局,2007年,第352页。
② (清)樊增祥撰,那思陆、孙家红点校:《樊山政书》,北京:中华书局,2007年,第352页。

商州、鄜州、绥德、永寿、临潼、渭南、朝邑、紫阳诸牧令皆苦心经营，各各有所成就。虽规模有广狭，程度有浅深，要皆是个中人，故禀牍说得亲切，学务办得实在。……抑各属不能办学堂者亦未必无好官，特读书不多，故于此事隔膜。苟能见贤思齐，亦可相观而善。且学术虽差而能尽心民事，则犹有可取，君子用人，不能求备，况七十余厅州县安得如许仕学兼优者而用之？惟过庸过猾之吏不能教士，又不能理民，甚而至于虐民，则老夫决不能恕矣"[①]。

樊增祥觉得，地方学堂的建成需要有好的教师和好的学生，但实际上不是缺教师就是缺学生，尤其是偏僻山区连秀才都不知书更不要说学生了。缺教师主要是缺能胜任新课程的教师，如天文舆地、西文等的教师十分缺乏。

樊增祥对制定简约、有效、可行的规章制度尤为致意。他在《批临潼县李令详》中说："兴学难，集款更难，定章程难，定简而易行、行而有效之章程则更难。盖学堂非通人不能办，不学之吏照本钞（抄）写，照例禀报，本司不流览，亦不挑驳，何也？矜不能故也。若通人谈学务，真如红炉点雪，乐不可言。该令读书有识，教士有方，其尤难者则在于开堂如是其多也，用款如此其巨也，而一年之内拭目观成，其款或取诸陋规，或提诸行用，或出自乐输生徒，各得依归，百姓不知扰累。惟其经费有常，学堂于是乎可久。设更闻风兴起，逐渐扩充学堂，于是乎可大……至于表册，更是专门之学，非真读书人、真著作家为之，必不入格。"樊增祥对来册中"首列地图、开方计里、次表次学规、次课程旁行斜上，朗若列眉"[②]深表赞赏，表明自己对读书与为政间的关系已经做了明确的表态。他在《批雒南县禀》中又说："读书人说话做事，自与常人不同。""本司尝谓凡作州县，对百姓说话要口才，对上司说话要文章，无言语，无文学，而能政事者，未之有也。"[③]他还关心各门课程的师资配备，如《会臬司详抚部院》中他对韩城中学堂在"近来各属学堂多苦于教员之难得"[④]的情况下能聘到四名教员感到高兴。进一步了解到实情后，他觉得该学堂还应配备算学、地

[①] （清）樊增祥撰，那思陆、孙家红点校：《樊山政书》，北京：中华书局，2007年，第275页。
[②] （清）樊增祥撰，那思陆、孙家红点校：《樊山政书》，北京：中华书局，2007年，第373页。
[③] （清）樊增祥撰，那思陆、孙家红点校：《樊山政书》，北京：中华书局，2007年，第385页。
[④] （清）樊增祥撰，那思陆、孙家红点校：《樊山政书》，北京：中华书局，2007年，第468页。

理、格致、国画等方面的师资。

樊增祥反对不切实际的美誉根基的改革呼喊，而是强调要分析实情的可行性。他在《详督部堂》中说："惟学堂为今日急务，又属关中创举，七十余厅州县，真能心知其意，遵照奏定章程，参酌所属地方人格物力，切实兴办者，至多不及十人。丁令则牧令中之师范也。陕西各府之中学堂尚未全设，而雒南一县独于高等小学堂之上增置中学堂一所。……自科场停止，堂外诸生皆愿就学，而限于小学程度，不能深造。"因而办中学堂意义很大，唯经费往往难以筹集。"到任之始，民未相信，则收捐难，不谙西式，则建筑难，不知科学，则延师难，不习管理，则用人难。"①因此，必须要有具有一定专业素养的人才能下定办中学堂的决心，才能经营好学堂。

三、"存古"不能因为追新而被偏废

面对社会上普遍的趋新思潮，樊增祥提出了"存古"的主张。他说："比来欧风醉人，中学凌替，更二十年，中文教习将借才于海外矣。吾华文字至美而亦至难，以故新学家舍此取彼。然人人畏难而不学，将来公卿之奏议，郡县之申详，私家之议论，友朋之书札，名人之碑志，举以鄙倍，枯涩凌杂，苟简出之，是使当世无文章，而后世无史料也。今王世职创兴复古学社，每季一课，每课十门，每门一题，半月收卷，一月发榜，佳文给奖，有月泉吟社之前规，藏书借观，亦岐亭监税之成例，其文行兼优者，由州申送省会学堂肄业，意至美，法至良也。惟作文须作有用之文，讲学勿讲欺世之学。现在古学尚未尽没，不必曰复古，但曰存古可矣，准一切如禀立案，仍候列宪批示。"②

樊增祥认为"近来学务蔚兴，凡办学堂者，未遑教育，先谋建筑"③。这种风气应该得到改变。勤俭办事的精神仍值得嘉许。樊增祥强调要多设学堂，提高地方教育的水平，却也不是放任而为。对于那些滥竽充数的学堂亦坚决予以斥革，如"铁炉一镇……有贡生王铭丹伪充理学，诪惑张令，自设蒙馆一所，招致蒙童数人，即称为渭南小学堂，并欲把持临潼学务"。

---

① （清）樊增祥撰，那思陆、孙家红点校：《樊山政书》，北京：中华书局，2007年，第428页。
② （清）樊增祥撰，那思陆、孙家红点校：《樊山政书》，北京：中华书局，2007年，第592页。
③ （清）樊增祥撰，那思陆、孙家红点校：《樊山政书》，北京：中华书局，2007年，第522页。

但王铭丹实际上不仅没有学问,"其未完之卷,荒谬不通",而且品行不堪,在考场"则破口大骂,辱及委员祖父"。①

当该县的张县令称"王铭丹办理小学兼师范学堂一,蒙学堂七,庶人妇女之学各一,以身倡行,半出己资"时,樊增祥追问了下列问题:"此十堂者设在何处?每处有生徒若干?十处学堂各延一师教之乎?铭丹一人教之乎?妇女学堂以妇人教之乎?抑铭丹以男教习兼女教习乎?十堂经费每年通共需款若干?所云半出己资,铭丹家产几何?能常年赔贴乎?"樊增祥对此颇存疑惑,但并不固执己见,他表示:"如有实效,岂惟不革,且当重用。如果借此渔利欺骗张令,把持两县公事,则岂惟斥革而已,并当锁系三年,为学校中无耻光棍作榜样也。"②樊增祥特别注重树立士子的良好风气,这是保证良好社会风气的前提。樊增祥具有良好的传统文化积累,因而对自己充满自信。《批雒南县丁令词讼册》中说:"吾陕州县中问案好手高出外国律师奚啻万倍,固不必事事推逊,以为中不如西也。"③

《书王令景崧试卷后》提出了要对自己文化抱有高度的自信。中国在任何方面都不会逊于西方,反而会在远古时代的许多方面远胜于西方,只是近代以后才落后于西方。西方是在一种功利主义的驱动下而取得发展的,我们不必无所措手,而应该积极有为。④

对于西方的一切不可简单地照搬,而应该充分考虑中国的国情,他在《批拣选知县马象雍等禀》中说:"今日虽力行新政,中国之民犹是旧日之民也。性情风俗迥异岛人,蠢愚冥顽,未受教育。若必尽改中国之法律,而以外国自治其民者治吾之民,是犹男穿女衣,俗戴僧帽,吾未见其有合也,法政诚不可不学,中律亦不可尽弃。将来审判既设,对于外人当用公法,对于吾民谁敢废《大清律例》者,既不可废,则须兼习矣。且州县终年听讼,其按律详办之案,至多不过十余起,中简州县有终年不办一案者,其所听之讼,皆户婚田土、诈伪欺愚,贵在酌理准情,片言立断,不但不能照西法,亦并不必用中律。作吏者明敏能断,则拖累少而受福者多,优

---

① (清)樊增祥撰,那思陆、孙家红点校:《樊山政书》,北京:中华书局,2007年,第428页。
② (清)樊增祥撰,那思陆、孙家红点校:《樊山政书》,北京:中华书局,2007年,第346页。
③ (清)樊增祥撰,那思陆、孙家红点校:《樊山政书》,北京:中华书局,2007年,第355页。
④ (清)樊增祥撰,那思陆、孙家红点校:《樊山政书》,北京:中华书局,2007年,第285页。

柔不决,虽心地好而作孽不浅。大抵审判之事一要天分,二要学问,三要阅历,四要存心公恕,不贪不酷不偏,然后可为折狱之良吏。"①樊增祥认为为官作吏不能僵化教条,要凭借深厚的积累理性地处理实际生活中遇到的问题。

樊增祥在坚信本文化的优越之外,并不排拒新学。他热诚地支持留学工作。《送陕西高等学堂学生留学东洋序》中说:"庚子以后遍立学堂,扩张新政,然试求诸人人之心与夫上天下泽交通之故,则其散漫而壅塞者殆无以异前而又加甚也",新学固然应该提倡,但传统的东西亦有坚持的价值。樊增祥认为:"先圣先儒大抵责己不责人,务实不务名,爱国不爱身,计功不计利。今之谬论专责政府,指斥朝廷。"但现实中却总有人放松对自己的要求,往往并没有任何解决问题的招数。他们"所谓新学者,猎皮毛而已,志富贵而已。不得富贵则怨望怒骂而已,幸而富贵则亦甘为人役而已"。樊增祥认为:"学新学者皆如是,何颜责政府哉?""吾父吾兄割骨肉之爱而使之远游,台司郡县不辞供亿之烦而资之就学……诸生而无爱亲敬长之心则已,人人有心,将必人人力学,其忍徘徊歧路,蹈袭狂迷乎?况吾中国事势,如此其亟也。种族如此其衰也,学成而归,转相传习,寸炬千灯,一鸣万和,则光绪一明治也,西都犹东京也。天下之重,后生任之矣。"他有感于当时大清边境遭人陵夷,对留学日本学生提出了殷切的希望:"诸生勉之哉!取人所长益我所短,吐吾之故,纳彼之新,救及身之危,图万世之安,期于各得其精华,而仍不自漓其根本。我不若人,惟当自奋,不当自馁,即稍能趋步,人益当自勉,不当自足,日置吾身于薪胆之中,而预悬人格于欧美之上,积愤求通,增高继长,以吾华人之聪明,弃其畴昔无用之学。而人人求为有用之材,何实业之不成,何国耻之不振,勉之、勉之,学成名立,三年来归,河岳腾光,桑枌表色,吾将与三秦父老张乐设饮相见于霸桥之上。光绪三十一年岁次乙巳八月朔恩施樊增祥序。"②表现出一种开放的心胸和进取的态度。

---

① (清)樊增祥撰,那思陆、孙家红点校:《樊山政书》,北京:中华书局,2007年,第595页。
② (清)樊增祥撰,那思陆、孙家红点校:《樊山政书》,北京:中华书局,2007年,第388页。

第三节 科举社会的消逝与士子的境遇

沈艾娣[①]博士主要依据刘大鹏《退想斋日记》和其他地方史志，并辅以自己的实地寻访，对生活于19世纪后半期至20世纪中叶山西太原乡下的及第举人在科举社会逐渐消逝时代的各种境遇进行了细致的白描。从而揭示出身处乡间的刘大鹏对科举制度变迁反应的迟钝、其在面对社会变迁形势时而体现出的对儒家思想的坚守，以及其为了应对社会现实生活而被迫不断退却的人生历程。从而阐明了刘大鹏人生历程背后的心态历程及其心态与人生走向间的相互关联，可以说《退想斋日记》是一本很细腻、很有深度的个案研究著作。因为个案研究案例独特，因而其中彰显的悲剧性或许只能揭示社会中的一个侧面，个人的成败固然有时代因素与社会因素的影响，但个人的心态、品行与抉择均存在差别，且影响是根本性的。

一、总觉失意的士人刘大鹏

沈艾娣博士的论著《梦醒子：一位华北乡居者的人生（1857—1942）》主要讲述了近代山西一位乡村士子的故事。主人翁刘大鹏是山西太原赤桥村人，37岁中举人，参加了3次会试，终未考中。身处延续约1300年的科举社会渐渐消逝的时代，刘大鹏的人生履历经过了多次角色转变。作者分别从"写作""儒生""孝子""议士""商人""老农"六个方面展开论述，尽可能全面详尽地对其一生的主要事迹予以揭示。

刘大鹏一生都保持写日记的习惯，50年来几乎从未间断，这也是他每天进行自我反省的一种方式。沈艾娣注意到，刘大鹏的日记中除了是对个人心路历程的记录，以及对当时社会的真实写照外，还是刘大鹏安慰自己

[①] 沈艾娣（Henrietta Harrison），英国牛津大学博士，曾师从著名历史学家科大卫（David Faure）先生，现任职于美国哈佛大学。她主要从事社会史和文化史研究，集中关注清朝以来的中国社会历史，尤其对地方史、华北社会及革命的理念（religion）与实践感兴趣。大量、广泛的中国田野工作，使她获得了丰富的地方经验和深刻的直观感受。史料收集方面，沈艾娣十分注重口述和访谈，如对乡村资料的收集，以及一些档案资料的利用上。总体上，沈艾娣将自己的研究取向归于微观史学范畴。

的工具。其自传体取名为"卧虎山人"和"梦醒子"便是集中体现。不过作者认为,刘大鹏以陶渊明自喻是不妥的,因为他们两个人的情况并不相同。刘大鹏是因科考失败而未能进入仕途,而陶渊明则是主动远离官场选择归隐的。之所以以陶渊明自称,刘大鹏实际上是在为理想与现实之间的差距寻找慰藉。此外,他还留有其他类型的文字资料,如方志、书信、账本、游记。作为读书人,刘大鹏身上折射出了儒者的典型品质,主要是对儒家价值理念的遵奉与推崇。但社会现实与此有太多的不一致,这就使刘大鹏内心面临种种挑战,充满矛盾。刘大鹏9岁入私塾读书,多年的经史学习生涯使其深受儒家伦常熏陶。他甚至以老师传授的道德理念为自己读书的追求,而不仅仅是以此来应付考试。显然,刘大鹏的这个想法与其"学而优则仕"的理想是冲突的,这让他陷入了焦灼中,特别是考取进士失败后,更加剧了他内心的不安。刘大鹏的矛盾处境还体现在他对父母的感情上。他认为儒家道德观念中最重要的是孝道,所以他十分注重孝顺父母。但实际生活很多时候与此是相悖的,如他对于不能科举中式带给父母荣耀、不能在节日时陪在母亲身边感到愧疚,并深深自责。如果说科考失败让刘大鹏无法如愿以偿地进入仕途的话,那么科举制度的废除,在让他的仕途之梦破灭的同时,也使他面临着失业的直接威胁。新教育体制下不再需要教授"四书""五经"的传统塾师使刘大鹏失去了教书的谋生之道。不过举人身份使他仍享有地方威望,人们也还认可他,因而刘大鹏开始从事商业活动,调解商业纠纷,参与地方政治事务。但在近代中国社会的大变局下,他未能彻底转变自己,更好地融入其中,最终只能回归农业。

二、在时势变迁中被动沉浮

尽管作者将大量篇幅着力于刘大鹏的个人事迹,看似零散琐碎,实则有两条主线贯穿始终。作者在序言中直言不讳地指出刘大鹏的故事启发了她做更大、更深的思考。作为传统士子,儒家思想对刘大鹏的影响是毋庸置疑的。不过,针对这种影响是如何在社会生活中体现出来的,以及当国家长期将儒学置于正统地位时,人们的生活会发生什么变化等问题,作者则更注重从实践层面来加以考察。另外,日记资料的阅读与实地走访的直观体悟使作者对刘大鹏家及其故里在近代发生的变化颇有兴趣。时隔半个多世纪,赤桥村破败的旧街道依稀可辨当年的繁华。作为明清"海内最富"的山西社会,在近代经历了哪些变化,又是如何走向衰败的问题为该书讨论的落脚处。①

围绕"儒家思想"和"山西社会变迁",作者将刘大鹏作为全书的主线。虽同样学习儒家经史诸书,但刘大鹏受它们的影响尤为深刻、彻底。其老师刘武阳教育他不要过多地关注考试,要将儒家思想作为一种道德追求和个人修养。刘大鹏确实是这样身体力行的。他认为自己应该按照儒家所提倡的行为规范来严格要求自己,包括日常生活的言行。事实上,刘大鹏俨然把儒家道德规范作为自己的价值观,并以此为认识现实、评价是非的标准。女儿生病去世时,他自责这是自己该接受的惩罚;他自己久病不愈时,他认为这是老天在惩罚他,所以他更需要从内心做检讨和反思;山西接连发生干旱时,他认为官员的不作为是不道德的,一定会遭到谴责和报应;清廷逐步放弃儒家理念转向现代化时,他认为这是不应该的;新政府在选举中不断上演丑态时,他更加失望。尽管自己的想法与现实总是格格不入,但他还是坚守着儒家思想。他常常感慨:"所有人都抛弃了它,只有我还在坚持。"②不过,这种坚守在近代社会巨变的浪潮中显得尤为艰难,也是无济于事的,只能使刘大鹏自己处于深深的矛盾和焦虑中,这也注定他只能成为旧时代的符号。③

另外,作者还从侧面就儒家思想对民众的影响做了考察。刘大鹏所在的山西地方普遍盛行"重商轻儒"的风气。人们更看重的是金钱,对商人充满崇敬。近代中国社会的多次变革也使传统价值观念不断被动摇,其地位日渐下降。不过,这是一个漫长的过程,它对人们的影响不可能立刻消失。所以,即便民众不再赞同刘大鹏的做法和观点,也不会去学习、模仿他,但人们仍然尊重他,对他的举人身份和社会威望充满羡慕,因为他们

---

① Henrietta Harrison, *The Man Awakened from Dreams: One Man's Life in A North China Village, 1857-1942*, California: Stanford University Press, 2005, "Preface", pp.1-8.
② Henrietta Harrison, *The Man Awakened from Dreams: One Man's Life in A North China Village, 1857-1942*, California: Stanford University Press, 2005, p.93.
③ Henrietta Harrison, *The Man Awakened from Dreams: One Man's Life in A North China Village, 1857-1942*, California: Stanford University Press, 2005, p.163.

认为这是国家认可的。因此,刘大鹏因考取举人而获得的地方威望和社会声誉能够继续发挥作用。尽管其影响力不断遭遇挑战且渐渐削弱,但在新旧时代过渡时期,尤其是国家力量缺失时,儒家思想仍在起作用,只是在不同时空中以不同方式体现出来而已。正是凭借这一威望,刘大鹏活跃于地方事务中。他在新政府中仍可以拥有一席之地,并积极参与选举活动;他成功介入煤矿业并从中谋利,而不需要充裕的投资资金;他多次调解商业纠纷。这些都是普通民众无法企及的。当然,这种社会威望的局限与束缚也是显而易见的。地方力量的重组和各种新势力的兴起使刘大鹏在其中的处境不容乐观。在晋祠修缮一事上,他受到的攻击即是最佳例证。

  虽然刘大鹏深受儒家思想的教化,也在时代更替中表现出对儒家思想很大程度的坚守,但社会现实对他的影响亦是不容忽视的。作者对刘大鹏进行考察时充分注意到了这一点。在商业气氛浓厚的山西社会,"士、农、工、商"的地位发生了微妙变化,人们的观念也有很多转变。[①]刘大鹏在书院读书时对此深有体会,富家子弟与一般家庭孩子之间的差距时刻提醒着他。这些与刘大鹏追求的儒家道德观念是不相契合的。他的节俭和刻苦被同学嘲笑,他们认为这是他在故意做作;他以提高个人修养为读书的追求,但周围很多人则认为这是刘大鹏应对考试的技巧,他们考虑更多的是科考成功带来的功名利禄。刘大鹏希望自己能够通过科考带给父母荣耀,这是他们所期待的;同时希望自己能够考取进士,获得官职。但考试失败后,他不得不靠教书来谋生。二者之间的差距让他处于深度的焦灼中。实际上,早期儒学教育与日后社会现实之间的割裂日渐困扰着刘大鹏,使他内心承受着巨大压力。1893年的一场梦后,刘大鹏开始以"梦醒子"自居,但这终究是一场无法醒来的梦。梦中的老者以诚待人开导刘大鹏,希望他不必考虑太多。刘大鹏自己也如梦初醒,决定坚持自己追求的儒家道德,但他在现实中并没有完全做到。刘大鹏日后的表现也确实表明他并未完全醒悟过来,仍然处于矛盾之中。

  作者认为刘大鹏内心的矛盾与其所处的社会环境有密切关系,很大程

---

① 罗志田:《科举制的废除与四民社会的解体——一个内地乡绅眼中的近代社会变迁》,《权势转移:近代中国的思想、社会与学术》,武汉:湖北人民出版社,1999年,第161—190页。

度上是他无法成功消除自己的儒家道德追求与现实之间的隔阂造成的。山西虽深处内陆，但明清时期商贸活动颇为兴盛，这主要得益于它独特的地理位置。它是连接东南沿海与西北边地的重要通道，也是通向蒙古、俄罗斯地区的必经之地。但辛亥革命、俄国革命、蒙古独立等国内外形势的变动，使山西失去了这一区位优势，而转为一个孤立、封闭的内陆省份，特别是民国政府开启的现代化进程，强调城市工商业的发展，更关注东部沿海地区。这些对于山西来说都是不利的。刘大鹏的故乡太原赤桥村是一个传统工业发达的农村，70%的村民都以造纸为生。刘大鹏的记忆中充满儿时村庄繁华、热闹的情形。但像赤桥村这样的偏远村社并未受益于现代化，而很快走向了衰落。刘大鹏的父亲以经商为生，家里的条件很不错。不过父亲去世后，他经营的店铺也日渐萧条，刘大鹏必须靠自己来养家糊口。他先是在太谷县一家商人家做塾师，之后又转向经商。起初，刘大鹏从煤矿业中收益不错，但当山西煤矿开采业的衰败不可逆转时，他最终只得回家耕地。可见，刘大鹏个人选择与其所处时代的变化紧密相连。在现实的不断变更中，他一再转变自己的身份和角色。此外，作者还对山西山区的发展及煤矿工人的生活面貌进行了适度描述，从而勾勒出了近代山西社会的图景。

三、刘大鹏个案的意义

综观全书，作者对刘大鹏的考察独运匠心。通过日记资料的阅读和实地走访，作者敏锐地发现，刘大鹏身上富有多种社会角色，这与学界多将其归为绅士一列的做法不尽相符。那么，我们在使用"绅士""商人""农民"这些词语时，所指含义是什么？这些词是否与研究对象的真实身份切实一致？刘大鹏的案例为作者的质疑提供了很好的答案，也挑战了过去惯用的分类标准和贴标签式的研究路数。正是基于这一考虑，作者对刘大鹏身份的界定尤为谨慎，书中多采用 man、degree-holder 一类较为中性、客观的词。同时，刘大鹏属于读书人中的下层一族，也曾做过乡村塾师。因此，他能较好地反映社会普通民众的生活面貌和地方社会的现实百态。正如罗志田先生所言："我们关于中国近代史许多耳熟能详的论断，在刘氏所处的'世界'中，或者不同时，或者不同义；这是否也说明我们的近代史研究到今天仍然是侧重某些层面，而忽略了另一些层面呢？假如是，刘大鹏日记在近代史研究方面给我们的启示，就不止在科举废除引起的社会变化了。"①

如前文所述，作者在对刘大鹏这一个案进行解读时，已经融入了自己对于儒学和山西两大问题的关注。可见，该书十分讲究行文技巧。作者坦言所探讨话题之大，所以她选择将讨论集中在一个人身上。实际上，正如作者自称其学术旨趣是微观史，该书的做法便是集中体现。作者从刘大鹏这个具体的微观事例出发，对其做了尽可能全面的、多方位的展示。这样就呈现给读者一个多样、鲜活、真实的历史人物。当然，对微观的关注不仅仅是就人说人、就事论事，更重要的是为了揭示背后更深层的历史内容。所以，作者把刘大鹏置于其所处时代背景与社会环境中加以考察，将其个人处境和命运与儒家思想和山西社会在近代的变迁结合起来，从而达到微观与宏观、个别与整体的交融与互视，这样既避免了"宏大叙事"的抽象与空洞，也未陷入"历史碎化"的极端中，进而对中国近代社会重新做出思考。

研究对象的多样性和灵活性对叙事风格有何影响，这是作者关心的另一个问题。该书对于细节的把握十分到位。在作者看来，"过度地跳跃于整体，就会将很多甚是有趣的细节丢失"，正是"这些细节增加了历史的戏剧色彩"并可能最终产生深远影响。②这样，就使作者在行文中不是很受约束，可尽可能地将社会生活的场景展现出来，使行文涉及家庭、婚姻、教育、儿童、妇女、疾病等多个领域。囿于篇幅有限，文中未能将这些话题展开，为读者留有深入探讨的空间。此外，朴素直白的语言使文章浅显易懂，不愧为一部大众读物。

当然，任何研究都不可能尽善尽美。该书以《梦醒子》为标题，取自刘大鹏自传体名，实际上也是刘大鹏的一种自我认同。但从全文来看，刘大鹏并没有从他的梦中醒来，他一直处于矛盾之中，他既坚守着儒家道德理念，又在现实面前表现出退却。而且，作者也只是以刘大鹏为引子，以

---

① 罗志田：《科举制的废除与四民社会的解体——一个内地乡绅眼中的近代社会变迁》，《权势转移：近代中国的思想、社会与学术》，武汉：湖北人民出版社，1999年，第190页。

② Henrietta Harrison, *The Man Awakened from Dreams: One Man's Life in A North China Village, 1857-1942*, California: Stanford University Press, 2005, "Preface", p.7.

此来抛砖引玉式地探讨儒学与山西两大话题。因此，笔者认为，以《梦醒子》为题并不能较好地体现论著的主旨，也未突出作者的论点，有待斟酌。此外，作者虽对刘大鹏做了详尽陈述，并将其置于儒家思想与山西社会的大脉络中进行了探讨。但作为个案，不可忽视的是刘大鹏作为个体的偶然性。笔者认为，对于刘大鹏个人的认识不可过多地归于社会、时代原因，还应注意其自身因素。[1]微观史学注重叙事，尤其是对细节的深入刻画，尽可能地让研究对象发出自己的声音。这样固然留给读者足够的思考空间，让他们做出判断，但同时也缺失了作者本人的观点。[2]尽管存在这样一些瑕疵，但无法掩盖该书的精华。它无疑为我们提供了一个认识近代中国的新视角，也启发读者对20世纪中国及其所发生的变化重新做出思考。

第四节 清代福建家学、科举与社会适应

一、清代福州科举事业的兴盛

从《清代福建进士分区统计表》中可见：福州府中进士735名、兴化府61名、泉州府238名、漳州府113名、延平府28名、建宁府39名、邵武府25名、汀州府87名、福宁府24名、台湾府33名、永春州20名、龙岩州22名、镇海卫3名。[3]福州府在科场上的优势非常显著。何炳棣曾统计清代科举领先诸府，杭州最多有1004名进士，苏州次之有785名进士，福州第三有723名进士。清代科举领先的县份中福州府的闽县和侯官县就有557名进士，在全国各县中排名第三。[4]据《福建通志》统计，清代闽县出了303名进士，侯官县出了242名进士，两县相加共有545名进士。清前期，泉州科名与福州还不相上下，但到了后期，福州的科举优势就变

---

[1] Henrietta Harrison, *The Man Awakened from Dreams: One Man's Life in A North China Village, 1857-1942*, California: Stanford University Press, 2005.pp.18-19.

[2] Peter Zarrow, The Man Awakened from Dreams: One Man's Life in A North China Village, 1857-1942, *American Historical Review*, Vol.110, suppl(Dec. 2005), pp.1499-1500.

[3] 刘海峰、庄明水：《福建教育史》，福州：福建教育出版社，1996年，第220页。

[4] 何炳棣：《明清进士与东南人文》，载缪进鸿、郑云山主编：《中国东南地区人才问题国际研讨会论文集——中国东南地区人才的历史、现状、未来与振兴对策（1992年11月3日至6日，杭州—湖州）》，杭州：浙江大学出版社，1993年，第220—221页。

得越来越明显。大体上看，福州士子在雍正、嘉庆、道光、咸丰、同治、光绪时期都具有较高的中式率。有时一科平均就能达到近 20 人。自雍正之后，福建社会秩序渐趋稳定，嘉道咸时期属于清王朝的转型时期，福州士子积极应试，取得不菲的业绩。同光时期，近代化趋势正在加速，福州士子的积极性更进一步发挥，经由科举而跻身政坛的人士更进一步增多，凸显了福州士人作为时代先锋的形象。

18 世纪，一位西方人士将缙绅文士的众多与贸易的发达、水运的便利等一起列为福州城的几个特点。①1864 年，一位传教士写道："每三年举行两次秀才学位的授予，全福建省大约有 8000 名秀才，其中有 2000 名属于福州。同一周期授予一次举人学位，全省约有 1000 名举人，其中有 360 名属于该省会城市。进士学位是每三年在北京授予一次，从 18 省中考出 360 名，其中大约只有 30 名被选为翰林。估计福建省有 200 名翰林，约有 60 名是属于福州的。"②

侯官县的科名比较集中，代表性的人物有张远（1648—1722），康熙三十八年（1699）乡试第一；陈梦雷（1650—1741），康熙九年（1670）进士；郑方坤，雍正元年（1723）进士，知直隶邯郸县；林则徐（1785—1850），嘉庆十六年（1811）进士，选庶吉士，授编修，历典江西、云南乡试，分校会试，后历任江南道监察御史，浙江杭嘉湖道、江苏、陕西按察使，江苏、湖北布政使、河东道总督、江苏巡抚、湖广总督、两广总督、陕甘总督、陕西巡抚、云贵总督等职；林昌彝（1803—1876），道光十九年（1839）中举，后累试不第；陈衍（1856—1937），光绪八年（1882）举乡试，曾为台湾巡抚刘铭传及湖广总督张之洞幕客。

沈葆桢（1820—1879）、沈瑜庆（1858—1918），光绪十一年（1885）举人；永泰县黄任（1683—1768），康熙四十一年（1702）进士，官至广东

---

① William Winlerbotham, An Historical, Geographical, and Philosophical View of the Chinese Empire, 2nd ed. London, ProQuest Information and Learning, 1795, pp.71-72.
② George Smith, ART. V. Notices of Fuhchau fú, being An Extract from the Journal of the Rev. George Smith, M. A. Oxon: During An Exploratory Visit and Residence at the Five Consular Ports of China, on behalf of the Church(of England)Missionary Society, *Chinese Repository*, Vol. 15, No.4(April, 1846), p.214.

四会令；闽县叶矫然，顺治九年（1652）进士；龚景瀚（1747—1802），乾隆三十六年（1771）进士；萨玉衡（约1758—1822），乾隆五十一年（1786）举人，官陕西旬阳知县；谢震（1765—1804），乾隆五十四年（1789）举人；陈寿祺（1771—1834），嘉庆四年（1799）进士；郑孝胥（1860—1938），光绪八年（1882）中福建省正科乡试解元。

清代福州获得进士的人数众多，及第排名突出者却较少。清代殿试举行过112科，自清初开科至道光十五年（1835），福建尚无一人考中状元，比起明代大为逊色。至道光十六年，侯官县林鸿年始中状元，施鸿保《闽杂记》卷六《闽中状元谣》中说：

> 旧有谣云："五眼开，状元来。"丙申以前，闽省榜眼五人：赵普、吴文焕、邓启元、林枝春、廖鸿荃也，其谣果验。徐时作《闲居偶录》谓乾隆戊辰状元番禺庄有恭，本籍泉州，遂疑当作四眼，非也。既由番禺籍中，不得仍应闽中状元之谣矣。
>
> 按是科侯官何杰夫冠英亦登榜眼，是有六眼矣，岂同榜者不在其数耶？①

所谓应验旧谣之类的说法在科举时代所在多有，类皆人们对科名的崇拜心理而附会成说。不过，清代福建一甲最高科名确实是大为衰弱了，而江苏、浙江两省却势不可挡地摘取了绝大多数状元、榜眼和探花的桂冠。

福州是东南区域的政治中心，更是东南地区的文化中心。历任福州地方官员也深明这一点，在教育设置上做了大量工作。官学建设成效显著。乾隆《福州府志》卷十八《公署一·贡院》载："康熙十九年修，三十八年，学使汪薇、四十四年巡抚李斯义、四十七年巡抚张伯行、五十六年巡抚陈瑸先后增辟文场。乾隆九年颁书匾、联各一，匾曰：旁求俊义，联曰：立政待英才，慎乃攸司，知人则哲；与贤共天位，勖哉多士，观国之光。十八年，总督额尔吉善、巡抚陈宏谋重修，宽展号舍，增高墙垣，又另筑夹道，疏通沟渠，拓至公堂而新之。各堂所房舍俱加增建，规制肃然。"②这次贡

---

① （清）施鸿保撰，来新夏校点：《闽杂记》卷六，福州：福建人民出版社，1985年，第98页。
② 乾隆《福州府志》卷十八《公署一·贡院》，乾隆十九年刻本，第4页。

院的扩建修葺，在很大程度上归功于当地士绅的大力相助。陈宏谋在《重修贡院记》中说："闽省贡院……地处山隈，山水汇积，连遇飓风、大雨，多所倾圮，号舍低浅，士子持笔砚入，不能转侧。卒遇风雨，上漏下湿，濡体涂足，艰难万状，甚至有樱疾不能终场者。至公堂栋材薄弱，不称观瞻，亦将有颓废之患。……维时少京兆陈君治兹，少银台林君枝春等率都人士呈请捐修，一时争先踊跃输将，不数月，而十郡二州计数至二万六千八百两有奇。爰委福州守徐君景熹、抚标参戎窦君宁董其事，其专司营治者为经历董天柱、巡检王成德实工实料，必躬必亲，经始于乾隆十八年二月，即于是年七月告成。至公堂概易良材而重新之，其余各堂所俱加增修葺治，号舍俱重为改建。既高且深，足蔽风雨。而下通沟洫，使水有所泄，直达于城河，不虞阻塞为害。围墙则增高培厚，以防弊窦。适届秋闱，士子携筐而入，俱欣欣有喜色，不似向来之局蹐而不宁矣。统计所需一万六千两有奇。余资建造城西浮桥，以济行旅，尚余六千两，则为权子母，永为将来修理贡院之需，可以善厥后矣。闽中绅士乐事劝功，好善笃而趋义勇，实为十五省之冠。……自今以后，规制严肃，气象光昌，三载宾兴，伟奇特达之士连茹汇进，仰副圣天子旁求俊乂之盛心，国家于以收得人之效，又不独里闾之光也，使者有厚望焉。"①由此可见，人们对贡院的重视是重科举的曲折反映。

二、科第是家族达致显赫的门槛

三坊七巷是福州大户人家集中的地方，文儒坊四十七号陈氏家族门楣上挂有御赐"六子科甲"之匾。该家族于明嘉靖十七年（1538）起出了第一个进士——六世祖陈淮，历任杭州府、常州府推官，南京吏部北新关监榷。清乾隆五十二年（1787），第十四世陈若霖中进士，历任云南、广东、河南、浙江巡抚，湖广、四川总督，又任工部尚书、刑部尚书兼管顺天府尹。陈若霖的孙子陈承裘有六子皆登科第，其中三个举人、三个进士。长子陈宝琛12岁中秀才，17岁中举人，20岁便中了进士，历任顺天府乡试

---

① （清）陈宏谋：《重修贡院记》，载乾隆《福州府志》卷十八《公署一·贡院》，乾隆十九年刻本，第5—6页。

同考官，甘肃、江西乡试正考官，江西学政，内阁学士兼礼部侍郎。应指出的是，陈家的这座宅子是陈宝琛的妹妹陈芳芷丈夫林尔康（台湾赫赫有名的板桥林）出资建造的。

黄巷郭家是另一个科名显赫之家。开创者郭阶三有五个儿子，道光年间纷纷中举。二儿子郭柏荫，为官52年，官至湖广总督。郭柏荫是道光十二年（1832）进士，十七年任浙江道监察御史，十九年巡视西城，转京畿道，升刑部给事中。同治元年（1862），郭柏荫升任江苏粮储道，又升按察使。在曾国藩手下受到赏识，升江苏布政使，代理巡抚，继升江西巡抚、湖广总督。弟弟郭柏苍23岁中举人，其后功名虽无没有更多建树，却是地方文献名家。

在东街孝义巷有曾氏家族，也出了"五子登科"的事例。

林旭（1875—1898），侯官人，沈葆桢孙婿；沈鹊应（1877—1900），沈葆桢孙女，沈瑜庆之女，林旭之夫。

严复曾祖父严焕然是清嘉庆庚午年（1810）举人，曾任松溪县学训导。严复的祖父严秉符，业医，"以精诣仁心名州里"。严复的父亲严振先（1821—1866），号志范，有较深的国学造诣，自幼从父行医，聪明好学，阅读了大量医籍。严复（1854—1921），"早慧""词采富逸"。[①]从小随其父学《三字经》《百家姓》《千字文》等。咸丰九年（1859），严复7岁，开始入私塾读书，先后"从师数人"[②]。1862年，因家境贫困，严复回到阳岐乡下，住进其祖居第一进之西披榭里，入其五叔严厚甫的私塾就读，学习《大学》《中庸》等课程。第二年，严复回到福州，其父亲在家设馆聘请同邑黄少岩为师，黄学养深厚，且汉宋并重，对严复要求亦甚严，因此严复收获颇大。严复汲取了大量的经史知识，具备了坚实的国学根基，也养成了忧国忧民、刚直不阿、以译书经世的情怀。他毕生尊奉"中庸之道"，恪守儒家行为规范，在给妻儿的书信中乃至给后代所起的名字中，严复仍然表现出一个标准的中国传统士大夫的形象。

---

① 陈宝琛：《清故资政大夫海军协都统严君墓志铭》，载王栻主编：《严复集》第5册，北京：中华书局，1986年，第1541页。
② 严璩：《侯官严先生年谱》，载王栻主编：《严复集》第5册，北京：中华书局，1986年，第1545页。

此时,"闽督沈葆桢初创船政,招试英俊,储海军将才,得复文,奇之,用冠其曹,则年十四也"①。在船政学堂,严复学习了若干自然科学课程,对西学逐渐有了一个全面的、客观的了解。同时,他从未中断过对传统文化的学习,《圣谕广训》《孝经》仍在课堂上反复提及。可以说,严复是中西文化的跨界人物,不仅西学造诣深厚,而且国学根底亦深。从英国学成回国后,严复曾师承桐城派大师吴汝伦研习古文,因此,他能用规范、畅达的文言文来翻译西方名著,文笔灵动活脱、典雅畅达。

对于科第,严复一直耿耿于怀,自欧归国后,屡次科考,仍然落第。严复深感国内风气尚未开化,"国人事事竺旧,鄙夷新知,于学则徒尚词章,不求真理",而仕进前途,尤重科举。严复不由科举出身,职微言轻,每每向朋友痛陈国人因循守旧愚昧无知之害,并不能引起重视。出于根深蒂固的观念和对只有通过科举才能改变社会地位、施展自己的抱负的痛苦领会,严复"欲博一第入都,以与当轴周旋。既已入彀中,或者其言较易动听,风气渐可转移"②。于是,发奋治八比,纳粟为监生,走上科举之路。

为了应试,严复"奉公之外,闭户寡合"③,专心研读"四书""五经",并师从桐城派宿儒吴汝伦学习古文,颇有收获。他于1900年致吴汝伦信中说:"复于文章一道,心知好之,虽甘食耆(嗜)色之殷,殆无以过。不幸晚学无师,致过壮无成。虽蒙学生奖诱拂拭,而如精力既衰何,假令早迈十年,岂止如此?"④遗憾的是,严复先后于1885年、1888年、1889年、1893年四应科考,均名落孙山。这对严复而言,失落将是其一生难以弥补的缺憾。

明代林瀚尚书家族以"七科八进士,三代五尚书"活跃于明朝政坛140年。林瀚,明成化二年(1466)进士,官至南京吏部尚书。次子林庭昂,明弘治十二年(1499)进士,官至南京工部尚书。九子林庭机,明嘉靖十四年(1535)进士,官至南京礼部尚书。庭机长子林濂,明嘉靖二十六年

---

① 《清史稿》卷486《文苑传三·严复传》,北京:中华书局,1977年,第13447页。
② 严璩:《侯官严先生年谱》,载王栻主编:《严复集》第5册,北京:中华书局,1986年,第1547页。
③ 中国史学会主编:《戊戌变法》(二),上海:神州国光社,1953年,第374—375页。
④ 严复:《与吴汝纶书》二,载王栻主编:《严复集》第3册,北京:中华书局,1986年,第522—523页。

（1547）进士，官至南京礼部尚书。次子林经，明嘉靖四十一年进士，官至南京工部尚书。

南台岛的螺洲，自明嘉靖十七年至光绪二十四年（1898），螺江陈氏中进士者竟达 21 人之多，在福州地区可谓首屈一指，特别鼎盛时期是同治光绪年间，就有 10 人中进士。陈宝琛是同治七年（1868）进士，他的胞弟陈宝缙和陈宝璐都是光绪十六年（1890）进士。陈宝琛的三个胞弟陈宝琦、陈宝缙、陈宝璜等皆为举人出身，时称"六子科甲"。陈宝琛不但"兄弟六科甲"，其父陈承裘为清咸丰二年（1852）进士，祖父陈景亮为清道光二十年（1840）举人，曾祖父陈若霖为清乾隆五十二年（1787）进士，这么显赫的功名奠定了他们在地方上的至尊地位。

清嘉庆、道光年间是廖氏福州家族的鼎盛时期。五子登科，满门皆贵。廖陆峰长子鸿翔，嘉庆戊寅恩科举人，大挑知县，署广东石城县知县。三子鸿禧，道光乙酉举人，拣选县知县。四子鸿苞，嘉庆甲子举人，丁丑进士，历任四川云阳县等县知县，苏州府督粮同知、太湖同知署扬州府知府，先后为四川乡试、江南乡试同考官、内监试。五子鸿藻，嘉庆戊午举人，己巳进士，历任江西督粮道兼兵备道，四川乡试及江南乡试正、副考官。六子鸿荃，嘉庆甲子举人，己巳一甲二名进士，历任工部尚书，署漕运总督兼河南总督，赏戴花翎，重宴鹿鸣太子少保，先后为陕西乡试、顺天府乡试正、副考官，殿试读卷大臣，戊戌会试大总裁等，江苏、浙江学政光禄大夫。自此，廖氏福州家族历代子孙不断有人中举人、进士，成为福州老城区内四大望族之一。

嘉庆皇帝对廖氏宗族格外恩宠。翰林院学士廖甡回乡探亲祭祖，嘉庆皇帝御赐一副对联给他："溯源本于西周，祖德文谟昭百代；肇冠堂兴南宋，家声世彩振千秋。"这副对联追溯廖姓渊源，称述廖姓祖德宗功，对廖氏家族给予了高度的赞誉和嘉许。皇帝对一个宗族给予颂扬的赐联的现象在当时并不多见。廖姓用作堂联，引以为豪。嘉道年间，皇上给廖氏福州家族也时有恩命赐旨。这是朝廷笼络人才的手段和措施。福州廖氏家族自五世鼎盛时期出现两举人、三进士以后，分出礼、乐、射、御、书、数六大房，仍然世代涌现不少举人、进士、官宦，没有中断。六世廖鹤年，咸丰壬子举人，拣选县知县议叙五品衔；廖仰贤，四川候补知县，钦加五品衔；七世廖意时，军功议叙六品衔；廖骧，光绪庚辰进士，刑部主政，五品衔，先后主讲兴化府擢英书院、台湾府明志书院、福州越山书院；七世廖炳枢，光绪己卯副举人，三品衔，历任直隶昌黎、静海、巨鹿、邯郸、迁安知县，赏戴花翎，奉天兴京府知府；七世廖骕，庚子优贡，赏戴花翎五品衔，甲辰朝考一等，署山西左云县知县，后任江南造船所秘书长；廖绍绩，兵部员外郎，候选知府；八世廖鸣韶，光绪己丑恩科举人，乙未进士，工部主事，改浙江东阳县知县加同知衔；八世廖毓英，光绪甲午亚魁，癸卯进士，保四品衔，直隶宛平县知县，顺天府补用知府。清末废除科举制度后，廖氏家族中通过洋学堂毕业，被赐以功名任用官员的难以一一列举。例如：七世廖兆琛，福建法政学堂毕业，奏奖法政科副举人，后历任福建地方检察厅检察官、江苏、上海等地方审判厅推事；八世廖德钊，日本高等工业学校毕业，清赐工科进士出身，民国初历任总统府秘书及农工部、财政部秘书长；八世廖德钧，日本师范毕业，曾任福建省教育厅次长等职；廖德锟，日本大学修业，任四川都督府秘书长；廖德观，广东海军学校毕业，留学英国，五等文虎章，历任肇和军舰鱼雷大副、应瑞军舰总教官。廖鸣章，日本关西大学法学士，民初任国务院法制局主事；九世廖能同，京师大学毕业奖举人，内阁中书法部七品京官，后赴德留学。还有不少攻读法政、船政、飞行、航海、警务专业，任地方官、检察官、法官、警官、海空军军官要职等。

三、福建士人对社会变迁的适应

林则徐是经由传统科名上升起来的官僚，面对鸦片战争的变局，他积极研究外国的历史、地理与现状，编成《四洲志》，成为近代中国开眼看世界的第一人。

福建船政学堂的教育有严密的课程体系，除了制造、设计、学徒、驾驶、轮机各专业的课程（外语、自然科学、实用技术）外，学堂每日还要兼习策论，讲读《圣谕广训》《孝经》，以明义理。首任船政大臣沈葆桢特别重视学堂的建设，学舍规划体现了对传统文化的继承。同治十二年（1873），沈葆桢奏陈船工善后事宜："请选派前、后堂生分赴英、法，学习制造驾驶之方，及推陈出新、练兵制胜之理。学生有天资杰出，能习矿学、化学及交涉、公法等事，均可随宜肄业。"①他还进一步指出："今日之事，以中国之心思通外国之技巧可也，以外国之习气变中国之性情不可也。"②可见，福建船政学堂不仅注重"西学"的传授，而且重视"中学"的教育，充分显示了洋务派"中学为体，西学为用"的教育理念。

廖笠樵，名毓英，是廖氏福州家族最后一名科举进士。生于清朝同治癸亥年（1863），光绪甲午年中亚魁，1903年中进士，为直隶宛平县知县，因精明能干，在京城办案有功，保四品衔，补用顺天府知府。廖笠樵目睹了甲午惨败、戊戌变法、庚子之乱等，爱国心切，努力作为，但因痛恨清廷腐败及官场龌龊于1908年毅然辞去官职，告退回乡，这年他46岁。京都顺天府的同僚对他"年才四纪力犹强，人求不得君先弃"感到困惑不解。他在《自怡庵诗钞》自序中谈到辞官的主要原因是"见国事日非"，"我年四十七，渐厌龌龊官"，多次作诗表示不愿与奸官污吏同流合污，他想退居园林，独善其身，寄情山水，饮酒作诗。辛亥年，他与文人、退休官宦组织"托社"，以诗会友，常在西湖宛在堂、开化寺等地聚会。福州地方志记载着他们的文学活动。

廖笠樵诗作将近400首，有诗集《自怡庵诗钞》刊行于世。他的诗歌既有感时抒情之作，也有弘扬爱国主义的诗篇。《百年闽诗》等诗集收录有他的诗作。他的诗多以抒情写景写实为主，不拘泥于典故；语言浅白流畅，有的甚至用白话入诗，这在清末民初的诗坛中实在难能可贵。廖笠樵不仅自己从官场急流勇退，也不让孩子追逐官场功名。他对孩子的读书学习督导甚严。孩子长大后，除将次子留在身边外，将长子和三子先后送往德国、美国留学。一个学物理化学，研制现代化的军火武器，一个学土木建筑。他为孩子选择的学业，实践了清末老一辈知识分子"师夷之长技以制夷"的理念，寄寓着他望子成才、报效祖国的深挚情怀。

廖笠樵的长子廖能同生于1886年，京师大学堂毕业后，赴德国工艺大学留学，获理化科博士，聪慧过人，被德国当局视为"异才"，且被阻留在德国研制兵工武器，不让其回国。廖能同急于报效祖国，暗自购买船票准

---

① 《清史稿》卷107《选举志二·学校下》，北京：中华书局，1977年，第3123页。
② 林庆元：《福建船政局史稿》（增订本），福州：福建人民出版社，1999年，第132页。

备绕道回国。不料启程前一日（1919 年农历七月十六日），在路途行走突遭人为制造车祸暗害。中国留德同学会举行隆重追悼会，群情激愤。几经交涉，德国当局百般狡辩，又不得不公祭发丧，将其灵柩运抵福州。福州地方政府打破当时福州城"棺柩只准出城，不可入城"的规矩，准允上码头，进南门，经家门，官祭、家祭、公祭完毕运出城安葬。送葬者遮道，廖能同的报国情怀至今仍为后人所传颂。廖笠樵的三子廖能申自幼聪颖过人、才华横溢。著名学者梁漱溟是他在顺天中学堂求学期间的同窗好友。梁漱溟在晚年的回忆录中称廖能申是一个天才，非常人所及。廖能申从清华学堂毕业后，赴美国康奈尔大学留学。学成归国，是中国铁道工程早期的优秀人才，主持建设陇海铁路，后又历任之江大学、浙江大学教授、系主任、工学院院长，桃李遍天下。子女的努力奋斗，实践着廖笠樵教育救国、科学救国的理想。

综而观之，福州望族注重对子弟的科举教育，科举业绩显著。无论是中式者，还是落第者，他们都能在社会变迁面前积极适应，从而成就自己的人生，光大着家族的荣耀。笔者特别认同汪征鲁教授对福州文化精神的总结："思想的超前与方法的中庸"①，福州士人通过研习传统文化，奠定了深厚的文化根基，他们秉持"经世致用"的情怀，为民族文化的传承与创新进行着自己的不懈努力。

第五节 "道"与"器"的争锋：晚清科举的走向

晚清科举改革一直围绕着该"重道"还是该"重器"的问题展开，应该说这也是科举运行至久之后有识之士不断发出的质疑。倘若科举重视对"四书""五经"精髓的掌握，重道的精神便得以传承；倘若科举运行中出现了更多对重道精神的背离，科举选才的功能就无法得到较好的发挥，容易遭遇世人的诟病，也容易将政治带入泥沼。

一、科举重道的目标时常遭遇背离

科举的宗旨是选拔官员，官员必须具备"四书""五经"中强调的"修齐

---

① 汪征鲁主编：《闽文化新论》，北京：中国社会科学出版社，2011 年，后记。

治平"素质，考试中强调的对"四书""五经"的掌握能力，这些要求具有较强的必要性。本来考试形式的固定化有利于考生确定性地朝着一个目标孜孜努力，但是问题在于，考生可以将应考与修炼操行分裂开来，本来需要数年方能穷尽的知识一下子变成了可以速成的几条考试题目，于是科举考试制度本身就变成了引导考生产生伺机心态、骑墙心态和矫情心态的推进器，善于揣摩成了科举考试的金针。龚自珍说："今世科场之文，万喙相因，词可猎而取，貌可拟而肖，坊间刻本，如山如海。四书文禄士，五百年矣；士禄于四书文，数万辈矣；既穷既极。"①同治年间，王锡纶说："且巾箱袖珍，无不可剽（抄）袭剿窃，防其弊者，更专为鬼怪题目，不知题愈怪，文亦愈怪，以千万人之力而专趋一法，何巧不臻。盖制义在今日，精之至亦下之至矣。"②

考官在没法通过答题内容分辨出考生的高下之际往往会注重楷法好者。嘉道以后，殿试考试变得尤重字体，"新进士殿试用大卷，朝考用白折，阅卷者偏重楷法，乃置文字而不问，一字之破体，一点之污损，皆足以失翰林"③。因此，民间教育往往以勤学"字迹"相劝："果能作字端楷，衡文者便心先欢喜，文虽不甚出色，亦蒙取录"④；否则，往往得不到好名次。这便易于引导考生将大量的精力耗费在练习楷法上，而耽误了对经义本身的研习。冯桂芬感叹说："人生百年，少壮二三十时，如日方升至禺中，实精气所凝聚，不以此时讲明道德经济之学，以为当时用，顾以其大有为之岁月，消磨隳坏于无益之途，终身莫之悟，则惑之甚者也。"⑤

由于科场竞争激烈，科考落选者众多，嘉庆道光间的包世臣（1775—1855）六赴秋闱方得中一举人，十三次应会试，终未得到进士功名；邓廷桢（1776—1846）曾屡困于童子试⑥，却矢志不渝，书"饿死不如读死"的破釜

---

① 王戎笙主编：《中国考试史文献集成》第六卷，北京：高等教育出版社，2003年，第548页。
② （清）王锡纶：《怡青堂文集》卷三《条陈科举策》，《晚清四部丛刊第一编》集部，第117册，台中：文听阁图书，2010年影印本，第217页。
③ （清）徐珂编撰：《清稗类钞·考试类·朝考殿试重楷法》，北京：中华书局，1981年，第678页。
④ （清）程含章撰：《岭南集》卷七《教士示》，清道光元年刻本。
⑤ （清）冯桂芬：《显志堂稿》卷二《惜阴书舍戊申课艺序》，《清代诗文集汇编》编纂委员会编：《清代诗文集汇编》第632册，上海：上海古籍出版社，2010年，第467页。
⑥ （清）徐珂编撰：《清稗类钞·考试类·邓廷桢屡踬童试》，北京：中华书局，1981年，第600页。

沉舟之帖挂在居室之中；冯桂芬（1809—1874）18岁中秀才，23岁中举人，31岁第四次参加会试始中进士；郭嵩焘（1818—1891）五次参加会试才考中进士；王韬（1828—1897）18岁中秀才后乡试屡败；郑观应（1842—1922）17岁乡试不及第，乃决意经商；盛宣怀（1844—1916）22岁中秀才，三次乡试落第，最后入了李鸿章（1823—1901）的幕府；蔡元培（1868—1940）先后参加两次童子试、三次乡试、一次会试及殿试、朝考、散馆考试。

由于科举之途较坎坷，一些人相信起命数、因果等观念，投机侥幸情绪滋生，求签、做法事在民间都很有市场；另有一些人则想到舞弊。冯桂芬说："京师之内要路私书也、职官挟优也、科场关节也，十人而七八也。乃间或数年兴一大狱，罹此者居然论如法。夫圣人之治天下曰平，两人同罪而异罚也已不平，况千人同罪而独罚乎？此宰相大臣以下无不知，所不使知者皇上而已。"①

应科举被一些清高者视为追求功名富贵的俗务，只有放弃科举乃至远离科举才是保持"道"和弘扬"道"的正道。倘若在事实上真正要弘道的人都不参加科举，科举就真的在一定程度上成为名利场。士子是本着市场原则谋求"售于帝王家"的。事实上，儒家学人本身就是积极进取的一群，他们仍多致力于以良好的品行、"治国平天下"的理想而跻身科场，谋得服务国家和社会的必要位置。因此，科举之背离重道传统的趋势就会不断被遏制，亦反复在制度上做出必要的调整。防止科举舞弊的制度调整亦不断在进行。

时常有人指责八股文是禁锢知识人思想的文体，其实，八股文在不同时期也显示出不同的目标追求和取舍标准，时而重文体，时而重道义诠释。八股文做得好的人往往也是对道义把握得精微的人，无数经科举而擢升的官员在为政之中建立了卓越成绩就是显证。

但是，商业化对科举的冲击实在是太大了。出版业的繁荣使各种决科指南大行其道，选家成为一个颇能牟利的行业。如果说马纯上还较守道德底线的话，那么匡超人就完全无视道德约束，而沉溺于金钱之利益了②。

科场中舞弊现象的盛行由商业精神驱动，连倩代也成了一个完善的市

---

① （清）冯桂芬：《校邠庐抗议》卷上《复陈诗议》，上海：上海书店出版社，2002年，第36页。
② （清）吴敬梓著，张雪慧校注：《儒林外史》，北京：人民文学出版社，1982年，第15—20回。

场运作链条。其他如冒籍、送襆、匿丧投考都在无序的市场环境下层出不穷。更恶劣的捐纳则直接将金钱与神圣的功名画上了等号。据张仲礼先生研究：清代官吏及有虚衔者中，太平天国前约有一半为"正途"出身，而太平天国后则仅有三分之一为"正途"出身，其余主要是捐纳而成绅士者及一些由举荐和军功入仕者。①这其中一方面反映了捐纳入官者在增加，另一方面也表明科举对人才的收揽作用也在削弱。

由上可见，科举之重道选才的宗旨被背离了，选出的官员往往不思进取，甚至将中功名前的花费转化为任官后的苛索，道德已完全被他们置之脑后。即使是想有所作为的人也无法施展自己的才华，那些外任之官"以穷年八股白折之人，一旦使尽弃平生所学，骤任兵刑钱谷之务，而且远官数千里之外，言语不相晓，风俗人情不相通，又不得专于一职，久于其任，势不得不委权于幕友，问途于胥吏。无怪乎绍党朋比，蒛蠹蟠踞，上下钩连，表里为奸，舞文弄法，把持印官，而南面据堂皇者惟坐啸画诺仰其颐指已也"②。朝中庙堂之官，"夫自三十进身，以至于为宰辅，为一品大臣，其齿发固已老矣，精神固已惫矣，虽有耆寿之德，老成之典型，亦足以示新进；然而因阅历而审顾，因审顾而退葸，因退葸而尸玩，仕久而恋其籍，年高而顾其子孙，儽然终日，不肯自请去。或有故而去矣，而英奇未尽之士，亦卒不得起而相代"③。政治上的乱象无疑激发了人民的愤慨。

二、晚清时势呼唤"器"才

西方近代科技的兴起，直接导致了机器工业的诞生。服务于机器工业的算学就成为必须掌握的知识，其他如天文、地理、农政、船政、格致、医学等专门学科知识在此前的科举考试中并没有被包含，有识之士期望通过新办书院加以弥补，将其纳入科举考试的专门科目之中。他们认为：西

---

① 张仲礼：《中国绅士——关于其在19世纪中国社会中作用的研究》，上海：上海社会科学院出版社，1991年，第二章。
② 张安雅：《外夷中国论》，载宣统《项城县志》卷一五《丽藻志四》，清宣统三年石印本，《中国方志丛书（华北地方）》，台北：成文出版社，第102册，1968年影印本，第1307—1308页。
③ （清）龚自珍：《龚自珍全集》第一辑《明良论三》，上海：上海人民出版社，1975年，第33页。

学专科"可与科目并行不悖,而又不以洋学变科目之名,仍无碍于祖宗成法也"①。可将州县省会京师之官学、书院稍为变通:文武各学分大、中、小三等,形成完整的教育体系。"至于登进之阶级如秀才、举人、进士、翰林之类一仍旧称,三年一试,由朝廷命该省督抚水陆提督,会同大书院掌教校阅,广其额,精其选,一返从前空疏无补之积习。"②郑观应等在观察到近代科技将对世界格局产生巨大影响之后,提出了在科举之内增设新科目以适应形势变化的思想。

鸦片战争来得那么急骤,让许多仕宦一下子乱了阵脚。李鸿章说:"今则东南海疆万余里,各国通商传教来往自如,麇集京师及各省腹地,阳托和好之名,阴怀吞噬之计。一国生事,诸国构煽,实为数千年来未有之变局。轮船、电报之速,瞬息万里;军器、机事之精,工力百倍;炮弹所到,无坚不摧,水陆关隘,不足限制,又为数千年来未有之强敌。"③王韬也说这是"四千年来未有之创局也。"④

经过开明之士的比较发现:中国的科举较多注重的是对"道"的传扬,而西方已进入了一个注重"器"的时代。19世纪60年代,冯桂芳指出:"一切西学皆从算学出。西人十岁外,无人不学算。今欲采西学,自不可不学算,或师西人,或师内地人之知算者俱可。"⑤王韬认为:"西学所重,岂徒在语言文字之末,象纬舆图历算格致机器制造,以及化学光学电学重学医学律学,皆艺术也。于沿海各直省通商口岸,皆需设立学塾。……上以此求,下以此应,中国人心之巧,安见不如泰西;将见驾乎其上且不难,而何必葸葸退让为哉!"⑥王韬对中国人的心智能力给予充分的肯定,对中国迎头赶上西方也满有信心。

---

① 夏东元编:《郑观应集》上册,上海:上海人民出版社,1982年,第296页。
② 夏东元编:《郑观应集》上册,上海:上海人民出版社,1982年,第300页。
③ (清)李鸿章:《李文忠公奏稿》卷二四,载顾廷龙主编:《续修四库全书》第506册,上海:上海古籍出版社,2002年,第622页。
④ (清)王韬著,汪北平、刘林整理:《弢园文录外编》卷二《变法自强下》,北京:中华书局,1959年,第40页。
⑤ (清)冯桂芳:《校邠庐抗议》卷下《采西学议》自注,上海:上海书店出版社,2002年,第56页。
⑥ (清)王韬著,汪北平、刘林编校:《弢园尺牍·拟上当事书》,北京:中华书局,1959年,第219—220页。

不过左宗棠也认识到:"中国之睿智运于虚,外国之聪明寄于实;中国以义理为本,艺事为末,外国以艺事为重,义理为轻。"中国必须"导其先",学习外国之长,夺其所擅。① 奕䜣说:"中国之宜谋自强至今而已亟矣,识时务者莫不以采西学、制洋器为自强之道。"② 这些当时被称为洋务派的人们信心满满,他们认为学习"器"学就可以将中国从被欺凌的状态中拯救出来。

进一步的思考发现:器学实际上源自中国,即形成了"西学中源说"。奕䜣在《酌议同文馆章程疏》中便说:"查西说之源根,实本于中术之天元。彼西土目为东来法。特其人性情缜密,善于运思,遂能推陈出新,擅名海外耳。其实法故中国之法也。天文算学如此,其余亦无不如此。中国创其法,西人袭之。中国倘能驾而上之,则在我既已洞悉根源,遇事不必外求,其利益正非浅鲜。"王韬认为:"中国天下之宗邦也,不独为文字之始祖,即礼乐制度天算器艺,无不由中国而流传及外。"③ 郑观应的思考则更加理性一些,他说:"自《大学》亡《格致》一篇,《周礼》阙《冬官》一册,古人名物象数之学,流徙而入于泰西,其工艺之精,遂远非中国所及";"不知我所固有者,西人特踵而行之,运以精心,持以定力,造诣精深,渊乎莫测。所谓礼失而求诸野者,此其时也。"④ 出于中国长期养成的民族自大情绪方面的考虑,西学中源说或能避免舍我求他的指责,却也承认了西人当时对器之利用的先进性。在世界舞台上,中国不该落后于西方,因而重视器学便显得顺理成章。

新式学堂的兴办是重视器学的直接反映。1862年,奕䜣在北京设立京师同文馆,首先要解决的是中西交流中的语言障碍问题,培养切于实用的翻译人才。招生对象是15岁以下的八旗子弟,三年毕业。当年仅设英文馆,招生10名。第二年增设了法文馆、俄文馆,各招生10名。各馆分班教学。

---

① (清)左宗棠:《左恪靖侯奏稿初编》卷三二,载顾廷龙主编:《续修四库全书》第502册,上海:上海古籍出版社,2002年,第611—612页。
② 总署王大臣《酌议同文馆章程疏》,载葛士濬编:《皇朝经世文续编》卷一二〇《洋务二十·培才》,《中国近代史资料丛刊·洋务运动(二)》,北京:人民出版社,1961年,第24页。
③ (清)王韬著,汪北平、刘林整理:《弢园文录外编》卷一《原学》,北京:中华书局,1959年,第2页。
④ 夏东元编:《郑观应集》上册,上海:上海人民出版社,1982年,第242、275页。

英国传教士包尔腾（John Shaw Burdon, 1826—1907）、法国传教士司默灵（A. E. Smorrenberg, 1827—1900）、俄罗斯驻华使馆翻译柏林（A. Popoff）分别担任英文、法文、俄文教习，汉文教习为徐澍琳、张旭升和杨亦铭。

1866 年 12 月，奕䜣奏设天文算学馆，次年 6 月正式招考学生。天文算学馆设算学、化学、万国公法、医学生理、天文、格致、外国史地等课程，招生对象扩展到 20 岁以上的满族、汉族举贡出身者。1869 年设总教习，由美国传教士丁韪良（William Alexander Parsons Martin, 1827—1916）博士担任，1895 年，由爱尔兰人欧礼斐（C. H. Oliver, 1857—1937）继任。丁韪良制定统一章程，改进课程设置，使京师同文馆变成综合性的新式专门学校。学习课程分为 8 年和 5 年。"由洋文而及诸学共须八年"；"其年齿稍长，无暇肄及洋文，仅藉译本而求诸学者，共须五年"。[①]1871 年、1895 年先后增设德文馆、日文馆。

1863 年和 1864 年，李鸿章等在上海、广州先后增设同文馆，在汉人中招收学生。这些学堂的学生有不少调至京师同文馆，提高了京师同文馆的生源素质。

福州船政局于 1866 年 6 月由左宗棠奏设于福州马尾，1867 年 1 月正式开学。从时间上看，该校早于京师同文官的算学馆，在专业设置与课程体系上，均更加注重切于实用。1866 年 6 月，左宗棠在创设福州船政局奏折中指出："西洋各国与俄罗斯、咪（美）利坚数十年来，讲求轮船之制，互相师法，制作日精。东洋日本始购轮船，拆视仿造未成，近乃遣人赴英吉利学其文字，究其象数，为仿制轮船张本，不数年后，东洋轮船亦必有成。"故中国亟宜创设艺局。[②]左宗棠强调："艺局之设，必学习英法两国语言文字，精研算学，乃能依书绘图，深明制造之法，并通船主之学，堪任驾驶。""夫习造轮船，非为造轮船也，欲尽其制造、驾驶之术耳；非徒求一二人能制造、驾驶也，欲广其传，使中国才艺日进，制造、驾驶展（辗）转授受，传习无穷耳。故必开艺局，选少年颖悟子弟习其语言、文字，诵

---

① 朱有瓛主编：《中国近代学制史料》第一辑上册，上海：华东师范大学出版社，1983 年，第 71—72 页。

② （清）左宗棠：《左恪靖侯奏稿初编》卷三二，载顾廷龙主编：《续修四库全书》第 502 册，上海：上海古籍出版社，2002 年，第 611 页。

其书，通其算学，而后西法可衍于中国。"①

左宗棠从对福建船政学堂的经费筹措、厂址选择、材料购置到人员选派、教习聘请，无不精心安排。创办初期，沈葆桢总领其事，他说："船政根本在于学堂，臣访闻所派教习咸能认真讲授，生徒英敏勤慎者亦多，其顽梗钝拙者随时去之，有蒸蒸日上之势。"②

福建船政学堂创立了厂校一体的办学体制，船厂造船，学堂育才。设置前学堂（造船专业）和后学堂（驾驶专业）两个专业，先是聘用外籍教习，到 1874 年 7 月以后，则完全由中国教习管理。值得一提的是，福建船政学堂并没有采纳西方学校的星期作息方法，而是仍保持着依照农历，仅在春节、清明节、中秋节等节日放假的习俗。这也是学堂经营者对本土文化尚有信心的表现。

与此相应，江南制造局、天津机器局等洋务企业相继设立制炮、水雷、水师、电报等专业。福建船政学堂的船政大臣吴赞诚（1823—1884）、福建船政提督吴仲翔曾被李鸿章调至天津水师学堂办理事务，张之洞也从福建船政学堂调三四年级水师学生到广东水陆师学堂学习，以补充生源不足之缺憾。

通观这些注重艺学的学堂的办学情形，普遍存在生源不足现象。左宗棠说："艺局初开，人之愿习者少，非优给月廪不能严课程，非量予登进不能示鼓舞。"福建船政学堂章程规定："各子弟到局后，饭食及患病医药之费，均由局中给发"；"仍每名月给银四两，俾赡其家，以昭体恤"。艺童季考，"考列一等者，赏洋银十圆"。③北洋水师学堂也规定：学生月给赡银四两，"俾一经入选，八口有资。庶寒畯之家，咸知感奋"④。用给予奖学金和助学金的办法，多少能够激发学生选读该学堂的积极性，但局限性依然不小，学堂的办学效果难以较好地表现出来。

---

① （清）左宗棠：《左宗棠全集》奏稿三，长沙：岳麓书社，1989 年，第 339、342 页。
② 朱有瓛主编：《中国近代学制史料》第一辑上册，上海：华东师范大学出版社，1983 年，第 338 页。
③ （清）左宗棠：《左宗棠全集》奏稿三，长沙：岳麓书社，1989 年，第 342、343 页。
④ 朱有瓛主编：《中国近代学制史料》第一辑上册，上海：华东师范大学出版社，1983 年，第 514 页。

三、"道"中"器"西的二元观偏颇

晚清科举改革中经历的纳学堂于科举说与纳科举于学堂说，实际上是在讨论是以中统西还是以西统中的问题，前者属于二元调和论，后者属于二元对立论，显示出西学思维愈加主导着当时社会思维的趋向。

调和论者曾长期被看作保守势力受到人们的贬斥，面对人们对科举弊端的诸多指斥，时任军机大臣的张廷玉说："若废制义，恐无人读四子书，讲求义理者矣。"①当时清朝高举"四书""五经"之大旗，当然不能放弃以考试形式加强意识形态建设的方式。雍正十年（1732）上谕说："制科以四书文取士，所以觇士子实学，且和其声以鸣国家之盛也。语云：言为心声，文章之道，与政治通，所关巨矣。韩愈论文云：惟陈言之务去。柳宗元云：文者所以明道，不徒务采色，夸声音而以为能也。况四书文号为经义，原以阐明圣贤之义蕴，而体裁格律，先正具在，典型可稽，虽风尚日新，华实并茂，而理法辞气，指归则一。"②"议科举之法，自明至今皆出时艺，穷其流弊，诚有如舒赫德所奏者。然谓时文、经义、表判、策论，皆空言剿（抄）袭无适于用，此正不责实之过耳，夫时艺所论，皆孔孟绪馀。作文者，必于圣贤义理融会贯通，而又参之经史子集，以发其光华，范之规矩准绳，以密其法律，然后得称佳文。虽曰小技，而文武经济之才皆出其中，未尝不适实用也。乃因积久弊生，不思力挽末流之失，而转咎立法之非，不亦过乎？即经义、表判、策论，苟求其实亦岂易副。今若著为令甲，经文与四书并重，其余必淹贯词章而后可以为表，必通晓律令而后可以为判，必论断有识而后可以为论，必通达古今而后可以为策。凡此皆内可见本原之学，外可验经济之才，何一不切于实用。倘必变今之法，行古之制，如乡举里选，法非不良，但上以实求，保无下以名应。若乃无大更改，而仍求之语言文字之间，则论策今所现行，表者赋颂之流，是诗赋亦未尝尽废。至于口问经义，背诵疏文，如古所云帖括，则亦仅资诵习，

---

① （清）陈康祺撰：《郎潜纪闻二笔》卷十五《议考试废制义》，北京：中华书局，1984年，第602页。

② 光绪《大清会典事例》卷三百三十二《礼部·贡举·试艺体裁》，《续修四库全书》史部，第803册，上海：上海古籍出版社，1995年影印本，第297页。

而于文义多致面墙。其余若三传科、史科以及明法、书学、算学等，或驳杂放纷，或偏长曲技，尤不足以崇圣学而励真才，惟惩循名之失，求责实之效。由今之道振作而补救之，而司文衡职课士者，果能力除积习，杜绝侥幸，将见文风日盛，而真才日出矣。盖立法取士，不过如是，无事更张定制为也。"①对于已经形成的制度，除非到万不得已的时候才会被动地做出一些改变，否则是很难有所变化的。清廷只愿意纠正制度上的小失误，以求得好的效果。

为八股时文辩护的声音显得特别响亮，鄂尔泰说："圣人不能使立法之无弊，在乎因时而补救之……今舒赫德所谓'时文、经艺以及表判、策论，皆为空言剿（抄）袭而无用'者，此正不责实之过耳。夫凡宣之于口，笔之于书者，皆空言也，何独今之时艺为然？且夫时艺取士，自明至今殆四百年，人知其弊而守之不变者，非不欲变，诚以变之而未有良法美意以善其后。"退一步说："时艺所论，皆孔孟之绪余，精微之奥旨，未有不深明书理而得称为佳文者。今徒见世之腐烂抄袭，以为无用，不知明之大家如王鏊、唐顺之、归有光、胡友信等以及国初诸名人，皆寝食梦寐于经书之中，冥搜幽讨，殚知毕精，殆于圣贤之义理心领神会，融液贯通，然后参之经史子集，以发其光华，范之规矩准绳，以密其法律，而后乃称为文。虽曰小技，而文武干济、英伟特达之才，未尝不出乎其中。至于奸邪之人、迂懦之士，本于性成，虽不工文亦不能免，未可以是为时艺咎。若今之抄袭腐烂，乃是积久生弊，不思力挽末流之失，而转咎立法之凉，不已过乎？"②对于舒赫德提到的走捷径，张廷玉承认确实存在，但在表判、策论方面的考试则绝不是轻易就能过关的，因此舒赫德的担心在很大程度上是没有必要的，清廷只要"惩循名之失，求责实之效，由今之道振作补救"③，即可纠正。

洋务派堪称是推动科举由渐废到立停的重要力量，尽管他们中的大多数人并未从一开始就提出废除科举，但客观上却使这一趋势明朗化。李鸿

---

① 《清高宗实录》卷二百二十二，"乾隆九年八月戊午"条，北京：中华书局，1985年，第869—870页。
② （清）张廷玉：《澄怀园文存》卷四《议复制科取士疏》，载沈云龙主编：《近代中国史料丛刊》第52辑，台北：文海出版社，1973年，第345—347页。
③ （清）张廷玉：《张廷玉全集》，合肥：安徽大学出版社，2015年，第100页。

章身处外交事务前沿，他也呼吁将西方科技纳入科举考试的科目之中，他说："鸿章以为中国欲自强，则莫如学习外国利器。欲学外国利器，则莫如觅制器之器，师其法而不必尽用其人。欲觅制器之器与制器之人，则或专设一科取士，士终身悬以为富贵功名之鹄，则业可成，艺可精，而才亦可集。"①同治六年（1867），李鸿章代呈藩司丁日昌条款，主张在传统科目之外，再试以算数格致、机器制作等。这已成为时代提出的迫切课题。

光绪八年十二月十二日（1883年1月20日），侍郎宝廷于福建乡试后奏报：一些注重时务和算学兵事的生员确有才学，且有著作和新器发明，仅因考试之文不够出色，未能中式，令人惋惜。他提出："明年会试，多士云集，可否榜前特开一科，以算学考试，愿应者赴部呈明，拔其尤者破格录用，既可得有用之材，即借以开风气。不数年天下当增无限通晓算学之人，又何患制造推测不及外国哉？"②三天之后，山西道监察御史陈启泰奏陈海防时也提出："目今学额太滥，士习日卑，变通科举之制既有所难，可否特设一科，专取博通掌故、练达时务之士，无论举贡生监皆准赴考，试以有用之学，由督抚考定优等，咨送总理衙门，题请朝考引见，发往沿海各省委用，自较孝廉方正暨优贡、拔贡等项为有实际。武试亦可别设水师一科。"③这种力图在狭小科目之外另辟科目的努力是想选拔切于实用的人才，但依然无法冲破既往的藩篱。

严复严厉批判八股取士制度导致中国无可用之才，"使天下消磨岁月于无用之地，堕坏志节于冥昧之中，长人虚骄，昏人神智，上不足以辅国家，下不足以资事畜。破坏人才，国随贫弱。""八股非自能害国也，害在使天下无人才。"④他总结八股取士的三大危害在于锢智慧、坏心术、滋游手。

科举由渐废到立停，立停的是科举考试的形式，渐废的则是既往考试经义的内容。晚清社会特别渴求能"做事"的人才，却可以把"做人"的

---

① 李鸿章：《李鸿章函·答制火器》，载《筹办夷务始末（同治朝）》卷二十五"同治三年（1864年）四月"，第3册，北京：中华书局，2008年，第1087页。
② 中国科学院近代史研究所史料编辑室、中央档案馆明清档案部编辑编：《洋务运动》第2册，上海：上海人民出版社，1961年，第203页。
③ 中国科学院近代史研究所史料编辑室、中央档案馆明清档案部编辑编：《洋务运动》第1册，上海：上海人民出版社，1961年，第223页。
④ 王栻主编：《严复集》第1册，北京：中华书局，1986年，第43页。

选项加以虚化,这一方面的问题已经越来越被有识之士看到,如端方说:"方今人士各囿一隅,守正者既不知时务,通变者又易涉嚣张。体用兼求,此中规模正须审慎耳。"①

张之洞认为:"中国文章不可不讲。自高等小学至大学,皆宜专设一门。韩昌黎云'文以载道',此语极精,今日尤切。中国之道具于经史。经史文辞古雅,浅学不解,自然不观。若不讲文章,经史不废而自废。"②张之洞深知经史对"道"的传承作用,因而力主将相关内容纳入新式学堂的课程体系。

1903年7月,《鹭江报》刊文说:"夫科举者,当变而不当废,于变科举之外,当广设学堂,于设学堂之外,又宜增一明伦科,使之维持种教大局。"科举改试策论虽然增加了时事和各种学科的内容,但"如五大洲形势、声光化电等学,岂天下士克日所能尽乎?知其必不能,乃举而求之,则天下之应科举者,惟袭西报之陈言,窃西书之陋语,曚瞀主试,取曳功名而已。欲矫八股之弊,而其弊乃更甚于八股。徒多变更,究何所利用哉"。文章继续说:"学堂之设,未必能得人才,但今日之势,需治内之才,急需治外之才,尤急交涉、通商、出使,在在需才,天下之偏才不得收于科举者,或冀其出于学堂。设立学堂,亦万不获已之举也。"③作者所说的时势就是务于实学成为时代的迫切要求,对人格养成无暇顾及,学堂学生处于繁重课程与频繁考试的重重压力之下,似乎要成为"通才",却论及一科,却皆不精,专才似乎也没有培养出来。

对新式学堂学生的期望既有对实用知识的掌握,又有对传统中国学术文化的传承,但令洋务官员均为之不安的是"近年各省所设学堂,虽名为中西兼习,实则有西而无中,且有西文而无西学。盖由两者之学未能贯通,故偶涉西事之人,辄鄙中学为无用。各省学堂,既以洋务为主义,即以中学为具文。其所聘中文教习,多属学究帖括之流;其所定中文功课,不过

---

① 中国第一历史档案馆藏《端方档案全宗》,第559卷,函15。
② 《致京张冶秋尚书》光绪二十八年正月三十日,载苑书义、孙华峰、李秉新主编:《张之洞全集》,石家庄:河北人民出版社,1998年,第8745页。
③ 后三闾之门人:《社说·论苏朱二氏私议贡举得失与近代变通科举利弊》(续),《鹭江报》1903年第38期,第3—4页。

循例咿唔之事"①。这种对中国固有文化的轻视与忽略或许是实用知识课业的繁重和社会对他们的功利期求的产物,但决策者却心生新的忧虑,"断未有尽舍本国之学而能讲他国之学者,亦未有绝不通本国之学而能讲他国之学者。中国学人之大弊,治中学者则绝口不言西学,治西学者亦绝口不言中学。此两学所以终不能合,徒互相诟病,若水火不相入也"。因而特别强调必须中西学结合,体用兼备。他们认为:"不讲义理,绝无根底,则浮慕西学,必无心得,只增习气。"洋务学堂之所以不能成就真正的人才,就根源于此。同文馆、广方言馆初设时,风气尚未大开,目标"不过欲培植译人,以为总署及各使馆之用",只是救急之需,"故仅教语言文字,而于各种学问皆从简略"。今后学堂的人才培养应考虑长远,吸取教训,"力矫流弊","中西并重,观其会通,无得偏废"。②

有关清末学堂经学课程,从1904年到1910年,经过癸卯、己酉、庚戌三次调整,读经和讲经在初等小学课程中所占的比例分别为每周学时的五分之一、三分之一、六分之一。③

严复《论教育与国家之关系》说:"今夫诸公日所孜孜者,大抵皆智育事耳。至于名教是非之地,诸公之学问阅历,殆未足以自出手眼,别立新规。骤闻新奇可喜之谈,今日所以为极是者,取而行之,情见弊生,往往悔之无及,此马文渊所谓画虎不成反类狗者也。则不如一切守其旧者,以为行己与人之大法,五伦之中,孔孟所言,无一可背……须知东西历史,凡国之亡,必其人心先坏;前若罗马,后若印度、波兰,彰彰可考,未有国民好义,君不暴虐,吏不贪污,而其国以亡,而为他族所奴隶者。故世界天演,虽极离奇,而不孝、不慈、负君、卖友一切无义男子之所为,终为复载所不容,神人所共疾,此则百世不惑者也。不佞目睹今日之人心风俗,窃谓此乃社会最为危殆之时,故与诸公为此惊心动魄之谈,不胜太愿,

---

① 《总理衙门奏拟京师大学堂章程》,载北京大学校史研究室编:《北京大学史料》第1卷(1898—1911),北京:北京大学出版社,1993年,第82页。
② 《总理衙门奏拟京师大学堂章程》,载北京大学校史研究室编:《北京大学史料》第1卷(1898—1911),北京:北京大学出版社,1993年,第82页。
③ 祝安顺:《从张之洞、吴汝纶经学课程观看清末儒学传统的中断》,《孔子研究》2003年第1期。

愿诸公急起而救此将散之舟筏。惟此之关系国家最大，故曰德育尤重智育也。"①郭嵩焘说："宋儒苏文忠公之言：'国家所以存亡，在道德之浅深，而不在乎强与弱；历数所以长短，在风俗之厚薄，而不系乎富与贫。'若是者，强而无道德，富而无风俗，犹将不免于危乱。今吾民之弱极矣，而道德之消削亦愈甚；贫极矣，而风俗之偷薄亦愈深。此所以为可忧也。"②

1897年，孙宝瑄针对国人甲午以来仿行西法实施改革，鄙夷旧学的原因分析道："今人皆悟民主之善，平等之美，遂疑古圣贤帝王所说道义，所立法度，多有未当，于是敢于非圣人。"③

严复说："西学既日兴，则中学固日废，吾观今日之世变，中学之废，殆无可逃。"④严复共同感叹传统人格养成教育被无情地舍弃，而切于时用之学并未能帮助当时的中国解决多少实际问题。故张廷玉所说的"夫时艺取士，自明至今殆四百年，人知其弊而守之不变者，非不欲变，诚以变之，而未有良法美意以善其后"⑤的论调总是被人们反复提起。

其实，学堂学生并未像想象的那样，已学好了西学，日本人办的报纸就无情地嘲笑了中国士子对西学的无知。科举立停的当年，各地岁科考试皆以策论取士，因考生难以抄袭模仿，故而笑话百出。如某书院月课，以"亚历山大传"命题，有考生误释为"亚力如山大之传记者"，文章里说：日本为亚洲一多山岛国，战争之力不亚于西欧，如海上神山般屹立。⑥另一篇报道显示考生对近代西方历史的陌生：某处岁考，题为"拿破仑足迹遍欧亚两洲论"，有答卷曰：欧洲、亚洲幅员辽阔，"非惟人之足迹不能遍，即车之轮、马之蹄亦不能遍也"。但天不绝人，有一种生物神，"非金非木，有色有声，即所谓拿破仑者是也。破仑之为物甚小，有柄焉可以拿，人苟拿之，则日行百里者，可则五百里……外国练兵之法，阵势既熟之后，则

---

① 王栻主编：《严复集》第1册，北京：中华书局，1986年，第168—169页。
② 湖南人民出版社校点：《郭嵩焘日记》第4卷，长沙：湖南人民出版社，1983年，第87—88页。
③ 孙宝瑄：《忘山庐日记》（上），上海：上海古籍出版社，1983年，第158页。
④ 王栻主编：《严复集》第1册，北京：中华书局，1986年，第154页。
⑤ （清）张廷玉撰，江小角、杨怀志点校：《张廷玉全集》上册，合肥：安徽大学出版社，2015年，第98页。
⑥ 《丛谈·亚历山》，《台湾日日新报》（汉文）1905年11月5日，第4页。

练习拿破仑。既拿破仑之后,则欧洲之大,亚洲之广,足迹均可以遍也"。在这样完全不着边际的臆想之余,还要进而建议,应节俭财力,"派员赴欧亚各国购买拿破仑若干具,使军士人人拿之,更何惧夺门遁法为哉"。①两头都强调的结果往往是两头都落不实,这种窘况确实也是废科举兴学堂者所不愿看到的。

现实生活中,人们对"道"的坚守和对"器"的趋附往往并不矛盾,而且被世人所推尊。京师编译局在引导学生读书方面坚持的原则是"道""器"并重,"京师编译局为学堂而设,当以多译西国学堂功课书为主,其中国经史等书,亦当撮其菁华,编成中学功课书,颁之行省"②。

1907年,严复在为江宁提学使撰写的招考留学生的布告中,将国文科考试列在最前,刻本注明"四书""五经"、前四史、古文辞类纂,规定"遵照学部定章,临考题一经义一史论,以能完一篇在三百字以上者为及格。其未习国文或程度太低者,虽西学及格,例不由官资遣"③。严复试图以此对庚子以来兴学过程中过于偏重西学("器学")而过于忽略中学("道学")的偏颇做出纠正。他认为,载道之文乃安身立命之本,"道"当为体,器则是用,有"用"无"体"者,无异于丧失灵魂的行尸走肉。

1913年,虽已进入民国时期,但严复等仍坚持维护传统纲纪,认为不读经将导致"无人格"进而"亡国性"。他说:"中国之所以为中国者,以经为之本源……但以其为中国性命根本之书,欲其早岁讽诵,印入脑筋,他日长成,自渐领会。"如果一味地荒经蔑古,势必"是非乃无所标准,道德无所发源","吾国乃几于不可救矣"。④

其实,当时的学部也认识到这种情况的存在。1909年,学部奏报即承认:"自近年学堂改章以来,后生初学大率皆喜新厌故,相习成风驶驶乎有荒经蔑古之患。若明习科学而又研究经学者甚难,其选诚恐大学经科一项

---

① 《丛谈·拿破仑》,《台湾日日新报》(汉文)1905年11月5日,第4页。
② 《请京师编辑局并归举人梁启超主持片》光绪二十四年五月十五日,载中国史学会主编:《戊戌变法资料丛刊》第2册,上海:上海人民出版社,2000年,第413页。
③ 严复:《代提学使陈拟出洋考试布告》,载王栻主编:《严复集》第2册,北京:中华书局,1986年,第248页。
④ 严复:《读经当积极提倡》,载王栻主编:《严复集》第2册,北京:中华书局,1986年,第331页。

几无合格升等之人,实于世教学风大有关系。"①

严复说:"晚近世言变法者,大抵不揣其本,而欲支节为之,及其无功,辄自诧怪。不知方其造谋,其无成之理,固已具矣,尚何待及之而后知乎,是教育中西主辅之说。特其一端已耳。"②两极化的对立思维,直接导致了社会对"道"的无情舍弃,造成了道德的失范和文化的中断。美国学者艾尔曼说:"经学儒士的价值(自然研究的价值植根于其中)、皇朝的权力以及精英绅士的地位之间的社会、政治和文化联系被拆散了。清朝到处都充满了对经学的贬黜以及相伴随的对格致学与现代科学的性质和范围的反思。通过第一次对经典的非经典化,十九世纪末儒士希望能使他们摆脱'考试生活'中对道德和经典的要求;但是他们也开始使自己远离有关自然研究、医学和技术的传统观点和方法。"③这里说的是舍弃了对终极价值的追求,无论是重什么"器",都只是谋生手段,而不追究其价值目标,中学与西学由此分途严重。

1913年6月,张维在《中国之现在》一文中说:"今者旧学已亡,新学未成,拾西人之唾余而毛弁旧说者有之,守陈说之迂腐而反对新学者有之;或守株而待兔,或矫枉而过直;而其最狡猾、最模棱者,又复飘摇于新旧两者之间,无所依附。既无真正之学术,其由学术发生之各种事业,当然无确定之根据……中国数千年来所恃为拘束士民之旧物,既一旦破坏无余,而人民自治思想能力又非常之薄弱,于是其结果乃至强者专横,弱者慑息,演成一嚣叫狂乱之世界。而政府又毫无法律,以为之维持,为之限制,甚者乃利用此时蹂躏民权,而秩序益为之扰乱。总中国今日而言之,直可谓之无秩序。"④

晚清科举制度在坚持与废弃中被不断地反复审视,其实指责科举抑制

---

① 《学部奏拟选科举举人及优拔贡入经科大学肄业片》,载上海商务印书馆编译所编纂:《大清新法令1901—1911》第5卷,北京:商务印书馆,2010年点校本,第423页。
② 严复:《与〈外交报〉主人书》,载王栻主编:《严复集》第3册,北京:中华书局,1986年,第560页。
③ 〔美〕艾尔曼著,蒋劲松译,庞冠群校:《从前现代的格致学到现代的科学》,《中国学术》2000年第2期,第34页。
④ 张维著,王希隆主编:《还读我书楼文存》,北京:生活·读书·新知三联书店,2010年,第64页。

人才成长者只是过多地看到了科举未直接引导人们习学器物之学，本来中国传统学术并没有将道德与器物二者对立起来。指责科举培养了人们的投机钻研之风，实际上那是自明代中叶以来商业发展失范的延伸产物，根源当在有效治理好商业秩序。指责科举无法培养切于实用的军事人才，实际上中国社会尤其注重君子人格的培养。在经义思想的熏陶下，即使是比武的双方，也多恪守严格的礼仪，有违义理的器物如火器、枪炮都被严格限制。遵循"大道"才能发展有益于民生的器物，否则势必导致社会的失序、世界的失序。

因此，有关"道"与"器"的争锋实际上经历了西学渐盛而中学渐微的过程，科举由渐废到立停可以看成是中学衰微的一个标志。

第六章 明清科举制度与文治的思索

第一节 明代考官制度演变

朱元璋由布衣到位尊九五，依靠的是他的勤、敏、礼、俭。他由淄流而跻身行伍，由走卒而频遇擢升，由草莽而博通经籍；他众聚儒士，笼络民心，终至推腐元、挫群雄而成大明一统，创业的艰难更坚定了朱元璋守成至长久的信念。他欲揽大权于一身，以惊人的魄力操纵起这部庞大的国家机器，考官制度则是其整顿吏治的一个重要方面。

一、明初官吏的来源及其任用

朱元璋建立起明王朝后，马上就意识到"丧乱之后，法度纵弛，当在更张，使纪纲正而条目举"①。因而，力主建立起一套高度集权的从中央到地方的政治机构体系。要使封建国家机器得以运转，势必需要大量的官员，即"天下非一人独理，必选贤而后治。"②"风宪纪纲之司，惟在得人。"③除了着力去制定各项规章外，在官员的任用上更须得当，即既要有至法还要有至人，否则至法必将无法施行。基于这种认识，朱元璋政权下的官吏来源包括以下几类。

（1）沙场功臣和军营儒士。他们为明王朝的建立创下了赫赫战功，自然成了国家政权的座上至尊，但朱元璋深明"世乱则用武，世治宜用文"④

---

① 《明太祖实录》卷十九，"丙午年三月甲辰"条，台北：台湾"中研院"历史语言研究所，1962年校印本，第273页。本章所引《明实录》相关材料均为此版本，以下不再另作说明。
② 《明太祖实录》卷一百二十八，"洪武十二年十二月壬辰"条，第2040页。
③ 《明太祖实录》卷十九，"丙午年正月辛卯"条，第260页。
④ 黄溥撰：《闲中今古录摘抄》，北京：中华书局，1985年，第7页。

的大义，鉴于历代都会有些功臣居功自傲，不恂法度。朱元璋曾对他们屡加戒谕，洪武三年（1370），朱元璋说："自古帝王有天下，必爵赏以酬功，刑罚以惩恶，故能上下相安以致治也……而功臣不免于诛戮。侯君集有功于唐，犯法当诛，太宗欲宥之，而执法者不可，卒以见诛，非高祖太宗忘功臣之劳，由其恃功骄恣，自冒于法耳。"①朱元璋曾致力于制定《大明律》，并通过《大诰》《大诰续编》《大诰三编》的陆续颁行，对于触犯法律的有功之臣也不惜施以重刑，有时甚至是大批杀戮，胡蓝之狱就是典型的例子，对于文臣犯错也绝不姑息，即使是李善长这样的元老也因受牵连而罹罪。在人情与法律的天平上，朱元璋宁失人情而维护朱明王朝法律的尊严。

（2）由访求和乡选而荐举贤才。朱元璋初建政权，颇有一股思贤若渴的热情，他急需一大批官僚充塞到各级政权中去，他认为"治国家以德贤为先，贤者，天下之望也。"②"古者人主致治，重在任人，盖择众贤为耳目。"③他还说："立国之初，致贤为急，中书百司纲领总率郡属须采择贤者与之共理。"④选贤择能之心溢于言表。而事实上，当时的卓荦奇伟之才因为不满于腐元统治，"或隐于山林，或藏于士伍"，"或屈在下僚"。为此，朱元璋开始采取措施，访求贤才：一是派官吏到各地寻访，早在吴元年（1367）朱元璋就曾派起居注吴林、魏观等用币帛求遗贤于四方。洪武元年，朱元璋征集大量贤才到南京并授以守令之职，这年冬还派文原吉、詹同、魏观、吴辅、赵寿等到各地访求遗贤。本来朱元璋在洪武三年就下诏：从洪武四年起推行科举考试，并连举三年。后来朱元璋发觉果有才学者往往不甘奔竞于场屋，而科举选出的官却多书生气，且"多后生少年，能以所学措诸行事者寡"⑤。因而，他不愿意放弃荐举。二是为广揽天下贤才，从洪武七年起全罢科举，由官员广泛察举人才，特别强调"以德行为本，而文艺次之"，具体名目有聪明正直、贤良方正、孝弟力田、儒士、孝廉、秀才、人才、耆民。这些人都应被"礼送京师，不次擢用"⑥。很明显，

---

① 《明太祖实录》卷五十九，"洪武三年十二月戊辰"条，第1154页。
② 《明太祖实录》卷三十三，"洪武元年闰七月己酉"条，第581页。
③ 《明太祖实录》卷一百七十四，"洪武十八年八月丙辰"条，第2654页。
④ 《明太祖实录》卷十五，"甲辰年十一月辛酉"条，第207页。
⑤ 《明史》卷七十《选举二》，北京：中华书局，2000年点校本，第1133页。
⑥ 《明史》卷七十一《选举三》，北京：中华书局，1997年点校本，第467页。

朱元璋要求的人才必须是矢志效忠于他的王朝的,凡不愿和朱明王朝合作的儒士一律格杀勿论,"率土之滨,莫非王臣,寰中士大夫不为君用……诛其身而没其家,不为之过"①。洪武元年(1368)征召儒士秦裕伯,秦裕伯称疾不赴,朱元璋便威胁他"苟坚守不起,恐有后悔"②。秦裕伯被就近赴阙。朱元璋不惜用软硬兼施的办法把荐举的范围扩大到社会的各个阶层,"时中外大小臣工皆得推举,下至仓、库、司、局诸杂流,亦令举文学才干之士。其被荐而至者,又令转荐,以故山林岩穴草茅穷居无不获,自达于上,由布衣而登大僚者不可胜数"③。洪武初年,徐兴祖由厨役升为光禄卿;杜安道由栉工升为太常卿;王兴宗由皂隶升为布政司使;金忠由卜术师升为兵部尚书;袁拱由看相的升为太常少卿;蒯祥、蒯义由木匠升为工部侍郎;陆祥则由石匠升为工部右侍郎。④朱元璋还注意笼络富户,粮长制规定让粮长进京面见皇上,"若走对称旨,辄予美官",甚至僧徒中有才识的也能任官,如会稽僧郭传由宗濂荐举为翰林应奉;太原盂县人吴印从小出家为僧,朱元璋"知其才可用",让他还俗,并授以高官。更为难得的是,朱元璋还一反元朝在选官取士方面的民族歧视政策,宣称"蒙古色目人民,既居我土,即我赤子,果有才能,一体擢用"⑤。洪武元年三月,"令所在访贤才,凡仕元者,皆予录用"⑥。后来,朱元璋知仕元者"入仕之后,多更姓名",这属于"昧其本原"之举,于是就禁止更易姓氏以安定秩序。到洪武十四年,由朝觐官荐举60—70岁的"经明行修,练达时务之士"充当翰林院顾问,40—60岁的充作布政、按察司使。据吏部统计,当时荐举规模多时一年达3700余人,少时亦至1900余人。

朱元璋还特别重视年长者的作用。洪武二十二年,诏天下府、州、县

---

① 《明史》卷九十四《刑法二》,北京:中华书局,1997年点校本,第619页。
② 《明太祖实录》卷三十九,"洪武二年二月壬辰"条,第799页。
③ 《明史》卷七十一《选举三》,北京:中华书局,1997年点校本,第467页。
④ 陈登原:《国史旧闻(第三分册)》卷四十八《明初科举荐举》,北京:中华书局,1980年,第214页。
⑤ (明)吕毖辑:《明朝小史》卷一《大赦天下诏》,《四库禁毁书丛刊》影印旧钞本史部,第19册,北京:北京出版社,1997年,第447页。
⑥ (清)夏燮著,沈仲九标点:《明通鉴》,北京:中华书局,1959年,第184页。

各举年高有德识达时务、言貌相称、年五十以上者一人。①洪武二十三年（1390）十一月，授有才者民百六十七人为郡县官。②还曾由吏部让天下州县"选民间耆年有德者，每里一人，以次来朝，既至令随朝观政，三月遣归"。③期望他们为政府政策的制定和实施提出建议。

荐举发展到后来就日益制度化了，并与考核相结合。如洪武十五年八月荐举至京的人就由吏部试"经明行修，工习文词，通晓书义，人品俊秀，练达治理，言有条理"六科，六科备者为上，三科以上为中，不及三科者为下。④因而到洪武十七年恢复科举时仍不放弃荐举，"是岁又令布政司直隶州县举秀才人才，必由乡举里选，知州知县等官，会同境内耆宿长者，访求德行、声名著于州里之人，先从邻里保举，有司再验言、貌、书、判，方许进呈"⑤。这体现了朱元璋对荐举有着特殊的偏好，或者说使荐举与科举二者兼行是合理的，目的都在于"不使天下有重文轻行，弃本趋末"，到洪武二十六年仍然是"国子监生与荐举人才悉参用之"。⑥

朱元璋希望由荐举选拔民间遗才，但执行过程中仍会出现偏差。洪武二年，他也觉察到"访求贤才，然至者往往名实不副"⑦。到洪武十五年，荐举者仍会"徇名而遗实"⑧。荐举中的"貌选"更可能仅重表面现象，不免会出现"进人不择于贤否，授职不量于重轻"⑨的缺憾。

（3）监生擢升和科举取士：朱元璋治国，仁法兼施。他认为学校应为储才的渊薮，让府、州、县学的优异学子升入国子监。洪武二十六年，曾擢升监生的刘政、龙潭等64人为行省布政、按察两使及参政、参议、副使、佥事等官，有的则擢升为都察院右佥都御史、郎中、监察御史等

---

① 《明太祖实录》卷一百九十七，"洪武二十二年八月乙卯"条，第2954页。
② （明）谈迁著，张宗祥校点：《国榷》，北京：中华书局，1958年，第714页。
③ 《明太祖实录》卷一百九十八，"洪武二十二年十一月癸未"条，第2971页。
④ （清）夏燮著，沈仲九标点：《明通鉴》，北京：中华书局，1959年，第403页。
⑤ 《古今图书集成·经济汇编·选举典》第四十卷《乡举里选部》第658册。中华书局影印，1934年，第24页。
⑥ （清）夏燮著，沈仲九标点：《明通鉴》，北京：中华书局，1959年，第512页。
⑦ 《明太祖实录》卷四十五，"洪武二年九月壬辰"条，第877页。
⑧ 《明太祖实录》卷一百四十一，"洪武十五年正月庚戌"条，第2227页。
⑨ （明）解缙：《皇明文衡》卷六《大庖西上封事》，《四部丛刊初编》集部，第332册，上海：上海书店出版社，1989年影印本，第4页b。

中央官吏，至于任用为州县地方官的更多。洪武十五年（1382）五月，由祭酒司业选监生1000多人送至吏部，依才授以知州、知县等职，以克服吏弊民蠹的病症。但有时因操之过急，不免擢升太骤，"升于太学者或未数月而遽选之入官，委以民社"，因未谙时务，必然招致"上乖国政而下困黎民"①的不良后果。

朱元璋在洪武四年推行科举，这年三月在奉天殿举行进士策试，有120人登第，结果吴伯宗等3人被赐进士及第，第二甲17人被赐进士出身，并分别被授予官职。因吏部多次呈奏天下官缺员，该年十二月，让各处乡试取中举人者俱免会试，全部送至京师任官，如此这般地放宽要求，许多刚上任的官员就势必"不能措诸行事"了。

到洪武十七年，朱元璋又恢复科举，要求"务求实效，毋事虚文"②。严格考试程序，在考过"四书""五经"等试题后，还要"以骑、射、书、算、律五事试之"③。因而通过科举亦选拔了一些才华出众的人，如蹇义、解缙、黄淮等皆由科举而居要职，他们成为洪武、永乐、宣德朝的重要辅臣。因为朱元璋重视荐举，行科举后又强调文行兼备，所有仅考"四书""五经"的八股文制度并不至于对明初政治产生太大影响。相反，依照"贤能"标准，通过荐举、科举、监生擢升等途径细加考察，选出了一批能治国安邦的各级官吏，从而为明初的社会、经济的顺利发展奠定了基础。

选拔贤才的目的是欲委之以官。明初在官吏的任用上贯彻了如下几条原则。

（1）任人唯贤。朱元璋曾经亲自在奉天殿设台选官，不拘资格，有才能的可授予侍郎之职，希望由此达到"凡四方材智之士，皆延揽而用之"④的目的。洪武元年，朱元璋曾想给马皇后的亲族授官，马皇后说："国家官爵当与贤能之士，妾家亲属未必有可用之才。"可见马皇后也为任人唯贤政策的执行做了表率。在设立都尉节制方面，朱元璋也特别强调于"各卫指挥中遴择智谋出众者以任都指挥之职"。洪武二十六年，已故河南都指挥使

---

① （清）夏燮著，沈仲九标点：《明通鉴》，北京：中华书局，1959年，第344—345页。
② 《明太祖实录》卷三，"洪武元年八月己卯"条，第615页。
③ 《明史》卷七十《选举二》，北京：中华书局，1997年点校本，第462页。
④ 《明太祖实录》卷六十六，"洪武四年六月壬午"条，第1236页。

茅羽无嫡，留下两个儿子。朱元璋对由谁奉荫的态度是"论贤不论长第……俟其长，择贤者袭之"①。即使对待元朝遗臣，也由中书省"察其才可取者用之"②。

（2）因材授官。朱元璋任官力求"处之得其宜，用之尽其才"，使得"小大轻重各适其宜，若委重于轻，是以栱桷而为梁栋；委大于小，是以钟庾而盛斗筲"③。所以，"任人之道，因材而授职……不可一律也，不然则人材（才）不得尽其用，而朝廷有乏人之患矣"④。希望把人才集萃到中央，并使他们各得其所。洪武十三年（1380）十二月，朱元璋告诫吏部官员说："人之才能少得全备，如宽厚慈祥者，使之长民；勤敏通达者，使之集事，量能授官，庶有成绩。若使才不称职，位不达才，国家虽有褒德录贤之名，而无代天理物之实。非所以图治也。"洪武十五年八月，朱元璋命令朝觐官员"各举所知，凡有一善可称，一才可录者，皆具实以闻。朕将随其才以擢用之，毋有所隐"⑤。洪武二十二年，朱元璋又反复重申选贤任能的热切愿望，他说："朕患不得贤耳，若伊尹出有莘，孔明起隆中，岂嫌骤哉？"⑥他认为："资格者为常流设耳，若有贤材（才），岂拘常例，今后庶官之有材（才）能而居下位者，当不次用之。"⑦力求冲破论资排辈的旧框框，使人能各尽其才。

（3）南北更调制与亲属回避制。洪武四年，吏部定"南北更调"为常例，使"南人官北，北人官南，其后官制渐定，自学官外，不得官本省，亦不限南北也"⑧。这样就杜绝了在本地做官肆意违法、拉帮结派或碍于情面难于施展等弊端；同时还制定了亲属回避制，洪武元年规定："凡父兄

---

① 《明太祖实录》卷二百二十七，"洪武二十六年五月庚戌"条，第3315页。
② 《明太祖实录》卷一百二十八，"洪武十二年十二月丁亥"条，第2034页。
③ 《明太祖实录》卷十五，"甲辰年十一月辛酉"条，第207页。
④ 《明太祖实录》卷三十四，"洪武元年八月丙子"条，第605页。
⑤ 《明太祖实录》卷一百四十一，"洪武十五年正月庚戌"条，第2227页。
⑥ 《明太祖实录》卷一百九十七，"洪武二十二年九月戊辰"条，第2958页。原文为"上曰朝廷爵禄所以待士，彼有卓越之才，岂可限以资格。朕但期得贤，名、爵非所惜。若曰，起自田里不当骤用，如伊尹在莘野、孔明在隆中，一旦举之，加于朝臣之上，遂至建功立业，何尝拘于官职。朕所患不得贤耳，诚得贤而任之，品秩非所限也。"
⑦ 《明太祖实录》卷一百一十七，"洪武十一年三月丁亥"条，第1918页。
⑧ 《明史》卷七十一《选举三》，北京：中华书局，1997年点校本，第468页。

伯叔任两京堂上官,其弟男子侄有任科道者,对品改调。又令内外管属衙门官吏,有系父子兄弟叔侄者,皆从卑回避。"①这样又防止了互相包庇、狼狈为奸等弊端。

(4)老少参用制与年老致仕制。朱元璋让荐举来的人才中60—70岁的在翰林院当顾问,40—60岁的任职于六部及布政使司、按察使司,对于郡县官,则让"民间俊秀年二十五以上、资性明敏、有学识才干者"与老者参用,以便于"十年以后,老者休致,而少者已熟于事,如此则人才不乏,而官使得人"。②对于致仕制,洪武朝曾多有变易,如洪武元年(1368)曾规定:"凡内外大小官员,年七十者听令致仕,其有特旨选用者不拘此例",到洪武十三年改为文武官年龄六十以上者皆听致仕,但到洪武十七年又将文职官员致仕年龄改为七十,洪武二十六年又规定:"凡官员年七十以上,若果精神昏倦,许令亲身赴京面奏,如准吏部查照相同,方许去官离职。"③长期生活于乡村中的朱元璋对老者颇怀敬重之意,他曾数次使耆老进京观政,亦曾在乡村竭力推行老人制度,这是与农业社会的要求相适应的,朱元璋时的致仕制度体现了依年龄却又不唯年龄的特点。

(5)考核制、试职制与监生历事制。洪武四年,朱元璋就觉察到有些官员到任不久,很难断其贤否,规定以后历任三年考核一次,忠于职守而没有犯过的才得以继续任职。洪武十五年,从晋府长史退休下来的桂彦良上书说:"夫官得其人则庶务自理,万民乐业,故选举之际,不可不精审也。六部十三布政司,乃股肱重任,岂可轻用而轻废哉,必历试其才能德量可当此者,然后信任之……宜令京官五品以上各举贤良正直一员,知州知县于民最亲,亦须选择,宜令按察知府岁举廉勤淳厚者一二员,凡所任者不问已仕未仕,但得人则有赏,谬举则有罚,如此则人皆悉心求贤而无遗材(才)矣。若新进人材(才),且当试以佐贰之职,果有异能出众,特加超擢,则官得人矣。"④朱元璋采纳了他的建议,并在试职制中体现了出来。

---

① 杨嗣昌:《杨嗣昌集》上册,第589页。长沙:岳麓书社,2005年。
② 《明史》卷七十一《选举三》,北京:中华书局,1997年点校本,第467页。
③ 《大明会典》卷十三《朝觐考察·致仕》,第1册,扬州:广陵书社,2007年影印本,第244页上栏。
④ 《明太祖实录》卷一百四十八,"洪武十五年九月癸亥"条,第2334—2335页。

洪武二十三年（1390）七月，朱元璋规定了对内外文职官实行"试职"的制度，以便决定最后授职的等第。凡监生出身初任外官者都要试职三年，若能胜任，方授以外官之职。监生历事制度也是为监生了解社会、培养从政能力而制定的。两项制度都为正式任官者创造了实践锻炼的机会，让他们在实践中锻炼和检阅自己的从政能力，从而避免了任官制度中的一锤定音。

总之，明初在官吏的选拔和任用上都特别强调以贤能为标准，并重视"量才而授职"，充分调动了一切积极因素，将一大批贤能之士聚集到朱元璋的周围，分别授以官职，使他们成为朱元璋政权中的骨干力量。朱元璋希望君臣协力，共创政治稳定、经济繁荣的祥和局面。

二、明初对在任官吏的考察

选官和任官只保证了官吏当时的贤能，要保证他们能用心为治，还必须建立一套完备的监察制度。朱元璋说："朕以天下之大，民之奸宄者多，牧民之官，不能悉知其贤否，故设风宪之官为朕耳目，察其善恶，激浊扬清，绳愆纠谬。"[①]明初的监察制度包含两个方面的内容：一方面设置了各级监察机构以图对弊政加以察劾；另一方面则对其业绩加以考核。

（一）机构设置

明初因袭元制，设置御史台，"掌纠察"。洪武十五年改置都察院，"以司风宪之任"，都御史职掌："纠劾百司，辨明冤枉。"提督各道："凡大臣奸邪，小人构党，作威福乱政者劾；凡百官猥茸贪冒坏官纪者劾；凡学术不正，上书陈言变乱成宪，希进用者劾。遇朝觐，考察同吏部司贤否陟黜，大狱重囚会鞠于外朝，偕刑部大理寺共同审判定谳，十三道监察御史掌察纠内外百司之官邪，或露章面劾，或封章奏劾。"[②]为了加强监察机构的职能，在都察院下面又设置了巡按御史，他们代表皇帝巡狩，权力极大，"所按藩服大臣，府州县官诸考察，举劾尤专，大事奏裁，小事立断"[③]。御史的官秩虽一般不过正七品，但权力极大，而且权限范围也极广。每一位

---

① 《明太祖实录》卷一百一十六，"洪武十年十二月癸酉"条，第1902页。
② 《明史》卷七十三《职官二》，北京：中华书局，1997年点校本，第481页。
③ 《明史》卷七十三《职官二》，北京：中华书局，1997年点校本，第481页。

御史都有权对内外所有机关提出弹劾，并向皇帝直接负责。明初还设置六科给事中掌管侍从规劝、补阙拾遗、稽查六部百司之事。洪武三年曾经设置察言司，十年又改置通政使司，其职责在于"审命令以正百司，达幽隐以通庶务，当执奏者勿忌避……当引见者毋留难"①。通过监察官的监察达到官僚系统本身的政治透明化，使官僚系统本身的运行能够正常进行。举凡监察御史、六科给事中、通政使都必须以公正为心、廉洁自守、谨守法度称其职责。

地方知府的职责是"掌一府之政，宣风化，平狱讼，均赋役，以教养百姓"②。为加强对地方的监察，各地设置了按察分司，对知府进行每三年一次的全面考察，并同时考察其属吏，结果送至省乃至吏部。在军队里亦设置各都卫断事司，以理军官、军人词讼，使上下情形相知相察。

（二）具体的考核办法及其内容

明初对官吏的管理考核采取分级管理、集权中央的做法。

（1）制定诸司职责条例。明初，统治者鉴于地方机关直接临民，关系到国家的根本，因而比较重视地方吏治。洪武十七年（1384），制定《府州县条例八事》，"颁布天下，永为遵守"③。其中强调对各级官吏都要加强管理，提高统治效率，以及上级对下级的管理监督，尤其重视对作为基本行政单位的县的官吏的管理。朱元璋曾经刊布过《到任须知》三十一条，以明确各类官吏的职责范围，对于府、州、县官中的"廉能正直者，必遣行人赍敕往劳，增秩赐金"④，使廉能者有所激励。同时又制定诸司执掌及考核法，先后颁布过宪纲四十条，六部执掌及岁终考绩法，布政司府、州、县按察司官责任条格、守令考绩法及学官考绩法等，对于地方官还特别强调农桑、教化、治安之绩，鼓励他们奉公守法，勤于政事。

（2）用考满考绩法考核官员。地方官在农桑、教化、治安等方面的具体政绩可作为决定其升黜的重要因素。如果官民有不奉天时、应地利及师

---

① 《明史》卷七十三《职官二》，北京：中华书局，1997年点校本，第484页。
② 《明史》卷七十五《职官四》，北京：中华书局，1974年，第1849页。
③ 《明太祖实录》卷一百六十一，"洪武十七年四月壬午"条，第2498页。
④ 《明史》卷七十五《职官四》，北京：中华书局，1974年，第1851页。

生惰于教学者，都要给地方官定罪。①洪武初年即规定对府、州、县正官三年一考，结果送交吏部。由吏部依其贤否决定黜陟。"佐贰及首领官在任三年，所司具其政绩"②向上申达。到洪武十一年（1378）正月，朱元璋说：考绩之法本来就是用来旌别贤否，以示劝惩的。规定遇官员来朝都必须"察其言行，考其功能，课其殿最"，并划分为三等，"称职而无过者为上，赐坐而宴；有过而称职者为中，宴而不坐；有过而不称职者为下，不预宴，序立于门，宴者出，然后退，庶使有司知所激劝"。③朱元璋强调，只有对官员实行考绩，方可做到赏罚分明，"若百司之职，贤否混淆，无所惩劝，则何以为治"④。洪武十七年八月，朱元璋又进一步完善了考绩法，内容包括在外官九年、在京官三年为一个任期，叫"满"，四品以上官的黜陟由皇帝根据其治绩来裁定，五品以下者考核称职无过的升二等；有公过而私罪轻的升一等，有记录罪至徒流的本等任用，两次这样记录的降一等任用，三次的降二等任用，四次的降三等任用，五次以上这样记录的于未入流内任用；佐贰官能善政美俗的升正官，否则待到朝觐之日黜罢，若能迁善改过的则不黜。无论是升或是降，都得让当地官员知道，以示劝惩。洪武十四年定考满法，其内容是："在京六部，五品以下听本衙门正官察其行能，验其勤怠，其四品以上及一切近侍官与御史为耳目风纪之司及太医院、钦天监、王府官不在常选者，任满黜陟，取自上裁。直隶有司首领官及属官从本司正官考核，任满从监察御史覆考，各布政使司首领官，俱从按察司考核。其茶马、盐马、盐运、盐课提举司，军职首领官，俱从布政司考核，仍送按察司覆考。其布政司四品以上，按察司盐运司五品以上，任满黜陟，取自上裁，内外入流并杂职官，九年任满，给由赴吏部考核，依例黜陟。果有殊勋异能超迈等伦者取自上裁。又以事之繁简与历官之殿最相参互核，为等第之升降。"⑤凡内外官三年初考，六

---

① 涂山：《明政统宗》卷三，"洪武五年十二月"条，万历四十三年刻本，台北：成文出版社，1969年，第299页。
② 《明太祖实录》卷四十五，"洪武二年九月癸卯"条，第882页。
③ 《明太祖实录》卷一百一十七，"洪武十一年三月丁丑"条，第1916页。
④ 《明太祖实录》卷一百六十三，"洪武十七年七月壬子"条，第2526页。
⑤ 《明史》卷七十三《职官二》，北京：中华书局，1997年点校本，第469页。

年再考，九年通考。①洪武二十六年（1393），制定了学官考课法，专以科举为殿最，九年为一个任期，中式举人以府九人、州六人、县六人为上等，其教育又考通经，即予升迁；举人少者为平等，即考通经亦不迁；举人至少及全无者为下等，又不考通经，则黜降。这样，把治绩与职位的升降紧密联系起来，增强了学官的责任心。考课的目的是通过黜陟赏贤罚惰，用称职、平常、不称职来决定黜陟，目标明确，职责分明，同时对在京官吏实行京察，每六年一次，四品以上自陈，以取上裁；五品以下分别致仕、降调，或闲住为民。

（3）实行地方官朝觐制，赏罚分明，并对犯过者进行分类处理。洪武十八年正月，"天下布、按二司及府、州、县来朝觐者，凡四千一百余人"，由吏部"考其殿最，分为五等，称职者升，平常者复职，不称职者降，闒茸者免为民，贪污者送法司罪之"。②洪武二十九年改为三年一朝觐，用朝觐制来强化对官员的监督和管理。

朱元璋曾以酷用刑法见称。他特别嫉恨贪污之官，规定守令贪赃"至六十两以上者，枭首示众，仍剥皮实草"③。洪武四年，朱元璋下诏要对贪赃之吏严惩不贷。④洪武十五年，朱元璋告谕群臣："吏治之弊，莫甚于贪墨"，因而让各府、州、县提刑按察分司对地方官吏的贤否、军民的利病都得廉问纠举。洪武十八年，"尽逮天下官吏之为民害者赴京师筑城，官吏有罪笞以上悉谪凤阳屯田至万余人"。朱元璋的重治贪污政策迫使广大官僚阶层谨于职守，不敢任意胡作非为。对于治有政绩、进谏有功的官员，朱元璋也不吝赏赐，他"尝遣行人赍敕赐平阳令张礎，建阳令郭伯泰，旌其治行；又或因士民之请留良吏，辄进秩留任，并有坐事被逮，部民列善状上闻，亦复其官，且转加超擢者"。⑤朱元璋这种顺应民意，留用良吏的做法，对社会的稳定和发展是有利的。

---

① 《明史》卷七十三《职官二》，北京：中华书局，1997年点校本，第469页。
② （清）夏燮著，沈仲九标点：《明通鉴》，北京：中华书局，1959年，第432页。
③ （清）赵翼撰：《廿二史札记》，北京：商务印书馆，1937年，第698页。
④ 涂山：《明政统宗》卷三，"洪武四年十一月"条，万历四十三年刻本，台北：成文出版社，1969年，第289页。
⑤ （清）赵翼撰、王树民校证：《廿二史札记校证》卷三十三《明初吏治》，北京：中华书局，1984年，第791页。

同时，朱元璋政权对有过过错的官员也不一棍子打死，而是根据具体情况来区别对待。朱元璋曾起用凤阳屯官吏梅珪等518人。人情和法律常常是很难协调的，朱元璋却能竭力寻求二者间的统一。他起用那些"法司推谳未精，或其人因公法诖误，法虽难宥，情有课矜"的罪人，便可化消极因素为积极因素，达到比较好的社会治理效果。洪武十四年（1381）四月，朱元璋说："善名，人之所慕；恶名，人之所耻。凡为仕者，孰不欲保其爵禄，彰善誉而垂美称，然或一时差谬，或为人所诖误，惟于刑宪，虽悔无及，朕审知近时所犯多出于此，自今犯官吏有犯，宥罪复职，书其过榜示其门……有不悛者则论如律。"①朱元璋想利用人们的心理特点，使曾有过过错的官员能自我反省自己之前的过错，促使官员谨于职守。洪武二十五年，左佥都御史桂满犯欺罔罪，朱元璋以其久历艰辛，必克自新，复其爵以镇云南，让他们在补过的前提下为国家建立功勋。

（4）用里甲老人监察官吏。朱元璋曾居乡村至久，他对官府的贪污深恶痛绝，而对乡里老人对社会的治化作用却特别重视。朱元璋设立里甲老人制度，与有司相表里，共同治理基层社会。为了使官吏不至横行基层，朱元璋赋予里甲老人监督有司的权力，如遇不才官吏，里甲老人可上报上一级有司对其加以惩治，里甲老人对官吏督促和评价的结果往往成为决定官吏升降的重要依据。

三、明初考官制度对社会的影响

明初考官制度是统治者在进一步加强君主专制的中央集权的政策指导下施行的，选官、任官、管官中都以"贤""廉""顺"为标准。不分民族、身份有时甚至也不必恪守年龄的界限，从而集中了社会中的精英分子。通过严格的考核制度使官吏优者赏，劣者黜，给官吏以劝励，使他们谨于职守。任官中实行老少参用制度，可使老者通过言传身教培养、激励年轻者，从而使政局持续稳定。对官吏实行分级管理，集权中央。一方面有地方官自身的考绩，另一方面又有代表皇帝的巡按御史的巡察，保证了中央和地方的相互沟通。所有这些，对于革除元末腐败的吏治，以至人来执行至法，

---

① 《明太祖实录》卷一百三十七，"洪武十四年四月甲子"条，第2162页。

对社会、经济、文化的发展都起到了较为良好的作用,并一直惠及永乐、宣德朝以后,即所谓"洪武以来,吏治澄清者百余年"。

当然,因为明初考官制度旨在加强君主专制,因而在其背后也就带来了不可避免的消极影响。朱元璋作为一个封建时代的皇帝也只能做到这一步。他驾驭管理的秘诀在于"但当使之畏法,不可使之有功;有功则骄恣,畏法则检束"[①]。因而他不惜经常更换官吏,有时甚至大开杀戒,武将被杀不说,即使文人学士一授官职,也罕有善终者。朱元璋动用锦衣卫监视官吏行动,也使官吏不能放手任事,这抑制了官吏聪明才智的发挥。他重用酷刑,也使人人自危,甚至用廷杖惩治官员,使一些有才识者视入仕为畏途。正如赵翼所说:"盖是时明祖惩元季纵弛,一切用重典,故人多不乐仕进。"[②]朱元璋的话语就是法律,这使个人意志在某些时候极端膨胀,难保政局持续稳定。其在位期间就存在"分封太侈,用刑太繁,求治太速"的弊端。朱元璋欲其子孙恪守其成法,应该说是不可能的。在传统社会,国运的兴替很大程度上要取决于皇帝的贤否,而无法用"制度"来克服,最后只能诉诸农民起义的武力,使社会积累和封建毒瘤同归于尽,这是中国传统世袭制造成的悲剧。

从明初考官制度的制定和实施情况来看,至法和至人是相辅相成的,二者相互依赖,缺一不可。传统社会实行的是皇帝的家天下,因而无法保证皇帝的永远贤明,结果就无法从根本上由至人来推行至法。在中国传统社会,人们企盼着明君贤臣和"包青天"这样的父母官,希望他们能把社会秩序引向正确的轨道。可见,人的因素仍是起决定性作用的,过去许多人一味责难封建社会本身的弊端,笔者以为这有失偏颇。如果认为封建制度下就必然出现贪官污吏,那么就无法解释封建时期多次出现的社会安定、经济繁荣局面,也将无法解释许多地区经济衰败,却可能有少数地区经济稳定发展的现象。笔者以为,在考察制度的同时,不应该忽视具有能动作用的人,是人在创造历史,制度本身的制定及执行都取决于人,人制定了制度,却又破坏了制度,结果把责任归咎于制度是对历史的不负责任。制

[①] (清)夏燮著,沈仲九标点:《明通鉴》,北京:中华书局,1959年,第227页。
[②] (清)赵翼撰:《廿二史札记》,北京:商务印书馆,1937年,第677页。

度的弊端需要人去克服，制度的完善更需要人的实践。今天我们处于社会主义制度下，通过大力推进民主政治，完全可以达到以至人来制定至法，实施至法，并以至法来培养至人、激励至人的目标，从而实现至人与至法的良性循环。

第二节　《儒林外史》与民族文化的殷殷呼唤

在众多的中国古典文学经典中，《儒林外史》是学术界研究相对较少的一部。已有的研究较偏重强调其对科举制度的批判，或指出其属于现实主义作品。笔者认为这是一部堪做社会史研究的典型范本，全书共五十五回，大体记录了吴敬梓从离开安徽全椒行走于扬州、南京、杭州等地的所见所闻和所思所感，这种记录是全景式的、原生态的，不因人物社会地位的高低、发生地点的重要与否而有所取舍，加上作者所记人物、事情、风俗乃至物价均与其他笔记、史籍具有相互印证关系，因此笔者宁愿认为这是一部原生态的社会史著作。通过《儒林外史》，我们能窥见吴敬梓所处时代，即康熙四十年至乾隆十九年（1701—1754）江南地区社会史的某些侧面，吴敬梓堪称处于盛世，但他看到的并不都是繁花似锦，而是充满了罪恶与卑鄙；吴敬梓臧否人物的尺度亦并不是阶级、财富，而是沿袭了王阳明以来的"良知"观。

一、"良知"小释

在吴敬梓眼里，良知是社会维持的基础，致良知是人之为人的至上追求。良知的起点与终点是为"大人"、做"圣贤"。就起点而言，王阳明强调"立志"以明良知之"体"，他说："吾非徒望尔辈但取青紫荣身肥家，如世俗所尚，以夸市井小儿。尔辈须以仁礼存心，以孝弟为本，以圣贤自期，务在光前裕后，斯可矣。"① "立志而圣，则圣矣；立志而贤，则贤矣。志不立，如无舵之舟，无衔之马，飘荡奔逸，终亦何所底乎。"② "诸公在此，

---

① （明）王守仁撰，吴光、钱明、董平，等编校：《王阳明全集》，上海：上海古籍出版社，1992年，第987页。
② （明）王守仁撰，吴光、钱明、董平，等编校：《王阳明全集》，上海：上海古籍出版社，1992年，第974页。

务要立个必为圣人之心,时时刻刻,须是一棒一条痕,一掴一掌血。"①"学本于立志,志立而学问之功已过半矣。"②就终点而言,王阳明强调"万物一体",认为"君臣也、夫妇也、朋友也,以至山川鬼神鸟兽草木也,莫不实有以亲之"③,这个"用",对于良知之"体"有着决定性的意义。每个人通过自求、自得、自悟、自慊、自见、自觉、自好、自修、自痛、自吃等致良知,因此致良知更主要在于一种自我要求。"自格物致知至平天下,只是一个明明德,虽亲民亦明德事也。明德是此心之德,即是仁。"④"仁者以天地万物为一体",使有一物失所,便是吾仁有未尽处。按王阳明的说法,良知是心的本体,这个心的本体,亦即天理。但他又说:"目无体,以万物之色为体;耳无体,以万物之声为体;鼻无体,以万物之臭(嗅)为体;口无体,以万物之味为体;心无体,以天地万物感应之是非为体。"⑤王阳明感慨:破山中贼易,破心中贼难。

王阳明针对社会的分层提出了相应的"圣贤有分"说。成圣并不是要每个人都具有一样的"圣贤道德",而是认为社会大众特别是下层社会大众均能达致天理心体的普遍"自觉",少数人成"为帝王师""得君行道",更多的人只要心存良知或心守良知就是可以的了。他认为普遍的自觉可以不假外求,"是操之在我求则得之者,是异中之同者"⑥。因此,圣贤有分就具有了浓重的"匹夫道德"的含义,能发挥自我激励、自我解放的作用。王艮对此有着深刻的理解:"吾人之学,饰情抗节,矫诸外;先生之学,精深极微,得之心者也。"⑦高攀龙说:"人心之灵,莫不有知,良知也;因

---

① (明)王守仁撰,吴光、钱明、董平,等编校:《王阳明全集》,上海:上海古籍出版社,1992年,第123页。
② (明)王守仁撰,吴光、钱明、董平,等编校:《王阳明全集》,上海:上海古籍出版社,1992年,第983页。
③ (明)王守仁撰,吴光、钱明、董平,等编校:《王阳明全集》,上海:上海古籍出版社,1992年,第969页。
④ (明)王阳明撰:《传习录注疏》,上海:上海古籍出版社,2015年,第58页。
⑤ (明)王守仁撰,吴光、钱明、董平,等编校:《王阳明全集》,上海:上海古籍出版社,1992年,第118页。
⑥ (明)王守仁撰,吴光、钱明、董平,等编校:《王阳明全集》,上海:上海古籍出版社,1992年,第107页。
⑦ (明)王守仁撰,吴光、钱明、董平,等编校:《王阳明全集》,上海:上海古籍出版社,1992年,第1178页。

其已知而益穷之，至乎其极，致良知也！"①意思是，人的心灵中，本来就具有分辨善恶的能力，这种天生的能力就是良知；而就已有的良知，加以彻底的发挥，及于生活中每一件事物，即是致良知。显然，良知的保存与维持是成圣的基本条件。

由于明代以来科举制度的制度化与规范化运行，入科场考功名对致良知的考核往往付之阙如，于是本来驻于心中的良知或者经过"存"与"养"而形成的良知因遭受世俗的各种诱惑而渐行渐远，乃至荡然无存。社会的法律体系往往无法追究人们内心是否丑恶？特别是以丑恶内心出发而为的事情可以通过矫饰而堂皇化的时候，恶的因素就会滋生膨胀，就会对社会秩序构成巨大威胁。

牟宗三说："今天这个时代，先不谈农、工、商，即使是读书人亦很少有尊重圣人之道的，亦很少有了解圣人之道的。"②

吴敬梓看当时的社会，由于科举制度运行中劣迹斑斑，失去良知的现象在良知承载最多的知识人之中几乎都消失殆尽，但也并不是全无是处，在社会中下层中，保存了"良知"的人仍然不少，这构成了当时社会的一抹亮色。从吴敬梓《儒林外史》所述人物故事中，我们能体会到吴敬梓臧否人物的标准就是"良知"，一个人做了符合"良知"的事，就会被肯定。因此在每个阶层中，既有可肯定的人，也有该否定的人。

二、科举制度运行与对"良知"的扭曲

明代以后，科举制度发展趋于正规化、制度化，凡三级考试制度，正常状态下每三年一考均定制于此时。对于制度操作者而言，他们鉴于以往科举考试中出现的弊端，往往推行了若干防弊措施。在报名资格上，强烈禁止贱民报考。于是自童生报考秀才起，就规定由廪生作保，保证考生向上三代不存在贱民身份，他们必须确认所保者是身家清白的。"凡娼、优、隶、卒之子孙，均不得应试。"③这四种身份人的后代必须在退役三年后才

---

① （清）黄宗羲：《明儒学案》卷五十八《东林学案一》，北京：中华书局，2008年，第1403页。
② 郑家栋编：《道德理想主义的重建——牟宗三新儒学论著辑要》，北京：中国广播电视出版社，1992年，第3页。
③ 钟毓龙：《科场回忆录》，杭州：浙江古籍出版社，1987年，第3页。

能取得与平民相等的地位。因为考试是将来进身之阶，考取之后，即为举人、进士，或做显官，例得褒封三代。上述身份者被褒封，被认为是有玷风教，故不许其子弟考试。其他如家人、长随、司阁者之子孙，剃头、剔脚者之子孙，喜娘、轿夫之子孙，皆被看作身家不清而被拒之于考试大门之外。杭州嘉道年间，有个叫舒晚山的，幼年曾当过馆童，伺候家塾之西席。其后应试成了进士，官六合县，购皋园而为其主人，大概是他改业早的缘故。宁波、绍兴等地的贱民身份者如堕民也被认为是身份不清者，如有一个叫童增奎的学子，其祖母曾是著名的喜娘，因而被别人揭发。廪保还必须保证应试者不属于冒籍（即不属于这个县的学子却参加这个县的考试）者。因为每县学考试录取人数各有定额，这样额少人多处的考生往往冒籍到额多人少的县份去应考，但这势必侵犯当地考生的权益，因而多容易被揭发。甚至有的人还专门从事揭发冒籍的行当，被称为"攻冒籍"。廪保还必须保证应考者不存在"枪替"的现象，不属于匿丧应考。

　　明代商人的地位有所提升，但必须是取得商籍资格者才能在经商地区送自己的子弟进入科场。以浙江为例，杭州有四处考点：一曰旗籍，由驻防营主之；一曰仁和籍，受试于仁和县署；一曰钱唐籍，受试于钱唐县署；一曰商籍，受试于分司署。商籍是明朝万历时专门为徽州商人子弟设立的考点，这是徽州商人社会政治地位提高的表现。专门为商人子弟设考点，划拨名额，既减少了商人子弟回籍应考的麻烦，更有利于商人在官府的庇护下经营发展。设立商籍对浙江当地人而言本就没有坏处，后来又变成了对他们的有利之处。清乾隆以后，商人已转移他处，商籍名额就变成了当地的名额，当然，当地人还必须捏造出自己是商籍，如钟毓龙本非商籍却借用了钟姓商籍人户的户籍，实现了自己中秀才的愿望。看来，冒籍在小试中就存在。

　　入考场的考生要应对唱名、唱保等程序，然后接卷作答，考试期间，监考之人可以搜查考生之考篮，称为搜检，以防怀挟之弊。清代或称枪替也是科举舞弊中经常出现的现象，为此，有的考生会挖空心思，想出各种努力躲避被查出的妙招。例如，《儒林外史》中曾记载："交过五鼓，学道三炮升堂，超人手执水火棍，跟了一班军牢夜役，吆喝了进去，排班站在二门口，学道出来点名，点到童生金跃，匡超人递个眼色与他，那童生是照会定了的,便不归号,悄悄站在黑影里,匡超人就退下几步,到那童生跟前,躲在人背后,把帽子除下来与童生戴着,衣服也彼此换过来,那童生执了水火棍,站在那里。匡超人捧卷归号,做了文章,放到三四牌才交卷出去,回到下处,神鬼也不知觉。发案时候,这金跃高进了。"① 鲍文卿代向鼎主持科举考试时看到的情形是:"见那些童生,也有代笔的,也有传递的,大家丢纸团,掠砖头,挤眉弄眼,无所不为。到了抢粉汤包子的时候,大家推成一团,跌成一块。鲍廷玺看不上眼。有一个童生,推着出恭,走到察院土墙跟前,把土墙挖了个洞,伸手要到外头去接文章,被鲍廷玺看见,要采他过来见太爷。"②

获得一层科名,往往都会有"参谒""打抽丰(秋风)""刻朱卷"等仪式。《儒林外史》中,范进中举之后,张静斋就策动范进去高要县知县汤知县处打秋风。③ 向鼎看到官场中有不少人很不堪,他说:"而今的人,可谓江河日下,这些中进士、做翰林的,和他说到传道穷经,他便说迂而无当,和他说到通今博古,他便说杂而不精,究竟事君交友的所在,全然看不得。不如我这鲍朋友,他虽生意是贱业,倒颇多君子之行。"④

许多没有考上实际功名的人改换了职业,有的成了幕僚,有的当了塾师,有的加入了行伍,还有的成了名士,或称山人。如明代沈德符的《万历野获编》中说,近来山人遍天下,北京更是山人聚集,万历间皇帝曾下诏尽逐在京山人,可见其问题严重。⑤ 再如,《儒林外史》中的陈和甫、牛玉圃、匡超人、杨执中、权勿用、牛浦郎等都是这类人物。这些山人或虚伪或诚笃(娄氏兄弟、蘧来旬、杨执中、马纯上,第八至第十五回);或是被科举迷雾、"名士风流"染黑的年轻人(匡超人、牛浦郎,第十五至第二

---

① (清)吴敬梓著,张慧剑校注:《儒林外史》第十九回《匡超人幸得良朋,潘自业横遭祸事》,北京:人民文学出版社,1958年,第237页。
② (清)吴敬梓著,张慧剑校注:《儒林外史》第二十六回《向观察升官哭友,鲍廷玺丧父娶妻》,北京:人民文学出版社,1958年,第312、313页。
③ (清)吴敬梓著,张慧剑校注:《儒林外史》第四回《荐亡斋和尚吃官司,打秋风乡绅遭横事》,北京:人民文学出版社,1958年,第55页。
④ (清)吴敬梓著,张慧剑校注:《儒林外史》第二十六回《向观察升官哭友,鲍廷玺丧父娶妻》,北京:人民文学出版社,1958年,第312、313页。
⑤ (明)沈德符撰:《万历野获编·上》,北京:中华书局,1959年,第584页。

十四回）；或是"潇洒风流"的假名士（季苇萧、季恬逸、杜慎卿等，第二十八至第三十一回）；还有那些名副其实的名士硕儒（杜少卿、庄绍光、虞育德，第三十一至第三十七回）；实施"礼乐兵农"的真名士（郭铁山、萧云仙，第三十八至第四十三回）；与恶俗对抗的正直儒生（余特、余持、虞华轩，第四十四至第四十七回）；自觉实践程朱理学教条、维护八股科举制度的科举迷（王玉辉、高翰林，第四十八至第五十二回）；贤人尽去后的假名士（陈木南、丁言志，第五十三至第五十四回）。如果说真名士还不至于危害社会的话，那么假名士则堪称社会的毒瘤了。

三、"良知"是作者臧否人物的基本尺度

《儒林外史》中说："惟全书无主干，仅驱使各种人物，行列而来，事与其来俱起，亦与其去俱讫，虽云长篇，颇同短制；但如集诸碎锦，合为帖子，虽非巨幅，而时见珍异，因亦娱心，使人刮目矣。"①鲁迅先生说该书是一本"世相小说"，"机锋所向，尤在士林。凡官师、儒者、名士、山人，间亦有市井细民，皆现身纸上，声态并作，使彼世相，如在目前"。②《儒林外史》中对官僚、豪绅、恶霸、商人、流氓、恶棍、妓女、风水先生等社会各阶层人物的描述，广泛而真实地刻画了当时的社会世相。作者的是非观亦非常明确："以功名富贵为一篇之骨，有心艳功名富贵而媚人下人者；有倚仗功名富贵而骄人傲人者；有假托无意功名富贵自以为高，被人看破耻笑者，终乃以辞却功名富贵品地最上一层为中流砥柱。"③这样其所涉及的人物就不仅包含了科场中的人，亦包含了科场外的人，并且还包含了社会中的若干贱民。

面对"功名富贵"，凡"有心艳功名富贵而媚人下人者；有倚仗功名富贵而骄人傲人者；有假托无意功名富贵自以为高，被人看破耻笑者"均是作者极力否定的，这些人的行为均背离了"良知"的基本要求，他们无论在官场内还是在官场外，都只能对社会产生负面影响。在官僚层中，汤知

---

① 转引自鲁迅：《中国小说史略》第二十三篇《清之讽刺小说》，北京：人民文学出版社，1958年，第178页。
② 鲁迅：《中国小说史略》第二十三篇《清之讽刺小说》，北京：人民文学出版社，1958年，第178页。
③ （清）吴敬梓：《儒林外史》卷首，据1975年人民文学出版社影印清嘉庆八年卧闲草堂刻本。

县、凤阳府厉太尊、时知县、危素、张乡绅（别号静斋）、荀玫盐务、汤镇台都属于为官不正者。汤知县受张静斋指点，将回教师傅绑缚于烈日下，还在其头顶上绑上拉稀的鸡，使其受尽侮辱，昏厥于地，乃激起回民的集体抗议。凤阳府厉太尊表面上忽然关心民间疾苦，要查五河县当铺的戥子，据说"戥子太重，剥削小民……如其果真，此弊要除"①。可是没过多久，这位关心民瘼的厉太尊的大少爷就在府衙门前吃着五河县领头用重戥子的仁昌典"方六老爷"的"极齐整"的筵席，在那里玩得尽兴。而这位"又是乡绅，又是盐典，又同府县官相与的极好"的"方六老爷"下乡收租时要农民摆香案迎接，谁欠了租就要打谁的板子。在这种恶势力重重勾结的形势之下，百姓碰到了汤知县的大枷、彭泽县知县的二十毛板、王知府的头号大戥和头号大板，固然吃足了苦头，碰到了娄府的两对大高灯、碰到了汤家大少爷的"都督府"灯笼，乃至于碰到了严贡生的那几片用"张老爷在上党做官带了来的人参"和"周老爷在四川做官带了来的黄连"做起来的云片糕也无非被欺压和敲诈。时知县是名士王冕家乡的知县，他得知上司知府危素想索要王冕的画时，曾派下属下乡向王冕索画，碰了一鼻子灰之后，这位知县心想：是我自己下乡去求画好呢？还是派人下乡将王冕拿来？他考虑到：或许将来地方志里会对其下乡求贤大书特书一番，有利于青史留名呢！②荀玫本来是山东汶上县薛家集的一个神童，但进入盐务官场后，受贪官王惠的不良影响，亦大行贪渎之能事。③

　　不过官僚层中并非铁板一块，有因功升了的（向鼎、李本瑛），也有因功被黜了的（萧云仙、汤镇台）；有作恶的（如汤知县、王惠），也有为善的（如蘧来旬、萧云仙）；还有无所作为的（如王冕等）。向鼎能跟戏子鲍文卿结为生死之交，其共同基础就是相互都保有良知。向鼎凭自己的作为不断擢升，由知县升到知府、汀漳道台等官。李本瑛是匡超人家乡的知县，

---

① （清）吴敬梓著，张慧剑校注：《儒林外史》第四十六回《三山门贤人饯别、五河县势利熏心》，北京：人民文学出版社，1958年，第543页。

② （清）吴敬梓著，张慧剑校注：《儒林外史》第一回《说楔子敷陈大义，借名流隐括全文》，北京：人民文学出版社，1958年，第8页。

③ （清）吴敬梓著，张慧剑校注：《儒林外史》第二十九回《诸葛佑僧寮遇友，杜慎卿江都纳姬》，北京：人民文学出版社，1958年，第346页。

深夜路经匡超人村子时发现了匡超人这个孝子,并立即表扬他,给予他"优行入贡"资格,使匡超人迅速获得了功名,但一件案件使李知县受到了牵连,官位被削除,后来案件真相大白,李本瑛又重返了官途。萧云仙在父亲萧昊轩的影响下,在西北边地发展生产,兴办教育,使西北地区发生了翻天覆地的变化。他花大力兴办地方公共事业,结果招致了侵用公帑之罪名(但作者认为萧云仙属于对社会有贡献之人)。其父对其的所作所为亦表示支持,而且当萧云仙对自己既没能在身边侍奉父亲,又还要父亲垫付赔偿款表示歉疚时,其父却丝毫没有责怪自己儿子的意思。蘧来旬任江西南昌府知府时,官衙里传出的声音是"吟诗声、下棋声、唱曲声",而他的继任者王惠在任期间,官衙里传出的却是"板子声、算盘声、鞭子声"。王冕虽然从没有应过什么官职,但民间却呼他为"咨议参军",可以算是一个不上班的官员。[①]官绅如王惠、严贡生、匡超人等,他们要么结党营私,拉拢新进;要么蓄意作恶,横行乡里;要么依势为非,良心丧尽,尤其是匡超人,他本是勤谨淳良的农家青年,经过无聊名士濡染而步步堕落,最后甚至不顾发妻在家吐血夭亡而在京城与官僚之女结婚。可以说丧尽天良。

  名士层中鱼龙掺杂现象更加明显,如虞博士堪称"良知"的化身,他对己严,对人宽。侄子家继承的先辈的房产损坏了,伸手向没有得任何房产的虞博士要钱修缮,虞博士毫无吝意地给予了支持。虞博士看到了一个孝子因无钱赡养自己的母亲,试图将所剩的一点点钱拿去赌博以求赢得更多些钱来改善其母亲的生活,结果却全部输光。当他看到一位年轻人走投无路欲跳河自尽时,立即将自己手头的十二两银子悉数给了这位年轻人,从而成全了年轻人的孝,也挽救了年轻人的生命。虞博士监考过程中看到一个考生在考场上因为要出恭临时将考卷交给他,结果考卷中却夹着怀挟之物时,并没有去追究这个考生的责任,而是保全了这个考生作为一个学子的尊严,使这个考生弃恶从善,走上了积极进取的人生道路。杜少卿本出身于数代积学的功名之家,但到他这一辈时出现了家道中落现象,原因是他看不惯不重"文行出处"的科举,在遭家乡人奚笑后,离开家乡到处巡游,但他对于贫穷者的资助一向慷慨,有一次他家请了一个黄裁缝做了

---

① (清)吴敬梓著,刘庆云标点:《儒林外史》,长沙:岳麓书社,1988年标点本,第8页。

一箱子衣服，当他听到黄裁缝说他家死了母亲需要丧葬费时，他立即让黄裁缝将那箱刚做好的衣服拿去变卖成钱，然后回家办理丧事。杜少卿对待他家里的老仆娄焕文像自己的亲生父亲一样，特别孝顺。另外，得到过杜少卿资助的还有韦四老爷、娄焕文孙子、黄大、臧蓼斋、县官王公、鲍廷玺、张俊民等，尽管臧蓼斋、张俊民都是没良心的人但杜少卿在他们困境之时还是予以了帮助。王胡子本是杜家的管家，但当他看到杜少卿家产差不多全部荡尽之时，竟拐了三十两银子跑了。马纯上是《儒林外史》中的又一位受尊敬的名士，他看到匡超人在拆字之余还在看书学习十分珍视，把匡超人带回自己家中，不仅送给他自己认为选得好的本子，而且还资助其金钱，让匡超人回家侍奉病中的父亲，还让其哥哥做起小生意来。临行前，马纯上对匡超人说："你如今回去奉事父母，总以文章举业为主。人生世上，除了这事就没有第二件可以出头。不要说算命、拆字是下等，就是教馆、作幕，都不是个了局。只是有本事进了学，中了举人、进士，即刻就荣宗耀祖，这就是《孝经》上所说的'显亲扬名'，才是大孝；自身也不得受苦。古语道得好：'书中自有黄金屋，书中自有千钟粟，书中自有颜如玉'，而今甚么是书？就是我们的文章选本了。贤弟，你回去奉养父母，总以做举业为主。就是生意不好，奉养不周，也不必介意，总以做文章为主。那害病的父亲睡在床上，没有东西吃，果然听见你念文章的声气，他心花开了。分明难过也好过，分明那里疼也不疼了。这便是曾子的'养志'。假如时运不好，终身不得中举，一个廪生是挣的来的。到后来做任教官，也替父母请一道封诰。"①匡超人得到马纯上资助回家，坐去温州的船，"匡超人为人乖巧，在船上不拿强拿，不动强动，一口一声只叫'老爹'。那郑老爹甚是欢喜，有饭叫他同吃。饭后行船无事，郑老爹说起：'而今人情浇薄，读书的人都不孝父母。这温州姓张的弟兄三个，都是秀才，两个疑惑老子把家私偏了小儿子，在家打吵，吵的父亲急了，出首到官。他两弟兄在府、县都用了钱，倒替他父亲做了假哀怜的呈子，把这事销了案。亏得学里一位老师爷持正不依，详了我们大人衙门。大人准了，差了我到温州

---

① （清）吴敬梓著，刘庆云标点：《儒林外史》，长沙：岳麓书社，1988年标点本，第99页。

提这一干人犯去"①。马纯上还引导蘧公孙走上了读书求正的路子，出钱帮助蘧公孙弭掉了一起可能引起杀身之祸的案子，从蘧公孙丫鬟处购回了可能给蘧公孙带来灾难的沉箱。而他自己在路过西湖时，连买点小点心的钱都没有。蘧公孙对马纯上的感念也是很真挚的，他说："像这样的才是斯文骨肉朋友，有意气，有肝胆，相与了这样正人君子，也不枉了！像我娄家表叔，结交了多少人，一个个出乖露丑，若听见这样话，岂不羞死！"②名士中还有像迟衡山一生致力于修学宫、修泰伯祠，兴教化。他说："我们这南京，古今第一个贤人是吴泰伯，却并不曾有个专祠。那文昌殿、关帝庙，到处都有……盖一所泰伯祠。春秋两仲，用古礼古乐致祭，借此大家习学礼乐，成就出些人才，也可以助一助政教。"③

王玉辉算是一个笃信儒家教条的读书人，他让自己的三个女儿均殉夫而死，虽让人看到他信守礼教乃至成为"杀人犯"的冷酷一面，却也让人看到了他宁愿过穷日子、连私塾教师都不当，而一心致力于编成《礼书》《字书》《乡约书》，以求尽一个读书人对社会的义务的另一面。④

杨执中、牛布衣、娄氏公子赵雪斋、匡超人、胡三公子、杜慎卿、季苇萧等都是用高雅的外表包装猥琐，用无所事事的忙碌点缀空虚，梦游在虚无缥缈的梦幻世界，装腔作势，呼朋引类之人。他们把封建士大夫的游手好闲而又自鸣风雅的传统作风发挥到了极致。

其他如景兰江是个开头巾店的小老板，却总是做不成生意，总是折本，动不动向人借钱，谁见了他都怕。再如，支剑峰、浦墨卿等都只是以选书

---

① （清）吴敬梓著，刘庆云标点：《儒林外史》，长沙：岳麓书社，1988年标点本，第100页。
② （清）吴敬梓著，刘庆云标点：《儒林外史》，长沙：岳麓书社，1988年标点本，第90页。
③ （清）吴敬梓著，刘庆云标点：《儒林外史》，长沙：岳麓书社，1988年标点本，第211页。
④ （清）吴敬梓著，刘庆云标点《儒林外史》（长沙：岳麓书社，1988年标点本，第297—298页）中记载了余氏兄弟与王玉辉的一段对话："二先生道：'一向知道吾兄清贫，如今在家可做馆？长年何以为生？'王玉辉道：'不瞒世叔说，我生平立的有个志向：要纂三部书嘉惠来学。'余大先生道：'是那三部？'王玉辉道：'一部《礼书》，一部《字书》，一部《乡约书》。'二先生道：'《礼书》是怎么样？'王玉辉道：'礼书是将《三礼》分起类来，如事亲之礼、敬长之礼等类。将经文大书，下面采诸经、子、史的话印证，教子弟们自幼习学。'大先生道：'这一部书，该颁于学宫，通行天下。请问《字书》是怎么样？'王玉辉道：'《字书》是七年识字法。其书已成，就送与老师细阅。'二先生道：'字学不讲久矣！有此一书，为功不浅。请问《乡约书》怎样？'王玉辉道：'《乡约书》不过是添些仪制，劝醒愚民的意思。门生因这三部书，终日手不停披，所以没的工夫做馆。'"

为业的低级名士，只能算是为稻粱谋的名士。

在《儒林外史》中有多处地方写到和尚、道士、尼姑，如范进母亲去世，二七之后，范进让胡屠户到集上庵里请平日相与的和尚做揽头，请大寺八众僧人来念经，拜"梁皇忏"，放焰口，追荐老太太生天。请到的僧官事务繁忙，在熟人家与佃户妻子一起吃喝，无论荤素，且因为赤着上身，被人诬告，遭官府绑缚。① 甘露寺的和尚曾和乡邻们一起为寓居于此的牛布衣举行了丧礼②，但也有的寺观里的和尚却以吃弱者的心脏为乐③。陈和甫的儿子陈思阮不养家活口，被他岳父训斥了之后，竟赌气当了和尚④。

---

① （清）吴敬梓著，刘庆云标点：《儒林外史》，长沙：岳麓书社，1988年标点本，第23—25页。

② （清）吴敬梓著，刘庆云标点《儒林外史》第二十回《匡超人高兴长安道 牛布衣客死芜湖关》（长沙：岳麓书社，1988年标点本，第130页）中说："老和尚道：'牛先生是个异乡人，今日回首在这里，一些甚么也没有。贫僧一个人支持不来。阿弥陀佛，却是起动众位施主，来忙了恁一天。出家人又不能备个甚么肴馔，只得一杯水酒和些素菜与列位坐坐。列位只当是做好事罢了，休嫌怠慢！'众位道：'我们都是烟火邻居，遇着这样大事，理该效劳，却又还破费老师父，不当人子。我们众人心里都不安，老师父怎的反说这话？'"确实显示了深存于民间的朴素美德。

③ （清）吴敬梓著，刘庆云标点《儒林外史》（长沙：岳麓书社，1988年标点本，第241—242页）中记载，响马贼头赵大来到海月禅林，海月禅林的老和尚觉得他多违清规，让他离开。其后，他便记仇，后另外占寺称霸，总是用酒配他杀死的人的脑浆。

④ （清）吴敬梓著，刘庆云标点《儒林外史》（长沙：岳麓书社，1988年标点本，第332页）中，陈和甫的儿子陈思阮与丈人吵架。"丈人道：'你每日在外测字，也还寻得几十文钱，只买了猪头肉、飘汤烧饼自己捣嗓子，一个钱也不拿来家。难道你的老婆，要我替你养着？这个还是我的女儿，也罢了。你赊了猪头肉的钱不还，也来问我要。终日吵闹这事，那里来的晦气？'陈和甫的儿子道：'老爹，假使这猪头肉是你老人家自己吃了，你也要还钱。'丈人道：'胡说！我若吃了，我自然还。这都是你吃的。'陈和甫儿子道：'设或我这钱已经还过老爹，老爹用了，而今也要还人。'丈人道：'放屁！你是该人的钱！怎是我用你的？'陈和甫儿子道：'万一猪不生这个头，难道他也来问我要钱？'丈人见他十分胡说，拾了个叉子棍，赶着他打。瞎子摸了过来扯劝。丈人气的颤呵呵的道：'先生！这样不成人，我说说他，他还拿这些混帐（账）话来答应我，岂不可恨！'陈和甫儿子道：'老爹，我也没有甚混账处。我又不吃酒，又不赌钱，又不嫖老婆。每日在测字的桌子上，还拿着一本诗念，有甚么混帐（账）处？'丈人道：'不是别的混帐（账）。你放着一个老婆不养，只是累我。我那里累得起？'陈和甫儿子道：'老爹你不喜女儿给我做老婆，你退了回去罢了。'丈人骂道：'该死的畜生！我女儿退了，做甚么事哩？'陈和甫儿子道：'听凭老爹再嫁一个女婿罢了。'丈人大怒道：'瘟奴！除非是你死了或是做了和尚，这事才行得。'陈和甫儿子道：'死是一时死不来。我明日就做和尚去。'丈人气愤愤的道：'你明日就做和尚！'瞎子听了半天，听他两人说的，都是堂屋里挂草荐，不是话，也就不扯劝，慢慢的摸着回去了。"这段文字讲述的是有时意气用事也会驱使一个人丧失良知。

聘娘本是妓院受追捧的名角，却也在虔婆的逼迫下当了尼姑①。可见和尚、尼姑的来源也趋于多元化，他们的信念坚守自然就各不相同了。

《儒林外史》写到了若干普通百姓，如胡屠夫、范进母亲、匡超人父亲及兄弟嫂子、牛老爹、卜崇礼、牛布衣妻、洪泽县民、甘露寺乡民。胡屠夫是地方的一杀猪的，他虽然瞧不起贫困的女婿，嫌他没有出息，但当他女婿中举之后，他立刻表现出对女婿的尊重，这说明基本的礼仪秩序他还是能坚守的。范进母亲过惯了贫寒的日子，当范进中举之后，张乡绅送给她家一栋房子，配齐了家具、丫鬟，但她仍认为这不该是她能享受的，当别人告诉她这些都可以由她随便享用时，心理一下承受不了，一口痰断送了她的生命。匡超人父母和许多普通的父母一样挂念在外地的儿子，当匡超人获得马纯上的资助回到家后，母亲对他说："自从你跟了客人去后，这一年多，我的肉身时刻不安。一夜，梦见你掉在水里，我哭醒来。一夜，又梦见你把腿跌折了。一夜，又梦见你脸上生了一个大疙瘩，指与我看，我替你拿手抇，总抇不掉。一夜，又梦见你来家望着我哭，把我也哭醒了。一夜，又梦见你头戴纱帽，说做了官。我笑着说：'我一个庄农人家那有官做？'旁一个人道：'这官不是你儿子，你儿子却也做了官，却是今生再也不到你跟前来了！'我又哭起来说：'若做了官，就不得见面，这官就不做他也罢！'就把这句话哭着，吆喝醒了，把你爹也吓醒了。你爹问我，我一五一十把这梦告诉你爹，你爹说我心想痴了。不想就在这半夜，你爹就得了病，半边身子动不得，而今睡在房里。"②母亲对游子的思念之情令人感动。

《儒林外史》从楔子起就通过王冕表达了对官途的畏惧，如母亲对王冕说："我眼见得不济事了。但这几年来，人都在我耳根前说，你的学问有了，

---

① （清）吴敬梓著，刘庆云标点：《儒林外史》，长沙：岳麓书社，1988年标点本，第336页）中，虔婆向妓女聘娘索要嫖资，当时聘娘真没拿到嫖资，虔婆却不信，两人便吵了起来："聘娘道：'我替你家寻了这些钱还有甚么不是？些小事就来寻事！我将来从了良，不怕不做太太！你放这样呆子上我的楼来，我不说你罢了，你还要来嘴喳喳！'虔婆大怒，走上前来一个嘴巴，把聘娘打倒在地。聘娘打滚，撒了头发，哭道：'我贪图些甚么？受这些折磨！你家有银子，不愁弄不得一个人来。放我一条生路去罢！'不由分说，向虔婆大哭大骂，要寻刀刎颈，要寻绳子上吊……虔婆也慌了，叫了老乌龟上来，再三劝解，总是不肯依，闹的要死要活。无可奈何，由着他拜做延寿庵本慧的徒弟，剃光了头出家去了。"

② （清）吴敬梓著，刘庆云标点：《儒林外史》，长沙：岳麓书社，1988年标点本，第100页。

该劝你出去做官。做官怕不是荣宗耀祖的事。我看见这些做官的,都不得有甚好收场。况你的性情高傲,倘若弄出祸来,反为不美。我儿可听我的遗言:将来娶妻生子,守着我的坟墓,不要出去做官。我死了,口眼也闭。"①匡超人的父亲也说:"第二的(指匡超人)侥幸进了一个学,将来读读书,会上进一层也不可知。但功名到底是身外之物,德行是要紧的。我看你在孝弟(悌)上用心极是难得,却又不可因后来日子略过的顺利些,就添出一肚子里的势利见识来,改变了小时的心事。我死之后,你一满了服就急急的要寻一头亲事。总要穷人家的儿女,万不可贪图富贵攀高结贵。你哥是个混帐人,你要到底敬重他,和奉事我的一样才是。"②《儒林外史》对于应官府之请入世做事表现出一定的退隐之意,如杜少卿被征辟,他却装病辞却;庄濯江虽然被征至北京,却在陛见皇帝时,头上遭遇蚊子叮咬,使他无法将胸中韬略转化为皇帝的政策。

有关地方恶俗,在徽州五河县较为盛行。有的读书人固执到只闭门在家,不闻世间事,如"余有重弟兄两个,守着祖宗的家训闭户读书,不讲这些隔壁帐的势利。余大先生各府、州、县作游,相与的州、县官也不少,但到本县来,总不敢说"③。余大先生道:"自古说'故家乔木',果然不差。就如尊府这灯,我县里没有第二副。"成老爹道:"大先生,'三十年河东,三十年河西',就像三十年前你二位府上何等气势!我是亲眼看见的。而今彭府上、方府上都一年盛似一年。不说别的,府里太尊、县里王公都同他们是一个人,时时有内里幕宾相公,到他家来说要紧的话,百姓怎的不怕他,像这内里幕宾相公,再不肯到别人家去。"④

《儒林外史》还浓墨重彩地点染了其他诸多恶俗,冒充现象普遍,如牛浦郎冒充牛布衣;蘧公孙冒刻高青丘文集;万中书、权勿用都干过冒充的事。吹牛之风也无处不有,如申祥甫、夏总甲都号称节日期间有不少大官下帖子请他们赴宴;牛玉圃则声称与扬州盐商过从甚密;匡超人自夸自己的选本多达九十五本,且流传甚广,连外国都有,许多人家里都供着他的

---

① (清)吴敬梓著,刘庆云标点:《儒林外史》,长沙:岳麓书社,1988年标点本,第6页。
② (清)吴敬梓著,刘庆云标点:《儒林外史》,长沙:岳麓书社,1988年标点本,第108页。
③ (清)吴敬梓著,刘庆云标点:《儒林外史》,长沙:岳麓书社,1988年标点本,第275页。
④ (清)吴敬梓著,刘庆云标点:《儒林外史》,长沙:岳麓书社,1988年标点本,第289—290页。

神位，惹得别人一番哄笑；成老爹说大户人家总是会请他参加宴会，结果被别人耍弄。① 健讼成为徽州这块号称注重节孝之地的风气。向鼎当县官时，一天接到三个讼案：第一个讼案是一个和尚控告一村民霸占了他父亲的转世——一头牛，理由是因为牛舔他头时总是泪流不止，以此证明他们之间存在父子关系，经审断，得知和尚头上抹了盐水，而牛舔到盐水势必流泪；第二个讼案是一个男子状告给他哥哥治病的医生毒死了他的哥哥，理由是他哥哥吃了医生开的药后死了，医生的辩解是这个人的哥哥早已病入膏肓，吃了药无效是因为已不可救药了，而不能说明是药毒死了他哥哥；第三个讼案是牛布衣的妻子状告牛浦郎冒充她丈夫牛布衣。② 这些行为都说明，"良知"已经远离他们心中，失去良知的人就会做出很不堪的事来，有些是法律所无能为力的。

商业的发展往往在世俗中养成"一切向钱看"的恶习，如五河县恶俗，彭、方、余、虞、华等姓相互攀比，竞相奢靡。在消费城市扬州，盐商气焰熏天，民间流传着扬州盐商是六精的说法，即轿子里坐的是债精，抬轿子的是牛精，跟轿的是屁精，看门的是谎精，家里养的是妖精，出门还喜欢戴方巾。③

《儒林外史》描写了徽州的地方恶习，还可以彭泽县的地方保护主义倾向为例。当官府的盐船搁浅在彭泽县境内河道时，地方的百姓纷纷拥到船上盗取食盐，地方官未了解真相前却坚持说该县民风纯良，显然有强词夺理的霸气。

《儒林外史》中还写了各类骗子，他们来自社会的不同阶层，如陈正公、毛二胡子立契，结果毛二胡子逃脱，幸得凤四老爹以讨债英雄身份帮助陈正公讨回了债务；船家骗人是以一艘小船，夫妻合伙，于月明之夜，让妻子在船上梳妆，勾引路人，当路人上钩之时，丈夫出现，进行敲诈；书里

---

① （清）吴敬梓著，刘庆云标点：《儒林外史》，长沙：岳麓书社，1988年标点本，第128—129页。
② （清）吴敬梓著，刘庆云标点：《儒林外史》，长沙：岳麓书社，1988年标点本，第151—154页。
③ （清）吴敬梓著，刘庆云标点：《儒林外史》，长沙：岳麓书社，1988年标点本，第175页。

的严贡生讹邻居家的猪，抢占弟妾的家产，放贷的钱并没有给收贷人，却要索要利息，还讹诈船户吃了他的稀有的用人参等名贵药材制作的药等，具有讽刺意义的是他也是"以优行入贡"的；张铁臂号称自小手臂上能走车，但却用猪头伪作人头，使人受骗；妓院王义安也敢戴方巾，冒充读书人；小民夫妻假冒吊死鬼，编造家里贫困的故事博取路人的同情和施舍；龙老三冒充和尚的结发妻子进行敲诈；石老鼠自称是官员的侄子要求给予钱财的施舍；最生动的要算媒人沈大脚了，为了得到利益，她将戏子说成是举人，将悍妇说成是贤良之人。市场经济的恣意发展让杜少卿家的小佣都生出若干坏心事来，宦成、双红本是杜家的男、女佣人，但他们后来盗了主人家的财产而去。世间还流传着"一年长工，二年家公，三年太公"的说法。

书中还写了一个人物即潘三，此人是匡超人所在村子的保正的侄子，从家乡乐清到杭州谋生，但他做的都是不堪的行当，潘三爷用块豆腐干便能刻制假印，伪造公文。为科举舞弊者寻找"枪手"、私和人命、贩卖人口等犯法能牟利的事他都干，匡超人在杭州走投无路时被他征去当了考生金跃的"枪手"，得到了二十两银子的好处费。①

但作者对社会中存在的良知之态仍有所体认，如秦老对王冕母子，乡邻之间至诚相待，情真意实，淳朴厚道，古风可鉴；开小香蜡店的牛老儿与小米店的卜老爹，街坊之间鱼水相帮，敦厚善良。作者写他们诚挚动人的友谊，温煦之气，直拂人面。鲍文卿与倪霜峰同是市井平民，危难相助，温情可掬……凡此都表现出温润的人情美，包含对淳朴淡远的生活情趣和朴实敦厚的道德品性的向往和追求。

总之，吴敬梓作为一个失意的知识分子，以自己的所见所闻，记录了他所处时代的社会生活的某些侧面。据已有研究考证：人物和事实均有所本，即杜少卿（作者自己）、杜慎卿（堂兄吴檠）、虞博士（江宁府教授吴

---

① （清）吴敬梓著，刘庆云标点：《儒林外史》，长沙：岳麓书社，1988年标点本，第122—124页。另，第十九回《匡超人幸得良朋 潘自业横遭祸事》（第124页）说到刑房拿出的款单上列的他的罪名是："访得潘自业，即潘三，本市井奸棍，借藩司衙门隐占身体，把持官府，包揽词讼，广放私债，毒害良民，无所不为。如此恶棍，岂可一刻容留于光天化日之下！"

蒙泉)、庄尚志(上元程廷祚)、马二先生(全椒冯粹中)、迟衡山(句容樊南仲)、武书(上元程文)、娄氏兄弟(浙江梁家兄弟)、牛布衣(朱布衣)、权勿用(是镜)、风鸣歧(甘风池)、汤奏(杨凯)、萧云仙姓江、赵雪斋姓床、隋岑庵姓杨、杨执中姓汤、匡超人是汪荣甫、严贡生姓庄、高翰林姓郭、余先生姓金、万青云姓方、范进姓陶、荀玫姓苟、韦思元姓韩,沈琼枝即袁枚笔下的扬州女子。因此,我们有理由将其看成是 18 世纪前期的中国社会史,其所表达的是"良知"应成为人之立世的基本坚守,在良知的标尺下,他看到了社会的沉沦,却亦不失亮色。

第三节　菲律宾华人社会对民间教育的投入

20 世纪 90 年代菲律宾华族在菲律宾人口总数中所占比例并不大,但他们创造的社会财富在菲律宾经济总量中所占比例却超过 1/3,教育的发展无疑是一个重要的原因。在菲律宾华人社会,各类民间性教育投入丰富,促进了当地教育的发展。本部分仅依据笔者对菲律宾华人社会的实地调查,对这一问题作粗浅的描述。

在菲律宾,商界的命脉基本被华商所控制,如陈永栽、施至成、杨应琳、吴奕辉等都大量投资教育。大商人投入更多的利润用于兴办大型教育设施,中小商人也争先恐后地依据自己的实力设置小的教育设施,形成竞相办教育的局面。由于社会复杂及环境的变迁,商场经营中成功者虽然很多,但经济能力薄弱者亦不少。若干家境困苦者往往为其子女的教育费用而大伤脑筋,四处求借,其状堪怜。因此,一些颇具经济实力者慨解义囊,由宗亲会设立族生清寒补助金,于学年开始之前,接受申请,协助家长解决子女教育难题。也有的为纪念其先人而设立奖学金,奖励成绩优良的族生。在培养青年人才方面,宗亲会更是做出了巨大的贡献。此外,其他各类团体都设立奖学金和助学金等。这些奖学金和助学金很大程度上是菲律宾华人社会华商经营成就的一个重要展示。

在菲律宾华人社会,一个人参与多种社会组织或在多种组织内任职是其社会地位的重要表现。一个人地位的高低受多种因素影响,如儿女是否有出息,是否有较多的朋友和社会关系,是否有自己的所属(宗亲会、同乡会、同业组织），是否参与捐助社会公益事业（如华侨善举公所、义山、崇仁医院等）。投入教育，最容易赢得社会的认可，华人富商大都愿意在教育上投入，如陈永栽经常到各地去慰问教师，与教师联欢，组织教师到大陆或台湾进修学习。他本人也与文人多有往来，体现出一种较明显的儒商特征。

菲律宾华人社会投资教育的形式多种多样，概括起来主要有以下几种。

一、设立校董会，支持学校的日常经费

菲律宾侨中学院设立了校董会，下属董事若干，承担着侨中学院的日常开支。举凡有临时性的开支，董事会也会及时商量应对措施。在董事会的积极资助下，侨中学院由单纯的中学发展成从幼稚园到大学本科的完整教育体系，教学设施也随着时代的要求不断得以充实和更新，并不断设置分校，扩大了自己的规模和影响力。

其他各学校也均有自己的民建民助董事机构，如马尼拉中西学校、菲律宾中正学院都有自己的董事会。有的董事会则分属各特殊的团体，如马尼拉的佛教团体创办能仁中学、嘉南中学等，在教育学生学习业务知识的同时，也为本教培养源源不断的后备人才。有的兄弟会团体也为自办的学校设立董事会，支持学校的日常费用。

菲律宾华人社会的民间教育随华人经济的发展而发展，形成了较为明显的产业化倾向。许多商人把学校作为资本投资的一种方式，虽然它不是一种能立竿见影的产业，但华商已意识到教育对于产业所必将发生的巨大影响。

二、为子弟设立奖学金和助学金，为从教者提供奖教金

在各校董事会之外，同乡会、宗亲会、同业会、校友会还通过其他一些渠道来进一步投资教育事业，如设立奖教金、设立奖学金和助学金，奖优助贫，进一步推进教育普及的进程。

参与设立奖教金、奖学金和助学金的宗亲会有菲律宾版筑傅赖同宗总会、许氏宗亲总会、菲律宾刘杜宗亲总会、菲律宾弘农杨氏宗亲总会、菲律宾河源张颜同宗总会、菲律宾科任渭水吕氏家族会、菲律宾宋戴宗亲总会、清真五姓联宗总会、朱倪宗亲总会、咸阳五姓联宗会、彭峰陈氏总会、菲律宾烈山五姓联宗总会、菲律宾西河林氏宗亲总会、菲律宾太原王氏宗

亲总会、济阳柯蔡宗亲总会、科任渭水吕氏家族会、菲华英林洪氏家族会、鹏峰陈氏总会等。

参与设立奖教金、奖学金和助学金的同乡会有惠安公会、泉州公会、南安公会、英园同乡会、福全同乡会、浦头同乡会、安海公会、锦尚同乡会、石圳同乡会、梧林同乡会、锦塘同乡会、锦亭同乡会、彭口同乡会、龙穴同乡会、衙口同乡会、前港同乡会、金山同乡会、晋江罗溪同乡会、厦禾公会、旅菲西滨同乡会、菲律宾龙同海联乡总会、旅菲永宁同乡会、旅菲梅林同乡会、旅菲晋江华峰同乡会、旅菲晋江东石联乡会、龙塘四乡联合会、青阳希信联谊会等。

参与设立奖教金、奖学金和助学金的同业会有百货商公会、旅菲晋江古盈同济社等。

参与设立奖教金、奖学金和助学金的校友会有旅菲泉中（六中）校友会、旅菲苏浙校友会、菲律宾侨中学院总分校奖学基金会、旅菲福建中学校友会、旅菲江浙校友会等。

另外，报社奖教金、奖学金也多有设置，如《世界日报》设置奖（助）学金等。

在结婚日、金婚纪念日等喜庆的时候捐助教育，这在菲律宾华人社会中也形成风气。各项捐助或用于奖学、助学，或用于奖教，有的多达 49 项基金，基金额达到数百万比索。所有这些捐助都程度不同地促进了菲律宾华人社会教育事业的发展。

通过各级各项奖学金、助学金、奖教金的设置，华人子弟的教育基本得以普及，高中普及率在 1996 年达到 86%，有效地提高了他们经商办实业的水平。进入政界的人数日益增多。仅以 1998 年大选为例，当选为众议员的有洪于柏、李少碧、林国民；当选为省长的有许顿尼、李汉民、王玛丽莲；当选为副省长的有黄种伟；当选为市长的有黄世培、王益道；当选为社长的有李三碧、黄潘美玉、黄枢珩、吴谨川、丁嘉良、潘清泉、潘诗道；当选为副社长的有黄茵利、黄种德、吴大业、白兰洛、黄山梅；当选为市议员的有许哲嘉、陈文元、洪英钟、许谋正、吕孙乾、佘景元、黄亮生、柯晋江、曾焕成、许友仁、许里道、陈兰洛；当选为社议员的有李尚华、蔡永华；被总统委任为财政部副部长的是柯遵秋；被委任为总统海外劳工事务顾问的是张伟廉；被委任为华人事务顾问的是陈国仁；被委任为总统中国事务顾问的是施振源等。菲律宾华裔青年联合会在菲律宾的政治舞台上也具有巨大的影响力，洪玉华女士被邀为总统反有组织犯罪委员会委员。随着受教育水平的提高，华人已融入菲律宾主流社会，被接受成为多元民族、多元文化的构成分子。在其他领域，华人或华裔的影响力也逐渐增强。在菲律宾文化界、报界都有已取得显著成就的杰出华侨、华人，体现了华人已成为菲律宾主流社会不可分割的重要组成部分。

三、开展多种多样的教育活动，促进菲律宾当地教育的进步

菲律宾华人社会的主要团体，如菲律宾商联总会、菲律宾各宗亲联合会（宗联）、菲华文经总会（文总）、菲华文化服务中心、诗田文教基金会、陈延奎基金会、首都银行基金会、菲华儿童文学学会、台湾大专院校菲律宾校友联谊会等，或资助师资培训，或开办暑期文教研习班（包括书法、语法、作文、图画、珠算、舞蹈等），或发起尊师运动，或主持文化教育讲座，或提倡讲华语，或颁赠教师奖励金，或经常举办校际比赛，对于中华文化之弘扬及华文教育之推展均发挥相当大的作用。

到20世纪90年代初，全菲华文学校共121家，华文教师人数为2536人，华文学生数将近十万人。[1]菲华校联1995年开始，每年由中国大陆或中国台湾派资深教授、讲师到菲律宾华文学校为教师做在职培训。学校负责膳宿，其余费用全部由陈延奎基金会及首都银行基金会支持。每年暑假，华文学校选派教师分别赴台湾、北京、厦门参加教师进修班，部分经费分别由台湾侨委会及菲华热心教育的工商巨子陈永栽资助，部分由学校自理。通过120余所学校的努力，中华文化得到了很好的传承。如今，各种华文报纸、华人社团均以中文为相互交往联络的工具，各种类型的传统结义社、帮会组织也秉承中华传统文化，倡导仁义、忠孝观念。中华文化成为一条强大的纽带，维系着菲律宾华人社会，也成为人们开展经济活动可利用的资源。

在菲律宾华人社会，祖籍地的各种民间典礼仪式也被尊之奉之，保存

---

[1] 菲律宾华文学校联合会：《菲律宾华文学校联合会成立十周年纪念刊》，马尼拉：菲律宾华文学校联合会，2003年，第13页。

可谓完好。各种神灵设置成为中华文化的载体在菲律宾大行其道,如道教神灵可以与其他神灵同样受到尊奉。家族的闻人、乡里的伟人都可在各自的公所中被供奉。所有这些,都必须通过掌握了中华文化知识和传统的人们而得以延续。笔者曾亲至在菲律宾的晋江人所设石鼓庙、石狮人所设城隍庙采访,其驻庙人员皆为接受过华校教育的知识分子。他们深怀对中华文化的景仰,因而默默地、无偿地履行着传承中华文化的神圣职责。通过中华优良传统文化的灌输和传承,华人形成一个有组织的群体。有人说:中文学校除了教育人,还对团结当地的华人华侨起重要作用。凡是中文学校办得好的地方,侨团的活动一般也是搞得好的。[1]可见,中文学校在树立华人的良好形象、弘扬正气方面也是积极有为的。掌握了中华文化的人们经常在菲律宾社会举办义诊、义务组织消防队、分发救济物品、资助菲律宾学童入学、组织反罪委员会等,为菲律宾社会的稳定与发展做出了积极的贡献。

华人社会还积极把教育投入扩展到支持菲律宾农村教育的发展上,如菲律宾商联总会组织的农村校舍捐助活动就搞得有声有色。这项"投资"项目的宗旨在于培植菲律宾新生的一代,让每个学童都能接受最起码的国民教育,因为他们都是国家未来的主人翁。在已建的 1500 多所校舍中,已接受过约 250 万学童就读。郑龚抱月国际基金会在诸多社会公益事业之外,更把目光放到了教育上。1990 年以来,设置了大专优秀贫寒生奖学金,第一年颁发 777 名(每名 5000 元),第二年增至 1007 名,第三年为 1277 名,这些大专优秀生选自全菲各省,为国家培养人才做出了贡献[2]。菲律宾华人社会民间教育事业原来的目标是培养具有科学文化知识,既能适应华侨社会、中国社会,又能适应菲律宾社会的中国公民。随着形势的变化,该目标已有所改变,即培养具有中华文化气质的菲律宾公民。这是菲华融合的必然结果,如今菲华间通婚现象普遍,菲人入华校学习中文,华人子弟进入菲律宾各类学校的事例也越来越多。菲华社会处于一种良好的生存状态之下,菲华间的融合互摄已成为当地菲人和华人的共识。

菲律宾华人社会对教育的投资是在菲律宾华人普遍认同中华传统文

---

[1] 1997 年 12 月 25 日菲律宾《世界日报》编辑侯培水先生的访谈记录。
[2] 《菲律宾荥阳郑氏宗亲会金禧纪念特刊》,马尼拉:菲律宾荥阳郑氏宗亲会,1992 年印。

化，并把中华文化作为他们精神之脉的寻根意识、华商经济发展中的巨大成就的体现，以及教育的产业化等因素的共同影响下实现的。在菲律宾政府教育投资相对薄弱的情况下，菲律宾华人社会主动多方筹集办学经费，使华人社会的教育事业呈现出繁荣景象。其中，菲律宾华人社会的巨商大贾在树立良好名声、光宗耀祖等意识的驱动下率先垂范，起了良好的开创新风尚的作用。各宗亲会、同乡会、同业会、校友会等民间组织从自身实力出发，跻身于教育事业。菲律宾华人社会一向以社团众多著称，同样，这些社团亦多注重投资于教育，因而菲律宾华人社会教育事业趋于繁荣且具有良好根基。人们常说，会馆、华文报纸和学校是华人社会的三大法宝，彼此实有相互促进的影响，菲律宾的实例就验证了这一点。当然，菲律宾华人社会教育投入也有值得继续改进的地方，如投资者中有些人往往过多地关注投入，而较少关注到投入的效果，以至投入分散，效果欠佳；喜欢以自己的名义建立基金会，却往往管理乏人，因而也不能产生较好的效果。在菲律宾华人社会的教育投入中，用于改善教师生活水平、提高教师业务素质方面的开支还相对较少；教师队伍素质偏低、队伍不稳定现象还较为严重。这些，当是今后教育投资结构调整必须考虑的内容。

第四节 维护高考的权威性，理性地对待高考

一、恢复高考的积极意义

中国现行的高考制度体现了公平、公正，与中国古代的科举制度有着相同的特点，但目前的高考又与古代的科举制度有诸多不同，其中最重要的一点就是它不再像科举制度那样仅是选拔官员的考试，而成为培养社会发展所需人才的入门考试，但高中生经高考进入大学也不是人才成长的唯一途径。因此，在对待高考及其改革这一重大问题上，我们一方面必须维护高考的权威性；另一方面则应该理性地对待高考，去除一些过度看重高考的观念和行为。

目前实行的高考制度是 1977 年邓小平为教育拨乱反正而做出的重大决策后恢复的，其立意是为了改变"文化大革命"中推荐工农兵上大学时

常常忽视对素质、知识、能力的要求这种状况或弊端，强调以基础知识的掌握程度作为选拔标准。恢复高考40多年的历史证明，高考制度发挥了巨大的积极作用，如今恢复高考后的成千上万的大学毕业生已成为各个领域中的中坚或顶梁柱。

传统科举在明代大体定型，经过乡试、会试、殿试三场考试，分别考查考生对经义、策论的掌握水平。科举实际上是传统社会选官的一种途径，但并不是唯一途径，在科举之外，还有封荫、轮选等制度，甚至"绿林入官府"在封建社会的选官制度中也并不鲜见。科举选官制度化之后，人们逐渐把科举看作"正途"，其他则被视为"异途"。显然这是相对于科举选官的客观性和公正性而言的，因为过了科举这一关，当官就自然具有一定的权威性，就像皇帝的继承必须符合正统，否则其权威的树立就较难实现一样，官僚乃至皇帝不能树立权威，要想治理好地方和国家是非常困难的。在某种意义上说，科举考试在实行过程中早已超出了制度形式本身的意义。在人们的传统观念里，功名的高低是衡量知识水准高低的标尺，甚至也是衡量道德水平高低的准绳，难怪有的戏剧中会编出皇帝也会偷偷溜出皇宫去参加会试的故事。科举考试简直就变成了一个能力测量器，若要证明自己的水平有多高，就应去参加科举考试！这种被普遍公认的科举有其存在的合理性，因为在古代，科举考试制度的实行促进了社会学习风气的形成，培养出各行业具有一定文化素养的劳动者，提高了全民整体的文化素质，科举的及第者多把"修身齐家治国平天下"作为人生的最高目标与奋斗境界；科举落第者也在不同的行业中传承着中华文化，推动历史向前发展。因此，我们更愿意认为科举本身所体现的是一种公平、公正机制的建立。有了这一机制，人们便能一心归命地利用人生的青年时光刻苦学习知识，锻造自己的品德并设计其未来，生活的秩序就自然建立起来。1977年恢复高考之后，普通百姓的心理经历着一个在"文化大革命"中废除高考到"文化大革命"后渴望恢复高考的思变心理过程。

显然，任何一种考试形式都不可能完全测评出考生的知识水平与综合素质，过去的科举和现在的高考皆然。科举目标是选拔官员，如今的高考已不再以选拔官员为局限；但保持高考这一权威的考试形式，并在此基础上针对不同学校的不同培养目标，再组织一些测试，则可以作为人才选拔的补充形式。倘若我们的目标是为了培养基础学科的高级研究人才，那么要考生都知道中国人民政治协商会议全国委员会常务委员会的名字就显得有些苛刻；假如我们是要培养社区工作者，那么测试考生对安乐死的态度，对马加爵现象的看法则是可行和必要的；假如要培养绘画和歌唱方面的专门人才，避开写生、简谱等方面的测试，即使通过其他再复杂的考试也不能达到目的。

其实，对人才的培养来说，不可能保证种下一粒种子就肯定能收获一担粮食，人才的成长中也不一定个个都是尖子。因此，我们不能期待一种考试选拔制度只造就人才，而不允许有少数平庸之辈落选或失败。在当今的大学里，较能容许人的个性化发展，有的在某一方面显得平庸的学生可能在另一方面有发展潜力，允许这些潜力的存在并挖掘它，因材施教，大学才能显得更有活力。职业技术学校对专业技术的掌握往往有较高的要求，除了要掌握书本的知识外，有的学校往往还对学生的性格特别注重，如一名护士具有母爱这种仁慈的天性是很重要的；有的学校对学生的体能要求比较高，如一名公安人员拥有强健的体魄是基本要求；还有的学校对学生的视觉、嗅觉有专门而特别的要求。

所以笔者认为，高校自主招生考试是一种有益的尝试，它可以克服人才选拔中的某些不足，可以作为高考这一权威机制的补充形式并使其完善，但高考这一已被公认为公平、公正的制度仍应该永葆其权威性。

二、以平常心对待高考

近年来，关于高考的话题已引起了旷日持久的讨论。有的强调公平性，有的强调素质教育；有的质问高考的客观性，也有的提出了分类考试乃至取消统一考试。总之，举国上下都程度不同地把目光投向了高考。有些有考生的家庭视应对高考为全家压倒一切的中心工作，如亲戚朋友为考生提供营养品、良好的补习环境，高价聘请家庭教师，尽其所能，无非是想尽一切办法让儿女挤进重点学校、重点班级，等等。每当高考临近之际，各级地方政府也调动交通、消防、环保乃至医疗急救等方面的力量，为考生营造一个尽可能良好的考试环境。各种媒体亦开辟专版，报道有关高考方面的信息。新一轮高考过后，一些话题还久热不息，直到一批又一批的录取结束。紧接着下一轮的关注高考热继续重演并升温，且愈演愈烈，众多的目光都汇聚于考生身上，形成一股巨大的压力，让考生不堪负荷。笔者认为这种态度就不够冷静，应理性对待。

一个健全的社会必须依仗一种良好的制度以达到优化社会合理分工的效果。古代中国，有所谓"士、农、工、商"四民阶层之分，各人只要能根据自己的情况从事各自不同的职业，社会就能够正常运转。我们难以想象一个社会中的人全都成为"士"，也不必要全都是"士"。退一步讲，即使在知识水平方面都能达到"士"的水平，社会的分工还是不可避免的。让适合为士者去为士，让适合为商者去经商，这个社会才能实现最优配置，才能实现和谐。当我们看到传统社会较好地实现了这种分工的时候，社会就能较好地运行，反之就会出现许多社会问题。《儒林外史》等文学作品中就为我们提供了不少科举时代人被扭曲异化为非人的反面典型。

一个健全的社会，人生目标实现的途径本来就不会只表现为一种职业选择。在当下市场经济发展的过程中，人们的职业选择也早已变得多元化。能顺利通过高考进入高校学习者，只意味着他们具备了继续学习专业文化知识或其后从事专门职业的条件，能否把这种条件变成为现实，还受其后续学习过程中诸多内外部条件的影响。大学可以说只是提供了一个继续学习专业文化知识和掌握专门技术的条件，并不能保证每个人都能成为拔尖之人；反之，在大学门外的有志者亦往往能有所作为。这表明，进入大学只是人能否成才的充分条件，但不是必要条件。相对而言，有些职业更需要在实践中磨炼，书本知识可以通过自学；心怀远大志向的人通过自学和工作实践，同样可以成为各行各业中的佼佼者。在高等教育大众化的今天，高考已逐渐改变了过去只选拔精英的片面倾向，高考也只是培养普通劳动者的一个入门考试。古代科举中了举人，就取得了担任县官的资格，或者可以由举人升格为进士、翰林学士。如今这些光环随着历史的逝去已渐渐消退，高考变成了个人发展中的若干次考试中决定人生命运与前途的较关键的一次，社会发展为人们提供了众多的成才之路，没有必要那么过度地看重它。

如今的高等教育很大程度上是顺应科技发展、社会进步对劳动者素质提高的要求而开展的，既包括基础学科，又包括大量的应用学科，有的纯粹属于技能性的学科。目前的大学教育为适应社会的需要已普遍采取了宽口径、厚基础的培养模式，其目的也是更能适应社会对高素质劳动者的要求。进入大学不再像过去科举时代那样"朝为田舍郎，暮登天子堂"，许多人学成之后还需要回到生产实践第一线。基于这种认识，我们更没有必要把高考看得那么神秘，把成才视为高不可攀。但不可否认的是，大学是造就学术大师、进行科学创新的重要基地，它需要有一批为科学事业而不懈奋斗的有志之士。但是，这批人只是全体人民中的少数，他们必须具备较深厚的理论和专业知识功底，还必须具有服务社会、服务全人类的宽广胸怀，更需要顽强的毅力。他们个人的成才之路往往是艰难的，事业生涯往往也是很清苦的。

说到底，考试本身是对考生平时学习效果的一种测评手段，其本质就是测评或选拔人才的一种测度，一种价值判断。平时学得扎实，考试时就可以较轻松、较易地发挥出好水平。把适度紧张的心态保持在平时的学习中，较考前因为担心准备不足而紧张更有价值。这不仅对考生适用，对学校和家长也同样适用。对于每个考生和家长而言，都应认识到社会必然存在分工，大学只是一种成才的路径，大学的基本任务只是培养高素质的普通劳动者，而在大学之外的社会环境中经过实践的磨炼与陶冶，有时也能达成这一目的。高考是对考生平时所学知识和技能的一种检验与测评，进入大学只是人生成才道路中的一个环节或一个关隘，与传统科举时代那样的身份急剧改变已完全不同。

认识到这些，我们的考生就没有理由在高考前那么紧张，保持一种冷静的心态理性地对待即可。我们的社会也应尽量为考生平静地走过高考创造宽松的条件与良好的环境。

结　　语

综合前文的研究，笔者形成了如下几点认识。

第一，明朝自1368年建立，到1644年被清朝取代，清代则自1644年建立，到1911年结束，其间长达543年，属于中国历史上寿命较长的两个王朝。明清时期虽然不断有内忧外患，出现中国国际地位的一度倾颓与西方资本主义的兴起，但两朝的社会经济大体呈现稳定发展的态势。科举制度自程式化与定制化之后，就一直延存而行，由中原扩及边陲之地，成为中央王朝行政治理成熟的一个标志。可以说，科举制度发展到清朝已经日益成熟，较大限度地动员了全社会的成年男子，使他们在科举制度这一选官制度下，孜孜不倦地习学儒家经典，努力实现"修身齐家治国平天下"的人生价值目标。科举制度随着人们对科举功名的认知而变得越来越吃香，科举的竞争也变得越来越激烈。从最初科举只是在寒族中进行少量的选举，到科举日益扩大到全社会，其在每个人的头脑中都留下了深刻的印象。科举中式与否成为衡量每个成年男子成功与否的基本标准之一。

第二，由于科举制度的推行与地区的经济发展水平、文风密切相关，因而在不同地区科举竞争的激烈程度是颇有差异的。呼应科举制度的要求，明清时期在官办教育机构之外兴起了大量的民营教育机构，包括家族、乡族、会社、会馆都投入到兴办教育的行列中来，形成了明清时期许多地区教育大发展的局面，形成了所谓的"文化渊薮"，许多家族成为"科举世家"，世代保有科举功名，也有的家族通过正途和异途的相互结合延续着科举世家的荣耀。明清时期，许多地方修撰家谱，排列家族功名于墓地上、祠堂里和族谱中，竭力渲染家族建设的成就，激励族人子弟能光前裕后，延世泽于永远。然而"人无三代富""三代出贵人"等总是成为萦绕脑际的日常之间。从各地纷纷自称"人文渊薮"的历史中我们读到了地域间的相互促进,同时也看到了地域间的相互竞争。吴恩培用"文化的争夺"来说明这种现象,表明文化的优势常常可以转化为经济的优势乃至政治的优势。[①]中国各地域间的不平衡有些应该说正是由科举所促成的,在科举面前,各地域都不甘落后,由科举引起的社会流动就更为迅速。

无论是书香门第还是耕读之家,心向科举的态度是一致的,进学为官的机会也相差不多,因而社会上升流动的渠道始终是畅通的。对于书香门第而言,科举中式是保持家族身份地位的基本条件,不能中式就意味着家族的衰落,即家族社会地位向下流动的开始。我们不否认存在许多"富不过三代"的事例,但我们同样能看到有不少延续数代的大望族。对于耕读之家而言,科举中式是提高自己家族地位的努力,中式意味着家族社会地位上升的开始。虽然民间有"三代出贵族"的俗谚,但入仕者往往在身处低位时即包含贵族气息。随着科举制度的渐次推广,传统中国社会的社会流动便有了有序的运行机制,甚至王朝变更、帝王嬗替都不能动摇这个机制的运行,反而有更多的人去护佑它,维持它的权威性和神圣性。

第三,明清时期科举制度对社会的影响是全方位的,渗透到人们的日常生活中。每个进入科场的人都渴求一举成名,每一个有家族成员在科场的人都渴求自己的亲属能够跻身于中式者行列。然而,科场中确实充满了无穷的变数。虽说知识的掌握是科场获捷的基本保证,可实际上却有那么多的士子在科场上无法发挥出自己的水平。虽说饱满的精神状态是考试取得好成绩的基本前提,可实际上却有人因心急而寻不到最佳思路。虽说好答卷应该得到好成绩,可实际上各考官却各有偏好,这个考官认为好的文章到了那个考官处可能就被看成是烂文章。考场上的发挥是否还与家庭背景、先辈的文化积累乃至祖坟的风水存在必然的关系?这些曾经困扰着无数的士子和他们的家人的问题,让人们无法寻找到确定的答案,于是姑妄信之者有之,祈求神灵护佑者有之,把美好愿望寄托在名字中、寓含于家庭的喜庆节俗中、潜藏于人们闲暇的游戏中者亦不乏,科举成为人们日常生活中不断涌现出来的字眼。

---

① 吴恩培:《文化的争夺》,天津:百花文艺出版社,2001年。

第四，科举所产生的文治效果当是我们值得铭记与借鉴的。有人说科举保证了中国传统社会官僚队伍的不断循环更新，给中国传统的官僚政治不断补充着新的血液，增强着封建肌体的活力。科举制度不断扩大着对庶民子弟开放的大门，使大量有志于"修身齐家治国平天下"的贫民子弟获得了报效国家和民族的机会，为中华文明的创造做出了卓越的贡献。也有人说科举普及了教育，传统社会中的人们在科举的激励下增强了学习的动力、提高了涵养道德品行的动力和为国报效的动力。科举的成功者和失败者都程度不同地获得了知识的滋养，在官场上和官场外的各行各业中为社会的进步添砖加瓦，推动了中国社会管理机制的更新和社会的全面进步。

过去我们总喜欢说科举考试是一种应试教育，它无法考察出应试者的真实水平，更无法测试出应试者的道德水准。实际上这是一种误解，科举本身是希望儒生通过认真研习儒家经典，整体掌握儒家入世精神，心怀仁义精神，在此基础上治国、平天下的。它不仅需要应试者掌握丰富的典籍，而且要求考生能够切实地践履儒家道德，并把它应用于实际社会生活中，切实地解决现实中的实际问题。只是后来不正当的商业精神侵蚀了它，使它变得可以投机取巧了；本来儒学读本就充满了强烈的道德训练和人生价值追问，只是后来道德越来越被统治者中的败类所背弃，道德的神圣性被无情地践踏了。努力克服上述弊端，考试的生命力仍将会不竭地发挥出来。

回顾科举发展史，我们不难看到科举优劣的无数次交锋，也不难看到无数政治家和实践者为科举制度的改革和创新做出了艰辛的努力。应该说，不同时期科举产生的社会效果是有差异的：在王朝政治权威刚刚树立之时及改革家力挽王朝命运的改革之际，科举的整肃总是被放在首位的；而在王朝出现纰漏时，科举制度往往亦疑窦丛生，无法选拔到更多堪当其任的官员，尽管科举制度总是可以选拔到许多好官员，但少数害群之马足以抹杀众多精英的功勋。显然，科举制度面临着防弊和不断创造的历史使命。

随着我国社会的发展，考试制度与政府行政、人力资源开发、职业资格准入、教育革新等关联密切，它应该在促进社会经济环境优化、促进社会运行合理调控、促进社会管理效能提高等方面起作用。这其中，制度的完善、管理的规范严格及科学有效的实施都将是长期必须坚守的信念。

主要参考文献

（清）徐松撰，赵守俨点校：《登科记考》，北京：中华书局，1984年。
陈飞：《唐代试策考述》，北京：中华书局，2002年。
陈飞：《唐诗与科举》，桂林：漓江出版社，1996年。
陈学恂主编，周德昌分卷主编：《中国教育史研究》（明清分卷），上海：华东师范大学出版社，1995年。
陈支平：《近500年来福建的家族社会与文化》，上海：上海三联书店，1991年。
程千帆：《唐代进士行卷与文学》，上海：上海古籍出版社，1980年。
丁钢主编：《近世中国经济生活与宗族教育》，上海：上海教育出版社，1996年。
傅璇琮：《唐代科举与文学》，西安：陕西人民出版社，1986年。
干春松：《制度化儒家及其解体》，北京：中国人民大学出版社，2003年。
高翔：《近代的初曙：18世纪中国观念变迁与社会发展》，北京：社会科学文献出版社，2000年。
郭润涛：《官府、幕友与书生——"绍兴师爷"研究》，北京：中国社会科学出版社，1996年。
何炳棣：《中华帝国的成功阶梯：社会流动面面观》，纽约：哥伦比亚大学出版社，1962年。
何炳棣著，徐泓译注：《明清社会史论》，北京：中华书局，2019年。
何怀宏：《世袭社会及其解体：中国历史上的春秋时代》，北京：生活·读书·新知三联书店，1996年。
何怀宏：《选举社会及其终结：秦汉至晚清历史的一种社会学阐释》，北京：生活·读书·新知三联书店，1998年。
黄宽重：《宋代四明士族人际网络与社会文化活动——以楼氏家族为中心的观察》，载北京大学中国传统文化研究中心编：《文化的馈赠：汉学研究国际会议论文集》（史学卷），北京：北京大学出版社，2000年。
黄留珠：《秦汉仕进制度》，西安：西北大学出版社，1985年。
江庆柏：《明清苏南望族文化研究》，南京：南京师范大学出版社，1999年。
教育部考试中心：《中国考试史专题论文集》，北京：高等教育出版社，1999年。
金诤：《科举制度与中国文化》，上海：上海人民出版社，1990年。
李国荣：《科场与舞弊：中国古代最大科场案透视》，北京：中国档案出版社，1997年。

李弘祺:《宋代官学教育与科举》,台北:联经出版事业公司,1994年。
李树:《中国科举史话》,济南:齐鲁书社,2004年。
李元华:《中国古代科举与考试》,北京:北京出版社,1994年。
李长莉:《晚清士人趋利之风与观念的演变》,载薛君度、刘志琴主编:《近代中国社会生活与观念变迁》,北京:中国社会科学出版社,2001年。
李长莉:《晚清上海社会的变迁:生活与伦理的近代化》,天津:天津人民出版社,2002年。
刘海峰:《科举考试的教育视角》,武汉:湖北教育出版社,1996年。
刘海峰等:《中国考试发展史》,武汉:华中师范大学出版社,2002年。
刘正伟:《督抚与士绅:江苏教育近代化研究》,石家庄:河北教育出版社,2001年。
罗志田:《权势转移:近代中国的思想、社会与学术》,武汉:湖北人民出版社,1999年。
潘光旦:《明清两代嘉兴的望族》,上海:上海书店出版社,1991年。
钱杭、承载:《十七世纪江南社会生活》,杭州:浙江人民出版社,1996年。
任爽、石庆环:《科举制度与公务员制度:中西官僚政治比较研究》,北京:商务印书馆,2001年。
尚永亮:《科举之路与宦海浮沉:唐代文人的仕宦生涯》,台北:文津出版社,2000年。
宋元强:《清朝的状元》,长春:吉林文史出版社,1992年。
唐群:《科考篇——风云际会考场路》,西安:三秦出版社,1998年。
田澍:《嘉靖革新研究》,北京:中国社会科学出版社,2002年。
王炳照、徐勇主编:《中国科举制度研究》,石家庄:河北人民出版社,2002年。
王道成:《科举史话》,北京:中华书局,1988年。
王德昭:《清代科举制度研究》,北京:中华书局,1984年。
王尔敏:《明清时代庶民文化生活》,长沙:岳麓书社,2002年。
王日根:《乡土之链:明清会馆与社会变迁》,天津:天津人民出版社,1996年。
王日根:《民营教育的历史观照》,武汉:湖北教育出版社,2000年。
王日根:《明清民间社会的秩序》,长沙:岳麓书社,2003年。
王学泰:《游民文化与中国社会》,北京:学苑出版社,1999年。
王炎平:《槐花黄,举子忙:科举与士林风气》,北京:东方出版社,1998年。
王振忠:《徽州社会文化史探微:新发现的16—20世纪民间档案文书研究》,上海:上海社会科学院出版社,2002年。
吴恩培:《文化的争夺》,天津:百花文艺出版社,2001年。
吴霓:《中国古代私学发展诸问题研究》,北京:中国社会科学出版社,1996年。
吴仁安:《明清时期上海地区的著姓望族》,上海:上海人民出版社,1997年。
吴仁安:《明清江南望族与社会经济文化》,上海:上海人民出版社,2001年。
吴宗国:《唐代科举制度研究》(第2版),沈阳:辽宁大学出版社,1997年。
熊庆年:《中国古代科举百态》,上海:东方出版中心,1997年。
阎步克:《察举制度变迁史稿》,沈阳:辽宁大学出版社,1991年。
阎广芬:《经商与办学:近代商人教育研究》,石家庄:河北教育出版社,2001年。
杨齐福:《科举制度与近代文化》,北京:人民出版社,2003年。

余英时:《士与中国文化》,上海:上海人民出版社,2003年。
张杰:《清代科举家族》,北京:社会科学文献出版社,2003年。
张仲礼:《中国绅士——关于其在19世纪中国社会中作用的研究》,李荣昌译,上海:上海社会科学院出版社,1991年。
郑振满:《明清福建家族组织与社会变迁》,长沙:湖南教育出版社,1992年。
周荣德:《中国社会的阶层与流动——一个社区中士绅身份的研究》,上海:学林出版社,2000年。
〔加〕卜正民:《纵乐的困惑:明代的商业与文化》,方骏等译,北京:生活·读书·新知三联书店,2004年。
〔美〕艾尔曼:《从理学到朴学——中华帝国晚期思想与社会变化面面观》,赵刚译,南京:江苏人民出版社,1995年。
〔美〕艾尔曼:《经学、政治和宗族——中华帝国晚期常州今文学派研究》,赵刚译,南京:江苏人民出版社,1998年。
〔美〕黄仁宇:《万历十五年》,北京:中华书局,1982年。

后　记

近一年来,我与科学出版社的编辑联系多了起来,主要是因为拙著《明清科举制度与文治》拟在科学出版社出版。科学出版社"三高三严"的编辑传统在学术界具有良好的口碑,本书是我多年来从事"中国科举制度史"教学讲义的修改稿。

交稿前我就在思考如何能够在目前科举制度史成果丰硕的基础上凝练出自己的问题关注点,于是我将目光聚集到科举作为选官制度与社会治理的关联上来,一定程度上有政治学的意味。中国古代政治学堪称发达,儒家、法家、道家等都有各自的治国理念,儒家还提出了以"王道"代替"霸道"的理念。有学者认识到中国历代王朝的社会治理常常是儒表法里、王道与霸道兼用的。本书想特别强调"文治"是科举制度化之后国家治理的主要表现形态,选贤任能是科举选人的最高原则,衡量贤能的依据是对儒家"修身齐家治国平天下"学说的掌握、运用能力和水准。在实际运行过程中,越来越充分地调动起了全社会学习文化的积极性,越来越培养起社会人众的君子人格,也越来越造就出"官民相得"的社会良性运行状态。对此,社会上的多数人无论是上升的还是黜落的多持服膺态度,当科举制度运行良好时,确实是较为符合现代文官政治要求的一项制度。当然,用现代标准看运行了那么久的科举制度也确有"重道轻艺""重治人轻实干"的缺陷,更不忍行坚船利炮的武力掠夺,但这种"君子人格""泱泱大国风范"又岂可轻易舍弃?尤其是在"各美其美,美人之美,美美与共,天下大同"的价值理念下,我们自应树立起珍视自己民族文化的信心来,检视我们曾彻底否定却丧失了自我的那段历史。在定稿过程中,我的这些想法经与出版社的编辑多次交流,许多方面得到了编辑的理解和支持。

在编辑过程中，文案编辑一丝不苟，帮忙补充和更正了过去做得粗疏的注释。我的学生肖丽红、陶仁义、郑小红和娄燕静等利用寒假休息时间帮忙校对、补充注释项，更正疏漏之处，刘庆、张学立、张先刚等对本书也多有贡献，最终使本书得以出版。

　　本书得到厦门大学社科处优秀学术著作出版基金资助。

　　谨此一并表示深深的谢意！

王日根

2020年2月6日于厦门大学海韵北区寓所